ΧΟΡΗΓΟΙ – SPONSORS

NOVAL A.E.
ΑΝΩΝΥΜΟΣ ΕΛΛΗΝΙΚΗ ΒΙΟΜΗΧΑΝΙΚΗ ΤΟΥΡΙΣΤΙΚΗ & ΕΜΠΟΡΙΚΗ ΕΤΑΙΡΙΑ

CARTECO
ARCHITECTURAL MATERIALS & DESIGN

aluPerfection

Ι. ΚΛΟΥΚΙΝΑΣ - Ι. ΛΑΠΠΑΣ

Ι. ΒΙΚΕΛΑΣ - I. VIKELAS

ΙΩΑΝΝΗΣ & ΑΛΕΞΗΣ ΒΙΚΕΛΑΣ & ΣΥΝΕΡΓΑΤΕΣ ΑΡΧΙΤΕΚΤΟΝΕΣ
Κηφισίας 32, 151 25 Μαρούσι, τηλ.: 210 6834735
e-mail: info@vikelas.gr, web: www.vikelas.gr

Σχεδιασμός και σελιδοποίηση: Eliška Turanská
Αρχική επιμέλεια οπτικού υλικού: Eliška Turanská, Θάνια Μαντζαβά
Επιλογή υλικού, σύνταξη κειμένων έργων και συντονισμός: Ρενάτα Μεθενίτη, Αλέξης Βικέλας
Επιμέλεια κειμένων: Αλέξανδρος Παπαγεωργίου-Βενετάς, Αλέξης Βικέλας, Ευγενία Βικέλα
Επεξεργασία κειμένων: Βασιλική Νούλα, Νατάσα Κυσανδράκη
Μετάφραση: Ελευθέριος Τσερτσίδης
Φωτογραφίες: © Αθανάσιος Αθανασίου
© Δημήτριος Καλαποδάς
© Νικόλαος Δανιηλίδης
© Δημήτριος Μπενέτος
© Περικλής Θούας
© Κωνσταντίνος Κοντός
© Νικόλαος Μάρκου
© Ιωάννης Βικέλας
© Αλέξης Βικέλας

ΕΚΔΟΣΕΙΣ ΚΑΠΟΝ
Μακρυγιάννη 23-27, 107 42 Αθήνα, τηλ. 210 9235098
e-mail: kapon_er@otenet.gr www.kaponeditions.gr

Επιμέλεια κειμένων: Ζέτα Λιβιεράτου
DTP: Καίτη Δαϊκίδου, Μίνα Μαντά
Χρωματική επεξεργασία εικόνων: Μιχάλης Τζαννετάκης
Εκτύπωση-Βιβλιοδεσία: Printer Trento, Trento, Ιταλία

ISBN 978-960-6878-32-9

IOANNIS & ALEXIS VIKELAS & ASSOCIATES ARCHITECTS
32, Kifisias Avenue, 151 25 Marousi, tel.: 210 6834735
e-mail: info@vikelas.gr, web: www.vikelas.gr

Design and layout: Eliška Turanská
Initial digital processing: Eliška Turanská, Thania Mantzava
Selection of material, text compilation and coordination: Renata Metheniti, Alexis Vikelas
Text editing: Alexandros Papageorgiou-Venetas, Alexis Vikelas, Evgenia Vikela
Text processing: Vasiliki Noula, Natassa Kisandraki
Translation: Eleftherios Tsertsidis
Photos: © Athanasios Athanasiou
© Dimitrios Kalapodas
© Nikolaos Daniilidis
© Dimitrios Benetos
© Periklis Thouas
© Konstantinos Kontos
© Nikolaos Markou
© Yiannis Vikelas
© Alexis Vikelas

KAPON EDITIONS
23-27, Makriyianni str., 107 42 Athens, tel.: 210 9235098
e-mail: kapon_er@otenet.gr www.kaponeditions.gr

Text editing: Zeta Livieratou
DTP: Kaiti Daikidou, Mina Manta
Processor of illustrattions: Michalis Tzannetakis
Printing-Binding: Printer Trento, Trento, Italia

Ι. ΒΙΚΕΛΑΣ - I. VIKELAS

ΕΚΔΟΣΕΙΣ ΚΑΠΟΝ
KAPON EDITIONS

ΜΟΥΣΕΙΟ ΜΠΕΝΑΚΗ
BENAKI MUSEUM

Περιεχόμενα - Contents

Στην Ευγενία και τον Αλέξη
που τόσα τους οφείλω

ΕΥΧΑΡΙΣΤΙΕΣ

Αποτελεί τιμή για μένα η πρόσκληση που μου απηύθυνε το Διοικητικό Συμβούλιο του Μουσείου Μπενάκη, και ιδιαιτέρως ο διευθυντής του, καθηγητής Άγγελος Δεληβορριάς, για την παρουσίαση της επαγγελματικής μου δημιουργίας σε μια αναδρομική έκθεση. Αισθάνομαι ιδιαίτερη ευγνωμοσύνη για την ευκαιρία αυτή και για έναν λόγο επιπλέον: αποτέλεσε το ερέθισμα να αρχειοθετήσω την παραγωγή μου και να τη συντάξω σε μονογραφία, πρωτοβουλία που παραμελούσα, φύσει αδιάφορος προς τη δημοσιότητα.

Ευχαριστώ ιδιαιτέρως τους Άγγελο Δεληβορριά, Ανδρέα Γιακουμακάτο και Πάνο Δραγώνα, οι οποίοι, μέσα από τα κείμενά τους διερεύνησαν και αποτίμησαν την αρχιτεκτονική μου πορεία. Ιδιαίτερες ευχαριστίες οφείλω, επίσης, στον φίλο και συνάδελφο Αλέξανδρο Παπαγεωργίου-Βενετά για την πολύτιμη συμβολή του στην επιμέλεια των κειμένων.

Ευχαριστώ θερμά την Eliška Turanská για τις γόνιμες ιδέες της και τις εξαιρετικές προσπάθειές της στον σχεδιασμό αυτής της έκδοσης, καθώς και τη Ρενάτα Μεθενίτη για την πολύτιμη συμμετοχή της στη σύνταξη των κειμένων, την επιλογή του υλικού και στον όλο συντονισμό. Επίσης, αισθάνομαι υπόχρεως προς τη Θάνια Μαντζαβά, τη Βασιλική Νούλα και τη Νατάσα Κυσανδράκη για τις πρόθυμες και συνεχείς φροντίδες τους σ' αυτό το κοινό εγχείρημα.

Με τους συναδέλφους, που συνεργάστηκα όλα αυτά τα χρόνια τόσο παραγωγικά, με συνδέουν σχέσεις εκτίμησης και φιλίας. Τους ευχαριστώ από καρδιάς και ιδιαιτέρως τον Ντίνο Γεωργίου, τον Γιώργο Μανέτα, την Ελένη Μανέτα, τον Δημήτρη Φιλιππίδη και τη Ντανιέλα Δρακούλη. Τους τιμώ όλους για την πολύτιμη προσφορά τους.

Η έκθεση στο Μουσείο Μπενάκη, που προσέφερε τη δυνατότητα παρουσίασης του έργου μου, δεν θα είχε υλοποιηθεί χωρίς την πολύτιμη βοήθεια και τη συμπαράσταση της καθηγήτριας κας Μάρως Καρδαμίτση-Αδάμη.

Τέλος, ευχαριστώ θερμά τις Εκδόσεις Καπόν και ιδιαιτέρως τη Ραχήλ Καπόν για την εξαιρετική συνεργασία και την ιδιαίτερη φροντίδα της γι' αυτήν την έκδοση.

Κυρίως, όμως, είμαι υπόχρεως και θα ήθελα να εκφράσω τη θερμή αναγνώριση για την τιμή που μου έγινε από όλους εκείνους που μου εμπιστεύθηκαν τα έργα και τις προσδοκίες τους, στη διάρκεια της επαγγελματικής μου πορείας.

ACKNOWLEDGEMENTS

The Administrative Board of Benaki Museum and its director in particular, professor Aggelos Delivorrias, have honored me by their invitation for a retrospective exhibition of my works. I feel particular gratitude for this opportunity given to me for one more reason: it became a spur to archive my production and write my monograph, it was the incentive I missed, since I'm naturally indifferent towards publicity.

I would like to thank especially Aggelos Delivorrias, Andreas Giakoumakatos and Panos Dragonas, for researching and appraising my architectural course through their writings. I thank particularly my friend and colleague Alexandros Papageorgiou-Venetas for his valuable contribution as editor.

I thank exceptionally Eliška Turanská for her productive ideas and her special efforts to set up this publication, as well as Renata Metheniti for her esteemed participation in composing the texts, selecting material and general coordinating work. I also feel indebted to Thania Mantzava, Vasiliki Noula and Natassa Kisandraki for their eager, continuous attention over this common effort.

I am connected with the colleagues I worked with so productively for all these years with appreciation and friendship. I thank them from the bottom of my heart and particularly Dino Georgiou, Giorgos Manetas, Eleni Maneta, Dimitris Philippidis and Daniela Drakouli. I honor them all for their precious contribution.

The exhibition in Benaki Museum, which offered the possibility for the presentation of my work, would not have been realized without the valuable help and support of professor Mrs. Maro Kardamitsi-Adami.

Finally, I want to thank deeply Kapon Editions and especially Rachel Kapon for an excellent collaboration and her particular care for this publication.

Most of all, I am indebted to all those who have trusted in me their projects and expectations; to them I express my sincere acknowledgement for the honor they gave me during my professional course.

Πρόλογος

Στο Μουσείο Μπενάκη, τα Αρχεία της Νεοελληνικής Αρχιτεκτονικής έχουν ως πρωταρχικό μέλημα τη συγκέντρωση, την προστασία και την ανάδειξη κάθε μαρτυρίας γύρω από την ιστορία των αρχιτεκτονικών εκφράσεων του τόπου μας. Ο βασικός αυτός στόχος καθορίζει, χωρίς παρεκκλίσεις, την πολιτική που ακολουθείται προκειμένου να εξασφαλίζεται ο συνεχής εμπλουτισμός και να διογκούται το σώμα των επιμέρους αρχειακών μονάδων με τη συστηματική αναζήτηση και την έγκαιρη διάσωση του σχετικού υλικού, την επιβεβλημένη επεξεργασία του και την πρέπουσα δημοσιοποίησή του. Τον ίδιο στόχο υπηρετεί, άλλωστε, και η τακτική διοργάνωση εκθεσιακών αφιερωμάτων σε διακεκριμένους αρχιτέκτονες, οι οποίοι επηρεάζουν εξακολουθητικά με το έργο τους την εικόνα των ελληνικών πόλεων από τα μέσα του 19ου αιώνα έως τις μέρες μας. Η παράλληλη, τέλος, και περιοδική διοργάνωση τιμητικών εκθέσεων για τα σημαντικότερα από τα πέραν της ελληνικής επικράτειας επιτεύγματα, διευκολύνει την επικοινωνία της νεότερης κυρίως γενιάς του κλάδου με τις πιο ενδιαφέρουσες από τις σύγχρονες τάσεις της αρχιτεκτονικής, όχι μόνο του Δυτικού κόσμου.

Σύμφωνα με τις γενικές αρχές της λειτουργίας του Μουσείου Μπενάκη, η πολιτική των Αρχείων της Νεοελληνικής Αρχιτεκτονικής είναι μια πολιτική ανοιχτή. Κι αυτό επειδή παίρνει σοβαρά υπόψη της, αφενός τα πάγια αιτήματα για την κατά το δυνατόν πληρέστερη μελέτη των δεδομένων του παρελθόντος, και αφετέρου, επειδή υπηρετεί τις σημερινές ανάγκες για έναν αποτελεσματικότερο συντονισμό όσων ενεργειών θα μπορούσαν να αποτρέψουν τη διαιώνιση των πολεοδομικών και αρχιτεκτονικών εγκλημάτων που παραμορφώνουν τη ζωή των ελληνικών πόλεων. Οπωσδήποτε, μία από τις πιο επείγουσες ανάγκες του παρόντος είναι η συσπείρωση όλων των ανανεωτικών δυνάμεων και η καλλιέργεια ενός κλίματος αμοιβαίας εκτίμησης και εμπιστοσύνης. Δεν πρέπει, συνεπώς, να αντιμετωπίζονται ως συμπτωματικές οι συχνές συνεργασίες των Αρχείων της Νεοελληνικής Αρχιτεκτονικής με περισσότερους φορείς και με προσωπικότητες οι οποίες υπηρετούν ανάλογους ή παρεμφερείς στόχους. Με όσους, δηλαδή, πρεσβεύουν τα ίδια πιστεύω και εμπνέονται από αντίστοιχες ιδέες.

Στο πρόγραμμα της φετινής χρονιάς η έκθεση που συνοψίζει και αναδεικνύει το έργο του Γιάννη Βικέλα προσδίδει μια λάμψη ξεχωριστή. Όχι μόνο γιατί οι πρωτότυπες αρχιτεκτονικές του ιδέες συνεχίζουν επάξια την αναγνωρισμένη νεοτερική παράδοση του μοντερνισμού, ούτε μόνο γιατί οι προβληματισμοί του συνομιλούν γόνιμα με τις πιο προωθημένες διεθνώς αναζητήσεις. Αλλά γιατί η ατομικότητα των φυσιογνωμικών χαρακτηριστικών σε κάθε μία από τις δημιουργίες του είναι τόσο ευδιάκριτη όσο και η καθαρότητα της υπογραφής των σχεδιαστικών του συλλήψεων. Θα έλεγα μάλιστα, αν και όχι ειδικός περί τα τοιαύτα, πως η απλότητα των εκφραστικών μέσων στα οποία καταφεύγει αποκαλύπτει μια αισθητή διάθεση διεξόδου από τον αφόρητο κορεσμό που επέφεραν οι πειραματισμοί της περιόδου των αποδομήσεων με τις πληθωριστικές εκδηλώσεις των μανιεριστικών εκλεκτικισμών. Αυτές ακριβώς οι αρετές πρέπει, εξάλλου, να ερμηνεύουν και τη μεγάλη απήχηση του αρχιτεκτονικού του μηνύματος, κάνοντας ταυτόχρονα κατανοητή την ευρύτατη αποδοχή του από την κοινωνία.

Άγγελος Δεληβορριάς
Διευθυντής Μουσείου Μπενάκη

Σημ. εκδότη: Το κείμενο αυτό συνοδεύει την έκθεση στο Μουσείο Μπενάκη, η οποία και στάθηκε το έναυσμα για τη διαμόρφωση αυτής της μονογραφίας.

Preface

The primary objective of the Neohellenic Architecture Archives of Benaki Museum is the collection, protection and enhancement of every testimony about the history of our land's architectural expressions. This basic aim defines unswervingly the policy followed to ensure the continuous enrichment and expansion of the body of each individual archival unit, through systematic research and timely preservation of the relevant material, its imperative processing and its due publication. The same goal is served, moreover, by the regular organization of exhibitions dedicated to distinguished architects, who continue to influence, with their work, the image of greek cities from the middle of the 19th century until our time. In conclusion, the parallel, periodic organization of honorary exhibitions for the most important achievements outside the greek boundaries, facilitates the communication mostly of the younger generation of the field with the most interesting and up-to-date tendencies in the architecture of the Western world, as well as beyond that.

According to the Benaki Museum's general principles of operation, the Neohellenic Architecture Archives policy is an open policy. This is, on one hand, because it takes into serious consideration the fixed request for a study as thorough as possible of the data from the past, and on the other hand because it serves the contemporary need for a more effective coordination of any actions that could prevent the perpetuation of architectural and urban planning 'crimes' that deform the life of greek cities. One of the most urgent needs today is surely the concentration of all renewing forces and the development of a sense of mutual esteem and trust. Therefore, the frequent collaborations of the Neohellenic Architectural Archives with an increasing number of agents and personalities serving corresponding or similar aims, that is to say with anyone who stands for the same beliefs and is inspired by corresponding ideas, must not be identified as coincidental.

In this year's program, the exhibition summing up and projecting the work of Yiannis Vikelas radiates a distinct glow. Not only because his original architectural ideas deservingly continue modernism's admitted innovating tradition, nor simply because his quests reveal a fertile discussion with the most advanced research on a global scale. But because the individuality of the characteristic features in each one of his creations is as distinctive as the clear signature of his design concepts. I would say, even more, although not as an expert on these matters, that the simplicity of the expressive means he resorts to, expresses a bold intention of escaping the unbearable saturation that resulted from the experimentations of the deconstructive period, with its prolific manifestations of manneristic eclecticism. These are precisely the virtues that must interpret the great impression of his architectural message, rendering comprehensible, in the same time, his quite broad acceptance by society.

Aggelos Delivorrias
Director of Benaki Museum

Publisher's note: This text accompanies the exhibition at the Benaki Museum, which was the occasion to the edition of this monograph.

Η Αρχιτεκτονική των επιρροών και η κοινωνική λειτουργία

Ο Γιάννης Βικέλας γεννήθηκε στο Παρίσι. Το βιογραφικό αυτό στοιχείο έχει αφ' εαυτού μια διεθνιστική αύρα που, ειδικά, στην περίπτωση ενός αρχιτέκτονα ταυτίζεται συχνά με τη γνώση και επαφή με μια πραγματικότητα έξω από τα στενά εθνικά όρια. Μαρτυρά έναν κοσμοπολιτισμό, τη δυνατότητα χειρισμών και επεξεργασίας εμπειριών και ιδιωμάτων που μπορούν να ασκήσουν ιδιαίτερη γοητεία σε φιλόδοξους παραγγελιοδότες και σε μια πιο απαιτητική αγορά αρχιτεκτονικής εργασίας. Όταν μάλιστα αυτό το στοιχείο ανταποκρίνεται στην αλήθεια, ακόμα καλύτερα για τον αρχιτέκτονα, για την πελατεία του και για το ευρύτερο περιβάλλον της σχεδιαστικής του επιρροής.

Στην περίπτωση του Βικέλα, έτσι έχουν, όντως, τα πράγματα, αν κρίνουμε από τον τρόπο με τον οποίο ο βαθιά αθηναίος αρχιτέκτονας έχει χειριστεί, στη διάρκεια της μακρότατης σταδιοδρομίας του, τα ερεθίσματα και τις κατακτήσεις της παγκόσμιας αρχιτεκτονικής σκηνής. Ανήκει στη γενιά εκείνη που εισέρχεται στο επάγγελμα στα τέλη της δεκαετίας του 1950, σε μια φάση, δηλαδή, εξαιρετικής ποιοτικής άνθησης της εγχώριας αρχιτεκτονικής παραγωγής και, παράλληλα, ενός μαζικού αιτήματος ανοικοδόμησης. Εν ολίγοις, σε μια φάση πολλής δουλειάς για τους διαθέσιμους επαγγελματίες. Τα παραπάνω συνοδεύονται από το αίτημα του εκμοντερνισμού της αρχιτεκτονικής έκφρασης, της εγκατάλειψης δηλαδή του αδιέξοδου κλασικιστικού συντηρητισμού της πρώτης μεταπολεμικής δεκαετίας και της χωρίς ενδοιασμούς επεξεργασίας των καθιερωμένων διεθνιστικών ιδιωμάτων: χρησιμοποιώντας, προφανώς, δοκιμασμένα πρότυπα. Άλλος δρόμος δεν υπάρχει. Η εμφανής αναφορά στον Mies, στον Niemeyer ή στον Neutra θεωρείται απολύτως δόκιμη και θεμιτή, όπως προπολεμικά θεωρούνταν θεμιτή η απευθείας αναφορά στον Gropius ή στον Mendelssohn, μέσω των δημοσιεύσεων του «Architecture d'aujourd'hui» ή των βιβλιογραφικών ρεπερτορίων του Sartoris. Άλλωστε και αυτό είναι αποτέλεσμα ενός πνεύματος κοσμοπολιτισμού: η γνώση και εξοικείωση με τα ξένα ρεύματα και την ξένη εμπειρία, εξοικείωση που στην περιφερειακή και επαρχιώτικη Ελλάδα ήταν κάθε άλλο παρά δεδομένη. Η ικανότητα χειρισμού αυτής της πληροφορίας ήταν πολύτιμη, ενώ αυτοί που το επιχειρούσαν ανήκαν μάλλον σε μια μειοψηφία.

Ομολογώ ότι μου έτυχε συχνά να περιδιαβάζω κτήρια στην πρωτεύουσα τα οποία δεν ανήκαν σε μια τετριμμένη λογική οικοδόμησης και πρωτογενούς ικανοποίησης των αναγκών. Ας αναφέρουμε αμέσως μερικά: το κτήριο γραφείων στην Όθωνος 8 στο Σύνταγμα (1962)· το συγκρότημα πολυκατοικιών και ο κινηματογράφος «Plaza» στους Αμπελοκήπους (1965)· ο Πύργος Αθηνών (1967)· η πολυκατοικία στη Ρηγίλλης 16 (1968)· διάσπαρτες πολυκατοικίες στο Ψυχικό στις αρχές της δεκαετίας του 1970· το ξενοδοχείο «President» στους Αμπελοκήπους (1974)· ο πύργος «Atrina» στο Μαρούσι (1976)· το κτήριο γραφείων στην Αγία βαρβάρα Χαλανδρίου (1979)· το Μουσείο Κυκλαδικής Τέχνης στο Κολωνάκι (1986)· τα γραφεία της Κτηματικής Τράπεζας στην οδό Ακαδημίας (1996)· ακόμα και το τελευταίο συγκρότημα γραφείων και καταστημάτων στο Δέλτα Φαλήρου (2006): όλα είναι έργα του Βικέλα. Δεν πρόκειται ασφαλώς για αριστουργήματα, αλλά για κάτι ακόμα πιο σημαντικό, αν είναι δυνατόν: για κελύφη που συμβάλλουν με τρόπο ορατό στη βελτίωση της ποιότητας του χτιστού περιβάλλοντος της Αθήνας. Η κρίση καθώς και η κακή και ιδιοτελής χρήση του δομημένου χώρου του αττικού συμπλέγματος δεν αντιμετωπίζεται με αριστουργήματα αλλά με την ορατή βελτίωση της μέσης ποιότητας. Αυτή είναι η πρωταρχική μάχη, με όλα τα θετικά και τα αρνητικά που τούτο συνεπάγεται για τη θεωρητική συζήτηση γύρω από την ποιότητα της αρχιτεκτονικής σήμερα στις ελληνικές πόλεις και για τον ενδεχόμενο ρόλο των όποιων –ισχνών– πρωτοποριών. Σε μια ορχήστρα δεν αρκούν κάποιοι μεμονωμένοι σολίστες για την παραγωγή ενός εξαιρετικού ήχου, όταν όλοι οι άλλοι διαθέτουν καλλιέργεια μπουζουξίδικων στα οποία παίζουν το υπόλοιπο της νύχτας. Αν τούτο φαίνεται σήμερα μάλλον δύσκολο, πλέον, στον χώρο της καλής μουσικής, αποτελεί την πραγματικότητα όσον αφορά την παραγωγή της εικόνας των πόλεών μας.

Ο Γιάννης Βικέλας έχει σχεδιάσει στα πενήντα χρόνια της πορείας του πάνω από 900 κτήρια, έχει χτίσει σχεδόν τη μισή Αθήνα, στην οποία έχει μάλλον κατ' αποκλειστικότητα εργαστεί. Ως γνήσιο παιδί της εποχής του, ξεκίνησε με βάση διεθνιστικές υποθέσεις αξιωματικής σχεδόν ισχύος, κοινές και σε άλλους σημαντικούς εκπροσώπους της σύγχρονης ελληνικής αρχιτεκτονικής. Πρόκειται για την υιοθέτηση της γλώσσας του μοντέρνου ορθολογισμού και ειδικότερα του Mies στα πρώτα έργα του, τα περίπτερα της Εμπορικής Τράπεζας και της Ιονικής Λαϊκής Τράπεζας στη Διεθνή Έκθεση Θεσσαλονίκης, το 1958. Στη συνέχεια, έδωσε μάλλον μοναχικές μάχες, που συνεχίζει ως σήμερα, για ζητήματα που βρίσκονται στο κέντρο των πεποιθήσεων και των ενδιαφερόντων του, με αξιοσημείωτες επιδόσεις: το ψηλό κτήριο και το γυάλινο κτήριο, που αποτελούν κόκκινο πανί για πολλούς ορθόδοξους πασνταράν της ελληνικής αρχιτεκτονικής – βρισκόμαστε στο 2010 αλλά ακόμα διαθέτουμε πολλούς, ειδικά μάλιστα στην Αθήνα. Τα κτήριά του διακρίνονται για την επάρκεια των τυπολογικών και λειτουργικών λύσεων και για την κατασκευαστική και τεχνολογική τους επιτηδειότητα. Ικανοποιούν δηλαδή με υψηλό επαγγελματισμό τις απαιτήσεις της αγοράς και του πελάτη. Υπάρχουν μάλιστα τύποι κτηρίων, όπως οι αστικές και περιαστικές πολυκατοικίες (για παράδειγμα το έργο του στο Ψυχικό, στην Κηφισιά και στη Φιλοθέη, από τα τέλη της δεκαετίας του 1960 και μετά), που δημιούργησαν κυριολεκτικά τυπολογικό και αισθητικό πρότυπο και καθόρισαν την ταυτότητα ολόκληρων περιοχών.

Ο Βικέλας πέρασε από όλες τις φάσεις του αρχιτεκτονικού γούστου: τον διεθνισμό, τον μεταμοντερνισμό, τον υστερομοντέρνο πλουραλιστικό εκλεκτικισμό. Φαίνεται ότι το μεταμοντέρνο πνεύμα δεν του προέκυψε *ex abrupto*, ως αίτημα της μόδας και της εποχής, αν αναλογιστούμε την πρότερη εμμονή του για τη δημιουργία κελυφών «με βάση, κορμό και στέψη» (ιδιαίτερα στα ψηλά κτήρια, βλ. πάλι τον Πύργο των Αμπελοκήπων, 1967), ή αρχιτεκτονημάτων με γενικότερη κλασικότροπη διαμόρφωση χάριν «εντοπιότητας» μιας «κατ' αναλογίαν αρχιτεκτονικής» στην πόλη του κλασικισμού. Αρκεί το παράδειγμα της Βασ. Σοφίας και τριών κτηρίων που υλοποιήθηκαν στον αντιπροσωπευτικό αυτό δρόμο σε απόσταση λίγων μέτρων το ένα από το άλλο: η νέα πτέρυγα του Υπουργείου Εξωτερικών (γωνία Ακαδημίας, 1971), το ξενοδοχείο «Αστήρ Παλλάς» (γωνία Πανεπιστημίου, 1979), και το μέγαρο γραφείων Αρβανίτη στη γωνία με τη Σέκερη, στην περίοδο του μεταμοντέρνου ξεφαντώματος (1982). Αν υπάρχει ένα ζήτημα στην αρχιτεκτονική του, είναι η συγκρουσιακή σχέση μορφής και περιεχομένου, η συμβίωση της υψηλής ορθολογικής λειτουργικότητας των κτηρίων του με το εξωτερικό ένδυμα, τη συσκευασία που οφείλει να εφευρίσκεται πάντα εκ νέου και να ασκεί πάντοτε τη δική της γοητεία, σύμφωνη και εναρμονισμένη με ό,τι εμφανίζεται κάθε φορά ως πνεύμα της εποχής. Από την άποψη αυτή, η παραγωγή του Γιάννη Βικέλα προσφέρει μια θαυμαστή περιήγηση στον κόσμο της σύγχρονης αρχιτεκτονικής, μέσω των πιο απρόβλεπτων επιρροών: από την πιο προφανή «διαχρονική» παρουσία του Mies (μελέτη Ελληνικής Πρεσβείας στην Μπραζίλια, 1973), έως τις κατά κανόνα σαφείς αναφορές σε έργα των Norman Foster, Hans Hollein, Fumihiko Maki, Pietro Belluschi, Günther Domenig, Axel Schultes, Bernard Tschumi, ακόμη και των Νίκου Βαλσαμάκη και Αλέξανδρου Τομπάζη. Τα εμπορικά κέντρα μάλιστα αποτελούν εξωστρεφή πληθωρική επιτομή του μεταμοντέρνου οίστρου («Agora», 1985) ή σύνοψη του πνεύματος του αμερικανικού κοσμοπολιτισμού («Galleria», 1979).

Και όμως, ο Βικέλας εξέφρασε σαφώς αρνητική κριτική για τον μεταμοντερνισμό το 1989, σε μια περίοδο όπου άλλοι αξιόλογοι έλληνες αρχιτέκτονες έσπευδαν ακόμα να πηδήξουν στο τρένο αυτού του λαϊκιστικού ιστορικισμού. Σε ένα ενδιαφέρον σημείωμά του στα «Αρχιτεκτονικά Θέματα», όχι μόνο έπαιρνε σαφείς αποστάσεις από τη «νοσταλγική φλυαρία», αλλά προχωρούσε κατά κάποιον τρόπο στην αιτιολόγηση των πολλαπλών αναφορών που μόλις προαναφέραμε. Καλές οι «τάσεις», καλά τα «κινήματα», αρκεί κανείς να μην καταλήγει ποτέ δέσμιός τους, είναι η σύνοψη της σκέψης του αθηναίου αρχιτέκτονα. Οι στιλιστικές «κατευθύνσεις», βέβαια, είναι απαραίτητες στο πλαίσιο ενός εκφραστικού «διακριτικού δυναμισμού» (που σημαίνει «λαμπερή» δημόσια εικόνα της αρχιτεκτονικής) ο οποίος υιοθετεί απαρεγκλίτως τους πιο προωθημένους τεχνολογικούς και κατασκευαστικούς τρόπους της εποχής. Σ' ένα πιο πρόσφατο σημείωμά του, πάντα στα «Αρχιτεκτονικά Θέματα» (2006), ο Βικέλας αναφέρεται για άλλη μια φορά στον μεταβαλλόμενο χαρακτήρα της αρχιτεκτονικής που οφείλει να ακολουθεί τις κοινωνικές συνθήκες και αιτήματα, τονίζοντας ότι μετά τον θάνατο του «less is more», ο δρόμος του σχεδιασμού δεν μπορούσε παρά να περάσει αποκλειστικά από «το διφορούμενο, το πολυσχιδές και το πολύπλοκο της ζωής».

Η αρχιτεκτονική του Γιάννη Βικέλα επέλεξε να ανταποκριθεί με αισιοδοξία και ρεαλισμό, αλλά και με ταλέντο, στο αίτημα εκσυγχρονισμού της ελληνικής κοινωνίας και να εγγυηθεί μια δημόσια εικόνα για πολλούς πρωταγωνιστές της ιδιωτικής, κυρίως, οικονομικής και επιχειρηματικής δραστηριότητας. Ανταποκρίθηκε στις ανάγκες της αγοράς χωρίς ιδεολογικές δεσμεύσεις, προσπαθώντας κάθε φορά να ερμηνεύσει τον πιο αποδεκτά προχωρημένο βαθμό «πνεύματος της εποχής». Μακριά από την αγωνία της «προσωπικής ποιητικής», σε μια μακρά περίοδο εξέλιξης της ελληνικής αρχιτεκτονικής, ο Βικέλας έδειξε ποιο είναι το βιώσιμο φάσμα ανάπτυξης των εκφραστικών και τεχνολογικών μέσων της, προορισμένων για μια πελατεία την οποία προφύλαξε (και μαζί με αυτήν και εμάς) από άλλα δραματικά ή και θανάσιμα ολισθήματα.

Αντρέας Γιακουμακάτος
Καθηγητής Ιστορίας, Κριτικής Ανάλυσης και Θεωρίας της Αρχιτεκτονικής
Τμήμα Αρχιτεκτόνων – Αριστοτέλειο Πανεπιστήμιο Θεσσαλονίκης

Influence Architecture and social function

Ioannis Vikelas was born in Paris; this biographical datum carries in itself an international aura which, especially in the case of an architect, is often tantamount to the knowledge and connection to a reality outside the confined national boundaries. It bears witness to a cosmopolitan mentality, the possibility of handling and treating experiences and vernaculars, which can exert a particular charm to ambitious contractors and to a more demanding architectural market. Especially, when this elements corresponds to the truth, that's even better for the architect, his clientele and the broader environment of his design influence.

This is indeed the case of Vikelas, if we view the way in which this profoundly Athenian architect has handled, during his quite long career, the stimuli and conquests of the global architectural stage. He belongs to that generation that entered the professional practice in the end of the 50's, that is to say in an era of exceptional, quality flourishing in domestic architectural production, and at the same time, an era of a massive request for reconstruction, meaning abundant work for all available professionals. All the aforementioned, followed by the request for modernization of the architectural expression, for abandonment of the dead-ends of classicist conservativism of the first post-war decade, and the bold treatment of established international vernaculars: through the apparent use of tried patterns; there is no other way. The obvious reference to Mies, Niemeyer or Neutra is considered absolutely able and fair, just as references to Gropius or Mendelssohn were considered rightful in the pre-war period, through the publications of "Architecture d'aujourd'hui" or the bibliographical repertoire of Sartoris. Besides this is, too, a result of a cosmopolitan spirit: a knowledge and acquaintance with currents and experience from abroad, an acquaintance far from presumed in regional and provincial Greece. The capability of accessing this information was valuable, while those who attempted that belonged to a discrete minority.

Admittedly, I often happened to gaze upon buildings of the capital, which did not fall in the category of a platitudinous pattern of construction or primitive satisfaction of needs. To mention some of them: office building on 8 Othonos St. in Syntagma (1962); apartment complex and "Plaza" movie theater in Ampelokipi (1965); Tower of Athens (1967); apartment building on 16 Rigillis St. (1968); several apartment buildings in Psychiko in the early 70's; "President" Hotel in Ampelokipi (1974); "Atrina" tower in Maroussi (1976); office building in Agia Varvara, Chalandri (1979); Cycladic Art Museum in Kolonaki (1986); Mortgage Bank offices on Akadimias St. (1996); even the last shops & office complex in Delta Falirou (2006): all of the above are projects by Vikelas. Surely, this is not about masterpieces, but about something even more important, if that is possible: about shells that contribute in a manifest way to the improvement of the quality of the built environment of Attica. The crisis, as well as the bad and speculative use, of the attic complex built area, cannot be dealt by masterpieces but by the visible improvement of the average quality. This is a primal battle, with all positive and negative implications for the theoretical discussion on the quality of modern Greek cities' architecture and the presumable role of any –faint– vanguards. In the case of an orchestra, some individual solists are not enough for the production of exceptional sound, when the remaining musicians belong to the music culture of the pits, where they perform during the night. Although such an example seems unlikely to be experienced in the realm of good music, it illustrates the actual reality regarding the production of our cities' image.

Yiannis Vikelas has designed over 900 buildings in his 50-year-long career, he has constructed almost half of Athens, in which he has practiced nearly exclusively. A genuine child of his times, he based his beginning on the practically axiomatic validity of the international style hypotheses, which were common among other important carriers of modern Greek architecture: the adoption of the modern rationalism vernacular, of Mies in particular, in his first projects, the pavilions for the Commercial and Ionian and Popular Banks at the International Exposition of Thessaloniki in 1958. Then, he gave rather solitary battles, which he carries on until today, for matters placed in the center of his beliefs and interests, with remarkable progress: the high-rise and the glass building, topics that raise the fury of many orthodox 'safekeepers' of Greek architecture – even though we are in 2010, there are still many of them, especially in Athens. His buildings are marked by the efficiency of typological and functional solutions, and by their structural and technological aptitude. They satisfy the market and client demands with high professionalism. There are even types of buildings, like urban and suburban apartment buildings (for example his projects in Psychiko, Kifissia and Filothei, since the late 60's), that literally created a typological and aesthetic model, and defined the identity of entire regions.

Vikelas passed through all phases of architectural taste: internationalism, post-modernism, late-modern pluralistic eclecticism. Taking into consideration his previous persistence for the creation of shells "with base, body and crowning" (particularly in the high-rise buildings, see Tower of Ampelokipi, 1967), or, creations of a generalized classical treatment on account of "locality" of a "pro rata" architecture in the city of classicism, one may safely conclude that he did not adopt post-modernism *ex abrupto*, responding to a fashion request. This can be sustained simply by the example of Vassilissis Sofias Ave. and the three buildings he realized in close proximity to each other on that particular road: the new wing of the Ministry of Foreign Affairs (corner with Akadimias St., 1971), "Astir Palace" Hotel (corner with Panepistimiou St., 1979), and the "Arvaniti" office building in the corner with Sekeri St., in the period of the post-modern boom (1982). If there is some matter that rises by his architecture, it's the conflicting relation of form and content, the symbiosis of his buildings' high rational functionality with their outer coating, the package which always owes to be reinvented from the beginning and to always exert its own charm, in harmony with whatever appears to be the spirit of every period. From this point of view, the production of Yiannis Vikelas offers an admirable tour in the world of contemporary architecture, through the most unexpected influences: from the obvious, "timeless" presence of Mies (design for Greek Embassy in Brasilia, 1973), to the mostly explicit references to projects of Norman Foster, Hans Hollein, Fumihiko Maki, Pietro Belluschi, Günther Domenig, Axel Schultes, Bernard Tschumi, even Nikos Valsamakis and Alexandros Tombazis. The shopping centers in particular constitute the extrovert prolific synopsis of the post-modern impulse ("Agora", 1985), or the american cosmopolitan spirit ("Galleria", 1979).

Yet, Vikelas expressed clearly negative criticism on postmodernism in 1989, in a period when other significant Greek architects still rushed aboard that train of populist historicism. In an interesting note in "Architecture in Greece", not only he distanced himself clearly from the "nostalgic garrulity", he even proceeded to justify the multiple references mentioned above. "Tendencies" are good, as are the "movements", as long as one does not become their prisoner, is the summary of the Athenian architect's thought. Stylistic "directions" are surely necessary in the context of an expressive "discrete vigour" (that translates into architecture's "shiny" public image), which unswervingly adopts the most advanced technological and structural ways of the time. In a more recent note of his, again in "Architecture in Greece" (2006), Vikelas mentions once again architecture's transforming character, which owes to follow the social conditions and requests, pointing that, after the decline of "less is more", the path of design could not but pass exclusively through "the ambiguity, multifariousness and complexity of life".

The architecture of Yiannis Vikelas has chosen to respond with optimism and realism, yet with talent, to the request of modernization of the Greek society, and to guarantee a public image for many protagonists mainly of the private financial and business activity. He responded to the market needs without ideological commitments, trying in each case to interpret the most advanced "zeitgeist". Far from the anxiety of a "personal poetic", in a long period of Greek architecture evolution, Vikelas has shown the sustainable development range of its expressive and technological means, destined towards a clientele he protected (along with all of us) from other dramatic or even mortal lapses.

Prof. Arch. Andreas Giakoumakatos

Department of History, Theory and Restoration School, School of Architecture – Aristotle University, Thessaloniki

Ο Πύργος και η Πλάζα

Η αστική διάσταση της αρχιτεκτονικής του Ι. Βικέλα

Η αντιληπτική δομή της πόλης

Παρατηρώντας την Αθήνα από ψηλά, μπορούμε να διακρίνουμε τα λιγοστά ψηλά κτήρια της πόλης να αναδύονται μέσα από το συμπαγές χαλί των πολυκατοικιών. Ανάμεσα σε αυτά δεν θα δυσκολευτούμε να ξεχωρίσουμε ορισμένα από τα έργα του Ι. Βικέλα, όπως τον Πύργο Αθηνών, το Ξενοδοχείο «President» ή τον Πύργο «Atrina». Η αρχιτεκτονική του Ι. Βικέλα αποτελεί ένα σημαντικό στοιχείο της εικόνας της Αθήνας, όπως την έχουμε διαμορφώσει στη μνήμη μας. Στην εικόνα αυτή, βέβαια, δεν περιλαμβάνονται μόνον οι πύργοι, αλλά ένα σύνολο από αναγνωρίσιμα κτήρια τα οποία μελετήθηκαν από τον Ι. Βικέλα και τους συνεργάτες του κατά μήκος των Λεωφόρων Βασιλίσσης Σοφίας και Κηφισίας.

Στο αρχιτεκτονικό έργο του Ι. Βικέλα αντανακλώνται διαφορετικές πτυχές της νεότερης ιστορίας της πόλης. Μέσα από τη μελέτη του έργου του μπορούμε να κατανοήσουμε την οικονομική ανάπτυξη της Αθήνας και τη σταδιακή εξάπλωση του επιχειρηματικού κέντρου κατά μήκος της Λεωφόρου Κηφισίας. Μπορούμε επίσης να αντιληφθούμε την εξέλιξη της αθηναϊκής αρχιτεκτονικής γοήτρου και τον τρόπο διάδοσης των κυρίαρχων αισθητικών προτύπων. Η πιο άμεση, όμως, επίδραση του έργου του Ι. Βικέλα αφορά στη συγκρότηση της αντιληπτικής δομής της πόλης μέσα από τη δημιουργία μιας σειράς χαρακτηριστικών τοποσήμων από το Σύνταγμα έως το Μαρούσι.

Στόχος του συγκεκριμένου κειμένου είναι η διερεύνηση της αστικής διάστασης της αρχιτεκτονικής του Ι. Βικέλα. Η διερεύνηση αυτή θα γίνει σε δύο συμπληρωματικές κατευθύνσεις: αρχικά θα εξεταστεί η αστική μορφολογία της αρχιτεκτονικής του Ι. Βικέλα και η συμβολή των έργων του στη διαμόρφωση της εικόνας της Αθήνας. Στη συνέχεια, η διερεύνηση θα επικεντρωθεί στο επίπεδο του εδάφους και στην αλληλεπίδραση των έργων του Ι. Βικέλα με το πλέγμα των δημόσιων χώρων και την καθημερινή ζωή της πόλης.

Η διαμόρφωση της εικόνας της Αθήνας

Τα έργα του Ι. Βικέλα έχουν αναγνωρίσιμη παρουσία καθ' όλο το μήκος της διαδρομής που συνδέει το ιστορικό κέντρο της Αθήνας με το νεότερο επιχειρηματικό κέντρο στο Μαρούσι. Η Πλατεία Συντάγματος, ο κόμβος των Αμπελοκήπων, η περιοχή του Γηροκομείου, ο Φάρος του Ψυχικού, η Αγία Βαρβάρα και ο χώρος του παλαιού εργοστασίου της ΗΒΗ, σηματοδοτούνται από εμβληματικά για την εποχή τους έργα γοήτρου. Στα σημεία αυτά βρίσκονται ορισμένα από τα πλέον αναγνωρίσιμα τοπόσημα της Αθήνας, όπως ο Πύργος Αθηνών, το Ξενοδοχείο «President», το Συγκρότημα Πολυκατοικιών πάνω από τον κινηματογράφο «Πλάζα«, το Εκθεσιακό Κέντρο Αθηνών, το Σούπερ Μάρκετ «ΑΒ», το «πράσινο» κτήριο στην Αγία Βαρβάρα και τα νεότερα κτήρια γραφείων και καταστημάτων στο Μαρούσι.

Η ισχυρή αστική υπόσταση αποτελεί προϋπόθεση επιτυχίας για τη δημιουργία ενός κτηρίου γοήτρου. Η επιλογή μιας προβεβλημένης θέσης στην πόλη και η μεγάλη κλίμακα συμβάλλουν καθοριστικά στην επιτυχία ενός φιλόδοξου έργου. Η βαρύτητα, όμως, των παραπάνω επιλογών μπορεί να αποδειχθεί περιορισμένη εφόσον αυτές δεν αξιοποιηθούν από τους ανάλογους αρχιτεκτονικούς χειρισμούς. Δεν είναι άλλωστε τυχαίος ο μεγάλος αριθμός των μέτριων κτηριακών έργων προβολής στις αθηναϊκές λεωφόρους. Τα έργα του Ι. Βικέλα ξεχωρίζουν, καθώς επιτυγχάνουν να προσελκύσουν το οπτικό ενδιαφέρον και να τονίσουν τη συμβολική διάστασή τους, διατηρώντας την ίδια στιγμή μια οριακή σχέση ισορροπίας με το αστικό περιβάλλον.

Προκειμένου να κατανοήσουμε την ιδιαίτερη συμβολή του έργου του Ι. Βικέλα στη διαμόρφωση της εικόνας της πόλης θα χρειαστεί, αρχικά, να εξετάσουμε το λεξιλόγιο της αρχιτεκτονικής του και, στη συνέχεια, να διερευνήσουμε τον τρόπο με τον οποίο χειρίζεται την κτηριακή μορφολογία στην αστική κλίμακα.

Το λεξιλόγιο της αρχιτεκτονικής του Ι. Βικέλα έχει σαφείς διεθνιστικές καταβολές, καθώς υιοθετεί τα κυρίαρχα μεταπολεμικά αρχιτεκτονικά πρότυπα. Το σημαντικότερο στοιχείο στην αρχιτεκτονική του είναι το υαλοπέτασμα, όπως άλλωστε και στα περισσότερα έργα γοήτρου της ίδιας περιόδου στις ανεπτυγμένες δυτικές πόλεις. Ταυτόχρονα, από το έργο του Ι. Βικέλα δεν απουσιάζουν οι επιδράσεις από τις τοπικές συνθήκες. Η επιβεβλημένη χρήση του οπλισμένου σκυροδέματος στην τοπική οικοδομική τεχνολογία οδηγεί συχνά στην αποκάλυψη στοιχείων του βαρέως φέροντος οργανισμού. Ενώ, οι τοπικές κλιματολογικές συνθήκες ενθαρρύνουν τη χρήση εξωστών και στοιχείων ηλιοπροστασίας, ειδικά στα έργα εκείνα που περιλαμβάνουν χώρους κατοίκησης:

Το υαλοπέτασμα: Ο Ι. Βικέλας είναι ένας από τους πρώτους αρχιτέκτονες που εισάγουν στην Ελλάδα το υαλοπέτασμα, αξιοποιώντας την ιδιαίτερη συμβολική διάσταση της μοντέρνας εικονογραφίας που καθιέρωσε ο Mies van der Rohe . Ήδη από το 1962, όταν ο Ι. Βικέλας μελετά τα πρώτα σημαντικά έργα του στην Πλατεία Συντάγματος, διακρίνεται η προσπάθειά του για την ανάδειξη του υαλοπετάσματος και την απελευθέρωσή του από τα δομικά στοιχεία της κατασκευής. Η ιδιαίτερη συμβολική διάσταση του υαλοπετάσματος ως στοιχείου έκφρασης γοήτρου αναδεικνύεται στον μινιμαλιστικό Πύργο «Atrina» (1976), όπου και αποτελεί το μοναδικό εμφανές στοιχείο της σύνθεσης. Αξιοσημείωτη είναι επίσης η χρήση του υαλοπετάσματος στο μικρό καμπυλόμορφο Κτήριο Γραφείων στην Αγία Βαρβάρα (1979), καθώς επίσης και στο Μουσείο Κυκλαδικής Τέχνης (1986), όπου το υαλοπέτασμα επιλέγεται ως το κύριο μέσο διαφοροποίησης του μικρού Μουσείου από τις γειτονικές πολυκατοικίες του Κολωνακίου.

Ο σκελετός: Η αποκάλυψη στοιχείων του σκελετού αποτελεί σύνηθες χαρακτηριστικό στα έργα του Ι. Βικέλα. Η επιλογή αυτή δεν πηγάζει από τη διάθεση ανάδειξης της κατασκευαστικής δομής που εκφράζει το μπρουταλιστικό ήθος. Ο σκελετός αποκαλύπτεται από τον Ι. Βικέλα αποσπασματικά και με τρόπο τέτοιο, ώστε να μην προσφέρει ολοκληρωμένη εικόνα της κατασκευαστικής δομής του κτηρίου. Τα εμφανή μέρη του σκελετού αντιμετωπίζονται ως μορφολογικά στοιχεία και αποτελούν οργανικά μέρη της σύνθεσης. Χαρακτηριστικά είναι τα παραδείγματα των δύο ψηλών κτηρίων στην Αγία Βαρβάρα. Τόσο στα γραφεία της ΕΔΟΚ ΕΤΕΡ (1977) όσο και στην Εννεαώροφη Πολυκατοικία (1973), η αποκάλυψη των υποστυλωμάτων τονίζει τον κατακόρυφο άξονα και έρχεται σε αντιδιαστολή με τη λειτουργική μάζα του κτηρίου. Αντίστοιχα, στον Πύργο Αθηνών (1967) η ανάδειξη των εξωτερικών υποστυλωμάτων εκφράζει μια σαφή κλασικιστική διάθεση, η οποία εντείνεται από την επένδυσή τους με μάρμαρο.

Ο εξώστης: Στα έργα του Ι. Βικέλα που φιλοξενούν προγράμματα κατοίκησης, η κτηριακή μορφολογία καθορίζεται από την εκτεταμένη παρουσία των εξωστών. Χαρακτηριστικό παράδειγμα αποτελεί το Συγκρότημα Πολυκατοικιών του Κινηματογράφου «Πλάζα» (1965), όπου παρουσιάζονται διαφορετικές μορφολογικές παραλλαγές της αθηναϊκής αρχιτεκτονικής του εξώστη. Αντίστοιχα σε κτήρια μεγαλύτερου ύψους, όπως το Ξενοδοχείο «President» (1974) και το Εκθεσιακό Κέντρο Αθηνών (το οποίο αρχικά είχε μελετηθεί ως κτήριο κατοικιών), οι εξώστες διαμορφώνουν μια δεύτερη, εξωτερική, επιδερμίδα.

Η αρχιτεκτονική του Ι. Βικέλα διαθέτει ένα πλούσιο συντακτικό δημιουργίας αστικών τοποσήμων ανάλογως των ιδιαίτερων προγραμματικών και πολεοδομικών χαρακτηριστικών που αντιμετωπίζει. Πρόκειται, άλλωστε, για μια αρχιτεκτονική προβολής η οποία επιδιώκει πρώτα απ' όλα την αναγνωρισιμότητά της. Η επιδεξιότητα της αρχιτεκτονικής του Ι. Βικέλα έγκειται στην ανάδειξη απλών γεωμετρικών χαρακτηριστικών, που μπορούν να γίνουν αντιληπτά από το ευρύ κοινό, καθώς επίσης και στον επιτυχή χειρισμό της αστικής κλίμακας. Είναι χαρακτηριστικός στο έργο του Ι. Βικέλα, ο τρόπος με τον οποίο άλλοτε αυξάνεται η ένταση της σύνθεσης, προκειμένου να προσελκύσει το βλέμμα του διερχόμενου παρατηρητή, και άλλοτε επιδιώκεται η αποφόρτισή της, προκειμένου να αποτραπεί η δυσανάλογη σχέση κλίμακας μεταξύ του νέου κτηριακού όγκου και του περιβάλλοντός του.

Γεωμετρία: Η αστική μορφολογία των έργων του Ι. Βικέλα βασίζεται στην επεξεργασία απλών γεωμετρικών στοιχείων και τον καθορισμό βασικών γεωμετρικών σχέσεων. Χαρακτηριστικό παράδειγμα αποτελεί ο Πύργος «Atrina« όπου κύρια συνθετική πρόθεση είναι η ανάδειξη του κατακόρυφου άξονα με τα ελάχιστα δυνατά εκφραστικά μέσα. Ο κατακόρυφος άξονας του πύργου προσελκύει το ενδιαφέρον των διερχόμενων από τη Λεωφόρο Κηφισίας, παρά την απόσταση που χωρίζει το κτήριο από τον δρόμο. Αντίθετα, το Ξενοδοχείο «President» και το Εκθεσιακό Κέντρο Αθηνών γίνονται αναγνωρίσιμα χάρη στην επανάληψη της οριζόντιας διάστασης των εξωστών τους. Ένα άλλο παράδειγμα αναζήτησης μιας λιτής και εύληπτης γεωμετρικής έκφρασης συναντούμε στην όψη του Μουσείου Κυκλαδικής Τέχνης. Το χαρακτηριστικό υαλοπέτασμα του Μουσείου περιβάλλεται από μια «μαρμάρινη κορνίζα» που δεν αφήνει καμία αμφιβολία για την ιδιαίτερη συμβολική αξία του κτηρίου. Σε αρκετά έργα του Ι. Βικέλα ακολουθείται, επίσης, η τριμερής διάρθρωση του κτηρίου σε βάση, κορμό και στέψη. Στον Πύργο Αθηνών, η κλασικιστική μορφολογία αποτέλεσε την απάντηση των αρχιτεκτόνων στην απαίτηση του εργοδότη για απόδοση «τοπικού χρώματος» στη σύνθεση. Το επιχείρημα περί ελληνικότητας της συγκεκριμένης μορφολογικής έκφρασης εκφράζει τους προβληματισμούς της δεκαετίας του 1960 και θα μπορούσε να αμφισβητηθεί στις μέρες μας. Την ίδια όμως στιγμή, η κλασικιστική σαφήνεια του Πύργου Αθηνών παραμένει αναμφισβήτητη και δικαιωμένη από τον χρόνο.

Ένταση: Στο έργο του Ι. Βικέλα, η ένταση των απλών γεωμετρικών συνθέσεων αυξάνεται χάρη σε λεπτούς, αλλά επιδέξιους, χειρισμούς που προσελκύουν το βλέμμα του διερχόμενου παρατηρητή. Στον Πύργο Αθηνών αυτό επιτυγχάνεται με την καθ' ύψος επανάληψη διαφορετικών οριζόντιων και κατακόρυφων στοιχείων. Αντίστοιχα, στον Πύργο «Atrina» η επανάληψη μιας μόνο διάστασης είναι επαρκής, ώστε να δώσει τη μέγιστη ένταση στα τρία κατακόρυφα πρίσματα που «αναδύονται από το έδαφος χωρίς να τερματίζουν πουθενά». Ενώ στο Σούπερ Μάρκετ «ΑΒ» (1974) η παράθεση τριών πρισματικών όγκων, που διαχωρίζονται με γραμμικά ανοίγματα, δημιουργεί μια λιτή αλλά αναγνωρίσιμη όψη στη Λεωφόρο Κηφισίας. Η οριακή μετακίνηση του ανώτερου όγκου και η διαφοροποίηση του υλικού της βάσης προσφέρουν την ελάχιστη απαιτούμενη ένταση στη σύνθεση, ώστε να προσελκύσει το ενδιαφέρον των επιβατών των διερχόμενων οχημάτων.

Αποφόρτιση: Η ένταση της σύνθεσης δεν αποτελεί τη μοναδική προτεραιότητα στη δημιουργία ενός κτηρίου γοήτρου. Δεν είναι σπάνιες οι περιπτώσεις εκείνες όπου ο όγκος ενός κτηρίου είναι δυσανάλογα μεγάλος σε σχέση με την κλίμακα της περιβάλλουσας πόλης. Στις περιπτώσεις αυτές, η συνθετική δυσκολία έγκειται στη διάσπαση του κτηρίου σε επιμέρους στοιχεία. Χαρακτηριστικό παράδειγμα αποτελεί, και σε αυτή την περίπτωση, ο Πύργος Αθηνών. Η διάλυση του πολεοδομικού ιστού, που θα μπορούσε να προκληθεί από τη δημιουργία ενός δυσανάλογα μεγάλου κτηρίου, αποφεύγεται χάρη στη διεύρυνση της βάσης του Πύργου. Η δημιουργία ενός ενδιάμεσου, χαμηλότερου, στοιχείου που ακολουθεί τον ιστό της πόλης αποφορτίζει την απότομη αλλαγή κλίμακας μεταξύ του Πύργου και των γύρω πολυκατοικιών. Αντίστοιχο χειρισμό συναντούμε και στο Ξενοδοχείο «President» όπου ο μεγάλος όγκος του ψηλού κτηρίου διασπάται καθ' ύψος σε δύο τμήματα. Καθώς, επίσης, στο Κτήριο Γραφείων της ΕΔΟΚ ΕΤΕΡ στην Αγία Βαρβάρα, όπου ο μεγάλος όγκος του κτηρίου ελαφραίνει χάρη στη διάσπαση του κορμού του από ζώνες ημιυπαίθριων χώρων.

Η ανάκτηση του εδάφους

Είναι γνωστό το επιχείρημα υπέρ των ψηλών κτηρίων το οποίο αναφέρεται στη δυνατότητα διασφάλισης πολύτιμων αδόμητων χώρων γύρω τους. Στο επιχείρημα αυτό έχει αναφερθεί και ο ίδιος ο Ι. Βικέλας υπερασπιζόμενος όχι τόσο το ίδιο του το έργο, όσο τη δυνατότητα δημιουργίας νέων αθηναϊκών πύργων στο μέλλον. Για τον Ι. Βικέλα, το επιχείρημα αυτό αποτελεί μια θέση την οποία έχει έμπρακτα υποστηρίξει μέσα από το έργο του. Ένα ενδιαφέρον, αν και παραγνωρισμένο, χαρακτηριστικό αρκετών έργων του Ι. Βικέλα αφορά στην προσπάθεια αναβάθμισης των δραστηριοτήτων στο επίπεδο του εδάφους. Αυτή επιτυγχάνεται χάρη στον επιμελή σχεδιασμό των ανοικτών χώρων των κτηριακών συγκροτημάτων και τη σύνδεσή τους με το πλέγμα των δημόσιων χώρων της περιβάλλουσας πόλης. Οι καταβολές της συγκεκριμένης αρχιτεκτονικής θα πρέπει να αναζητηθούν, και σε αυτή την περίπτωση, σε διαφορετικές εκφάνσεις του μοντέρνου. Ο ελεύθερος χώρος γύρω από τα κτήρια του Ι. Βικέλα αντιμετωπίζεται άλλοτε ως ένα «πράσινο χαλί» φυσικών διαμορφώσεων, το οποίο παραπέμπει στο πρότυπο της Unité d' habitation του Le Corbusier και άλλοτε ως μια «σκληρή επιφάνεια» συγκέντρωσης και αναψυχής, η οποία παραπέμπει στα πρότυπα της αμερικανικής plaza. Οι ανοικτοί χώροι που αποδίδονται σε δημόσια χρήση μπροστά από ψηλά κτήρια της Νέας Υόρκης, όπως η Seagram Plaza του Mies van der Rohe ή η Lower Plaza στο Rockefeller Center του Raymond Hood, φαίνεται πως αποτελούν μια σημαντική αναφορά για τις αντίστοιχες διαμορφώσεις από τον Ι. Βικέλα.
Προκειμένου να κατανοήσουμε τη συγκεκριμένη διάσταση του έργου του, θα χρειαστεί να σταθούμε σε τέσσερα διαφορετικά παραδείγματα:

Ο Πύργος Αθηνών αποτελεί ένα κτήριο το οποίο είναι διαπερατό στο επίπεδο του δρόμου. Η δημιουργία μιας εσωτερικής πλατείας με πρόσωπο στη Λεωφόρο Μεσογείων και ενός εσωτερικού πεζόδρομου προσφέρουν διαφορετικές δυνατότητες ανάπαυσης και συγκέντρωσης. Αυτές αξιοποιούνται από τους επισκέπτες των γύρω καταστημάτων και τους μαθητές των φροντιστηρίων που μέχρι πριν από λίγα χρόνια πλημμύριζαν την περιοχή. Η διάταξη της εισόδου του Πύργου, ο χώρος αναμονής των ανελκυστήρων, το πλέγμα των εσωτερικών στοών και η χρήση των χαμηλότερων ορόφων από καταστήματα, χώρους αναψυχής και υπηρεσίες προσβάσιμες από το ευρύ κοινό, δίνουν στο κτήριο έναν ιδιαίτερα φιλόξενο, δημόσιο, χαρακτήρα. Δεν θα ήταν υπερβολή να πούμε ότι ο Πύργος Αθηνών διαμορφώνει τη ζωή της ευρύτερης περιοχής των Αμπελοκήπων και παραμένει ανοικτός στην αλληλεπίδραση μαζί της.

Το Συγκρότημα Πολυκατοικιών στη Λεωφόρο Κηφισίας, στο ύψος του Γηροκομείου, παρουσιάζει ιδιαίτερο ενδιαφέρον, καθώς ακολουθεί τα πρότυπα της τυπικής αθηναϊκής πολυκατοικίας αλλά, την ίδια στιγμή, αξιοποιεί τη μεγάλη κλίμακά του ώστε να προσφέρει νέες αστικές εμπειρίες στο επίπεδο του δρόμου. Σε αυτό συμβάλλουν: αφενός μεν το σύνθετο πλέγμα προγραμμάτων δημοσίου ενδιαφέροντος που, μέχρι πρόσφα-

τα, περιελάμβανε τον κινηματογράφο «Πλάζα», το ζαχαροπλαστείο «Φλόκα» και ένα Σούπερ Μάρκετ με υπόγειο χώρο στάθμευσης. Και αφετέρου το σύνθετο πλέγμα κινήσεων γύρω από το εσωτερικό αίθριο του συγκροτήματος το οποίο περιλαμβάνει, μεταξύ των άλλων, και τη δυνατότητα εξόδου του κινηματογράφου στο αίθριο. Η πολυπλοκότητα του συγκροτήματος και η ενδιαφέρουσα οργάνωση των εσωτερικών χώρων κίνησης και στάσης συνέβαλαν στη δημιουργία ενός από τους πιο δημοφιλείς χώρους αναψυχής της Λεωφόρου Κηφισίας για τουλάχιστον τρεις δεκαετίες.

Δίπλα από τον Πύργο «Atrina» έχει διαμορφωθεί μια υποβαθμισμένη μικρή πλατεία με σαφείς αναφορές στην αμερικανική plaza. Η αντίθεση της κλίμακας μεταξύ του πανύψηλου κτηρίου και του μονώροφου κήπου, που φιλοξενεί εκτός των άλλων και το γραφείο των Ι. και Α. Βικέλα, δημιουργεί μια απρόσμενη και ιδιαίτερα ενδιαφέρουσα χωρική εμπειρία.

Τέλος, στην Αγία Βαρβάρα εικονογραφείται με τον καλύτερο τρόπο το επιχείρημα του Ι. Βικέλα υπέρ των ψηλών κτηρίων. Η υλοποίηση δύο ψηλών κτηρίων σε γειτονικά οικόπεδα από τον ίδιο αρχιτέκτονα, του «πράσινου» πύργου γραφείων της ΕΔΟΚ ΕΤΕΡ και της εννεαώροφης πολυκατοικίας, σε συνδυασμό με τον γειτονικό πύργο κατοικιών «Δίφρος» του Α. Τομπάζη, έχει επιτρέψει να αφεθεί αδόμητη μια σημαντική έκταση εδάφους. Η δημιουργία των τριών ψηλών κτηρίων έχει εξασφαλίσει επαρκή απόσταση, εκτός των άλλων, και από τον περιβάλλοντα χώρο της μικρής εκκλησίας της Αγίας Βαρβάρας, που σε αντίθετη περίπτωση θα είχε συνθλιβεί ανάμεσα σε πυκνά κτήρια μεσαίου ύψους. Στην Αγία Βαρβάρα, το απελευθερωμένο έδαφος διαμορφώνεται ως φυσικό τοπίο, το οποίο περιβάλλει τα ψηλά κτήρια και εισέρχεται στο υπερυψωμένο pilotis της Εννεαώροφης Πολυκατοικίας, σε μια επιτυχή εφαρμογή των ανάλογων αρχών του μοντέρνου κινήματος.

Νέα αισθητικά πρότυπα και αστικές εμπειρίες

Μέσα από την αρχιτεκτονική του Ι. Βικέλα μπορούμε να αντιληφθούμε την εξέλιξη των αισθητικών προτύπων της μεταπολεμικής αθηναϊκής κοινωνίας. Ο Ι. Βικέλας είχε ξεχωριστή συμβολή στην εισαγωγή της μοντέρνας εικονογραφίας και την προσαρμογή της στις τοπικές συνθήκες. Το έργο του συνέβαλε τόσο στην αποδοχή των μοντερνιστικών προτύπων από την κοινωνική και οικονομική ελίτ της πόλης όσο και στην ευρύτερη διάδοσή τους.

Η αρχιτεκτονική προβολής του Ι. Βικέλα ικανοποιεί τις αισθητικές απαιτήσεις των επιχειρηματιών εργοδοτών και αναδεικνύει την ιδιαίτερη συμβολική διάσταση των κτηρίων γοήτρου. Πρόκειται για μια αρχιτεκτονική εύληπτη που προσελκύει το οπτικό ενδιαφέρον μέσα από τον χειρισμό απλών γεωμετρικών μορφών και μπορεί να γίνει κατανοητή από το ευρύτερο κοινό.

Η αρχιτεκτονική του έχει προνομιακή σχέση με το αστικό τοπίο της Αθήνας. Το έργο του διαθέτει ένα πλούσιο συντακτικό δημιουργίας αστικών τοποσήμων. Πρόκειται για μια αρχιτεκτονική η οποία διακρίνεται για την αίσθηση της αστικής κλίμακας. Διαθέτει τα εργαλεία, ώστε να προκαλέσει οριακές εντάσεις, προσελκύοντας το βλέμμα του διερχόμενου παρατηρητή, αλλά και να τις αποφορτίσει όταν δημιουργούνται απότομες αντιθέσεις κλίμακας. Την ίδια στιγμή, πρόκειται για μια αρχιτεκτονική η οποία δεν διστάζει να εισάγει νέες αστικές εμπειρίες στο επίπεδο του εδάφους. Ο επιμελής σχεδιασμός των ανοικτών χώρων που περιβάλλουν τα κτήρια, η προγραμματική διάρθρωση των χαμηλότερων επιπέδων και η ευρηματική οργάνωση του πλέγματος των κυκλοφοριών, συμβάλλουν στη δημιουργία διαπερατών κτηρίων με δημόσιο χαρακτήρα.

Το έργο του Ι. Βικέλα κατέχει ξεχωριστή θέση στην ιστορία τόσο της Αθήνας όσο και του ελληνικού μοντερνισμού. Τα εμβληματικά κτήριά του εισήγαγαν νέα αισθητικά πρότυπα και αποτελούν, ακόμη και σήμερα, χαρακτηριστικά τοπόσημα του αθηναϊκού αστικού χώρου. Αντίστοιχα οι διαμορφώσεις των ανοικτών χώρων που τα περιβάλλουν εξακολουθούν να προσφέρουν ενδιαφέρουσες αστικές εμπειρίες. Οι «πύργοι» και οι «πλάζες» του Ι. Βικέλα αποτελούν ξεχωριστά στοιχεία της μοντέρνας αθηναϊκής εικονογραφίας. Ενώ, ταυτόχρονα, συνιστούν και μια πολύτιμη βάση αναφοράς για την ανανέωση της ταυτότητας της πόλης στο μέλλον.

Πάνος Δραγώνας

Αρχιτέκτων, Αναπληρωτής Καθηγητής Αρχιτεκτονικού και Αστικού Σχεδιασμού στο Τμήμα Αρχιτεκτόνων Μηχανικών του Πανεπιστημίου Πατρών

Tower and Plaza

The urban dimension of the architecture of I. Vikelas

Perspective structure of the city

Observing an aerial view of Athens, one can point out the few high rise buildings of the city, emerging out of the compact layer of apartment buildings. It will not be difficult to distinguish, among them, some of the projects by I. Vikelas, such as the Tower of Athens, "President" Hotel or "Atrina" Tower. His architecture constitutes an important part of the image of Athens, as it has been imprinted on our collective memory. This image surely includes, apart from towers, a group of recognizable buildings that were designed by I. Vikelas and his associates along Vassilissis Sofias and Kifissias Avenues.

Several aspects of the city's modern history are reflected on I. Vikelas's architectural work. Through the study of his work we can understand the economic development of Athens and its business center's gradual expansion along Kifissias Avenue. We can also realize the evolution of prestige architecture in Athens and the main aesthetic standards diffusion pattern. However, the most direct impact of his work is the composition of the city's perceptive structure through the creation of a line of distinctive landmarks from Syntagma to Maroussi.

The present article aims to investigate the urban dimension of the architecture of I. Vikelas. This investigation will develop on two complementary directions: firstly it will examine the urban morphology of his architecture and his projects' contribution in shaping the image of Athens. It will then focus on ground level and on the interaction of his projects with the grid of public areas and everyday life in the city.

Shaping the image of Athens

The projects of I. Vikelas are quite recognizable all along the route connecting the historic center of Athens with the new business center in Maroussi. Syntagma Square, the junction in Ampelokipi, the area of Girokomio, Faros in Psychiko, Agia Varvara and the area previously occupied by the IVI factory, are locations marked by prestige projects that became symbols of their time. Some of the most recognizable buildings of Athens are sited on these locations: the Tower of Athens, "President" Hotel, the complex of apartment buildings over "Plaza" movie theatre, Athens Expo Tower, "AB" Super Market, the "green" building in Agia Varvara, and the more recent shops & office buildings in Maroussi.

Intense urban existence is a prerequisite for the successful creation of a prestige building. Two defining factors for the success of an ambitious project are the selection of a prominent site within the city, and working on a large scale. However, the importance of the aforementioned options can be proven quite limited, if they fail to be developed by appropriate architectural treatment. Hence the large number of mediocre office buildings on the avenues of Athens. Projects by I. Vikelas stand out because they succeed to attract visual interest, and to emphasize their symbolic dimension, maintaining at the same time a marginal balancing relationship with the urban environment.

In order to understand the particular contribution of his work in shaping the city image, it will be necessary to start by examining the idiom of his architecture, and to continue by researching the way in which he handles the building's morphology in the urban scale.

The architectural vocabulary of I. Vikelas has clear origins in the international style, since it adopts the dominant postwar architectural concepts. The most important element in his architecture is the curtainwall, following the norm of most prestige buildings of the same period in developed cities of the western world. At the same time, his work does not lack influences from local conditions. The imposed use of reinforced concrete in the local construction technology often leads to exposing elements of the sturdy load-bearing structure. On the other hand, local climatic conditions encourage the use of balconies and shading elements, especially on projects including residential areas:

The curtain wall: I. Vikelas is one of the first Greek architects to introduce to his country the curtain wall, making use of the particular symbolic dimension of modern iconography as it was established by Mies van der Rohe . Ever since 1962, when I. Vikelas was designing his first important projects in Syntagma Square, one can notice his effort to promote the curtain wall and its detachment from the construction structural elements. The special symbolic dimension of the curtain wall as an expression of prestige is exemplified on the minimal "Atrina" Tower (1976), where it makes the single visible element of the composition. The application of curtain wall on the small curved office building in Agia Varvara (1979) is also remarkable, as is the case of the Cycladic Art Museum (1986), where the curtain wall is selected as the main element of differentiation between the small Museum and the adjacent apartment buildings of Kolonaki.

The frame structure: Exposing structural elements is a common feature in projects of I. Vikelas. This decision does not originate from an intention to enhance the constructional structure due to a brutalist ethos. I. Vikelas reveals only sections of the framework, so as to avoid offering a complete picture of the building's structure. The exposed structural parts are treated as morphological elements and become organic compositional members. Typical examples of this treatment are the two high-rise buildings in Agia Varvara. In the headquarters of EDOK ETER (1977), as well as in the nine-storey apartment building (1973), the exposure of the columns emphasizes the vertical axis and comes in contrast to the functional mass of the building. Similarly, the exposure of the external columns in the Tower of Athens (1967) expresses a clear intention for classicism, which is stressed by their marble cladding.

The balcony: In residential projects of I. Vikelas, the morphology of the building is defined by the extensive presence of balconies. The apartment complex over "Plaza" movie theatre (1965) is a typical example, where there are different morphological variations of the athenian balcony architecture. Furthermore, in high-rise buildings, such as "President" Hotel (1974) and Athens Expo Center (which was initially designed as a residential building), the balconies form a secondary, outer skin.

The architectural syntax of I. Vikelas offers an extensive mechanism for creating urban landmarks according to the specific programmatic and urban planning parameters of each project. Besides, it is an architecture of prestige, with the primary goal of being recognizable. The dexterity of his architecture lies in the presentation of simple geometric features, which can be perceived by the public, as well as in the successful treatment of the urban scale. The way in which the power of the composition varies, increasing at some points in order to attract the look of observers passing by, and decreasing at other points in order to prevent the disproportionate relation between the new volume built and its surroundings, is typical to his work:

Geometry: The urban morphology of projects by I. Vikelas is based on the configuration of simple geometric elements and the definition of basic geometric relations. For example, the primary compositional intention in "Atrina" Tower is to emphasize the vertical axis with the minimum number of expressive means. The tower's vertical axis attracts the interest of passersby on Kifissias avenue, despite the distance separating the building from that road. In contrast, "President" Hotel and the Expo Center of Athens become recognizable by the repetition of their balconies' horizontal dimension. Another example of the quest for an unadorned and direct geometric expression is the elevation of the Cycladic Art Museum. The Museum's distinctive curtain wall is surrounded by a marble "frame" which communicates indisputably the special symbolic value of the building. Many projects of I. Vikelas are also based on the three-fold principle of base, body and crown. The classicist morphology of the Tower of Athens became the architects' response to the project owner's demand for "local colour" in the composition. This notion of Hellenic locality of the specific morphological expression encompasses the theoretical questions of the 1960s and could be disputed in our days. At the same time, however, the Tower's classicist clarity remains unquestioned, vindicated through time.

Intensity: The intensity of simple geometric compositions is increased, in the work of I. Vikelas, through delicate, skilful treatments that attract the passing observers' look. In the Tower of Athens, this is achieved by the repetition of several horizontal and vertical elements along the height of the building. Similarly, in "Atrina" Tower, the repetition of a single dimension is sufficient to maximize the intensity of the three vertical prisms "emerging interminably from the ground." On the other hand, in the case of the "AB" Super Market, the lining of three prisms, separated by linear openings, creates a simple yet recognizable elevation facing Kifissias Avenue. The minute movement of the superior volume and the base material differentiation offer the minimum intensity required to attract the interest of passengers in moving vehicles towards the composition.

Discharge: Compositional intensity is not the unique priority in creating a prestige building. There are occasions where the building volume is disproportionately large in relation to the surrounding urban scale. In these cases, the compositional difficulty lies in the building segmentation into individual elements. The Tower of Athens is a typical example for this case also. The urban fabric dissolution, that could have resulted from the creation of a disproportionately large building, is avoided by widening the Tower base. The creation of an intermediate, lower, element that follows the urban fabric, facilitates the sudden change of scale between the Tower and neighbouring buildings. A similar approach can be identified in "President" Hotel, where the large volume of the high-rise building is vertically split in two sections. Also in the headquarters of EDOK ETER in Agia Varvara, where the large built volume is 'relieved' by the insertion of semi-outdoor areas in the building mass.

Reclaiming the ground

The pro-highrise-buildings argument referring to the capability of securing valuable un-built open areas around them is well known. I. Vikelas has also referred to this argument, in support not so much of his own work, but of the possibility for new tower creations in Athens. I. Vikelas has supported this argument with his work. An interesting, yet omitted, feature of many projects by I. Vikelas, is pertinent to an attempt of enhancing activities on ground level. This is achieved by meticulous design of open air spaces of the building complexes and their connection to the surrounding city's grid of public spaces. The origins of this specific architecture must be traced once again in different expressions of the modern movement. The free space surrounding I. Vikelas buildings is sometimes dealt as a "green carpet" of natural arrangements, which relates to Le Corbusier's Unité d' Habitation, and other times as a "hard surface" for gathering and for recreation, which refers to the american plaza model. The open spaces before New York high-rise buildings attributed to public use, such as the Seagram Plaza by Mies van der Rohe or Lower Plaza of the Rockefeller Center by Raymond Hood, seem to be an important reference for the corresponding configurations by I. Vikelas.

In order to understand the specific magnitude of his work, it is necessary to examine four different examples: The Tower of Athens is a building that is permeable on street level. The creation of an inner plaza facing Mesogion Avenue and an inner pedestrian way offer different possibilities for rest and congregation. Visitors of surrounding shops and students, once flooding the area, now use these spaces. The Tower entrance configuration, the elevator lobby, the interior arcades grid and the occupation of lower storeys by shops, recreation areas and services addressing the public, render the building particularly welcoming, public. It wouldn't be an exaggeration to state that the Tower of Athens shapes the life of the wider area of Ampelokipi and remains open to interaction with it.

The apartment building complex on Kifissias Avenue at the area of Girokomio (Athens Nursing Home), is especially interesting since it follows the model of the athenian apartment building but, at the same time, makes use of its large scale thus offering new urban experiences on street level. The following factors contribute to this feeling: first of all the complex matrix of programmes addressing public interest that, until recently, included "Plaza" movie theatre, "Floka" coffee shop, and a super market with an underground parking area. On the other hand, the complex matrix of circulation around a central atrium, including exit ways from the movie theatre towards the atrium. The complexity and sophisticated organization of the internal circulation and rest

areas of the complex contributed to the creation of one of the most popular recreation locations of Kifissias Avenue for at least three decades.

Next to "Atrina" Tower there is a lower small plaza with clear references to the american model. The contrasting scale of this small garden by the high-rise building, which is hosts among others, the offices of I. and A. Vikelas, creates an unexpected and peculiarly interesting spatial experience.

Finally, I. Vikelas's pro-high-rise argument is visualized in the best way in Agia Varvara. The realization of two high-rise building in adjacent plots by the same architect, the "green" office tower for EDOK ETER being the one and nine-storey apartment building the other, in combination to "Difros" residential tower by A. Tombazis rising nearby, has allowed for the existence of an un-built land of significant size. The creation of the three towers allowed for a secure distance between them and the surrounding landscape of the small church of Agia Varvara, which would be otherwise pressed by medium-height dense buildings. In Agia Varvara, the free land is landscaped naturally, surrounding the towers and intruding the elevated pilotis of the nine-storey apartment building, thus applying successfully the relative modern movement principles.

New aesthetic standards and urban experiences

Through the architecture of I. Vikelas we can perceive the evolution of aesthetic standards of the athenian postwar society. I. Vikelas has a special contribution to the introduction of modern iconography and its adaptation to local conditions. His work assisted in the acceptance of modernist standards by the social and economic elite, as well as in their wide diffusion.

I. Vikelas's architecture satisfies the aesthetic demands of businessmen-project owners and shows the particular symbolic dimension of prestige buildings. It is an easy-to-read architecture that attracts visual interest through the treatment of simple geometric forms, and can be understood by the public.

His architecture has a privileged relationship with the urban landscape of Athens. His work employs a wide syntactic mechanism for the creation of urban landmarks. It is an architecture sensitive to the urban scale. It has the necessary tools to produce marginal intensities, attracting the look of passing observers, but also discharging that intensities when there is the risk of sudden scale contrasts. At the same time, it is an architecture that does not hesitate to introduce new urban experiences on street level. The meticulous design of open spaces surrounding the buildings, the programmatic articulation of lower levels and the circulation matrix genius organization make up the creation of permeable public buildings.

The work of I. Vikelas hold a distinct position in the history of Athens as well as that of Greek modernism. His significant buildings introduced new aesthetic standards, and, even to this day, make distinctive landmarks of the urban space of Athens. The open space configurations surrounding the buildings continue to provide interesting urban experiences. The "towers" and "plazas" of I. Vikelas are particular parts of modern Athenian iconography. At the same time, they form a valuable ground of reference for the future renovation of the city's identity.

Panos Dragonas

Architect,, Associate Professor of Architectural and Urban Design at the Department of Architecture, University of Patras

Μια αρχιτεκτονική διαδρομή: σκέψεις και περιπέτειες

Στην αρχιτεκτονική σήμερα, σε αυτήν που κυριαρχεί έξω από τα στενά όρια της χώρας μας, φαίνεται πως όλα είναι δυνατά, όλα επιτρέπονται. Ζούμε στην εποχή του απόλυτου πλουραλισμού, στη φάση της μετάβασης προς κάτι που αμυδρά διακρίνουμε. Χωρίς αμφιβολία, ζούμε κάτω από τη σκέπη μιας γενικευμένης νοοτροπίας ελευθεριότητας που διέπει και την αρχιτεκτονική πρακτική. Φαίνεται ότι έχει τελειώσει μια περίοδος βεβαιότητας. Ως κοινωνία αμφιβάλλουμε για όλα, ακόμα και για τον εαυτό μας. Η πολυφωνία και η ισοπέδωση προκαλούν, ωστόσο, την ανάγκη στηριγμάτων. Η αρχιτεκτονική, ως συγκεκριμένη και εφαρμοσμένη τέχνη, μπορεί να βοηθήσει.

Η αρχιτεκτονική ορίζει το φυσικό περιβάλλον, ώστε οι άνθρωποι, ως άτομα και ομάδες, να μπορούν να ζουν, να εργάζονται και να συνυπάρχουν αρμονικά. Εξάλλου, όταν παρατηρείς και κατανοείς τι είναι ένα κτήριο, έχεις επίγνωση του ποιοι είναι οι χρήστες του και ποιος είναι ο κοινωνικός τους ρόλος. Αν το κτίσμα σηματοδοτεί τη λειτουργία του και αντανακλά τον κοινωνικό του ρόλο, τότε η αρχιτεκτονική συμβάλλει σε μια αναβάθμιση του περιβάλλοντος χώρου και στον καθορισμό αξιών. Άλλωστε, η ίδια οφείλει να είναι όχι μόνο αυτά καθαυτά τα κτήρια, αλλά να ακτινοβολεί πνεύμα και να μας θερμαίνει. Θεωρώ πως η αρχιτεκτονική πρέπει να δίνει φως στη ζωή, να είναι μια πράξη αισιοδοξίας.

Η αρχιτεκτονική κτίζει τον χώρο δράσης του ανθρώπου. Ο στόχος, στην κορυφαία έκφρασή της, πρέπει να είναι ο αισθητικός και χωρικός μετασχηματισμός πολιτικών ιδεών, όπως η ισότητα και η ισονομία, η τάξη και η αρμονία, η ελευθερία και η δικαιοσύνη. Βέβαια, δεν μπορεί να υπάρχει μία και μόνη οπτική. Ο καθένας μας μπορεί με τη δική του διαδρομή, την ευαισθησία και τη γνώση του να δικαιώσει τον ρόλο της αρχιτεκτονικής. Αυτό προϋποθέτει ανοιχτούς ορίζοντες, ζωή με περιπέτειες και ταξίδια, πάθος για την τέχνη, αγάπη για τον άνθρωπο.

Έτσι, τελειώνοντας τις σπουδές μου υπήρξα για μεγάλο διάστημα ταξιδευτής-προσκυνητής.

Από τα χρόνια του Πολυτεχνείου αισθανόμουνα έντονα ότι η ολοκλήρωση των σπουδών μου προϋπέθετε την επαφή και γνωριμία και με την αρχιτεκτονική του άλλου κόσμου, δηλαδή με την αρχιτεκτονική κυρίως της Ευρώπης και της Αμερικής.

Δεν παρέλειπα, επίσης, συνεχείς επισκέψεις και σε διεθνείς εκθέσεις (Βρυξέλλες '58, Μόντρεαλ '67, Οζάκα '70), σε εποχές, μάλιστα, που τα ταξίδια δεν ήταν πολύ προσιτά ούτε πολύ εύκολα. Το έργο των μεγάλων δημιουργών της εποχής με ενδιέφερε τόσο, ώστε έκανα κάθε προσπάθεια για να τα γνωρίσω από κοντά.

Γρήγορα συνειδητοποίησα ότι, αν και η γνώση αυτή δεν έχει τέλος, σε βοηθάει εντέλει να τολμάς να διακυνδινεύεις, πράγμα που δύσκολα θα έκανες χωρίς αυτές τις γνώσεις από την επαφή με τους άλλους και την εδραίωση της πίστης ότι τα προβλήματα στο μεγαλύτερο μέρος τους, δεν έχουν πατρίδα. Έτσι π.χ. η κακή αρχιτεκτονική, δυστυχώς, δεσπόζει παντού, σε όλα τα μήκη και πλάτη της γης, σαν μια αναπόφευκτη ατέλεια της ανθρώπινης φύσης, όπου το ευτελές περισσεύει και το πολύτιμο σπανίζει, ενώ την καλή αρχιτεκτονική, όπου και να γυρίσεις, δυσκολεύεσαι να την ανακαλύψεις.

Έχει χαραχτεί στη μνήμη μου το πρώτο μου ταξίδι πέρα από τον Ατλαντικό, όταν τρία χρόνια μετά την αποφοίτησή μου το 1958, εκπλήρωσα μια έντονη επιθυμία μου, να επισκεφθώ τη Μέκκα της αρχιτεκτονικής, που εκείνα τα χρόνια ήταν η εξωτική Μπραζίλια με τον διάσημο δημιουργό της, Oscar Niemeyer.

Μετά από πολυήμερο, περιπετειώδες ταξίδι χιλιάδων χιλιομέτρων στη ζούγκλα, μ' ένα παλιό μικρό λεωφορείο, αφού όλα τα διαθέσιμα αεροπλάνα, μετασκευασμένα, μετέφεραν οικοδομικά υλικά για τη νέα πρωτεύουσα, επιτέλους φτάσαμε στο τέρμα της διαδρομής μας.

Καθώς, όπως λένε, δεν υπάρχει μέρος που να πας, χωρίς να βρεις Έλληνα, έτσι κι εγώ είχα την τύχη, φτάνοντας, να πέσω επάνω σε συμπατριώτη, έναν μικροεργολάβο της Μπραζίλια, ο οποίος με προσκάλεσε το ίδιο βράδυ για να γνωρίσω την οικογένειά του και να φάμε «ελληνικά». Εκεί, τους μίλησα για την ανυπομονησία μου να γνωρίσω από κοντά αυτή τη μεγάλη αρχιτεκτονική, ενώ ταυτόχρονα ήξερα ότι θα ήταν αδύνατο να γνωρίσω και τον δημιουργό της. «Τι είναι αυτά που μου λες;», μου λέει ο πατριώτης, «αύριο το πρωί, θα σε πάω να τον γνωρίσεις».

Το θεώρησα υπερβολικό και δυσκολευόμουνα να το πιστέψω όταν, την άλλη μέρα το πρωί, έσφιγγα το χέρι του Niemeyer στο εργοτάξιο του καθεδρικού ναού της πρωτεύουσας, κτήριο που με την απαράμιλλη αρχιτεκτονική του μοιάζει με την κορώνα της Παναγίας.

Με τον Oscar Niemeyer

Καθεδρικός της Μπραζίλια

Όταν η μεγάλη απλότητα του διάσημου δημιουργού και το κάποιο θράσος μου ως νεοφώτιστου μου επέτρεψαν κάποιες κριτικές παρατηρήσεις, εκείνος μου απάντησε με πολλή συμπάθεια: «Μπορεί να έχεις κάπου δίκιο, αλλά δεν γνωρίζεις ότι τα οφέλη των εργολάβων, αν τελειώσουν τα έργα τους νωρίτερα από την υποχρέωσή τους, είναι τόσο μεγάλα, ώστε μας παίρνουν πολλές φορές τα σχέδια από τα σχεδιαστήρια, πριν καν ολοκληρωθούν, με αποτέλεσμα να προκύπτουν ενίοτε κάποια προβλήματα. Αυτή όμως η βιασύνη έχει και μία ωφέλεια, ότι έτσι δεν χάσαμε ποτέ τη δροσιά της πρώτης έμπνευσης».

Ο λόγος αυτός με επηρέασε βαθιά. Δεν ξέρω πόσο καλές ήταν οι πρώτες μου ιδέες, αλλά ξέρω πόσο χρήσιμος ήταν ο λόγος αυτός του μεγάλου αρχιτέκτονα, να μη βασανίζει τις ιδέες του, ενώ ταυτόχρονα να μένει μακριά από κάθε προχειρότητα.

Μετά την περιπέτεια στη ζούγκλα, άρχιζε η περιπέτεια του επαγγέλματος. Με την επιστροφή μου, στην αρχή της δεκαετίας του '60, συνέπεσε η έναρξη της δικής μου προσωπικής πορείας. Σ' ένα γραφείο ενός δωματίου στην οδό Ηροδότου, ο προϊστάμενος, οι συνεργάτες και το βοηθητικό προσωπικό ήταν σε αριθμό ο εξής ένας: ο γράφων, ο οποίος ανέμενε τους πελάτες που αρνούνταν για την ώρα να εμφανιστούν.

Τα χρόνια εκείνα, οι πολυκατοικίες της αντιπαροχής ήταν, γενικώς, μικρά σε έκταση κτήρια, γι' αυτό και το γεγονός ότι μία από τις πολύ μεγάλες Τεχνικές και Επενδυτικές επιχειρήσεις της εποχής κατασκεύαζε μια πολυκατοικία στην οδό Αγ. Μελετίου, που κατελάμβανε ένα ολόκληρο οικοδομικό τετράγωνο, με εντυπωσίασε ιδιαίτερα και άρχισα να παρακολουθώ το έργο τους.

Με απογοήτευση επεσήμανα ότι το μέγεθος και η σημασία των έργων που πραγματοποιούσαν ήταν αντιστρόφως ανάλογη προς την ποιότητα της αρχιτεκτονικής τους.

Το επόμενο κτήριό τους ήταν στην Πλατεία Συντάγματος, Αμαλίας και Όθωνος, ένα κτήριο τόσο κεντρικό αλλά και τόσο μέτριο. Αυτό μου έδωσε το θάρρος ή μάλλον το θράσος, όταν ένα άλλο κτήριό τους, πάλι στην

Αγ. Μελετίου

Αμαλίας και 'Οθωνος

'Οθωνος 8

Πλατεία Συντάγματος, επί της οδού Όθωνος 8, ήταν υπό μελέτη, να τους χτυπήσω κυριολεκτικά την πόρτα και να τους ζητήσω να μου δώσουν τη δυνατότητα να τους υποβάλω μια πρόταση, που αν τους ικανοποιούσε, να έχω τη χαρά της συνεργασίας μαζί τους και αν όχι, να τους αποχαιρετήσω με τις ευχαριστίες μου. Το αποτέλεσμα ήταν να βρεθεί ο πρώτος μου πελάτης και ν' αρχίσει για μένα μια γόνιμη συνεργασία.

Η πορεία στον επαγγελματικό τομέα άρχισε να εξελίσσεται γοργά, οπότε και αποχώρησα από τον ακαδημαϊκό χώρο του Πολυτεχνείου, λόγω του ηθικού ασυμβίβαστου, προκειμένου να μπω στην περιπέτεια του επαγγέλματος με τις χαρές αλλά και τα δεινά του.

Όταν, έπειτα από λίγα χρόνια, η μεγάλη αυτή εταιρεία αγόρασε το οικόπεδο του Πύργου Αθηνών και εγώ είχα πια συνεργάτες, βοηθητικό προσωπικό και μεγαλύτερο γραφείο, με επισκέφθηκαν οι εταίροι για να μου πουν ότι αποφάσισαν ν' ανεγείρουν τον πρώτο ελληνικό ουρανοξύστη, διακινδυνεύοντας, με το έργο αυτό, ό,τι μέχρι τότε είχαν επιτύχει. Η έκπληξη και η χαρά μου ήταν μεγάλη όταν, έπειτα από λίγους μήνες, μου είπαν να προχωρήσω στον σχεδιασμό του Πύργου. Οι προσπάθειες καινοτομιών τόσο στη σύνθεση όσο και στην τεχνολογία στα κτήρια της Πλατείας Συντάγματος, που είχα μελετήσει γι' αυτούς φαίνεται ότι μου είχαν εξασφαλίσει την εμπιστοσύνη τους. Η έλλειψη οποιασδήποτε εμπειρίας από μέρους μου για ένα τόσο μεγάλο και πολύπλοκο έργο, όπως ο Πύργος Αθηνών, καλύφθηκε προφανώς αποτελεσματικά από τη γνώση του άλλου κόσμου των ταξιδιών που είχε κινητοποιήσει τις δυνατότητές μου και τονίσει στη συνείδησή μου την αξία της καινοτομίας. Ας μην ξεχνάμε, ότι κανένα αρχιτεκτονικό έργο χωρίς τη δροσιά του καινούργιου δεν μπορεί να ελπίζει σε αντοχή στον χρόνο, όπως διακαώς εύχεται ο κάθε δημιουργός.

Η γνωριμία με τον Niemeyer υπήρξε μοιραία για την πορεία μου. Επειδή η ζωή διαγράφει κύκλους, το 1973, μετά από επιτυχή συμμετοχή σε διαγωνισμό ιδεών για τη νέα Ελληνική Πρεσβεία στη Μπραζίλια, τον ξανασυναντώ παρουσιάζοντάς του και τα σχέδιά μου. Η αντίδραση ήταν τόσο θετική, που μου έδωσε την αυτοπεποίθηση που τόσο είχα ανάγκη.

Τα ταξίδια συνεχίστηκαν μέχρι σήμερα. Με αυτά επιβεβαίωσα τη σημασία της επαφής με όσους αναζητούν το καινούργιο, ανεξάρτητα από το ρίσκο που αυτό συνεπάγεται. Ο κόσμος, που αρχειοθέτησα μέσα μου με την περιήγηση, με βοήθησε στο να δέχομαι με μεγάλο ενδιαφέρον κάθε πείραμα που κατευθύνει προς νέους δρόμους και νέες κατακτήσεις τη σκέψη. Η ενσωμάτωση, βέβαια, του καινούργιου στην πράξη συνειδητοποίησα ότι θέλει συνεχή προσπάθεια, μιας και ο κίνδυνος της αποθάρρυνσης είναι πάντα ενδεχόμενος. Οι νέες όμως αναζητήσεις στην αρχιτεκτονική είναι ελπιδοφόρες, γιατί όταν ανοίγουν καινούργιους δρόμους είναι σαν να φωτίζουν την πορεία μας. Η εφευρετική μας δύναμη είναι αυτή που ενεργοποιεί το φως της φαντασίας μας και πιστεύω πως αποτελεί την κινητήρια δύναμη της αληθινής αρχιτεκτονικής.

Ιωάννης Βικέλας

An architectural journey: reflections and adventures

It seems that, in the prevailing architectural practice outside the confined boundaries of our country, everything is possible, everything is permitted. We live in the age of absolute pluralism, the transitional stage towards something vaguely discernible, with no certainty whatsoever. There is no doubt that we live with a generalized liberal mentality, which also governs the architectural practice. It appears as though an era of certainty has ended. We, as a society, question everything, even our own selves. This plurality and flattening of all values create a pressing need for points of reference. Architecture, as a specific, applied art, can help on this quest.

Architecture adjusts the natural environment, so that people, as individuals and as groups, can live, work and coexist in harmony. Besides, by observing and understanding a building, one becomes aware of the identity and the social role of the building's users. If the building marks its function and reflects its social role, then architecture contributes to the enhancement of the surrounding space and the definition of values, for architecture owes to be more than just the buildings per se, but to radiate spiritually and to warm us. I reckon that architecture must give light to life, it must be an optimistic act.

Architecture builds the man's field of action. Its goal, in its most eminent expression, must be the aesthetic and spatial transformation of political ideas, such as equality and isonomy, order and harmony, freedom and justice. Surely, there cannot be a single point of view. Each one of us can justify the role of architecture through his own journey, his sensitivity and his knowledge. This requires open horizons, a life full of adventure and travel, a passion for art, a love for the man.

With Oscar Niemeyer

Thus, upon completion of my studies, I became a traveler-pilgrim for a long period.

Since the years I spent in the Technical University, I felt intensely that, to complete my studies, I needed to get in contact, to be acquainted with the architecture of the rest of the world, mainly the architecture of Europe and America.

Moreover, I kept a steady habit of visiting international expositions (Brussels 1958, Montreal 1967, Osaka 1970), even in periods when travelling was not inexpensive nor very easy. I was so interested in the work of great creators of that time, that I made every possible effort to see it in person.

Soon I realized that, even knowledge may never end, it eventually helps you to be bold, taking up risks that you would hardly think of handling, without getting in contact with others and establishing faith in the fact that problems are mostly globally common. For instance, bad architecture unfortunately dominates everywhere, in all parts of the world, like an inevitable imperfection of human nature, since cheap production is abundant, whereas precious creation is rare and good architecture is hard to discover.

The Brasilia Cathedral

My first transatlantic trip is well imprinted in my memory; three years after my graduation in 1958, one of my great desires was fulfilled, when I visited the architectural Mecca of that time: the exotic Brasilia, with its renowned creator, Oscar Niemeyer.

After several days of an adventurous trip, thousands of kilometers within the jungle, we finally arrived to our destination on an old small bus, since every available aircraft was modified to freight construction materials for the new capital.

They say there is a Greek person in every place on earth; hence, I was fortunate enough to meet somebody from the motherland upon my arrival, a small-time contractor of Brasilia, who invited me that same night to meet his family and have a "greek" dinner. There, I shared with them my eagerness to observe in person that great architecture, while, at the same time, I knew it would be impossible to meet its creator. "What are you talking about?", my fellow-countrymansays, "first thing in the morning, I will take you to meet him".

I thought he was exaggerating, and it was hard for me to believe it, when, the next morning, I was shaking hands with Niemeyer in the construction site of the capital cathedral, a building of unequalled architecture, reminiscent of the Virgin Mary's crown.

When I was given the opportunity for some critical remarks, thanks to the famous creator's grand simplicity, and my audacity as a neophyte, he replied to me with great affinity: "You may have a point, but you do not yet know that, if a project is completed sooner that, the agreed date, the contractor's profit is so big, that the drawings are quite often pulled off our drawing boards even before we have finished, and sometimes that may cause problems. But this haste also brings forward an advantage: we never lost the freshness of the first inspiration".

These words have left a deep impact on me. I don't know how good my first concepts were, but I do know that this thought of the great architect was very useful; to not "torture" the first ideas, and at the same time to keep away from carelessness.

After this adventure in the jungle, I began the adventure of my profession. Returning home, in the early 60's, I started my own personal march. In a one-room-office on Irodotou street, the positions of supervisor, associates and assisting personnel were manned by one single person, the writer, who waited for the clients, which failed to appear on the door for some time.

In those years, multistorey buildings executed by the system of valuable consideration ('antiparochi') usually covered small plots. That is why I was very impressed by the construction of a building occupying a whole city block on Agiou Meletiou St., by one of the largest technical and investment companies of that time, so I started following the project's progress. I was disappointed to conclude that the size and significance of the projects they realized was in inverse proportion to their architectural quality.

Ag. Meletiou St.

Amalias & Othonos St.

8 Othonos St.

Their next project was a building in Syntagma Square, on Amalias & Othonos St., a building of such a central position, but, at the same time, so mediocre. Thus, when another of their projects, again on Othonos St., was in the design phase, I found the courage, or maybe the audacity, to knock on their door and ask them for an opportunity to submit a proposal, and, if they were satisfied, to give me the pleasure of working with them; otherwise, I would leave expressing my gratitude. In result, I found my first client and this was the beginning of a fruitful collaboration.

My professional journey started progressing rapidly, so I retired from the Academic environment of the Technical University, due to irreconcilable interests, in order to dive into the adventure of the professional practice and fully experience its joys along with its trials.

Some years later, when that large company bought the site for the Tower of Athens, and I already had associates, assisting personnel and a larger office, I was visited by the company holders, who announced to me they had decided to erect the first greek high-rise building, putting in risk, by this project, everything they had achieved so far. I was very surprised and pleased when, after several months, they told me to proceed to designing the Tower. It seems that I earned their trust by the efforts for compositional, as well as technological, innovation I made while designing their buildings in Syntagma Square. My lack of experience for such a large and complicated project like the Tower of Athens, was obviously adequately compensated by the knowledge gained by my travels around the world, which put my capabilities in motion and imprinted on my consciousness the value of innovation. One must always remember that the freshness of innovation is a prerequisite for the endurance of any architectural project in time, according to the fervent wishes of every creator.

My acquaintance with Niemeyer was a milestone in my life. And since life progresses in circles, in 1973, I met him again, after my successful participation in a competition of ideas for the Greek Embassy in Brasilia, and I presented to him my drawings. The reaction was so positive, that I found the self-confidence I needed so strongly.

The trips continue to this day. Through them, I confirmed within me the importance of getting in touch with anyone seeking the new, regardless of the risk involved. The world I recorded with my travels helped me to accept with great interest every experiment directing to new paths and new intellectual conquests. I have realized that the integration of new elements in the actual practice surely demands a continuous effort, because the risk of discouragement is always imminent. However, the new architectural quests are promising, because every time they clear a new path, they light our way. It is our inventive power that activates the light of our fantasy, and I believe that this is the motivational force of real architecture.

Ioannis Vikelas

Έργα - Projects

PLANETARIUM
IKEA
Όλα για το σπίτι

SHOP
danaos

ΠΙΝΑΚΑΣ ΕΠΙΛΕΓΜΕΝΩΝ ΕΡΓΩΝ
TABLE OF SELECTED PROJECTS

ΠΕΡΙΠΤΕΡΟ ΤΗΣ ΕΜΠΟΡΙΚΗΣ ΤΡΑΠΕΖΑΣ ΕΛΛΑΔΟΣ ΣΤΗ ΔΙΕΘΝΗ ΕΚΘΕΣΗ ΘΕΣΣΑΛΟΝΙΚΗΣ

(ΜΕΛΕΤΗ ΣΤΟ ΓΡΑΦΕΙΟ Κ. ΚΑΨΑΜΠΕΛΗ)

Η αρχιτεκτονική σύνθεση περιλαμβάνει δύο ορθογωνικούς, συμμετρικούς μεταξύ τους, κλειστούς χώρους εκατέρωθεν ενός τετράγωνου στεγάστρου με κεντρικό άνοιγμα στην οροφή. Κατασκευαστικά, πρόκειται για τρία στέγαστρα εν προβόλω, φερόμενα από διπλά μεταλλικά υποστυλώματα, υαλοστάσια και τοιχοπετάσματα επενδεδυμένα από σκουρόχρωμο μάρμαρο. Το μεσαίο στέγαστρο τοποθετείται σε χαμηλότερη στάθμη και εισχωρεί στις γυάλινες επιφάνειες των εσωτερικών όψεων των αμφίπλευρων όγκων.

Ο στόχος της μελέτης ήταν το περίπτερο να διακρίνεται για τη διαφάνεια και την ελαφράδα, και αυτό επιτεύχθηκε χάρη στη λεπτότητα των υποστυλωμάτων και την έντονη οπισθοχώρηση από το περίγραμμα των στεγάστρων. Το περίπτερο αποτέλεσε μία από τις πρώτες εφαρμογές της καθ' ολοκληρίαν μεταλλικής κατασκευής σε μη βιομηχανικό έργο στην Ελλάδα, παράλληλα με το περίπτερο της Εθνικής Τράπεζας του Ν. Βαλσαμάκη την ίδια περίοδο.

PAVILION OF THE COMMERCIAL BANK OF GREECE AT THE INTERNATIONAL EXPOSITION OF THESSALONIKI

(PROJECT AT THE OFFICE OF C. KAPSABELIS)

The architectural design includes two rectangular volumes symmetrically placed at the two sides of a square roof with a central opening. From a constructional point of view, it consists of three cantilevered roofs, supported by twin metal columns, surrounded by glass panels and walls covered with dark coloured marble. The middle roof stands at a lower level and penetrates the glass surfaces of the interior façades of the adjacent volumes.

The aim of the design was to make the pavilion noticeable for its transparency and "lightness", and that was accomplished by the thinness of the pillars and their offset from the roofs' perimeter. This pavilion, along with the one of the National Bank of Greece by N. Valsamakis of the same period, was one of the first examples of entirely metal structures on non-industrial buildings in Greece.

ΕΜΠΟΡΙΚΗ ΤΡΑΠΕΖΑ ΤΗΣ ΕΛΛΑΔΟΣ
Ο ΦΟΙΝΙΞ
ΑΝΩΝΥΜΟΣ ΕΛΛΗΝΙΚΗ ΕΤΑΙΡΕΙΑ
ΓΕΝΙΚΩΝ ΑΣΦΑΛΕΙΩΝ

1958

Ο ΦΟΙΝΙΞ
ΑΝΩΝΥΜΟΣ ΕΛΛΗΝΙΚΗ ΕΤΑΙΡΕΙΑ
ΓΕΝΙΚΩΝ ΑΣΦΑΛΕΙΩΝ

RCIAL
OF
ECE

ΠΕΡΙΠΤΕΡΟ ΤΗΣ ΙΟΝΙΚΗΣ ΛΑΪΚΗΣ ΤΡΑΠΕΖΑΣ ΕΛΛΑΔΟΣ ΣΤΗ ΔΙΕΘΝΗ ΕΚΘΕΣΗ ΘΕΣΣΑΛΟΝΙΚΗΣ

(ΜΕΛΕΤΗ ΣΤΟ ΓΡΑΦΕΙΟ Κ. ΚΑΨΑΜΠΕΛΗ)

Πρόκειται για μία περίοπτη κατασκευή από γυαλί και χάλυβα τοποθετημένη στο μέσον μιας μικρής υδάτινης επιφάνειας, με την ποιητική κάπως πρόθεση το περίπτερο αυτό της Ιονικής Τράπεζας να δημιουργεί συνειρμό με νησάκι στο Ιόνιο πέλαγος. Η τετράγωνη κάτοψη περιλαμβάνει περιστύλιο, χωρίς όμως υποστυλώματα στις γωνίες. Ο κύριος χώρος καλύπτεται από διαφανή υαλοστάσια σε υποχώρηση από το ενιαίο στέγαστρο, ενώ ένα ελαφρύ, διάτρητο πέτασμα διαμορφώνει την ημιδιαφανή «πλάτη» της πίσω πλευράς. Το μεταλλικό στέγαστρο φέρει περιμετρικά πυκνές περσίδες εν προβόλω και μία σκουρόχρωμη μετόπη ως τελείωμα, ώστε να εμπλουτίζεται αισθητικά η επίστεψη της κατασκευής του περιπτέρου.

PAVILION OF THE IONIAN & POPULAR BANK OF GREECE AT THE INTERNATIONAL EXPOSITION OF THESSALONIKI

(DESIGN AT THE OFFICE OF C. KAPSABELIS)

It is a prominent construction of glass and steel placed in the middle of a water pond, with the rather poetic intention to inspire associations to a small island of the Ionian Sea. The square plan includes a portico lacking the corner columns. The main hall is covered by transparent glass panels which are set back from the uniform flat roof, while a lightweight, perforated screen forms the semi-transparent "background" of the rear side. The steel roof bears at its perimeter dense louvers in cantilever and a finishing of a dark coloured overhang, to enrich aesthetically the crowning of the pavilion construction.

1958

ΠΕΡΙΠΤΕΡΟ ΤΟΥ ΕΘΝΙΚΟΥ ΟΡΓΑΝΙΣΜΟΥ ΚΑΠΝΟΥ ΣΤΗ ΔΙΕΘΝΗ ΕΚΘΕΣΗ ΘΕΣΣΑΛΟΝΙΚΗΣ

(ΜΕΛΕΤΗ ΣΤΟ ΓΡΑΦΕΙΟ Κ. ΚΑΨΑΜΠΕΛΗ)

Το κτίσμα που κατασκευάστηκε καθ' ολοκληρίαν από αντικολλητή ξυλεία, τεχνική λύση που για πρώτη φορά εφαρμόστηκε στην Ελλάδα, έχει τη μορφή ενός μεγάλου στεγάστρου με πλάγιες πέρυγες επάνω σε υπερυψωμένη βάση. Η δομική λογική της αρθρωτής ξύλινης κατασκευής υλοποιείται από ζεύγη φερόντων στοιχείων που στηρίζουν τα ξύλινα πετάσματα της δίρριχτης στέγης με ειδική πλαστική επικάλυψη. Οι εγκάρσιες οριζόντιες δοκοί, μήκους 32 μέτρων, στο ενδιάμεσο των διπλών στοιχείων, επεκτείνονται για να στηρίξουν τα στέγαστρα των πλάγιων όψεων, από όπου γίνεται η είσοδος και έξοδος στο περίπτερο με αναβαθμούς, ενώ στο εσωτερικό φέρουν μικρό πατάρι, η επικοινωνία του οποίου γίνεται με μικρή ολόγλυφη ξύλινη κλίμακα. Η επιλογή του ξύλου ως υλικού υπαγορεύθηκε από τη συγγένεια προς τον καπνό τόσο από πλευράς χρώματος όσο και υφής.

PAVILION OF THE NATIONAL TOBACCO ORGANIZATION AT THE INTERNATIONAL EXPOSITION OF THESSALONIKI

(DESIGN AT THE OFFICE OF C. KAPSABELIS)

The pavilion, which was entirely assembled by glued-laminated timber beams, the first application of such a technical solution in Greece, has the form of a large shelter with lateral canopies on podium, along the short sides. The structural concept of the modular construction is realized by twin load-bearing timber beams which support the plastic coated wooden panels of the double-pitched roof. The transversal horizontal beams, with a span of 32 meters between the twin elements, expand to support the canopies of the lateral façades, where steps lead in and out of the pavilion, while in the interior they support a small loft, accessed by a small wooden staircase conceived as a piece of sculpture. The selection of timber for the construction was dictated by the relevance of its colour as well as texture to tobacco.

1959

ΚΤΗΡΙΟ ΓΡΑΦΕΙΩΝ ΕΠΙ ΤΗΣ ΟΔΟΥ ΟΘΩΝΟΣ ΣΤΟ ΣΥΝΤΑΓΜΑ

Σε επικλινές μεσαίο οικόπεδο μελετήθηκε κτήριο γραφείων χωρίς την προβολή συστοιχίας από ανισοϋψή υποστυλώματα που θα προέκυπταν στο μέτωπο του ισογείου λόγω της κλίσης του εδάφους. Τονίστηκαν οι οριζόντιες ζώνες της πρόσοψης που γεφυρώνουν το άνοιγμα των δύο μεσοτοιχιών, με τον κάναβο των υποστυλωμάτων να υποχωρεί σε ικανό βάθος από την πρόσοψη. Πολύ πρώιμα για την Αθήνα, εφαρμόστηκαν ενιαίες γυάλινες επιφάνειες, χωρίς τη μεσολάβηση μεταλλικού σκελετού στήριξης για τα καταστήματα του ισογείου. Έτσι, ενισχύθηκαν τα οριζόντια στοιχεία των ορόφων και η πρόσοψη του ισογείου απέκτησε μια ιδιαίτερη σαφήνεια. Τέλος, το στέγαστρο του τελευταίου ορόφου εν εσοχή, με περσίδες στο άκρο του, συνέβαλε στη διαμόρφωση στέψης του κτηρίου.

OFFICE BUILDING ON OTHONOS STREET, SYNTAGMA, ATHENS

On an inclined plot, an office building was designed avoiding to expose columns of unequal height at ground level, caused by the slope. Emphasis was given on the horizontal zones of the façade covering the opening between the dividing walls of the plot, while the load-bearing structure was set back at an adequate distance from the elevation. Uniform glass shop fronts were erected without metal supporting frames, which was an innovation for the time in local practice. Thus, the horizontal elements of each storey were accentuated and the façade at ground level acquired a particular clarity. Finally, the roof above the last storey, which was in recess from the façade, formed at the edge a ridge with transverse girders.

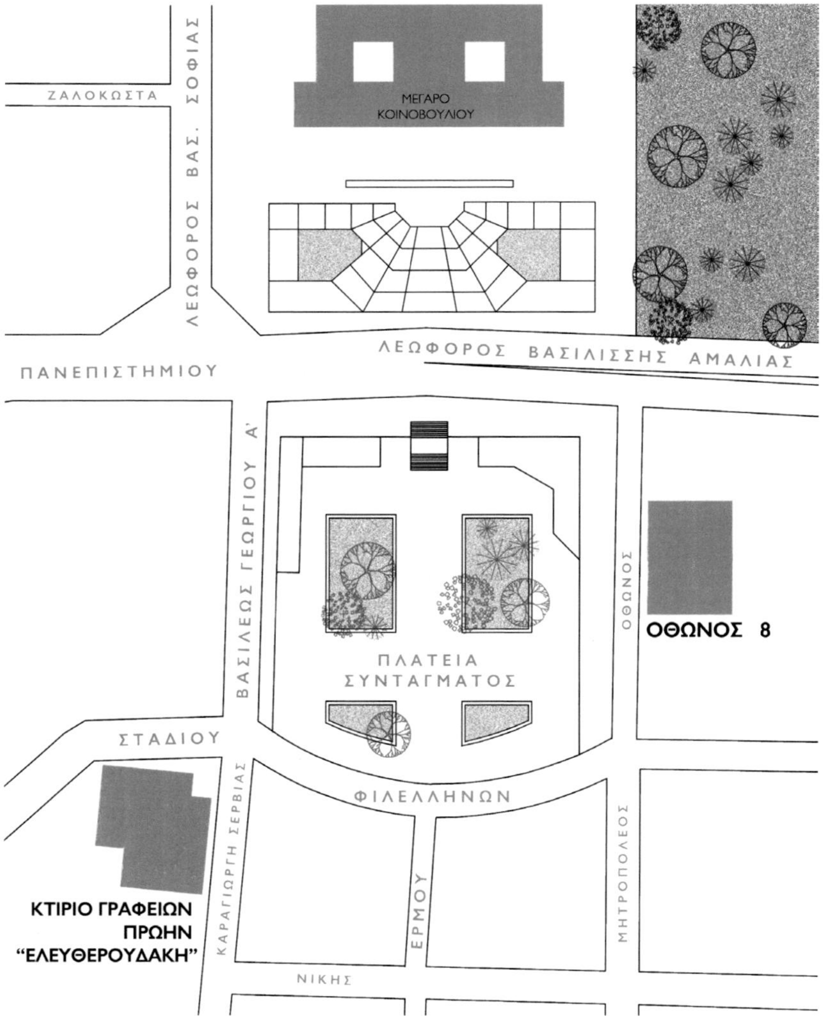

Τοπογραφικό / Site plan

ΑΝΕΛΚΥΣΤΗΡΕΣ STAHL
OLYMPIC AIRWAYS
SABENA
belgian world airlines
EL AL
EL AL ISRAEL AIRLINES
ΟΘΩΝΟΣ 10
city

1962

ΚΤΗΡΙΟ ΓΡΑΦΕΙΩΝ ΠΡΩΗΝ «ΕΛΕΥΘΕΡΟΥΔΑΚΗ» ΕΠΙ ΤΩΝ ΟΔΩΝ ΣΤΑΔΙΟΥ & ΚΑΡΑΓΙΩΡΓΗ ΣΕΡΒΙΑΣ ΣΤΟ ΣΥΝΤΑΓΜΑ

Σε μία εποχή, όπου η Πλατεία Συντάγματος άρχιζε να μετασχηματίζεται σε εκσυγχρονισμένο μητροπολιτικό κέντρο, επιδιώχθηκε, σε αντίθεση προς την αρχιτεκτονική πρακτική που επικρατούσε στην αρχή αυτής της δεκαετίας, να αρθρωθεί μια λιτή και πρώιμα «οικολογική» πρόταση.
Ο όγκος του κτηρίου αποδίδει, με τη δομική απλότητα του εμφανούς ορθογωνικού σκελετού του, τον αυστηρό λειτουργικό προγραμματισμό της διάρθρωσης των γραφείων.
Στις όψεις του κτηρίου γίνεται μία από τις πρώτες εφαρμογές του καθολικού υαλοπετάσματος (curtain-wall) σε μεγάλη επιφάνεια, ώστε να εξασφαλίζεται ο μέγιστος φυσικός φωτισμός των γραφείων. Τα συνεχή καθ' ύψος υαλοστάσια δεν διακόπτονται από τις γραμμικές αναρτημένες ζαρντινιέρες, αλλά συνεχίζουν πίσω από αυτές στα μεγάλα επιμήκη κενά. Η προβληματική της γωνιακής απότμησης αναδείχθηκε σε ιδιάζουσα μορφολογική λύση της καθ' ύψος υποχώρησης του όγκου στη μία πλευρά αποφεύγοντας τα δύο πλήρη μέτωπα στη γωνία. Έτσι, προέκυψε ο σαφής μετωπικός προσανατολισμός των δύο όψεων, με τον κυρίως όγκο στραμμένο στη θέα του κτηρίου της Βουλής, και τον δεύτερο, λίγο χαμηλότερο, στο πλάι του.

OFFICE BUILDING FORMERLY "ELEFTHEROUDAKIS" ON STADIOU & KARAGIORGI SERVIAS STREETS, SYNTAGMA, ATHENS

In a period when Syntagma Square was starting to transform to a modernized metropolitan center, the aim, in contrast with the prevailing architectural practice in the beginning of that decade, was to articulate an unadorned and early "ecological" proposal.
The volume of the building, with the structural simplicity of its exposed orthogonal frame, expresses the austere functional program of office design.
This is one of the first applications of curtain-wall façades, to ensure maximum natural lighting of the offices. The continuous vertical glasspanes are not interrupted by the linear cantilevered window boxes, but run behind them in the large longitudinal voids.
The problematic corner chamfering was resolved architecturally by lowering the volume on one side and avoiding the creation of two blind fronts at the corner. This resulted in the clear orientation of the two elevations, with the main volume turned towards the building of the Parliament, and the second, somewhat lower, at its side.

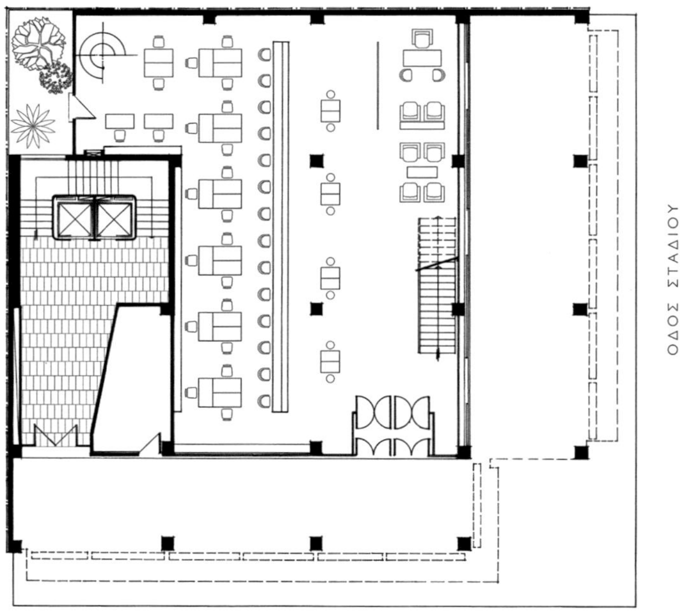

Κάτοψη ισογείου / Ground floor plan

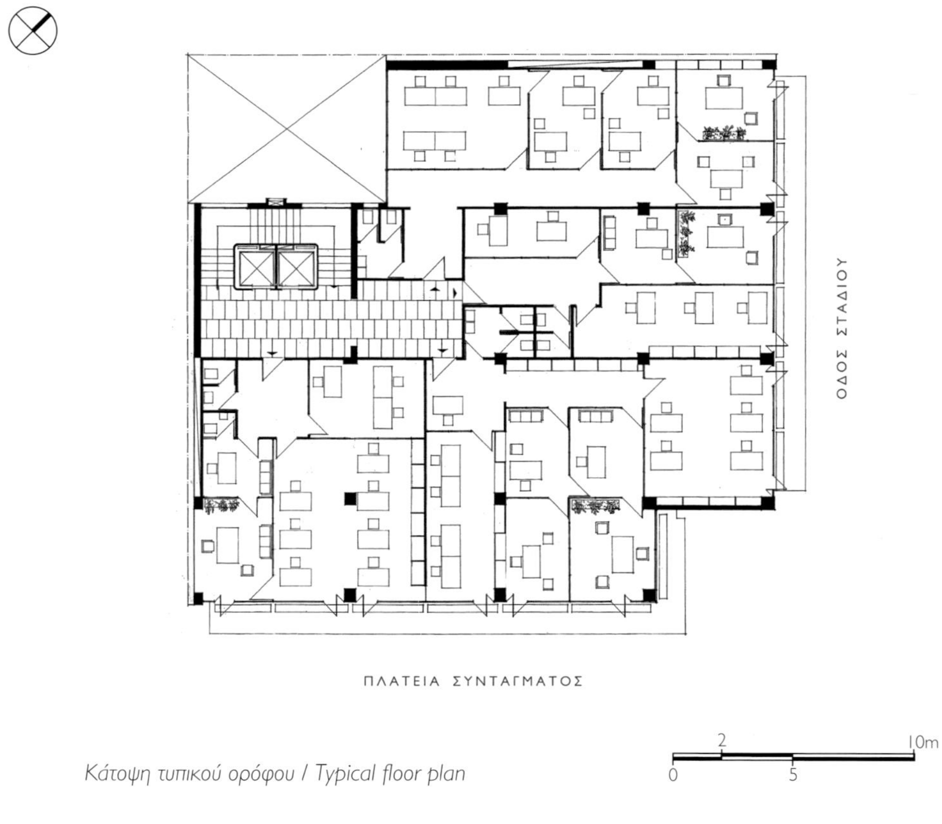

Κάτοψη τυπικού ορόφου / Typical floor plan

1962

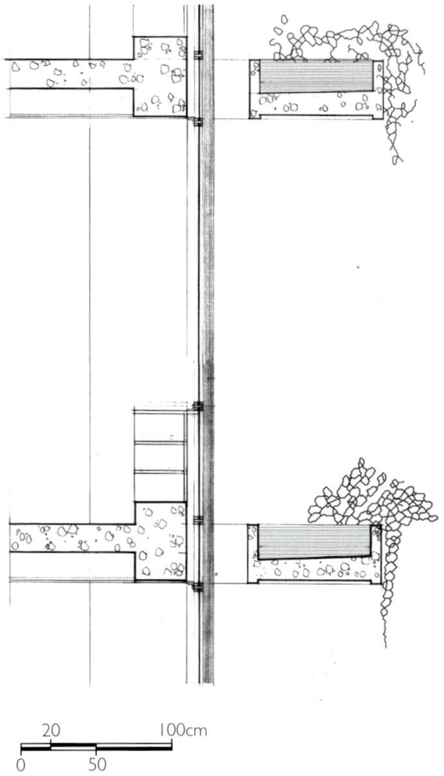

Λεπτομέρεια ζαρντινιέρας
/ Hanging planter detail

ΕΠΑΥΛΗ ΕΠΙ ΤΗΣ ΟΔΟΥ ΑΓ. ΔΗΜΗΤΡΙΟΥ ΣΤΟ ΨΥΧΙΚΟ

Η αυστηρότητα της ορθογωνικής κάτοψης του διώροφου όγκου, τοποθετημένου στο κέντρο του οικοπέδου, εξελίσσεται δυναμικά σε γλυπτική φόρμα στην απόληξή του.
Η κλίση της στέγης δημιουργεί χώρους με βαθμιδωτό ύψος στο ισόγειο, ενώ στην «κορύφωση» του στεγασμένου, εν προβόλω, εξώστη του πρώτου ορόφου τοποθετούνται τα υπνοδωμάτια. Αμφίπλευρα του χώρου εισόδου οργανώνονται οι χώροι διημέρευσης που επικοινωνούν με μεγάλες συρόμενες τζαμαρίες και προεκτείνονται με υπαίθρια πλακόστρωτα σε τρόπο, ώστε το φυσικό περιβάλλον να είναι σε άμεση επαφή με το εσωτερικό. Με πλάγια έξοδο στο οριζόντιο πτερύγιο του εξώστη, που ξεπροβάλλει από το συμπαγές σώμα της πλάγιας όψης, επιτεύχθηκε αρχικά η συνέχεια της κυκλοφορίας από τον εσωτερικό χώρο των υπνοδωματίων προς τον κήπο μέσω μιας ανάλαφρης μεταλλικής κλίμακας.
Για να τονιστεί στο έπακρο κατά μήκος ο γλυπτικός δυναμισμός προεκτάθηκε το οριζόντιο και το λοξό τμήμα της στέγης και, συγχρόνως, έγιναν λοξές αποτμήσεις στις λευκές τοιχοποιίες που προεξέχουν από τη βάση, της οποίας όλα τα στοιχεία απέκτησαν μια σκούρα απόχρωση για να ενισχυθεί η αντίθεση.

MANSION ON AG. DIMITRIOU STREET IN PSYCHIKO, ATHENS

The austere rectangular layout of the two-storey volume, placed in the center of the plot, evolves in a dynamic sculptural form towards the edge.
The slope of the roof creates spaces of gradually changing height on the ground floor, while the bedrooms are located at the "peak" of the roofed, cantilevered balcony of the first floor. The living areas are placed on both sides of the entrance hall, and they are extended with outdoors pavings in such a way that the natural environment "enters inside" the mansion through large sliding wooden-framed doors. Initially the continuous circulation from the first floor towards the garden was achieved via a light metal staircase, by a balcony which protruded from the side elevation.
In order to fully accentuate the concept of a floating vessel, the horizontal and inclined parts of the roof were extended, as well as the bevelled supporting white plastered side walls. To emphasize the contrast, all elements belonging to the recessed groundwork were given a green and brown tint.

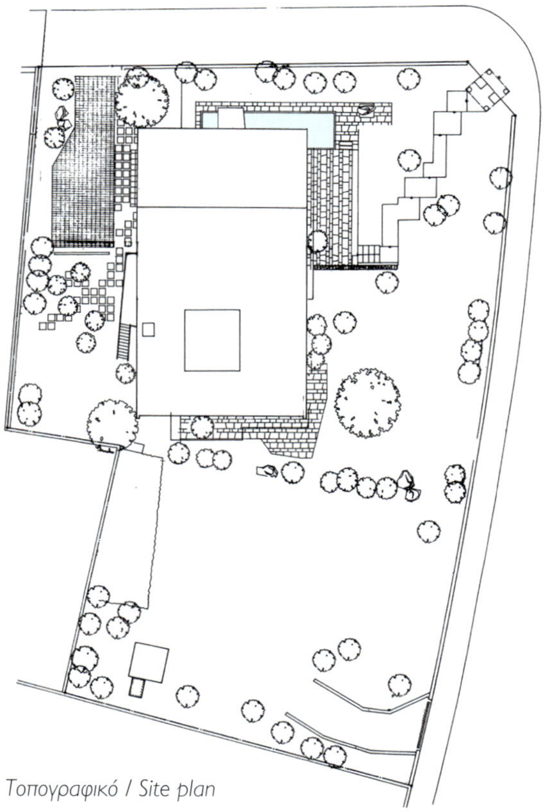

Τοπογραφικό / Site plan

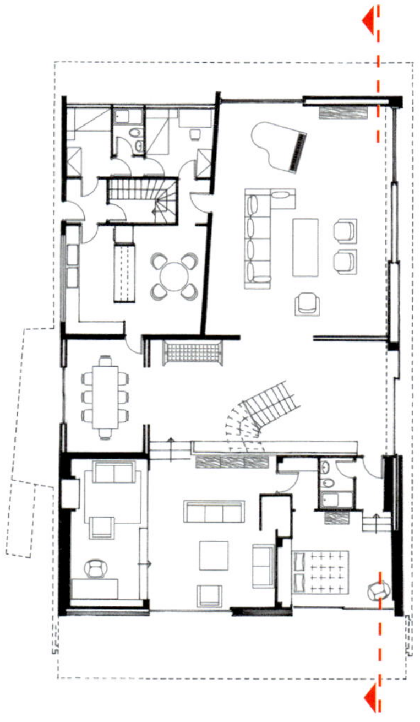

Κάτοψη ισογείου / Ground floor plan

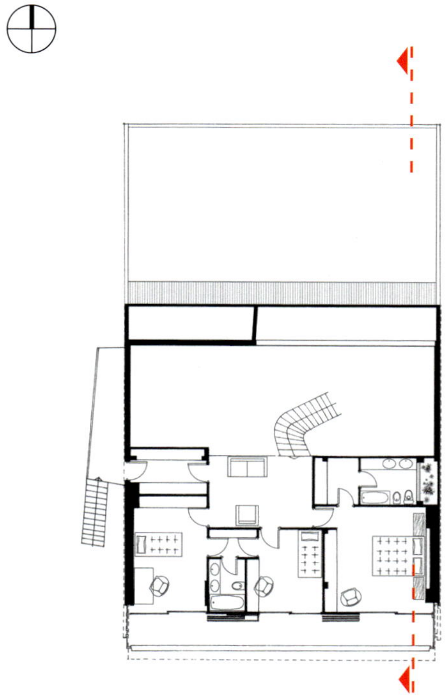

Κάτοψη ορόφου / Upper floor plan

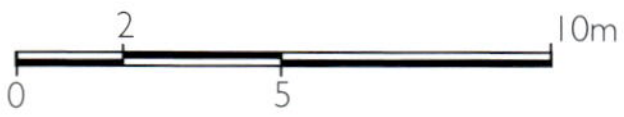

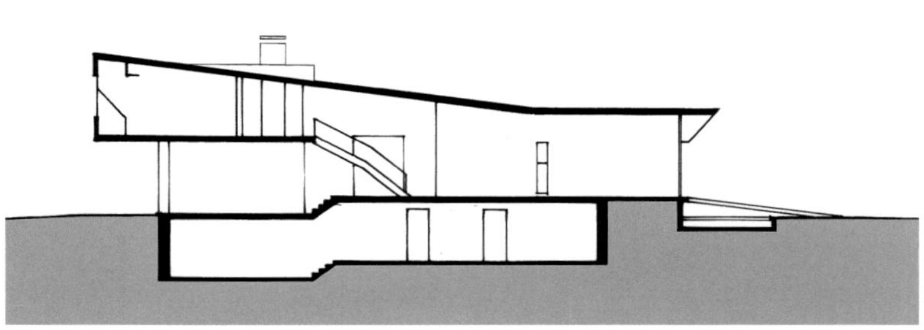

Τομή κατά μήκος / Longitudinal section

1963

ΜΕΛΕΤΗ ΠΟΛΥΚΑΤΟΙΚΙΑΣ ΕΠΙ ΤΗΣ Λ. ΠΟΣΕΙΔΩΝΟΣ ΣΤΗ ΓΛΥΦΑΔΑ

Το περίοπτο αυτό κτίσμα υποχωρεί στην εσωτερική γωνία του οικοπέδου, δημιουργώντας μεγάλους εξώστες προς τις ανοιχτές πλευρές και τη θέα. Το ισόγειο αποτελείται από δύο κάθετες μεταξύ τους πτέρυγες. Η μία είναι διαφανής και αντιστοιχεί στον κοινόχρηστο χώρο εισόδου με μεγάλα υαλοστάσια που περιβάλλουν μια διακοσμητική λίμνη στο κέντρο της σύνθεσης. Η άλλη, συμπαγής γραμμική πτέρυγα, προβλέφθηκε ως ανεξάρτητος χώρος κοιτώνων προσωπικού. Στους επόμενους δύο ορόφους, τα διαμερίσματα σχεδιάστηκαν με χώρους διημέρευσης στην κύρια όψη και υπνοδωμάτια στην πίσω πλευρά. Οι δύο τελευταίοι όροφοι συνθέτουν μια ενιαία διώροφη κατοικία με είσοδο στην ανώτερη στάθμη και τους χώρους υποδοχής και τα υπνοδωμάτια στο κάτω επίπεδο.
Μορφολογικά και στατικά, δόθηκε έμφαση στη δημιουργία των κυκλικών «δίσκων» που συνθέτουν τον στεγασμένο εξώστη του τρίτου ο ρόφου και στηρίζονται σε κεντρικό κυκλικό υποστύλωμα που «βυθίζεται» στην υδάτινη επιφάνεια της λίμνης. Ο πρώτος όροφος διαμορφώνεται ως η υπερυψωμένη βάση του κτηρίου. Έχει χτιστό στηθαίο εξώστη, ενώ οι κλειστοί χώροι είναι σε υποχώρηση. Ακριβώς από πάνω προεξέχουν οι ημικυλινδρικοί πρόβολοι με γυάλινο περίβλημα και κατακόρυφες περσίδες, τονίζοντας την παρουσία του κυκλικού στοιχείου στη σύνθεση. Αυτό το στοιχείο της κύριας όψης, επίσης, εμφανίζεται στη χάραξη του κεντρικού κλιμακοστασίου, στην ημικυκλική απόληξη του γωνιακού εξώστη του δεύτερου ορόφου και στον προβολικό όγκο του υπερκείμενου κοιτώνα της τρίτης στάθμης.

STUDY OF AN APARTMENT BLOCK ON POSIDONOS AVENUE IN GLYFADA, ATHENS

This conspicuous building, placed on the inner corner of the site, bears large balconies facing the view on the open sides of the plot. The ground floor consists of two perpendicular wings. The first one is transparent and corresponds to the entrance area, with large windowpanes surrounding a decorative pond in the center of the composition. The other, solid, linear wing is designed as the staff's independent sleeping quarters. On the following two floors, the design includes apartments with living areas along the main elevation, and bedrooms along the rear side. The last two floors constitute a single two-storey residence, with entrance on the higher level and living areas and bedrooms on the lower level.
Formally, as well as structurally, emphasis was given on the creation of circular "discs" that compose the roofed balcony of the third storey, which are carried by a central round column that "sinks" into the pond. The first storey forms the elevated base of the building. It has a balcony with a solid parapet, while the enclosed spaces are in recess. On the level above projects the semi-cylindrical cantilevered body, with the glass shell and vertical louvers intensify the roundness of the composition. This element is also present in the form of the central stairwell, the semi-circular termination of the corner balcony on the second floor, and the projecting volume of the superimposed bedroom on the third storey.

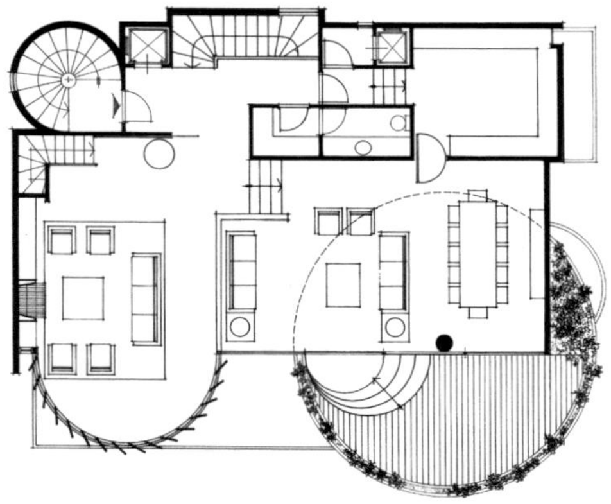

Κάτοψη Δ ορόφου / Fourth floor plan

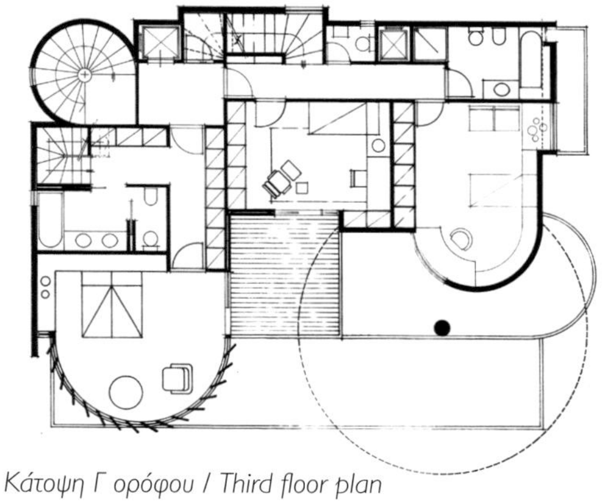

Κάτοψη Γ ορόφου / Third floor plan

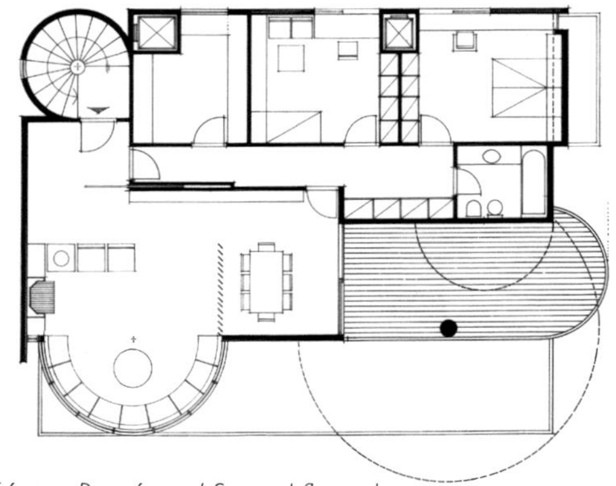

Κάτοψη Β ορόφου / Second floor plan

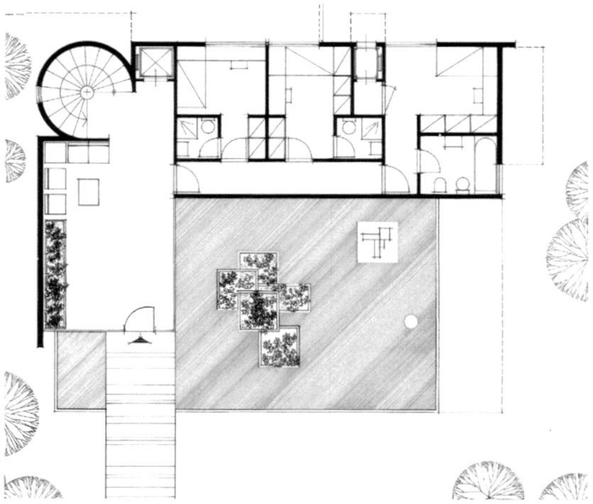

Κάτοψη ισογείου / Ground floor plan

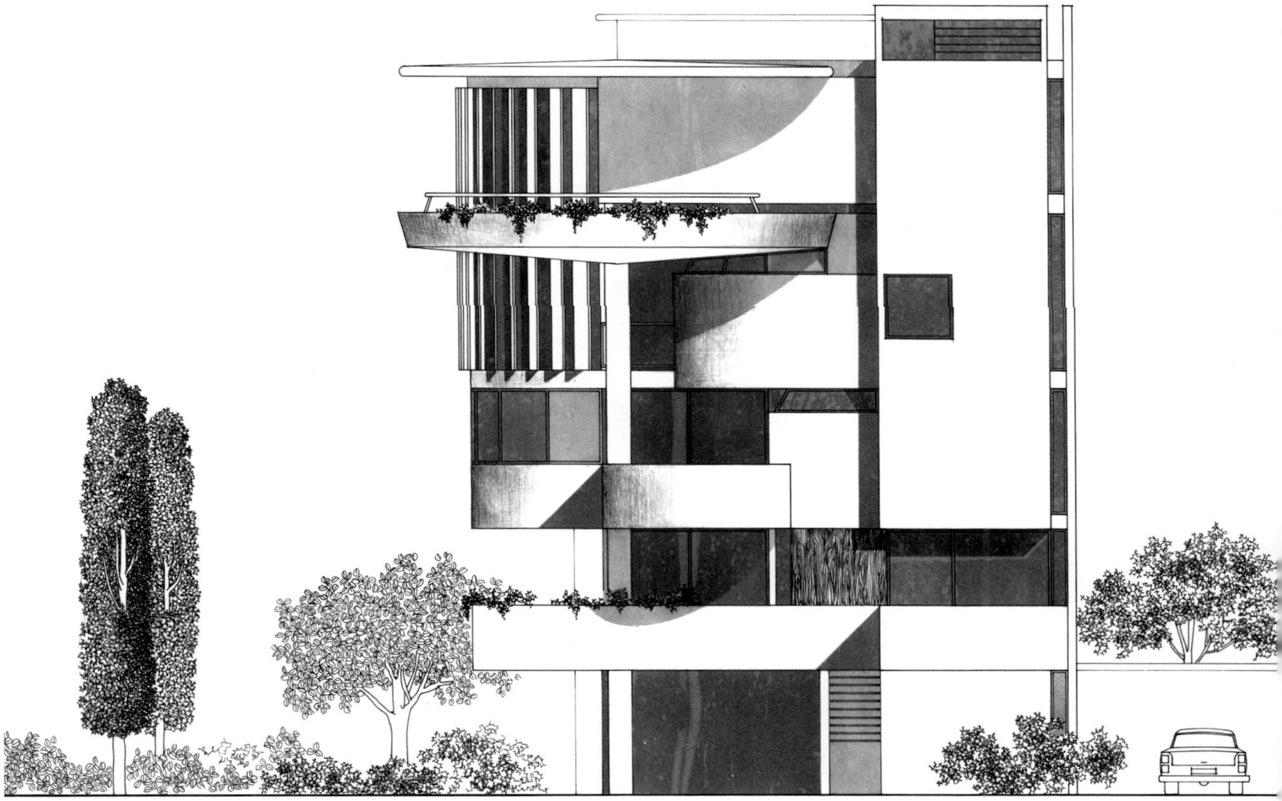

Πλαϊνή όψη / Side view

1963

ΚΑΤΟΙΚΙΑ ΣΤΗΝ ΟΔΟ ΖΕΦΥΡΟΥ ΣΤΗΝ ΚΗΦΙΣΙΑ

Η ισόγεια κατοικία έχει τη μορφή ενός ορθογώνιου πρίσματος με πτέρυγες, ανοιχτού προς τις δύο πλευρές του κήπου που το περιβάλλει. Προς αυτή την κατεύθυνση συγκλίνει η χρήση από λεπτά μεταλλικά φέροντα στοιχεία και κάθετα τοιχώματα που φέρουν την οριζόντια πλάκα του δώματος. Η είσοδος ορίζεται από ένα τοιχίο που επεκτείνεται έξω από τα όρια του κλειστού χώρου της κατοικίας και διαχωρίζει τον κήπο σε δύο τμήματα. Στην άλλη πλευρά, προς τη γωνία του οικοπέδου, ένα αντίστοιχο τοιχίο ορίζει τον χώρο της υπαίθριας πισίνας που έγινε μεταγενέστερα. Με τον τρόπο αυτόν καθορίζονται οι οπτικές φυγές του εσωτερικού χώρου προς το περιβάλλον, δημιουργώντας ταυτόχρονα την αίσθηση προσανατολισμού, απομόνωσης, καθώς και τις κατάλληλες συνθήκες σκίασης για την ευχάριστη χρήση των χώρων. Η κλειστή μάζα είναι σε εσοχή, ενώ εφαρμόζεται ένα σύστημα επάλληλων υαλοστασίων και ξύλινων σκούρων που σύρονται σε όλο το μήκος των όψεων και μαζεύουν στη μία πλευρά. Στο κέντρο της κατοικίας υπάρχει μικρό τετράγωνο αίθριο γύρω από το οποίο διατάσσονται βοηθητικοί χώροι και η πτέρυγα των υπνοδωματίων.

RESIDENCE ON ZEPHYROU STREET IN KIFISSIA, ATHENS

The single-storey residence has the form of a rectangular prism with small wings, open on both sides towards the surrounding garden. This form is promoted by the use of thin, metal, load bearing elements and projecting walls that support the single flat roof. Such a wall extends beyond the boundaries of the enclosed areas of the house and splits the garden in two parts. At the other side, towards the corner of the site, a similar wall defines the area of the outdoor swimming pool which was realized on a later phase. Large window panes and wooden shutters were used that slide along the elevations storing on one side. The aim was to create a sense of orientation by framing the views to the garden and at the same time to achieve appropriate shading conditions and ensure a pleasant use both for indoor areas as well as outdoor terraces. Utility areas and bedrooms are laid out around a small patio in the center of the house.

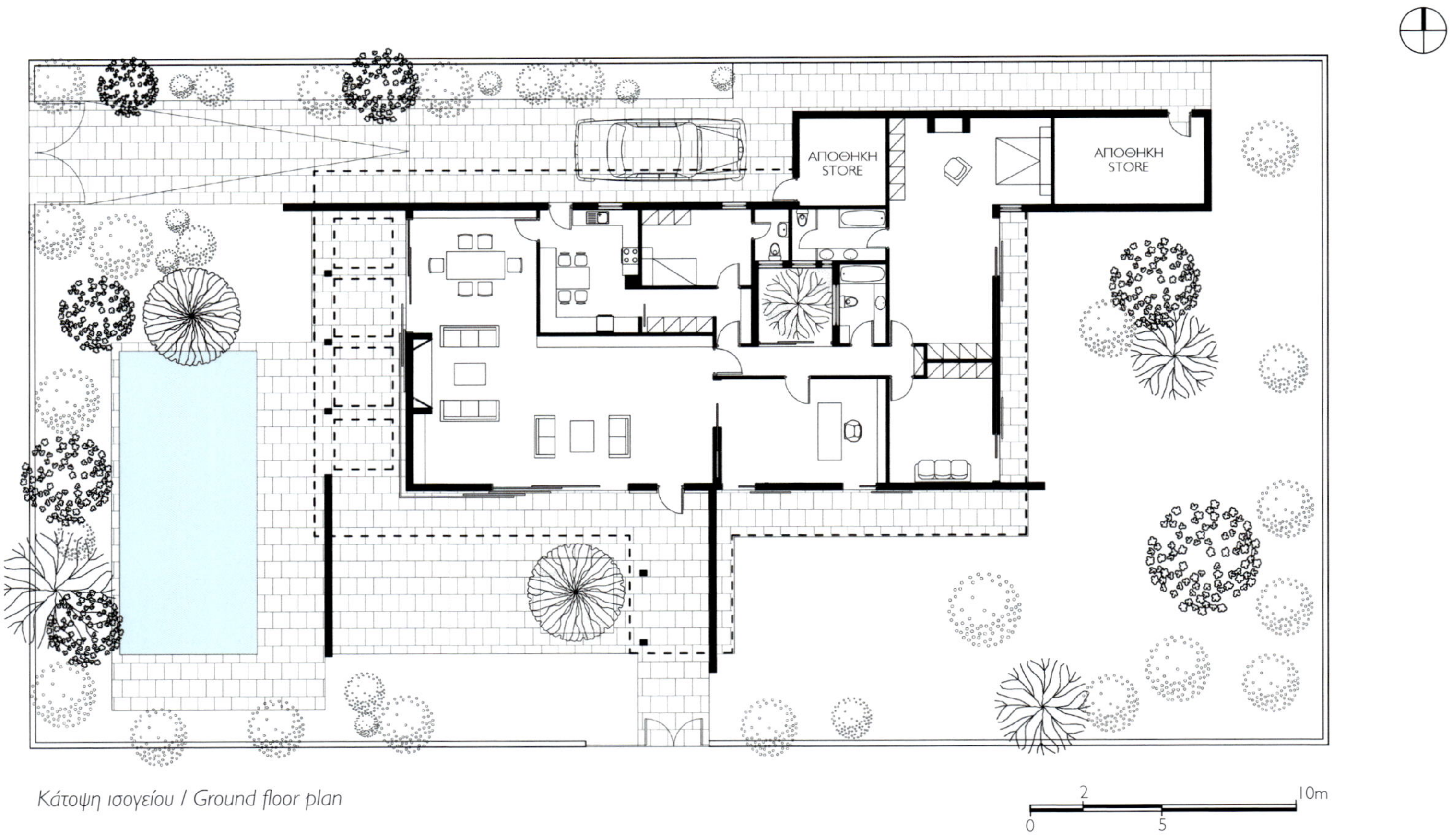

Κάτοψη ισογείου / Ground floor plan

1964

ΣΥΓΚΡΟΤΗΜΑ ΠΟΛΥΚΑΤΟΙΚΙΩΝ ΜΕ ΚΑΤΑΣΤΗΜΑΤΑ ΚΑΙ ΚΙΝΗΜΑΤΟΓΡΑΦΟ ΕΠΙ ΤΗΣ Λ. ΚΗΦΙΣΙΑΣ & ΟΔΟΥ ΣΕΒΑΣΤΟΥΠΟΛΕΩΣ ΣΤΟΥΣ ΑΜΠΕΛΟΚΗΠΟΥΣ

Πρόκειται για ένα συγκρότημα τριών κτηρίων διαμερισμάτων με ισόγεια καταστήματα, αίθουσα κινηματογράφου και υπόγειο χώρο στάθμευσης, που αναπτύσσονται στις τρεις πλευρές μιας πλατείας. Στο ένα από τα δύο κτήρια επί της λεωφόρου μελετήθηκε χώρος υπεραγοράς, ενώ στο άλλο, ζαχαροπλαστείο και εστιατόριο. Ο στόχος ήταν τα ανεξάρτητα κτήρια να χαρακτηρίζονται από γεωμετρική σαφήνεια και απλότητα, εξισορροπώντας έτσι τον πολλαπλό λειτουργικό χαρακτήρα του συγκροτήματος. Τα διαμερίσματα αναπτύχθηκαν σε τέσσερις τυπικούς ορόφους, με μέτωπο στην αυλή ή στην περίμετρο αντίστοιχα.
Στην προσπάθεια δημιουργίας ενός ενιαίου αισθητικού συνόλου με ποικιλία προς την εσωτερική αυλή, οι όψεις των τριών κτηρίων απέκτησαν ένα συγγενές αλλά ελαφρά διαφοροποιημένο αισθητικό ύφος.
Στο πίσω όριο του οικοπέδου – με τη χαμηλότερη στάθμη – ένας γωνιακός όγκος, ως πλάτη του συνόλου, προσανατολίστηκε στους δρόμους με ήπια κυκλοφορία και κλίμα γειτονιάς. Εκεί, τοποθετήθηκαν μικρότεροι χώροι με εμπορικό χαρακτήρα, ενώ στο κέντρο ανοίχθηκε η είσοδος του κινηματογράφου που διαρθρώθηκε κάτω από τον κεντρικό υπαίθριο χώρο.
Τέλος, με τη διάταξη αυτή οργανώθηκε για πρώτη φορά στην Αθήνα ένας μεγάλος εσωτερικός, υπαίθριος χώρος-πλατεία στο κέντρο ενιαίου οικιστικού συγκροτήματος, που λειτούργησε ως γειτονιά ζωντανή όλες τις ώρες της ημέρας.

APARTMENT COMPLEX WITH SHOPS AND MOVIE THEATER ON KIFISSIAS AVENUE & SEVASTOUPOLEOS STREET IN AMPELOKIPI, ATHENS

The complex consists of three residential buildings with shops on ground level, a movie theater and underground parking space, sited on the three sides of a square. A supermarket was designed on one of the two buildings facing the avenue, and a large restaurant and patisserie on the other. The design of the independent buildings aimed for geometric clarity and simplicity, thus balancing the multiple functional character of the complex. The apartments are laid in four typical storeys, facing the central courtyard or the perimeter.
In an attempt to create a uniform aesthetic ensemble with variety towards the courtyard, the façades of the three buildings were given a similar but slightly differentiated style.
At the rear boundary of the plot – at its lowest level – an angular volume is directed towards the low traffic, neighbourhood streets, serving as the back side of the complex. Smaller spaces of commercial use are placed there, while the entrance for the movie theater, which is constructed below the central courtyard, is formed in its center.
In conclusion, it was with this layout that for the first time in Athens, a large inner open-air space – square was organized in the center of an urban residential complex, a square that functioned as a lively neighbourhood all day long.

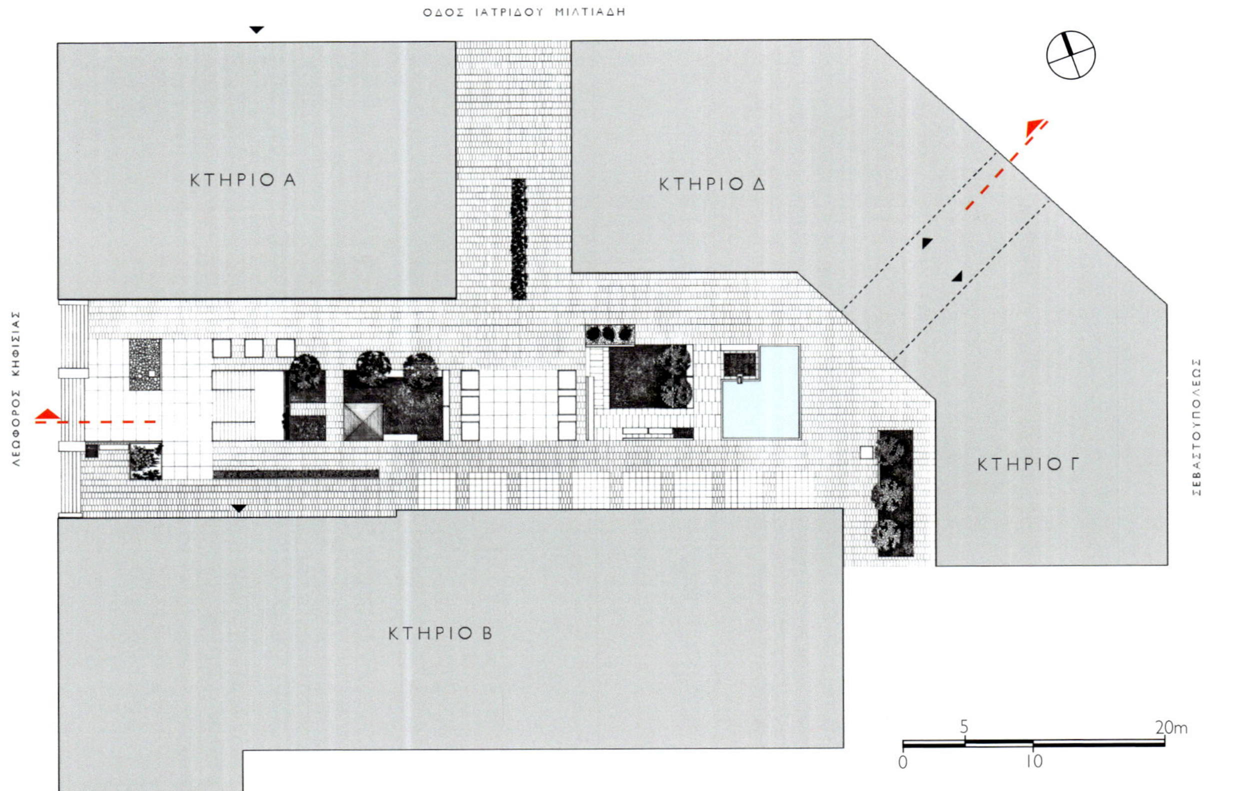

Κάτοψη συγκροτήματος / Plan of the complex

1965

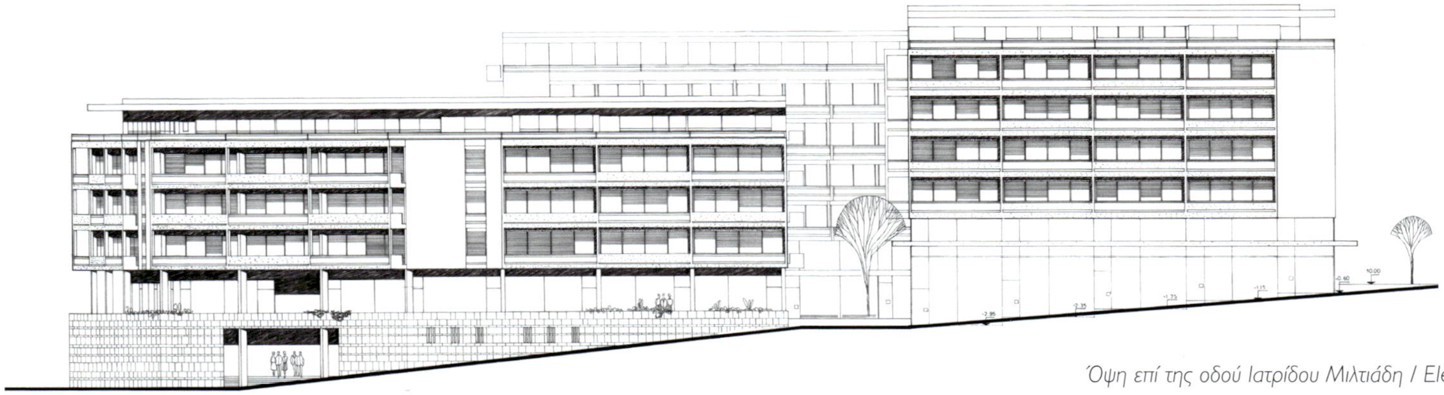

Όψη επί της οδού Ιατρίδου Μιλτιάδη / Elevation from Iatridou Miltiadi street

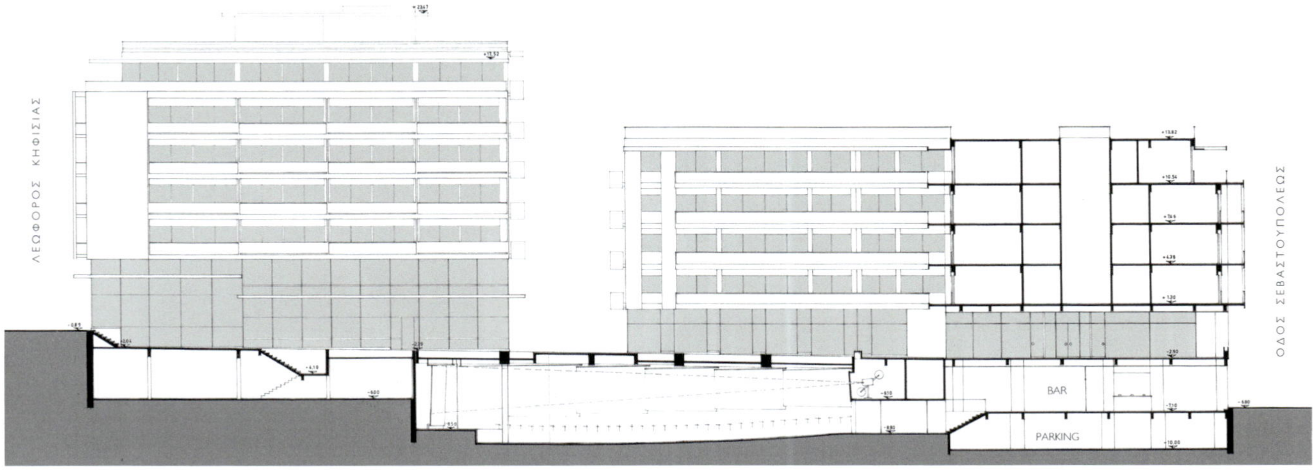

0 5 10 20m

Τομή συγκροτήματος / Section of the complex

Όψη κτηρίου Β / Building B elevation

Είσοδος κτηρίου Β / Building B entrance

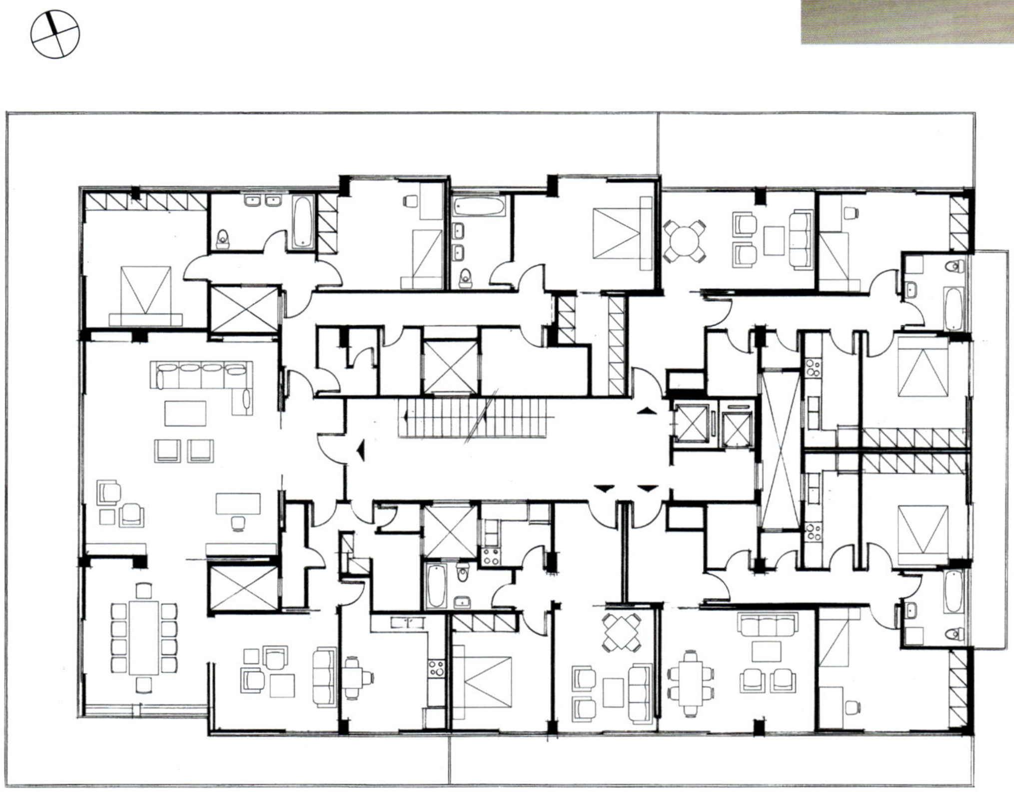

Κάτοψη τελευταίου ορόφου κτηρίου Α / Top floor level of the building A

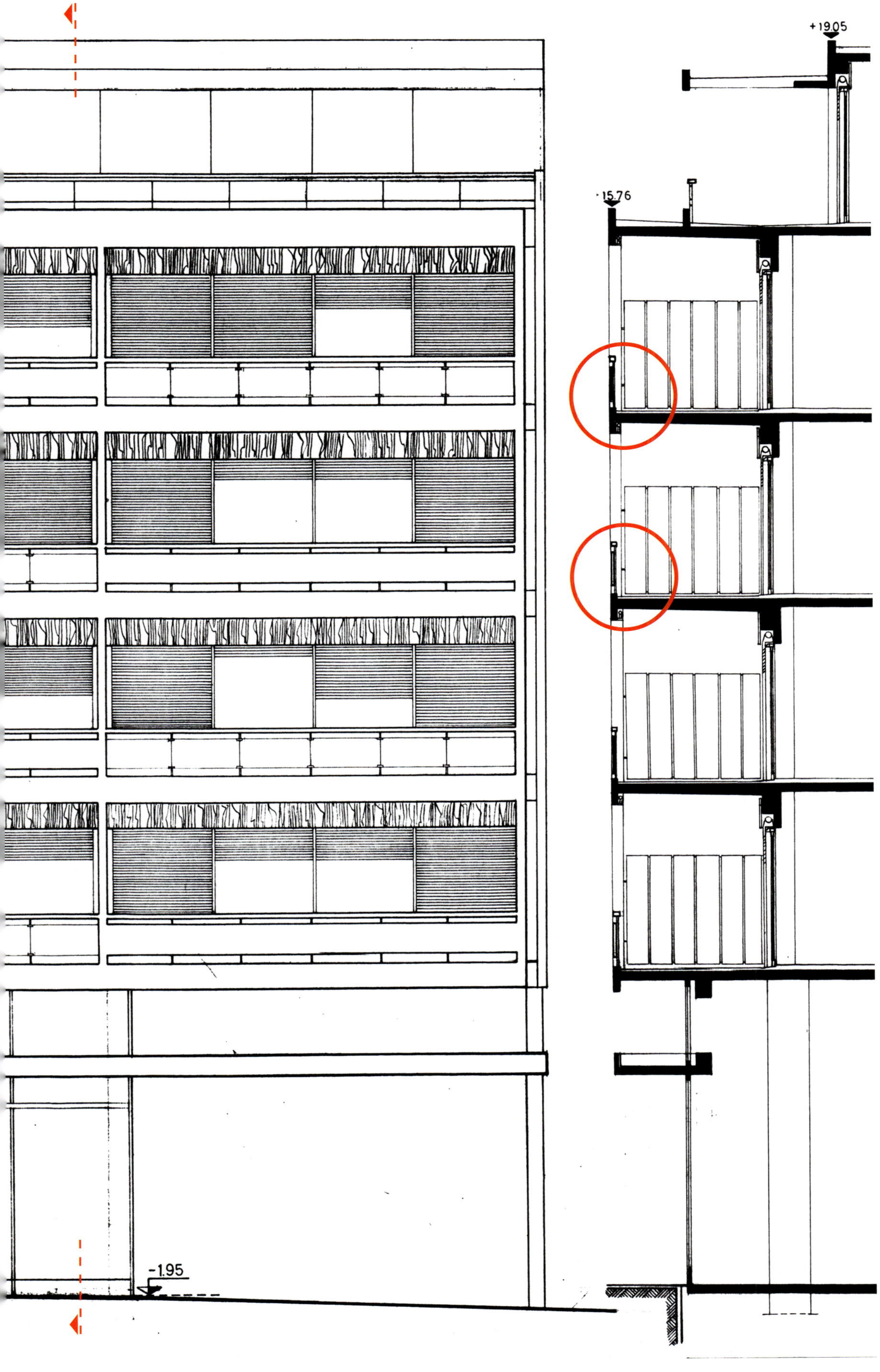

Όψη & τομή κτηρίου Α / Elevation & section of building A

Συμπαγή στηθαία / Plastered parapets

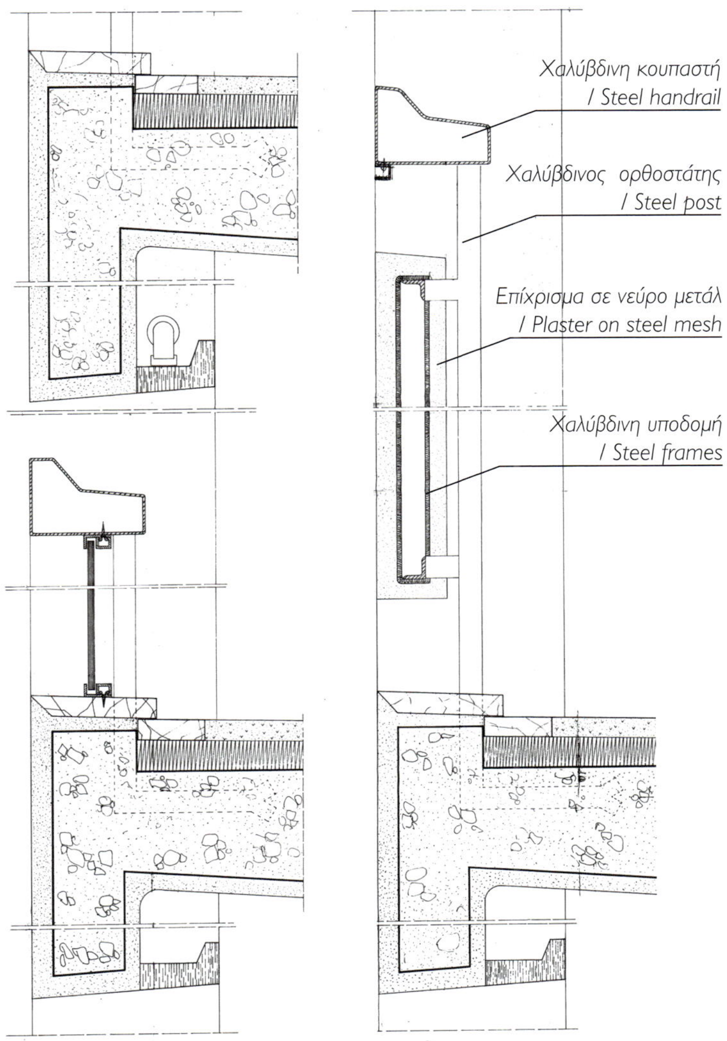

Γυάλινα στηθαία / Glass balustrades

Λεπτομέρειες στηθαίων εξωστών / Balustrade details

ΒΙΛΛΑ ΕΠΙ ΤΩΝ ΟΔΩΝ 25ης ΜΑΡΤΙΟΥ & Γ. ΣΤΑΥΡΟΥ ΣΤΗ ΦΙΛΟΘΕΗ

(ΤΟ ΚΤΗΡΙΟ ΑΛΛΟΙΩΘΗΚΕ ΛΟΓΩ ΠΡΟΣΘΗΚΗΣ ΟΡΟΦΟΥ ΑΠΟ ΤΟΝ ΙΔΙΟΚΤΗΤΗ)

Ογκοπλαστικά πρόκειται για δύο παράλληλες πλάκες που συνδέονται με ένα χαμηλό όγκο και προεξέχουν περιμετρικά σε πρόβολο, στηριζόμενες σε ελεύθερα υποστυλώματα και τοιχία. Στο πρώτο πλάνο ξεχωρίζει ένας χαμηλότερος, ορθογώνιος, λευκός όγκος που εισδύει στο εσωτερικό. Αυτός δείχνει να αιωρείται φερόμενος πάνω σε μία βάση, η οποία διαμορφώνει την είσοδο, είναι επενδεδυμένη με σκουρόχρωμο ξύλο και ενοποιείται με τον περιβάλλοντα χώρο. Εγκάρσια στον λευκό όγκο διαμορφώθηκε αναλημματικός τοίχος στο επίπεδο του υπερυψωμένου κήπου, στον οποίον ανοίγονται οι χώροι υποδοχής. Ο υπαίθριος χώρος αγκαλιάζει το κτήριο και διεισδύει σε αυτόν μέσω δύο αιθρίων που έχουν οπτική επαφή με τους χώρους υποδοχής.

VILLA ON IKOSTIS PEMPTIS MARTIOU & G. STAVROU STREETS IN FILOTHEI, ATHENS

(THE BUILDING WAS ALTERED DUE TO ADDITION OF ANOTHER FLOOR BY THE OWNER)

The villa was formed by two parallel projecting slabs connected in the middle with a lower volume and supported on thin free-standing columns and load-bearing walls. In the foreground, a lower, rectangular, white volume stood out, which slipped into the interior. This volume seems to hover over a base that forms the entrance, which is covered by dark-coloured timber cladding and unified with the surrounding landscape. A retaining wall which supports the raised garden adjacent to the living room runs on a transversal axis relative to the white volume. The outdoor space embraces the building and penetrates it via two patios situated in visual contact with the reception areas.

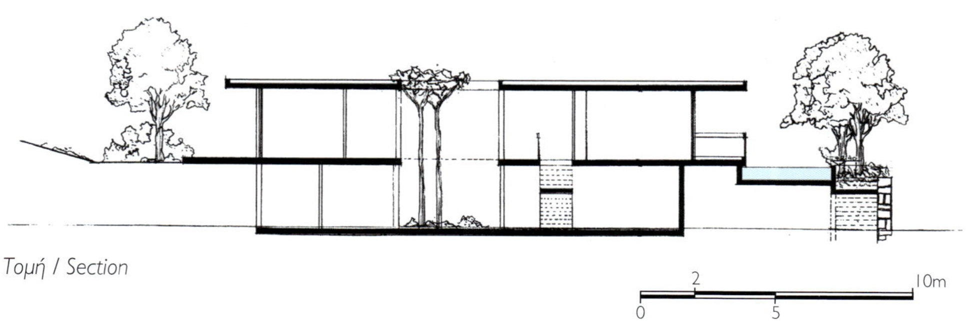

Τομή / Section

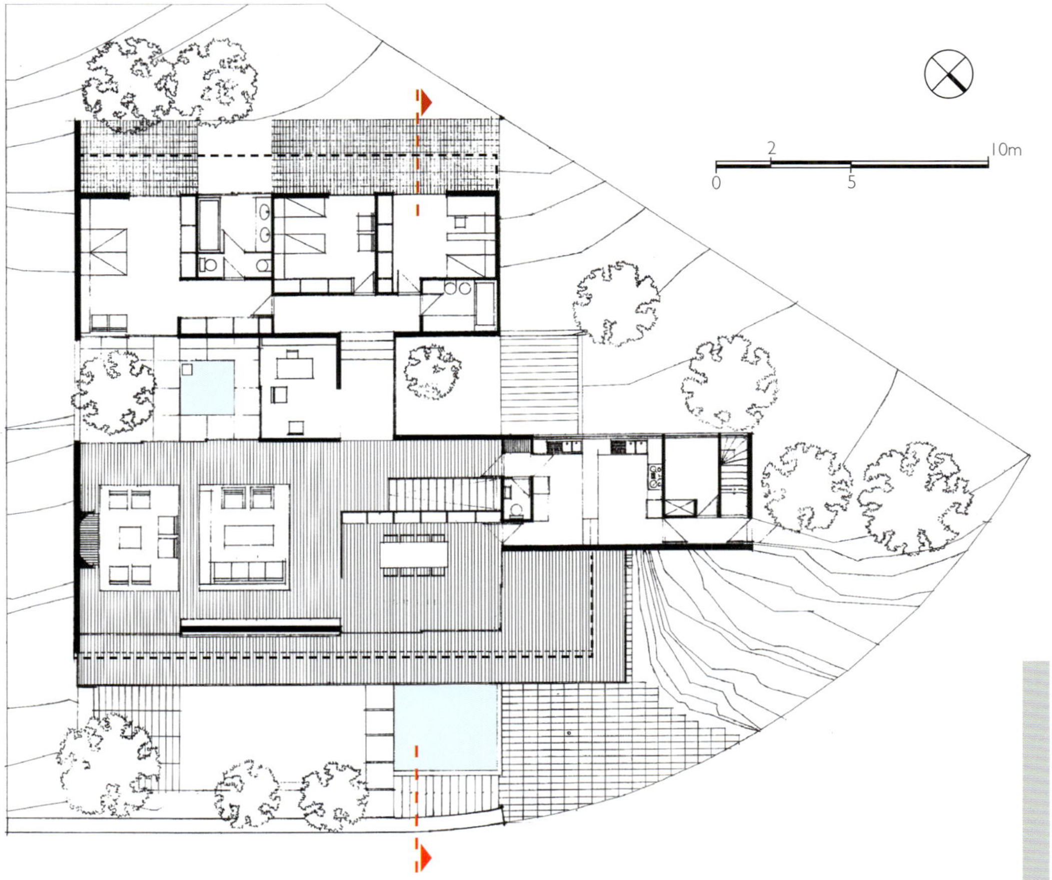

Κάτοψη ισογείου / Ground floor plan

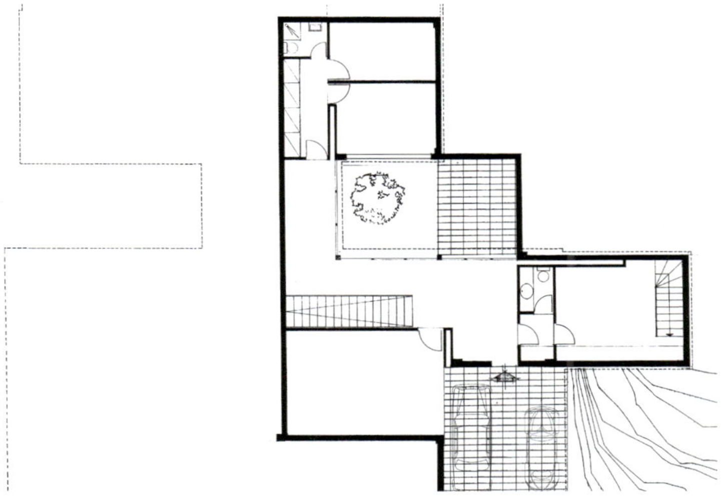

Κάτοψη υπογείου / Basement plan

1967

«ΠΥΡΓΟΣ ΑΘΗΝΩΝ» ΕΠΙ ΤΩΝ Λ. ΒΑΣ. ΣΟΦΙΑΣ & ΜΕΣΟΓΕΙΩΝ ΣΤΟΥΣ ΑΜΠΕΛΟΚΗΠΟΥΣ

Το αρχικό στήσιμο στο οικόπεδο προέβλεπε τη διαμόρφωση μιας διευρυμένης διώροφης βάσης και ενός υπερκείμενου ουρανοξύστη που αποτελείται από επάλληλα κατακόρυφα πρίσματα. Τελικά, το κτηριακό συγκρότημα διαμορφώθηκε από δύο ανισοϋψείς πύργους και μια ευρύχωρη πλατεία. Πλάι, και σε υποχώρηση από τον κυρίως προβεβλημένο υψίκορμο όγκο, εμφανίζεται η τεθλασμένη μορφή ενός χαμηλότερου κτηρίου, διατηρώντας κοινά χαρακτηριστικά ως προς τον σχεδιαστικό κάναβο των όψεων. Οι δύο βασικοί όγκοι αναπτύσσονται επάνω σε μια διευρυμένη, τριώροφη βάση και επικοινωνούν μεταξύ τους στη στάθμη του πρώτου ορόφου.
Η τριώροφη βάση, που περιλαμβάνει χώρους με διώροφο ύψος, στάθμες ημιωρόφου, υπαίθριες διόδους και κλειστούς χώρους-γέφυρες μεταξύ των τμημάτων, ξεχωρίζει αισθητικά από την κυρίως ανωδομή που διαμορφώνεται σε επάλληλες σειρές τυπικών ορόφων, με τα δύο κτήρια να αναπτύσσονται αυτόνομα καθ' ύψος επάνω στην ενιαία βάση.
Ο Πύργος Αθηνών έχει την τυπολογική διάρθρωση ενός ουρανοξύστη, με τον πυρήνα των κλιμακοστασίων κεντρικά και με τους χώρους γραφείων περιμετρικά. Αυτό που κυρίως ξεχώρισε την προσπάθεια αυτή από την αντίστοιχη αισθητική εμπειρία ενός διεθνούς πύργου γραφείων υπήρξε η προσπάθεια δημιουργίας μιας εντόπιας μορφής με βάση, κορμό και στέψη.
Μέσα σ' ένα γενικότερο κλίμα λιτότητας και αυστηρότητας, όπως και με μια πιο σύνθετη επεξεργασία στον κάναβο, υψώθηκε ένας αθηναϊκός ουρανοξύστης χωρίς την επαναληπτική χρήση μιας μόνο διάστασης στα κατακόρυφα στοιχεία, που σε πολλές περιπτώσεις στα διεθνή παραδείγματα οδηγεί σε κτήρια σχεδόν ουδέτερα.

"TOWER OF ATHENS" ON VAS. SOFIAS & MESOGION AVENUES IN AMPELOKIPI, ATHENS

The initial site layout provided for a wide two-storey base and a superimposed skyscraper consisting of successive vertical slabs. The building complex was eventually formed by two unequal towers and a spacious plaza. The zig-zag form of a lower building appears at the side of, and a little offset from the principle high-rise volume, sharing common design elements on the façades. The two main volumes rise over a wide, three-storey base, and communicate on the first floor level.
The three-storey base that includes double height areas, mezzanines, open-air walkways and indoor bridges between various sections, is aesthetically distinct from the main structure above it, which is formed by a succession of typical storeys in two separate towers originating from that base.
The Tower of Athens has the common typology of a skyscraper, with the central core of staircases and the surrounding office areas. What made it distinctive from the equivalent experience of an office tower abroad was the attempt to create a regionally justified form with base, body and crowning.
Within a broader context of austerity and simplicity, and with a more elaborate use of proportions on the elevations, an athenian skyscraper was erected, avoiding the repetitive use of a single dimension for the vertical elements, something that has often led in almost indifferent international examples.

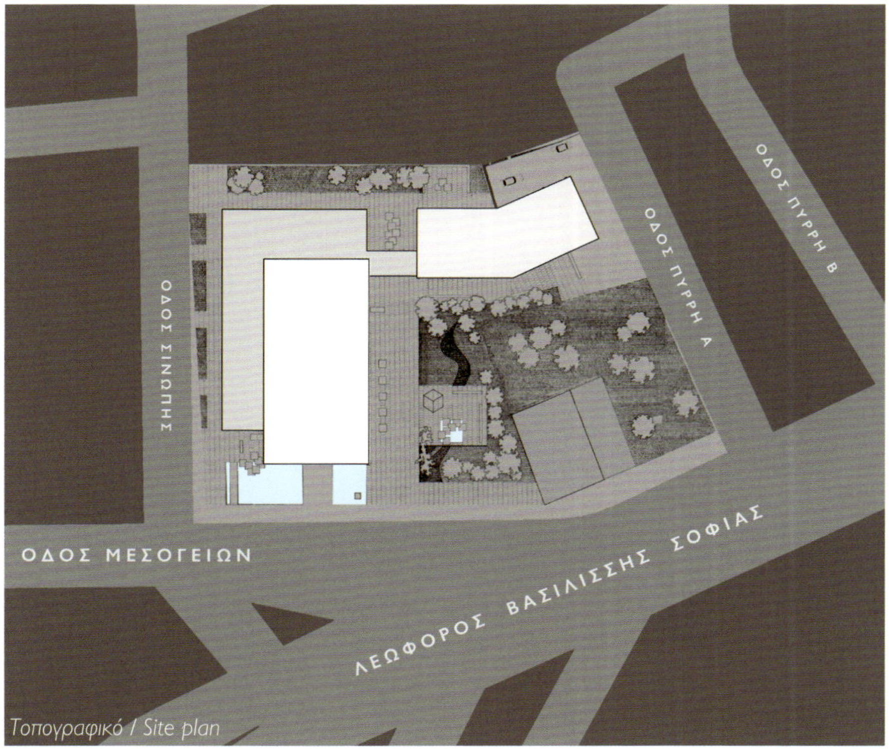

Τοπογραφικό / Site plan

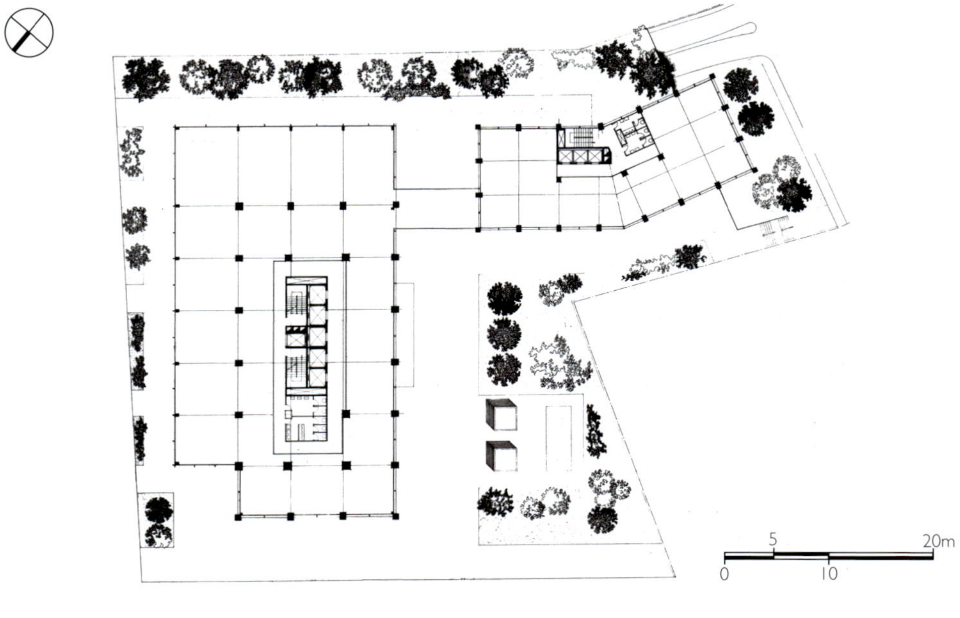

Κάτοψη Α ορόφου / First floor plan

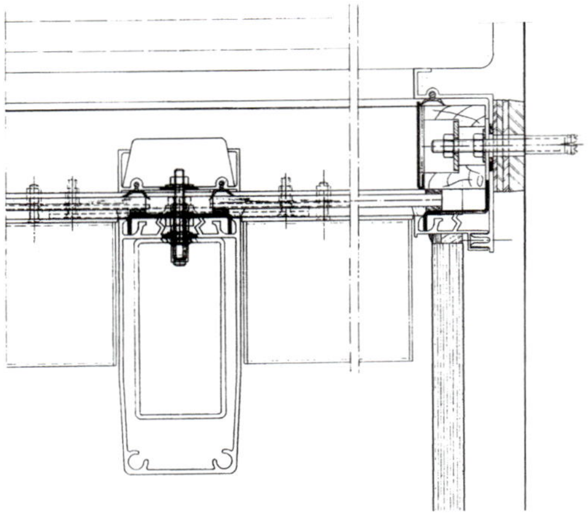

Λεπτομέρεια πρόσοψης / Façade detail

1967

Κάτοψη τυπικού ορόφου πύργου / Typical floor plan in tower

ΤΡΑΠΕΖΑ ΠΙΣΤΕΟΣ
CREDIT BANK
ANTIQUA

ΠΑΛΑ
ΟΛΟΓΟΣ
ΕΛΛΗ
ΝΟΒΡΕΤ
ΑΝΝΙΚΗ

OWER LINE
EALTH STUDIO

Αρχική πρόταση (απορριφθείσα από το ΥΠΕΧΩΔΕ ως μη επαρκώς ελληνοπρεπής)
/ Initial proposal (rejected by the Ministry of Environment and Public Works as not sufficiently Greek in style)

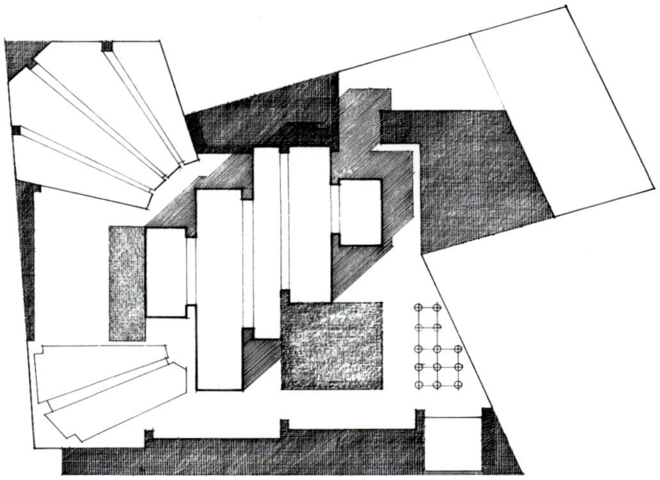

ΠΟΛΥΚΑΤΟΙΚΙΑ ΕΠΙ ΤΗΣ ΟΔΟΥ ΡΗΓΙΛΛΗΣ

Η πολυκατοικία επί της οδού Ρηγίλλης 16, στα τέλη της δεκαετίας του '60, με τυπική κάτοψη, επιχείρησε να εκφράσει με το αυστηρό της ύφος τη ζωηρή αντίθεση προς το αδιέξοδο αρχιτεκτονικό πνεύμα της εποχής του όψιμου εκλεκτικισμού και του εύκολου ακαδημαϊσμού, τάσεις που κυριαρχούσαν στις αθηναϊκές πολυκατοικίες υψηλού εισοδήματος από το '50 και εξής με λιγοστές εξαιρέσεις. Ως διακριτικό στοιχείο προτάθηκε η ξύλινη επένδυση της οροφής των εξωστών, στοιχείο που για πρώτη φορά χρησιμοποιήθηκε σε κτήριο διαμερισμάτων.

APARTMENT BUILDING ON RIGILLIS STREET, ATHENS

The typical-floor apartment block on 16 Rigillis St., attempted, in the end of the 60s, to express with its strict style the lively contrast with the inextricable architectural spirit of late eclecticism and mainstream academism, predominant viewpoints in high-class apartment buildings design since '50 with a few exceptions. Distinctive was the cladding of balcony ceilings with suspended wooden panels, applied possibly for the first time on an apartment building in Athens.

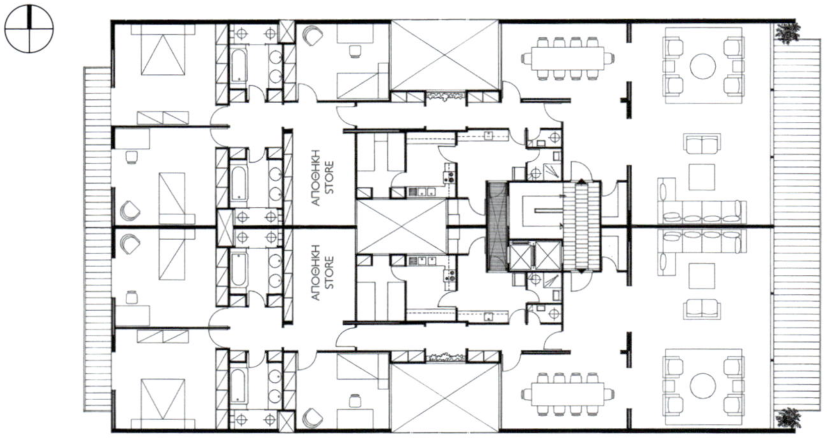

Κάτοψη τυπικού ορόφου / Typical floor plan

2 10m
0 5

Κάτοψη Α ορόφου / First floor plan

Λεπτομέρεια στηθαίου εξωστών / Balustrade detail

1968

ΒΙΛΛΑ ΕΠΙ ΤΗΣ ΟΔΟΥ ΞΕΝΙΑΣ ΣΤΗΝ ΚΗΦΙΣΙΑ

(ΚΑΤΕΔΑΦΙΣΤΗΚΕ ΓΙΑ ΝΑ ΚΤΙΣΤΕΙ ΠΟΛΥΚΑΤΟΙΚΙΑ)

Σε επίμηκες οικόπεδο με στενή όψη προς τον δρόμο, αναπτύχθηκε η ισόγεια μονοκατοικία με σχήμα Π, γύρω από εσωτερικό αίθριο.
Το κτήριο οργανώθηκε με οριζόντιες και κατακόρυφες επιφάνειες, που επεκτείνονταν πέραν από το περίγραμμα του εσωτερικού χώρου της κατοικίας, προδίδοντας επιρροή από τους πρωτοπόρους του Μοντέρνου Κινήματος.
Με τα μεγάλα ανοίγματα, επιχειρήθηκε η μέγιστη δυνατή διαμπερότητα προς τους ανοικτούς και προστατευμένους υπαίθριους χώρους.

VILLA ON XENIAS STREET IN KIFISSIA, ATHENS

(DEMOLISHED IN ORDER FOR AN APARTMENT BUILDING TO BE BUILT)

The double L-shaped single-storey residence evolved around a small patio in an oblong plot with a narrow face towards the street.
The building was formed with thin horizontal and vertical planes in an attempt to unify the interior with the courtyards, thus witnessing an influence from the pioneers of the Modern Movement.
Large sliding window panes were used to achieve the maximum transparency and cross-orientation towards the gardens and the patio.

Τομή / Section

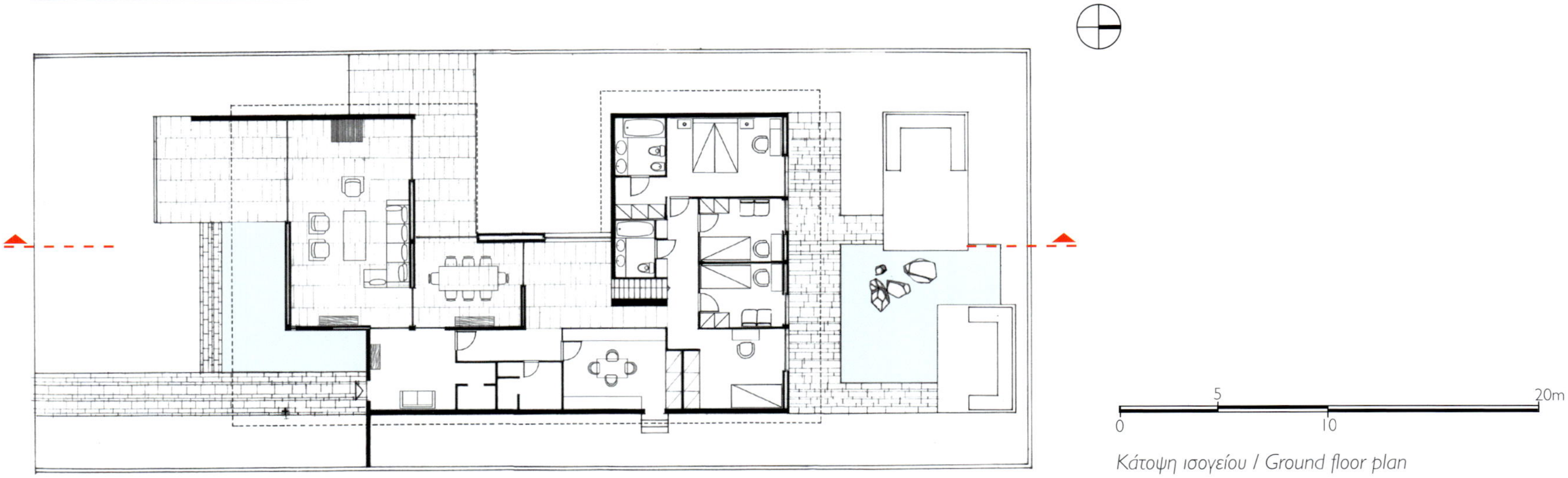

Κάτοψη ισογείου / Ground floor plan

1969

ΒΙΛΛΑ ΕΠΙ ΤΗΣ ΟΔΟΥ ΠΑΛΑΙΩΝ ΠΑΤΡΩΝ ΓΕΡΜΑΝΟΥ ΣΤΗ ΦΙΛΟΘΕΗ

Η κατοικία αναπτύσσεται κυρίως σε μία ισόγεια στάθμη, με αυτονομημένη διάταξη των επιμέρους λειτουργιών και ήπια μετάβαση από την κοινόχρηστη περιοχή στην ιδιωτική. Για την ομαλή προσαρμογή στο επικλινές οικόπεδο διαμορφώθηκαν μεσοπατώματα και κλιμακώσεις εσωτερικά και εξωτερικά. Σε αντιδιαστολή προς την οργανωτική εσωστρέφεια της κάτοψης, γύρω από μια εσωτερική ανατολική αυλή που εξασφαλίζει ποικίλες οπτικές φυγές και τον διαμπερή αερισμό των χώρων, διαμορφώνονται οι τρεις μονόρριχτες στέγες που στρέφονται δυναμικά προς διαφορετικές κατευθύνσεις. Συγχρόνως όμως, η νοητή τους προέκταση αντιστοιχεί στον ίδιο κεντρικό πυρήνα της σύνθεσης, την εσωτερική ανοιχτή αυλή.

VILLA ON PALEON PATRON GERMANOU STREET IN FILOTHEI, ATHENS

The residence is laid mainly on ground level. Mezzanines and internal as well as external elevations were involved for its gentle adaptation to the inclined site. Individual functions and separate spaces form a loose layout with subtle and flowing transitions from common areas to the private. In contrast to the programmatic introversion of the plan, around an inner courtyard which ensures various views and the cross ventilation of spaces, three single-pitched roofs are formed facing dynamically to different directions. In the same time, however, their perceivable extension corresponds to the same conceptual core, the inner open courtyard.

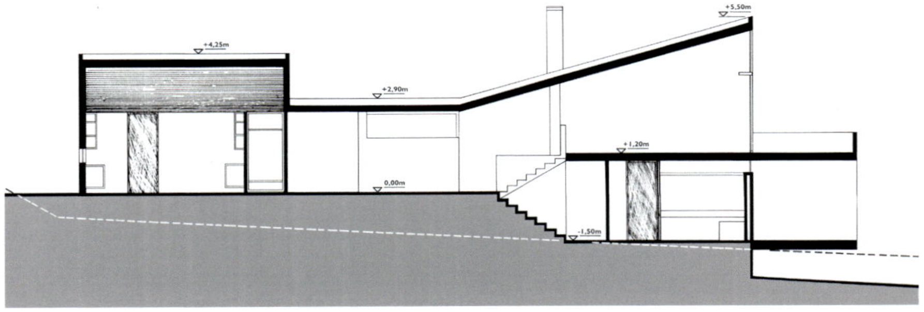

Τομή / Section

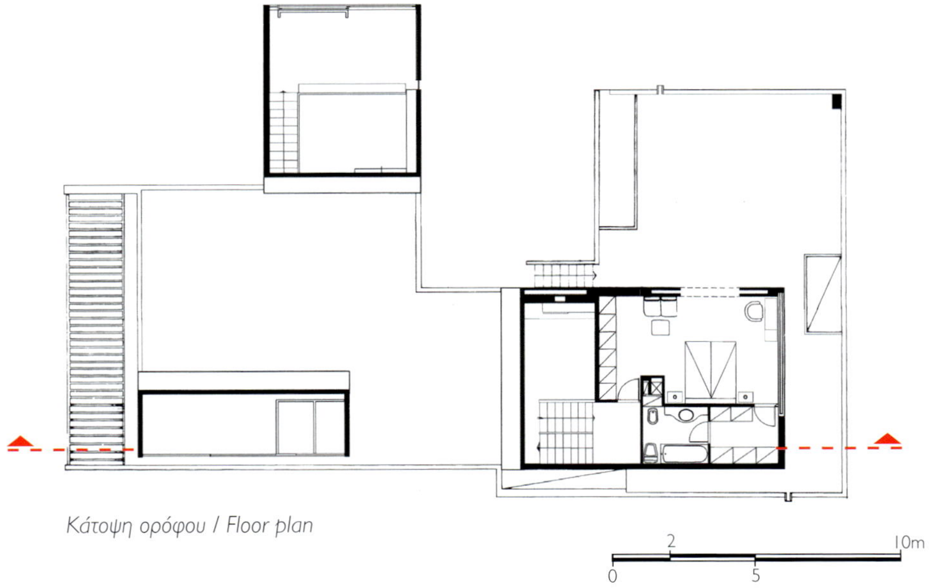

Κάτοψη ορόφου / Floor plan

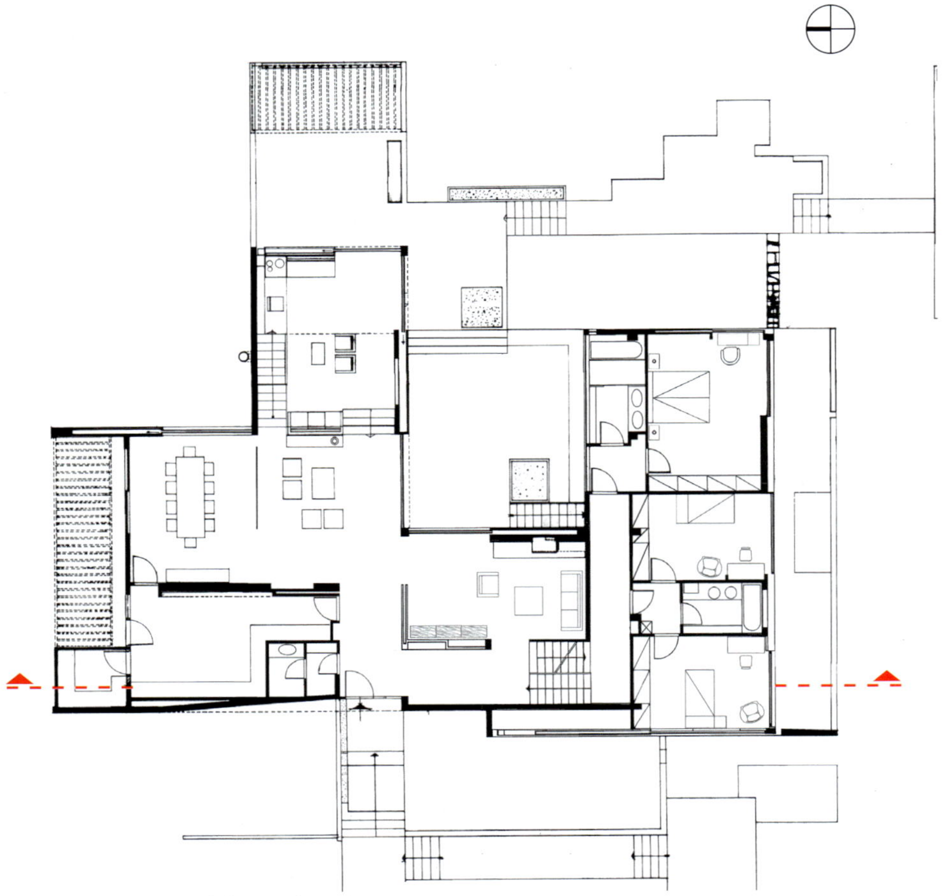

Κάτοψη ισογείου / Ground floor plan

1969

Ανατολική όψη / East elevation

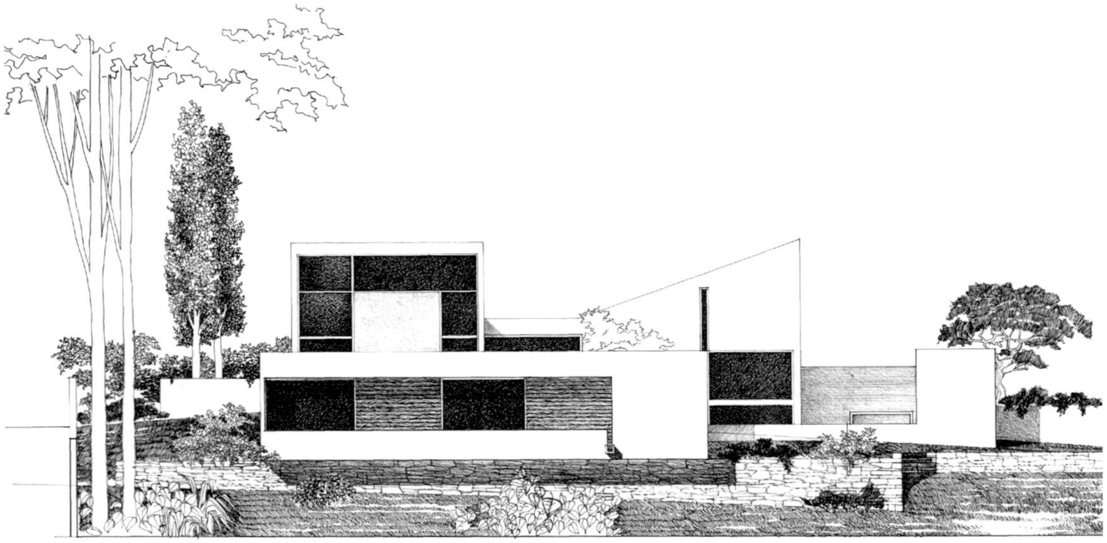

Νότια όψη / South elevation

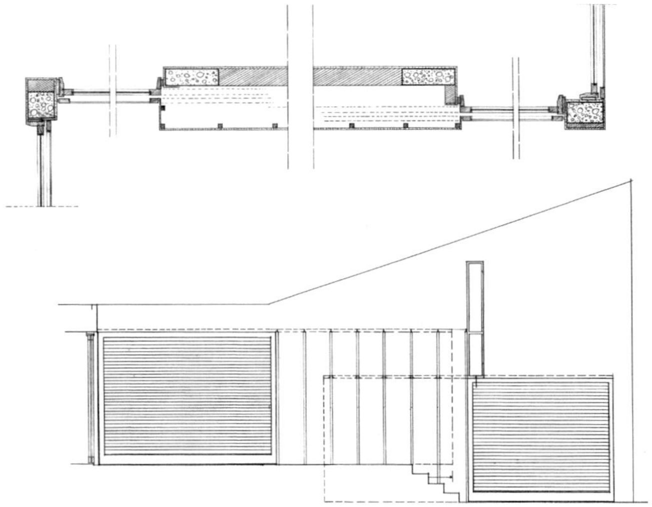

Λεπτομέρεια συρόμενων κουφωμάτων / Exterior sliding doors detail

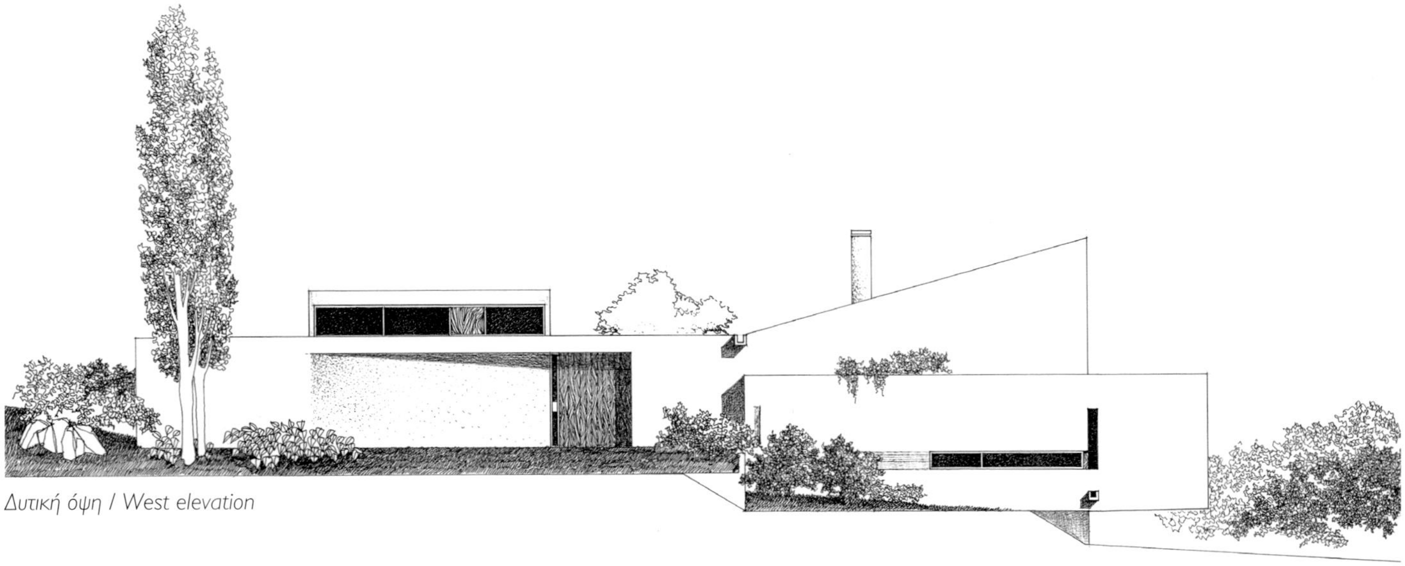

Δυτική όψη / West elevation

ΠΟΛΥΚΑΤΟΙΚΙΑ ΕΠΙ ΤΗΣ Λ. ΔΙΑΜΑΝΤΙΔΟΥ – ΠΛΑΤΕΙΑ ΒΑΣ. ΓΕΩΡΓΙΟΥ Β΄, ΨΥΧΙΚΟ

Σε παράγωνο γωνιακό οικόπεδο, στην πρώτη πλατεία του Ψυχικού, σχεδιάστηκε το τριώροφο κτίσμα με πιλοτή και δώμα.
Η κλιμακωτή ανάπτυξη των καθιστικών και υπνοδωματίων κατά μήκος της κύριας όψης επιτρέπει τη μέγιστη διείσδυση του μεσημβρινού ήλιου, ενώ βοηθητικοί και κοινόχρηστοι χώροι τοποθετήθηκαν στην πίσω πλευρά.
Η επανάληψη του τυπικού περιγράμματος των ορόφων παραλλάχθηκε με τη μορφολογική διαφοροποίηση της πρώτης στάθμης από τους προβόλους των εξωστών της δεύτερης και τρίτης, που ξεχωρίζουν με λεπτά κατακόρυφα μεταλλικά στοιχεία και γυάλινα στηθαία. Συνολικά, η επεξεργασία των λευκών επιφανειών της πρόσοψης σε αντιδιαστολή με τις μεγάλες σκούρες επιφάνειες των ανοιγμάτων και τον σχηματισμό της βάσης του κτηρίου σε πιλοτή, καθώς και τη μεταλλική πέργκολα της επίστεψής του, αποτέλεσαν προσπάθεια αναίρεσης του μονολιθικού χαρακτήρα του συνόλου.

APARTMENT BUILDING ON DIAMANTIDOU AVENUE – VAS. GEORGIOU II SQUARE I N PSYCHIKO, ATHENS

A three storey apartment block with pilotis and roof terrace was designed on an odd shaped corner site, at the first roundabout of Psychico.
The gradual development of the living areas and bedrooms along the main façade allows for maximum penetration of midday sunlight, while circulation and utility areas are located at the rear side.
The repetition of the typical outline of the floor plan was varied by the exterior diversification. The cantilevers on the second and third floor stand out by means of thin vertical metal elements and glass railings over the unified balconies of the first level. The treatment of the white surfaces of the façade in contrast to the large dark surfaces of the apertures and the pilotis supporting the building, as well as the light canopy at the top altogether have participated in the attempt to overcome the monolithic character of the ensemble.

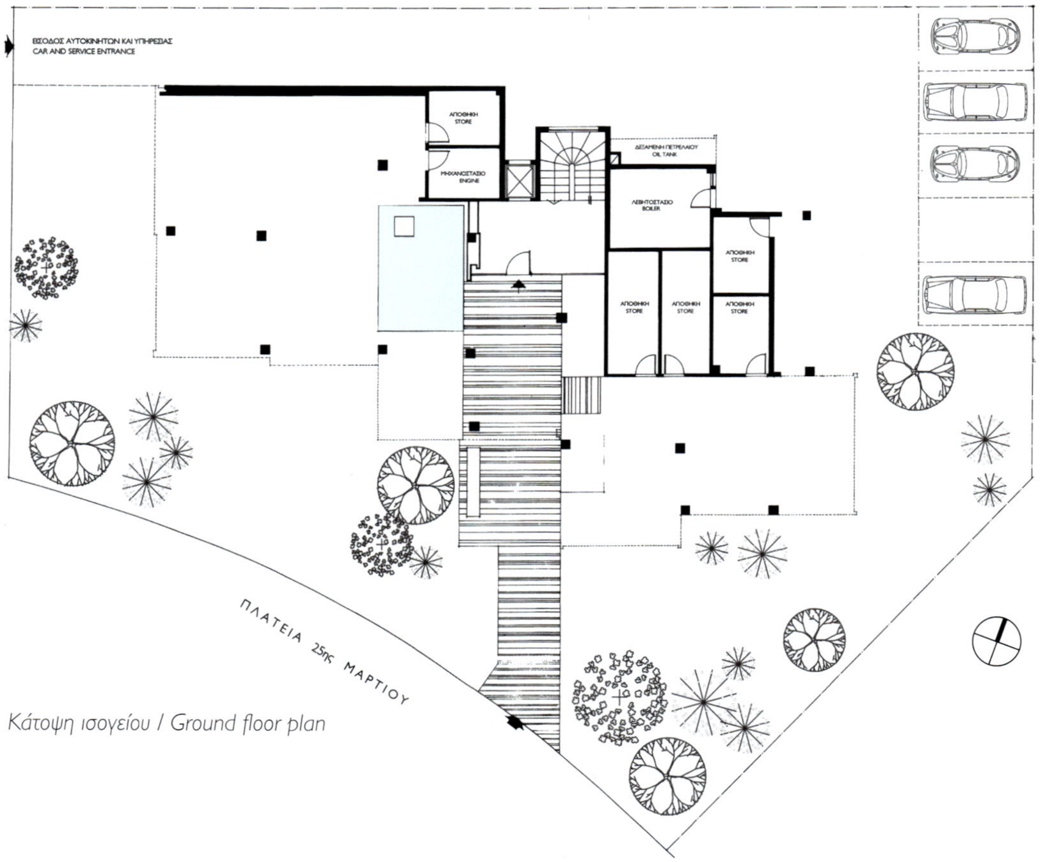

Κάτοψη ισογείου / Ground floor plan

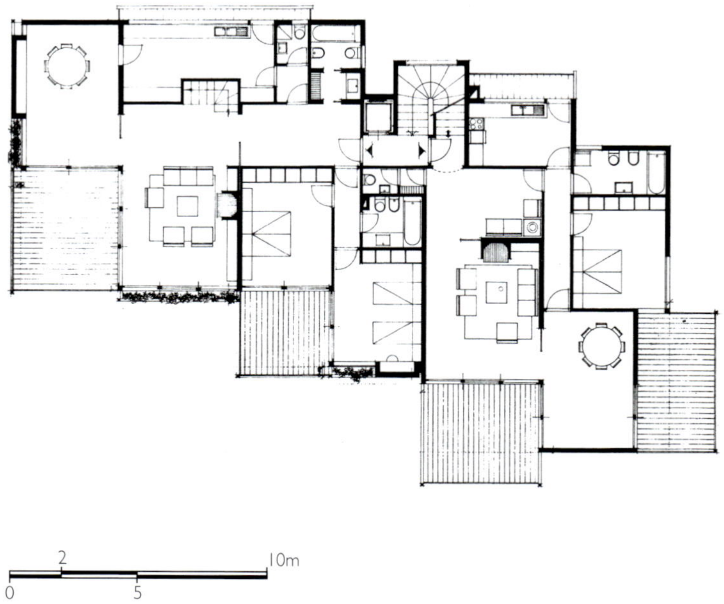

Κάτοψη τυπικού ορόφου / Typical floor plan

1970

ΝΕΑ ΠΤΕΡΥΓΑ ΤΟΥ ΥΠΟΥΡΓΕΙΟΥ ΕΞΩΤΕΡΙΚΩΝ ΕΠΙ ΤΗΣ Λ. ΒΑΣ. ΣΟΦΙΑΣ & ΟΔΟΥ ΑΚΑΔΗΜΙΑΣ

(ΣΥΝΕΡΓΑΣΙΑ ΜΕ Π. ΜΙΧΑΛΕΑ –
Α΄ ΒΡΑΒΕΙΟ ΣΕ ΚΛΕΙΣΤΟ ΑΡΧΙΤΕΚΤΟΝΙΚΟ ΔΙΑΓΩΝΙΣΜΟ)

Η νέα πτέρυγα του Υπουργείου Εξωτερικών είναι ένας κτηριακός όγκος σε μορφή παραλληλεπιπέδου σε μικρή απόσταση από το υφιστάμενο νεοκλασικό μέγαρο Συγγρού, σχεδιασμένο από τον Ε. Τσίλλερ. Στο ενδιάμεσο κενό μεταξύ των δύο κτηρίων παρεμβάλλεται η υπαίθρια ράμπα που οδηγεί στους υπόγειους χώρους στάθμευσης. Το κτήριο αποτελείται από επτά τυπικούς ορόφους γραφείων και διώροφο ισόγειο χώρο σε μικρή εσοχή, με φουαγιέ επισήμων από τη στενή κύρια όψη, πλάγια είσοδο προσωπικού και βιβλιοθήκη-αναγνωστήριο στον ημιώροφο, με θέαση στο φουαγιέ. Στο πρώτο υπόγειο υπάρχει μεγάλο αμφιθέατρο.
Μορφολογικά, η ενδιάμεση εσοχή στην όψη της νέας πτέρυγας, στο ύψος του παλαιού κτηρίου, αποτελεί μια απόπειρα συσχετισμού μαζί του, ενώ οι εσοχές στο ισόγειο και τον τελευταίο όροφο διαμορφώνουν βάση και στέψη αντίστοιχα, στο πνεύμα του κτηρίου Τσίλλερ. Η μορφή και η αυστηρή δομή της νέας πτέρυγας, καθώς και η ρυθμική επανάληψη των κατακόρυφων δομικών μελών του σκελετού και των στοιχείων των όψεων, τονίζουν τον δημόσιο χαρακτήρα της. Η δραματική τονική αντίθεση μαύρου και λευκού, εντεινόμενη από την κατασκευαστική καινοτομία της απ' ευθείας σύζευξης του γυαλιού με το μάρμαρο των εξωτερικών επενδύσεων, που καθιστά αφανή τον μεταλλικό σκελετό στήριξης των υαλοπετασμάτων, υπογραμμίζει την αρχική πρόθεση της «δωρικότητας», δηλαδή της αυστηρής και λιτής προσέγγισης στην επεξεργασία της μορφής των όψεων.
Η εκλεκτική υπόμνηση του κλασικού προτύπου στα επεξεργασμένα φατνώματα, στο γείσο της στέψης, στη στοά και την εσοχή του τρίτου ορόφου χαρακτηρίζει την προσπάθεια να είναι το κτήριο όσο το δυνατόν «σύγχρονο» αλλά και «κλασικό», χωρίς όμως κιονόκρανα, παραστάδες και αετώματα.

NEW ANNEX OF THE MINISTRY OF FOREIGN AFFAIRS ON VAS. SOFIAS AVENUE & ACADIMIAS STREET, ATHENS

(COLLABORATION WITH P. MICHALEAS –
1ST PRIZE IN CLOSED ARCHITECTURAL COMPETITION)

The new annex of the Ministry of Foreign Affairs is a block building in short distance from the existing neoclassical ex-Syngrou Mansion designed by Ernst Ziller. In the void between the two buildings there is the ramp leading to the underground parking spaces. The building consists of seven typical offices floors and a two-storey ground floor in recess, with a foyer for officials by the narrow façade, an auxiliary entrance for the personnel and a library-reading room on the mezzanine, facing the foyer. On the first basement level there is a large amphitheatre.
Architecturally, the new wing relates to the neighbor building with the recess of its façade at the height of the old mansion. The set backs on ground level and on the last floor form the base and the crowning respectively, in relation to the spirit of the Ziller building. The order and strict structure of the annex, as well as the rhythmic repetition of the pillars and the curtain wall mullions, emphasize its public character. The dramatic contrast between the black and white tone, intensified by the structural innovation of the direct joint of the glasspanes and the marble plates on the exterior, (by which the metal frame supporting the windowpanes is rendered invisible), underlines the initial intention for a "Doric" result, an austere and frugal approach to the treatment of the façades.
The eclectic reminiscence of classical patterns on the treated ceiling panels and the crowning cornice, the surrounding portico and the third floor recess describe an attempt to create a building as "contemporary" as possible, and at the same time "classical", but without capitals, pilasters and pediments.

Κάτοψη τυπικού ορόφου / Typical floor plan

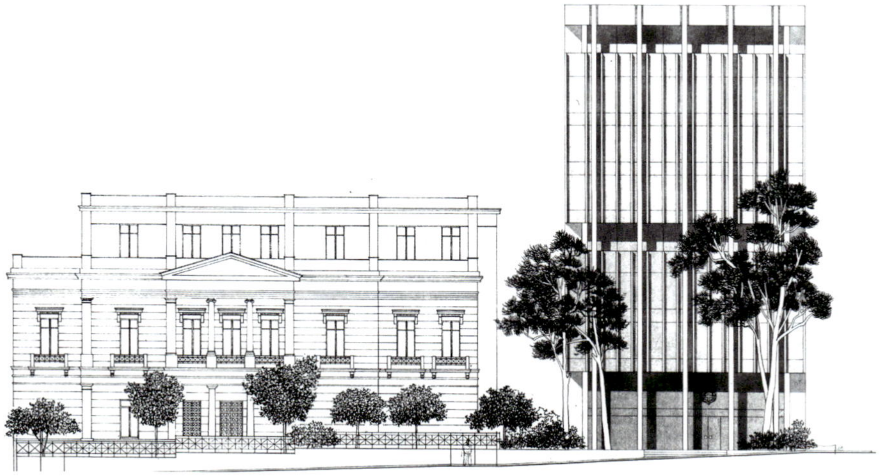

Όψη επί της Λ. Βασ. Σοφίας / Elevation from Vas. Sofias Avenue

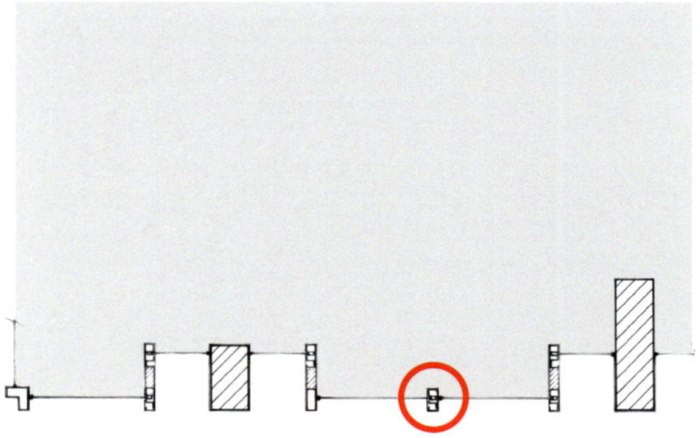

Λεπτομέρεια κάτοψης / Plan detail

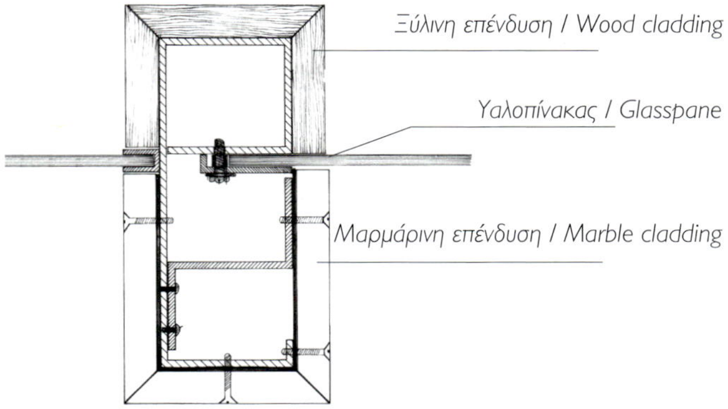

Λεπτομέρεια επενδεδυμένων προφίλ υαλοστασίων / Detail of cladded mullions

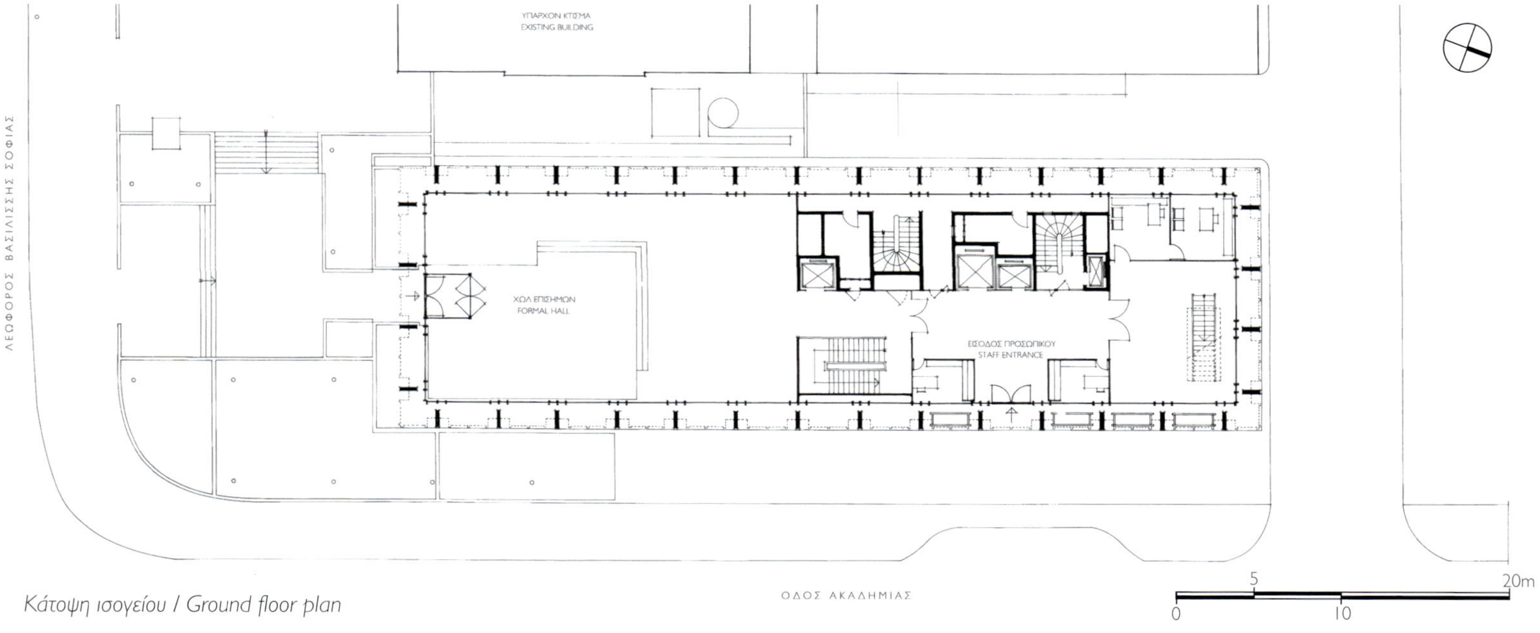

Κάτοψη ισογείου / Ground floor plan

ΜΕΛΕΤΗ ΠΥΡΓΟΥ ΔΙΑΜΕΡΙΣΜΑΤΩΝ «SKY GARDEN» ΣΤΗ ΓΛΥΦΑΔΑ

(ΣΥΝΕΡΓΑΣΙΑ ΜΕ ANDRAULT-PARRAT)

«Οι γωνίες θα εξαφανιστούν και το υλικό θα αναγεννηθεί ξανά μέσα από την ομορφιά της καμπύλης. Ο ήλιος θα ξεχωρίζει και από τις τέσσερις πλευρές και θα δίνει έτσι την εντύπωση ότι βρισκόμαστε στον Παράδεισο.»

Antoni Gaudi

Η μελέτη του περίκεντρου αυτού κτηρίου αφορούσε στην κατακόρυφη δόμηση κατοικιών, με το πρωτοφανές για την Αθήνα ύψος των 110 μέτρων. Σχεδιάστηκε διώροφη-κυκλική βάση, με διευρυμένο εσωτερικό αίθριο και κεντρικό χώρο υποδοχής, με καταστήματα, χώρους αναψυχής και υπόγειους χώρους στάθμευσης. Ακολούθησαν οι όροφοι των μεγάλων διαμερισμάτων, ενώ στον τελευταίο όροφο του πύργου επαναπροσδιορίστηκε αυτός ο ημι-δημόσιος χαρακτήρας, με χώρο εστιατορίου και μεγάλη υπαίθρια πισίνα.

Συγκεκριμένα, ο κορμός του κτηρίου, με κυρίαρχο δομικό υλικό το λευκό μπετόν, φύεται οργανικά γύρω από έναν τετραπλό κατακόρυφο πυρήνα κυκλοφορίας. Η απαίτηση για μεγάλους εξώστες με υπαίθριες πισίνες και ημιυπαίθριους χώρους στην περίμετρο των ορόφων καθόρισε κατασκευαστικά την τομή του κτηρίου. Κάθε διαμέρισμα καταλαμβάνει ένα τεταρτημόριο της περίκεντρης κάτοψης εκμεταλλευόμενο την ελεύθερη θέα, ενώ η αντιστήριξη της ιδιωτικής πισίνας ανά διαμέρισμα βρίσκεται πρακτικά στην πλάτη του από κάτω διαμερίσματος. Αυτό οδηγεί στην ανά όροφο εναλλάξ μετάθεση του εξώστη-πισίνας, του κενού και του πλήρους, στην κυλινδρική επιδερμίδα του χώρου διημέρευσης. Το συνολικό αποτέλεσμα οδηγεί σε παλλόμενη ακανθωτή όψη που προκαλείται από τα ανοιχτά πέταλα των εξωστών.

STUDY OF APARTMENT TOWER "SKY GARDEN" IN GLYFADA, ATHENS

(COLLABORATION WITH ANDRAULT-PARRAT)

«The corners shall disappear and the material shall reemerge through the beauty of the curve. The sun shall stand out from all four sides and shall consequently give the impression we are standing in Paradise.»

Antoni Gaudi

This round-plan project concerned a high-rise residential building with the unprecedented – for the area of Athens – height of 110 meters. A two-storey ring base was designed around a broad internal atrium and a central reception hall, with shops, recreation halls and underground parking space. The storeys containing the large apartments followed, while on the last floor of the tower this semi-public character was redefined by a restaurant and a large open-air swimming pool.

The main part of the building, in particular, conceived predominantly of white concrete, grew organically around a vertical quadruplex circulation core. The demand for large balconies with open-air swimming pools and semi-open-air spaces on the perimeter of the storeys set the structural parameters for the section of the building. Every apartment occupied a quarter of the round plan, taking advantage of the free view, while the private swimming pool of each apartment was supported on the rear side of the apartment below. This caused the alternate transposition, floor by floor, of the balcony-swimming pool, the whole and the void, on the cylindrical skin of the living rooms. The overall outcome led to a pulsating building envelope created by the open petals of the balconies.

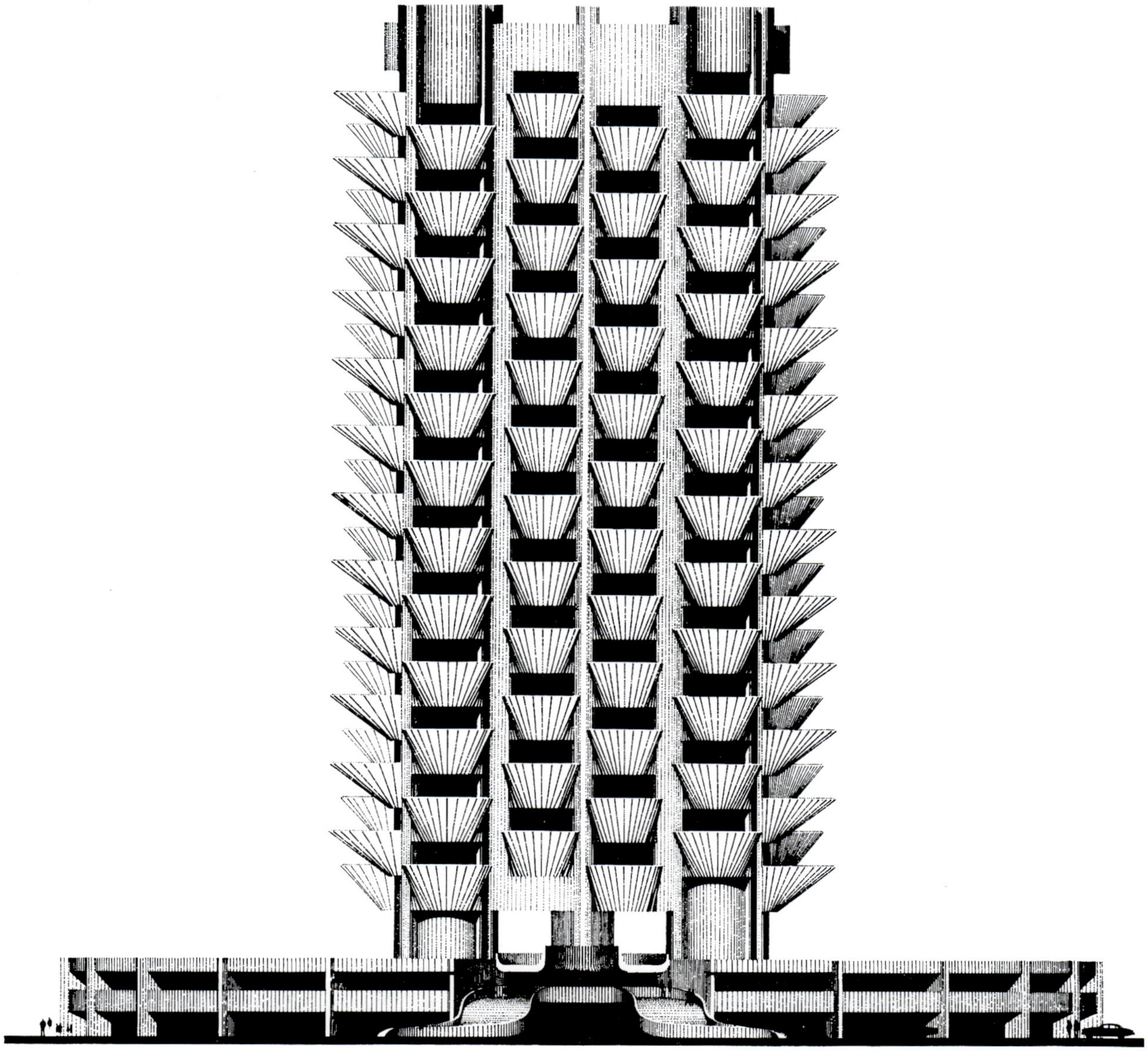

Όψη / Elevation

5 20m
0 10

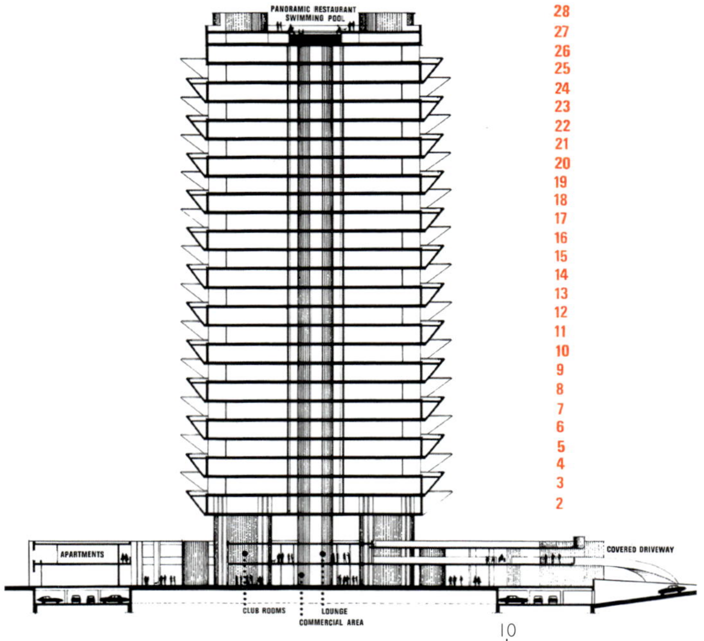

Τομή / Section

10 40m
0 20

1972

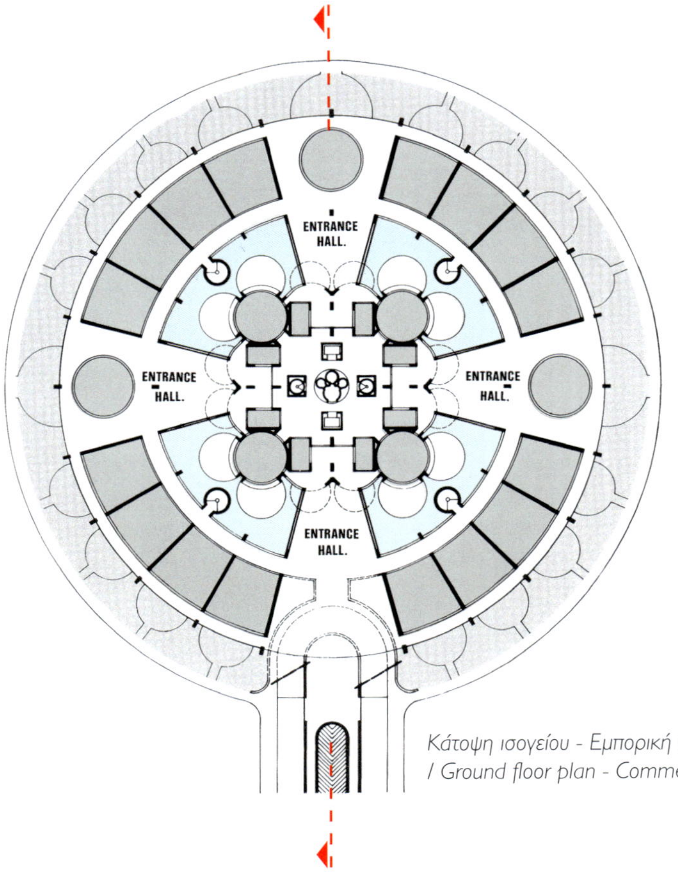

Κάτοψη ισογείου - Εμπορική περιοχή / Ground floor plan - Commercial area

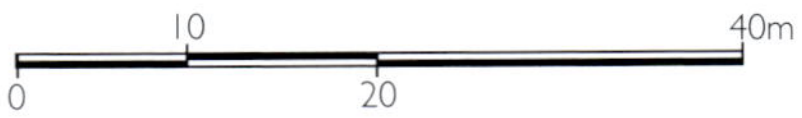

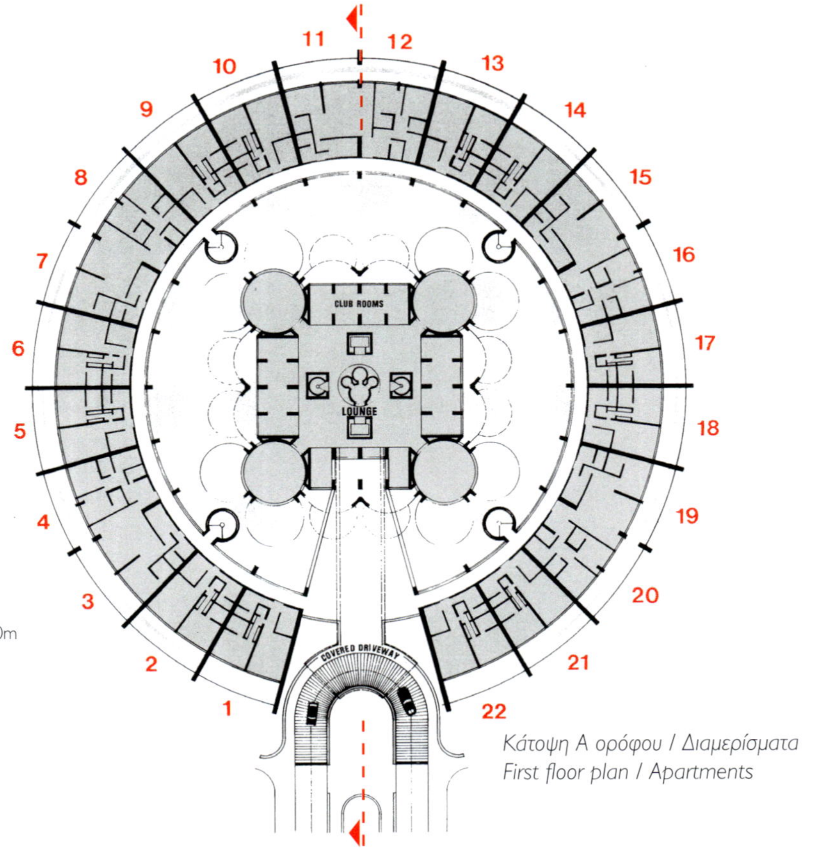

Κάτοψη Α ορόφου / Διαμερίσματα First floor plan / Apartments

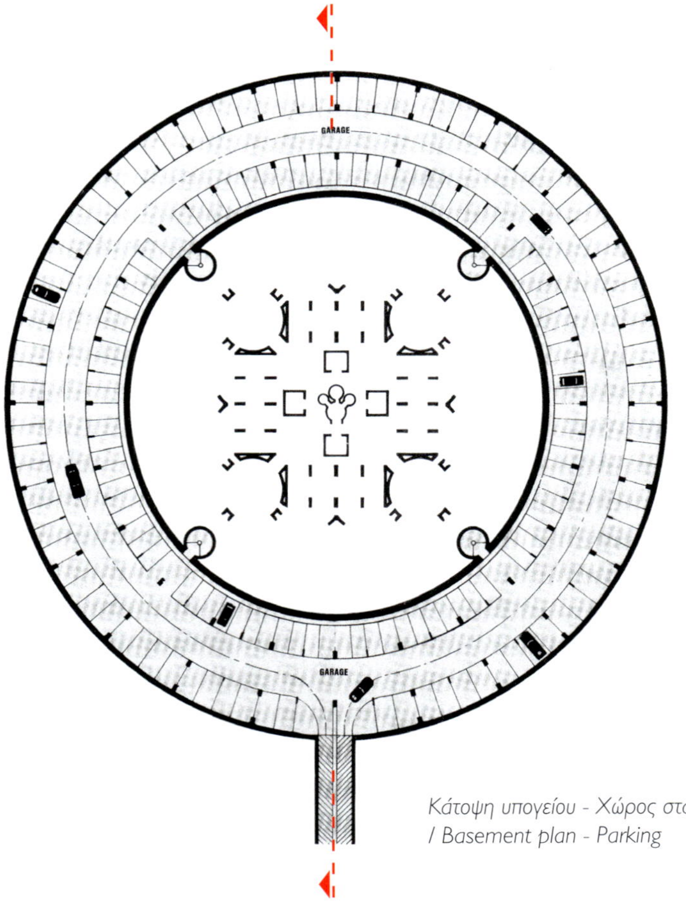

Κάτοψη υπογείου - Χώρος στάθμευσης / Basement plan - Parking

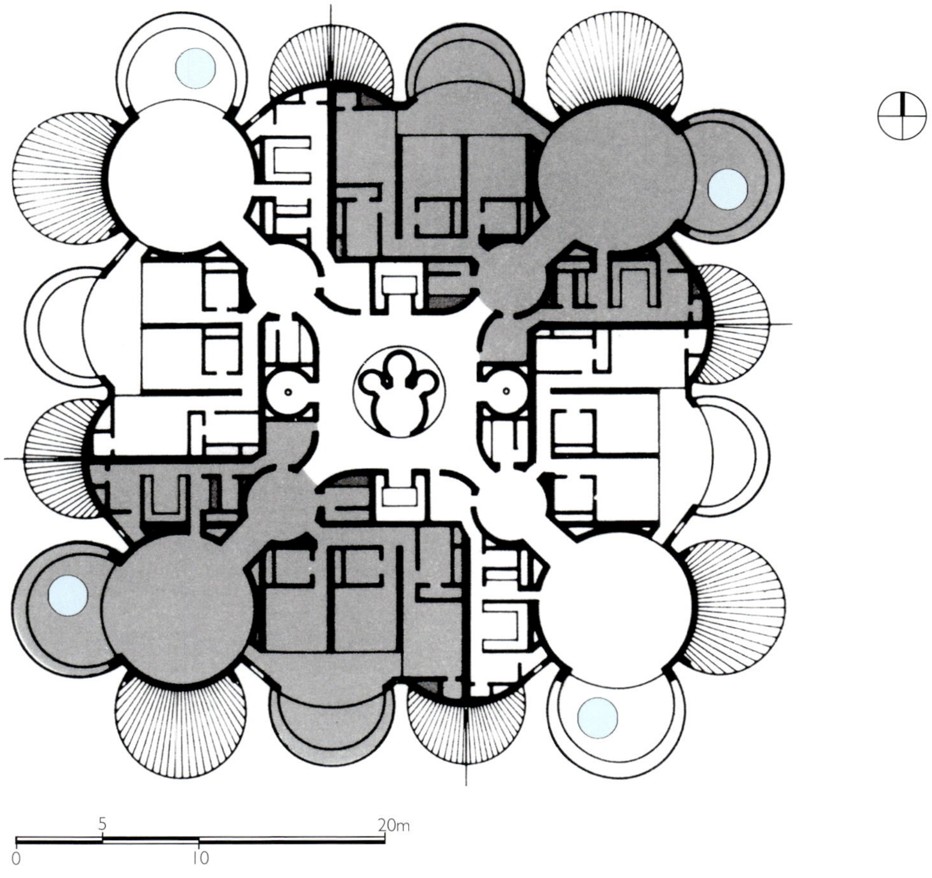

Κάτοψη τυπικού ορόφου πύργου / Typical floor plan in tower

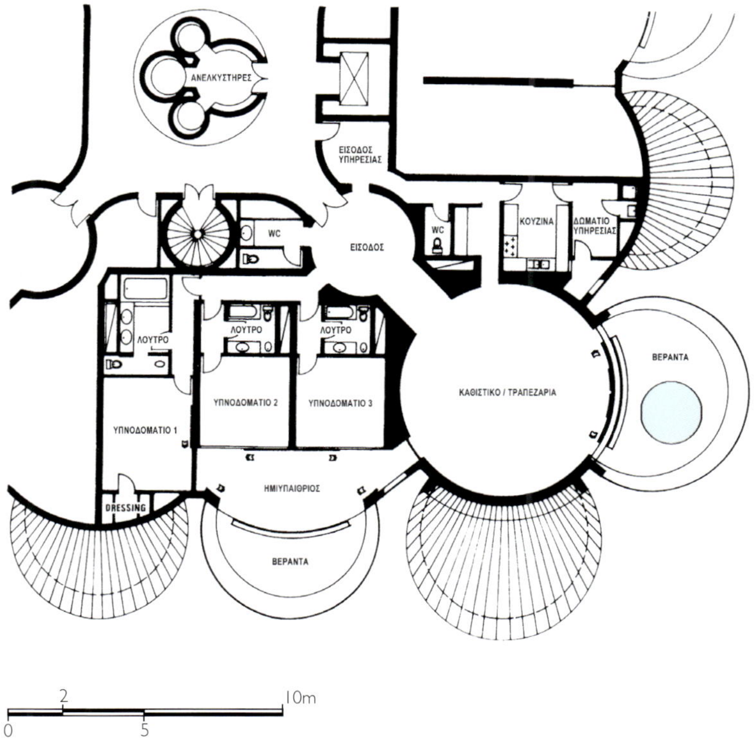

Κάτοψη διαμερίσματος / Apartment's plan

Παραλλαγή Νο 1 / Study No 1

ΜΕΛΕΤΕΣ ΠΥΡΓΟΥ ΔΙΑΜΕΡΙΣΜΑΤΩΝ ΕΠΙ ΤΗΣ Λ. ΚΗΦΙΣΙΑΣ ΣΤΗΝ ΑΓ. ΒΑΡΒΑΡΑ ΧΑΛΑΝΔΡΙΟΥ

Οι δύο προτάσεις που παρατίθενται αφορούν σε αρχικές ιδέες για την κατασκευή πύργων διαμερισμάτων πριν από τη μελέτη του μεγάρου γραφείων που κατασκευάστηκε στη θέση αυτή (βλ. σελ. 150).
Η αρχιτεκτονική σύνθεση χαρακτηρίζεται από δύο βασικές αρχές: τις δυναμικές κατακόρυφες γραμμές, καθώς και τους μεγάλους προβόλους που ξεπροβάλλουν από το σώμα του κτηρίου στις τέσσερις πλευρές του.
Επιχειρήθηκε η απελευθέρωση των προσόψεων από τον κεντρικό τους πυρήνα. Οπτικά, διευκολύνθηκε ο στόχος με τη χρήση των μεγάλων ορθογώνιων ανοιγμάτων με γυάλινες συρόμενες επιφάνειες. Ταυτόχρονα, δόθηκε έμφαση στα κατακόρυφα δομικά στοιχεία, από τα οποία μοιάζουν να αναρτώνται οι πλάκες των εξωστών.
Η μελέτη που παρατίθεται δεξιά διαπραγματεύθηκε μια λύση κατά την οποία με τον ίδιο φέροντα οργανισμό επιχειρείται η απόδοση μιας πλαστικότητας καθ' ύψος με τη μορφολογική επεξεργασία και τις εναλλαγές των εξωστών.
Η άλλη παραλλαγή (στην απέναντι σελίδα) αφορούσε σε έναν πύργο πάνω σε μια ευρύτερη ισόγεια βάση με καταστήματα. Οι τυπικοί όροφοι διαμόρφωναν σταυροειδή κάτοψη με πέντε διαμερίσματα ανά όροφο.

STUDIES OF A HIGH-RISE RESIDENTIAL BUILDING ON KIFISSIAS AVENUE IN AG. VARVARA, CHALANDRI, ATHENS

The two proposals presented deal with the initial concepts for the construction of apartment towers prior to the design of the office building which was erected on this site. (see p. 150).
The architectural composition is marked by two basic principles: dynamic vertical lines, as well as large cantilevers, which project from the building's body on all four sides.
The façades attempted to appear disengaged or detached from the central core. This aim was visually facilitated by the use of the large rectangular openings with sliding windowpanes. At the same time, emphasis was given on the vertical structural elements, from which the balcony slabs appear to be suspended.
In the design presented on the right, the load-bearing elements were used to render to the building a plasticity along its vertical axis, and at the same time, introduce a variety of form by the treatment and alternations of the balconies.
The second variation (opposite page) concerned a tower on a broad base on ground level with shops. The typical floors had a cross-shaped layout with five apartments on each storey.

Παραλλαγή Νο 2 / Study No 2

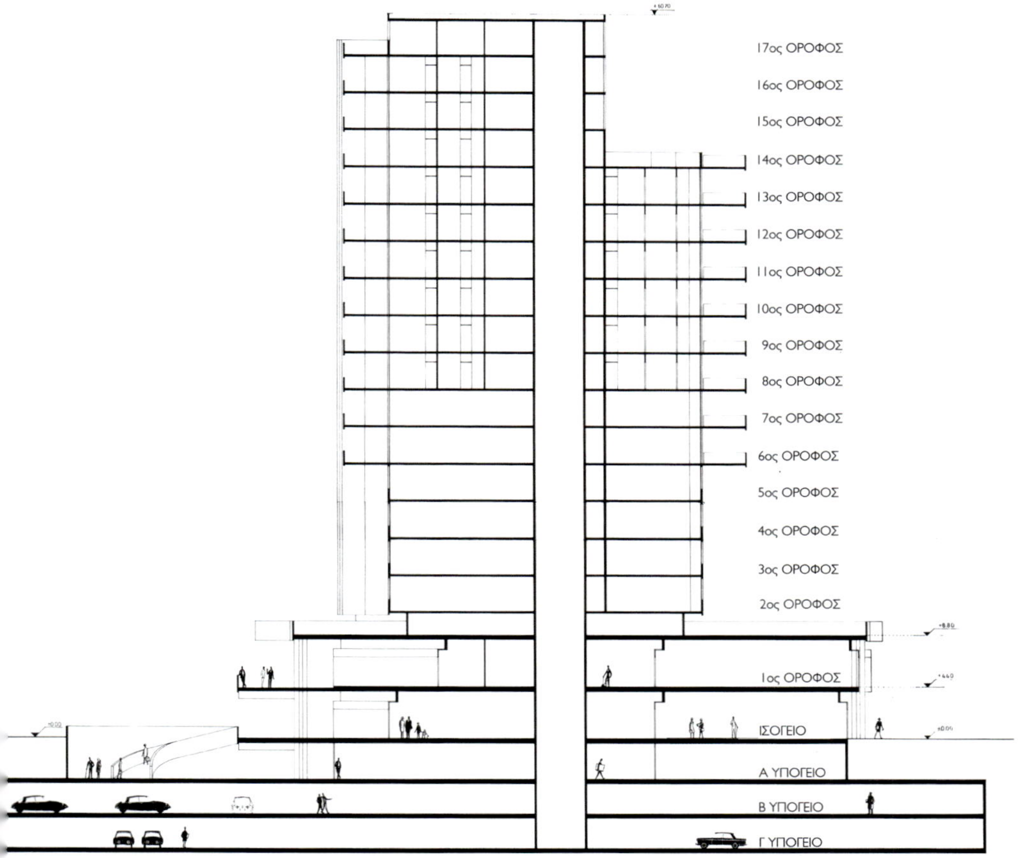

Τομή / Section

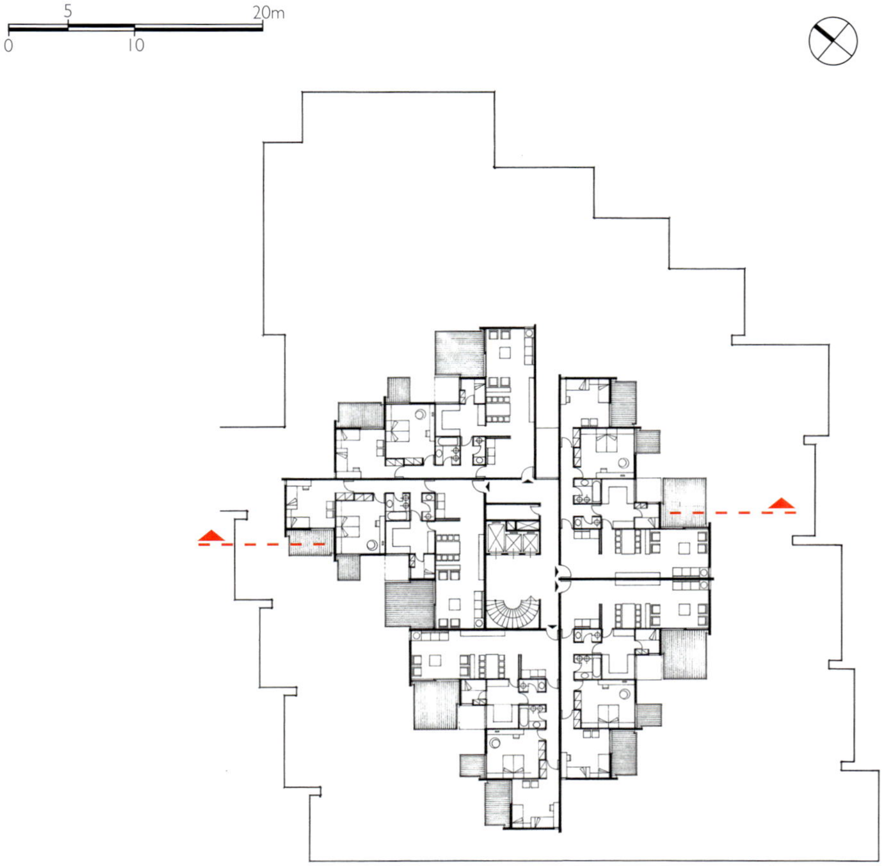

Κάτοψη τυπικού ορόφου / Typical floor plan

1973

ΕΝΝΕΑΩΡΟΦΗ ΠΟΛΥΚΑΤΟΙΚΙΑ ΕΠΙ ΤΩΝ ΟΔΩΝ ΑΓ. ΒΑΡΒΑΡΑΣ & ΖΑΝ ΜΩΡΕΑΣ ΣΤΗΝ ΑΓ. ΒΑΡΒΑΡΑ ΧΑΛΑΝΔΡΙΟΥ

Σε μεσαίο, διαμπερές οικόπεδο τοποθετείται το περίοπτο εννεαώροφο κτήριο. Όπως και σε άλλες μελέτες της ίδιας περιόδου, κυριαρχεί ο διάλογος δύο στοιχείων: του φέροντος οργανισμού και της λειτουργικής μάζας.

Έτσι, στις όψεις, ο δομικός σκελετός απομονώνεται αναδεικνύοντας τα κατακόρυφα στοιχεία των τοιχίων από λευκό σκυρόδεμα. Παράλληλα, η καθαρή γεωμετρία της σκουρόχρωμης οργανικής μάζας ξεπροβάλλει δυναμικά από τον σκελετό, περιφερειακά του κέντρου βάρους της κατασκευής.

Δομικά, ισχύει το πρότυπο της οργάνωσης των ψηλών κτηρίων με κεντρικό πυρήνα κλιμακοστασίου, γύρω από τον οποίο αναπτύσσεται ένα σύστημα κάθετων τοιχίων, από τα οποία «κρέμονται» οι πρόβολοι των πλακών.

Η κάτοψη του τυπικού ορόφου είναι η κυβιστική σύνθεση τριών διαφορετικών διαμερισμάτων με εξωστρεφή διάταξη, που καθιστούν το κτήριο περίοπτο.

Η σιλουέτα του κτηρίου, απομειωμένη στη βάση της, με τα τοιχία να κατεβαίνουν ελεύθερα σε διώροφο ύψος πιλοτής και τον πρώτο όροφο σε εσοχή, μοιάζει να στηρίζεται με τη μέγιστη ελαφρότητα στο έδαφος, καθώς καθρεπτίζεται στη μεγάλη υδάτινη επιφάνεια του κήπου.

NINE-STOREY BUILDING ON AG. VARVARAS & ZAN MOREAS STREETS IN AG. VARVARA, CHALANDRI, ATHENS

A nine-storey building is placed in the center of an intermediate site facing two streets. As in other designs of the same period, this one also continues the architectural dialogue of the structural frame and the functional body.

Hence, on the façades, the structural frame is isolated making distinguishable the vertical elements of the white concrete load-bearing walls. At the same time, the clear geometry of the dark coloured organic body pops out of the frame in a dynamic way, around the core of the building.

The structure is based upon the model of high-rise layout with a central core of vertical circulation, around which a system of load carrying walls develops, where the cantilevered slabs "are suspended" from.

The plan of the typical floor is configured as a cubist composition of three different apartments with an extrovert layout, rendering the building conspicuous.

The building form, thinner on ground level, leaving the load-bearing walls standing free up to the second floor and the first storey in recess, appears to stand lightly on the ground, as it is reflected on the large garden pond.

Κάτοψη τυπικού ορόφου / Typical floor plan

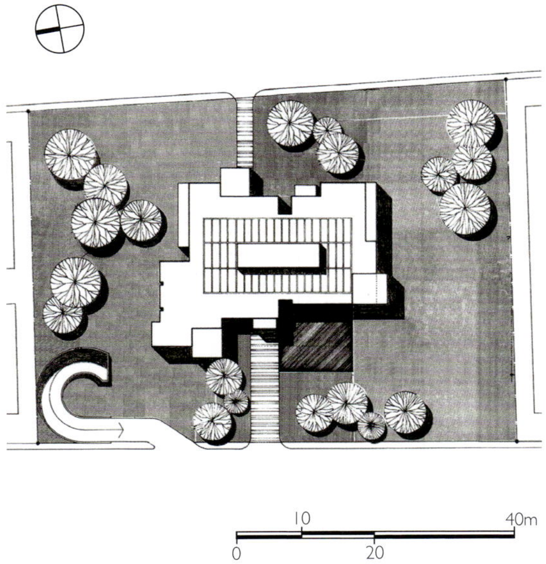

Τοπογραφικό / Site plan

ΠΟΛΥΚΑΤΟΙΚΙΑ ΕΠΙ ΤΗΣ Λ. ΔΙΑΜΑΝΤΙΔΟΥ ΣΤΟ ΨΥΧΙΚΟ

Η σύνθεση αναπτύσσεται ως επανάληψη δύο άνισων διαμερισμάτων ανά όροφο, κατά μήκος γωνιακού οικοπέδου. Ως χαρακτηριστικό αρχιτεκτονικό στοιχείο, που εξαίρει το δυναμικό ύφος της σύνθεσης, υιοθετήθηκε η βαθμιαία αύξηση του προβόλου των εξωστών στον τελευταίο όροφο και η μετάθεση του δεύτερου εξώστη της στενής όψης του γωνιακού διαμερίσματος, ώστε να δημιουργηθεί ένας ενιαίος μεγάλος εξώστης στη μεγαλύτερη πλευρά του κτηρίου. Με αυτόν τον τρόπο επιχειρήθηκε η στιγμιαία αντίληψη της αλλαγής προσανατολισμού του ακραίου χώρου, από τη μια πλευρά του όγκου στην άλλη. Το ανάπτυγμα των μεγάλων προβόλων των εξωστών της τελευταίας στάθμης επαναλαμβάνεται στις πέργκολες του δώματος που στηρίζουν περιμετρικές ζαρντινιέρες.
Η είσοδος στο κτήριο ανοίγεται κεντρικά της μεγάλης του πλευράς. Στα δεξιά της εισόδου διαμορφώνεται μικρή λίμνη, πίσω από την οποία ένας τοίχος με εγχάρακτη επιφάνεια απομονώνει ένα τμήμα της πιλοτής για στάθμευση οχημάτων.
Στη χρήση των υλικών κυριαρχεί ο λευκός σοβάς στα δομικά στοιχεία και στις ζώνες των χτιστών στηθαίων, που προεξέχουν από τις τοιχοποιίες και επεκτείνονται ως δοκοί τονίζοντας τη δυναμική ισορροπία. Για την ομοιογένεια της σύνθεσης χρησιμοποιήθηκαν κάποια κοινά στοιχεία, όπως οι ξύλινες οροφές κάτω από τους εξώστες και τα ρολλά με τις μεταλλικές περιστρεφόμενες περσίδες για τη σκίαση των μεγάλων υαλοστασίων.

APARTMENT BUILDING ON DIAMANTIDOU AVENUE IN PSYCHIKO, ATHENS

The concept is based on the repetition of two unequal apartments on each storey, along a corner plot. The gradual increase in the overhang of the balconies on the last floor and the transposition of the second balcony on the narrow façade of the corner apartment, in order to create a single large balcony on the longer side of the building, are the particular architectural elements adopted for exalting the dynamic style of this composition. Thus was attempted the momentary perception of the orientation modification of the corner, from one side of the block to the other. The extension of the large balconies on the last storey is repeated on the pergolas of the top terrace that support planters on the edge.
The entrance is placed centrally on the long side of the building. At its right side lies a small pond, behind which a wall with bas-relief isolates part of the pilotis to be used as parking space.
Regarding the materials used, white plaster dominates on the structural parts and on the zones of parapets that run out from the brickwork and extend like beams, stressing the dynamic balance. To keep the composition uniform, some common elements were used, like the suspended wooden ceilings underneath the balconies and the rotating metal louvers for shading the large windowpanes.

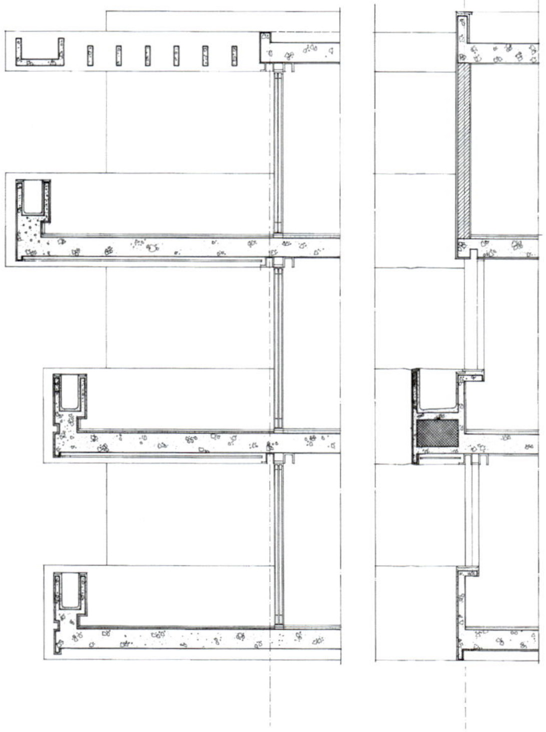

Λεπτομέρεια στηθαίων εξωστών / Balustrades details

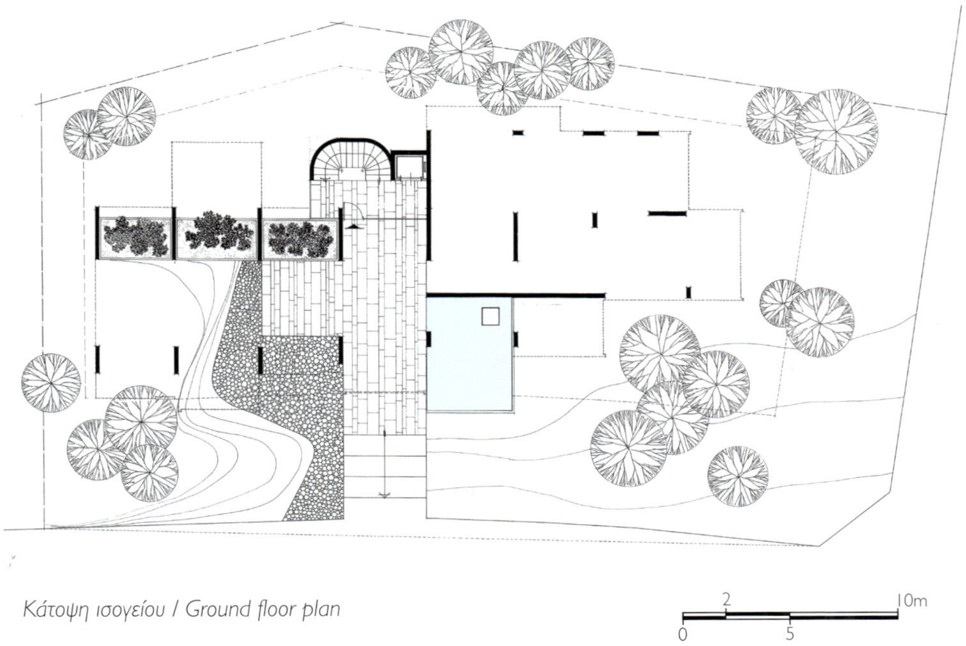

Κάτοψη ισογείου / Ground floor plan

Κάτοψη Β ορόφου / Second floor plan

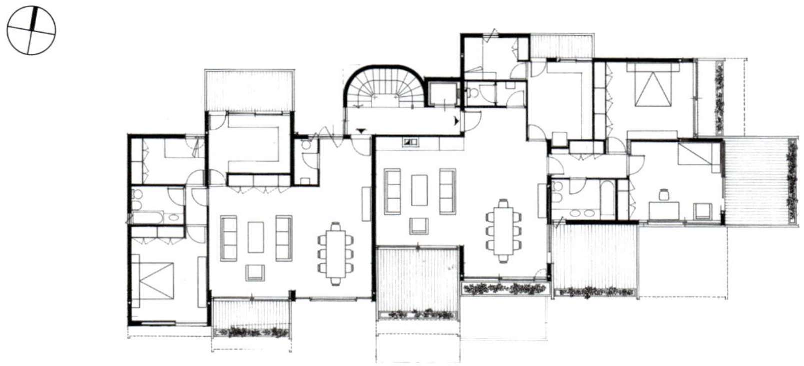

1973

ΚΕΝΤΡΙΚΑ ΓΡΑΦΕΙΑ ΤΗΣ ΑΣΦΑΛΙΣΤΙΚΗΣ ΕΤΑΙΡΕΙΑΣ «ΦΟΙΝΙΞ» ΕΠΙ ΤΩΝ ΟΔΩΝ ΣΤΑΔΙΟΥ & ΟΜΗΡΟΥ

(Α΄ ΒΡΑΒΕΙΟ ΣΕ ΚΛΕΙΣΤΟ ΑΡΧΙΤΕΚΤΟΝΙΚΟ ΔΙΑΓΩΝΙΣΜΟ)

Με τη φαιοκίτρινη απόχρωση του πωρόλιθου των επενδύσεων και με έναν νέο τύπο ανακλαστικού κρυστάλλου με θερμή απόχρωση επιδιώχθηκε μια ηπιότερη σχέση ένταξης στο διαμορφωμένο αστικό τοπίο.
Το κτήριο σχεδιάστηκε με ισόγεια στοά και γωνιακή απότμηση, της οποίας η μία πλευρά διαμορφώθηκε σε συμπαγές μέτωπο. Η προβλεπόμενη χρήση γραφείων της Ιονικής Τράπεζας στο ισόγειο και τον πρώτο όροφο οδήγησε στη δημιουργία των γραφείων με διώροφο ύψος και ημιωρόφους στο εσωτερικό τους. Ακολουθούν πέντε όροφοι με τυπική διάταξη γραφείων, ενώ στους δύο τελευταίους ορόφους διαμορφώνεται τμηματική εσοχή στην πλάγια όψη και διώροφο αίθριο στο όριο της μίας μεσοτοιχίας, γύρω από το οποίο φιλοξενούνται οι χώροι διοίκησης.
Στις όψεις, οι ρυθμικά εναλλασσόμενες ελαφρές εξοχές των όψεων προσδίδουν μια αίσθηση ανάγλυφου, σε αντιδιαστολή προς την επιπεδότητα μιας συμβατικής λύσης curtain wall.

HEADQUARTERS OF "PHOENIX" INSURANCE AGENCY ON OMIROU & STADIOU STREETS, ATHENS

(1st PRIZE IN CLOSED ARCHITECTURAL COMPETITION)

With the light brown hue of travertine limestone cladding and a new type of warm tinted reflective glass, this project aimed for a rather subtle integration in the set urban landscape.
The building was designed with a gallery at the ground floor and a beveled corner, one side of which was treated as a blind front. The expected use of the ground and first floor for offices of the Ionian Bank led to the creation of offices with double height and mezzanines. Above the first floor followed five floors with typical office layout, while on the two final floors, the side elevation partially set back and there is a double height atrium adjacent to one of the party walls; the administration is hosted in the halls around this atrium.
Regarding the façades, the rhythmically alternating slight projections of the elevations add a relief impression, in contrast to the flatness that would have resulted, had a conventional solution of a plain curtain wall been applied.

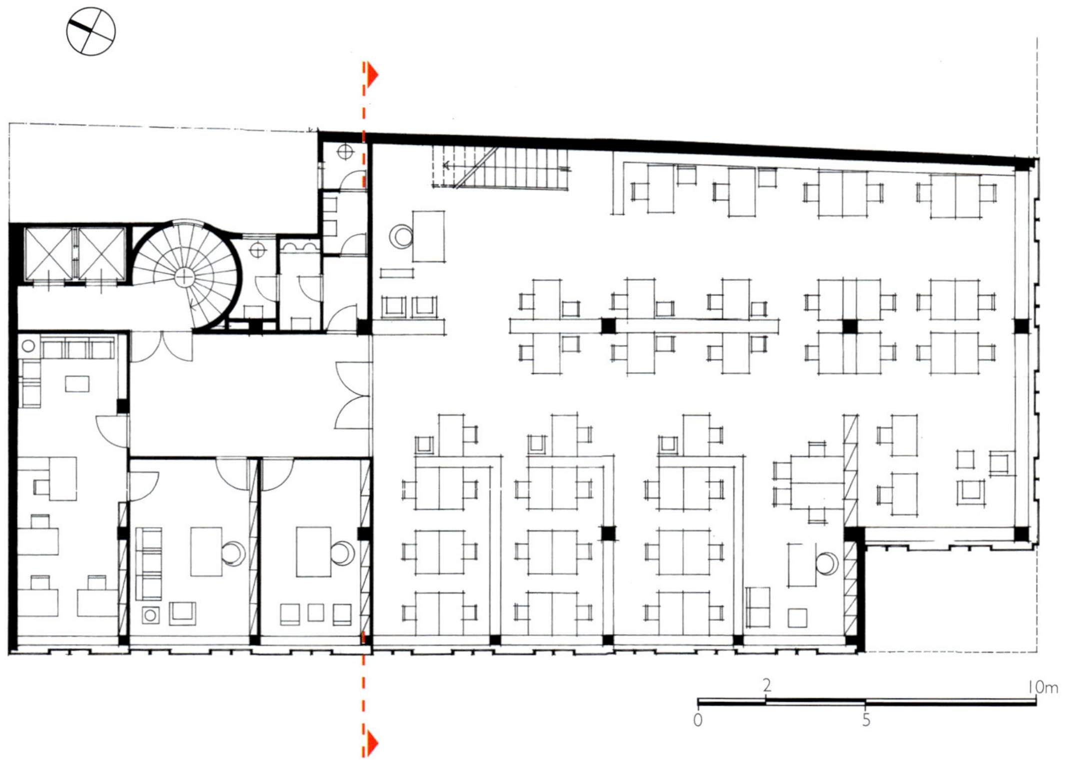

Κάτοψη τυπικού ορόφου / Typical floor plan

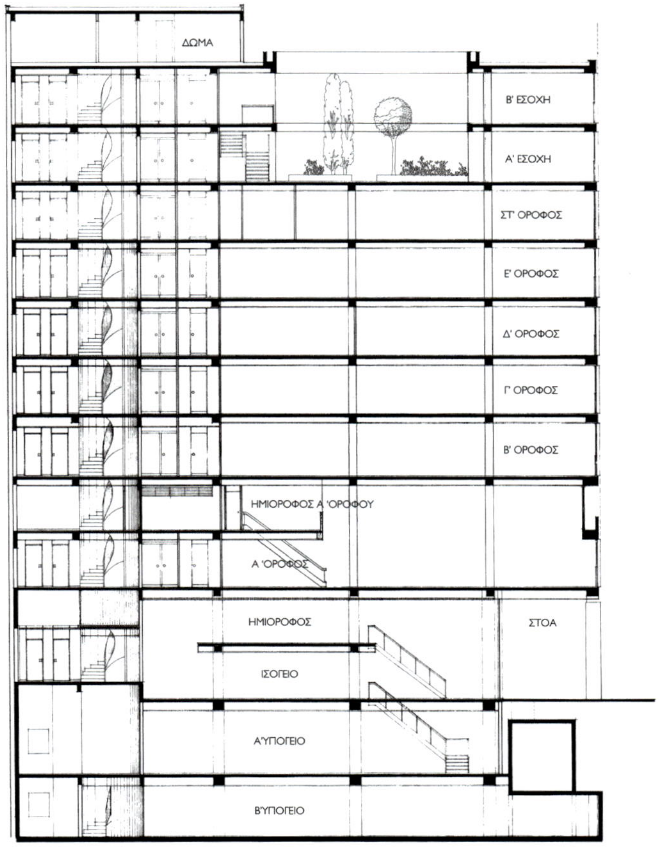

Τομή / Section

2 10m
0 5

ΜΗΧΑΝΑΙ ΓΡΑΦΕΙΩΝ
ΚΟΡΑΗΣ
BANK OF
ΣΤΑΜΟΣ
NICOLOUDIS TOURS
BANK OF AME
MATCH

1973

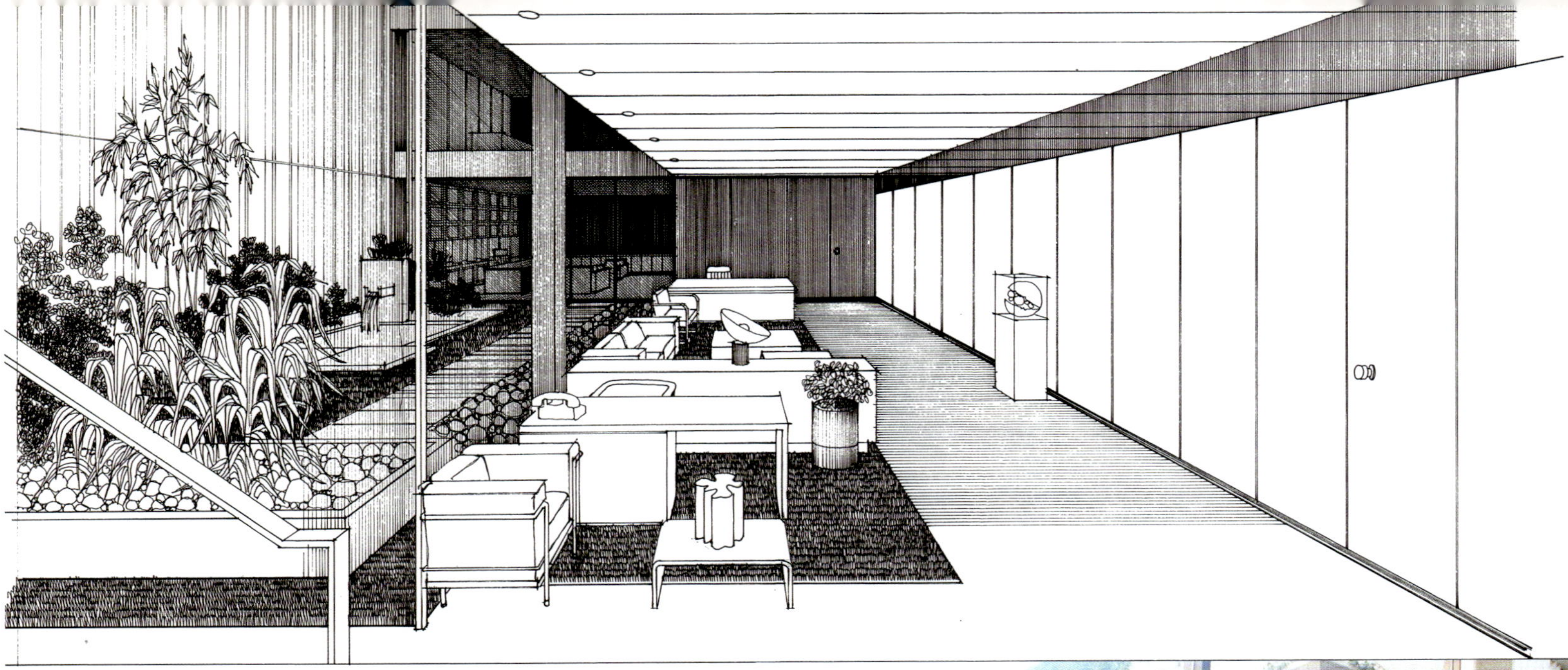

Αίθριο / Atrium

ΚΑΤΑΣΤΗΜΑ ΙΟΝΙΚΗΣ & ΛΑΪΚΗΣ ΤΡΑΠΕΖΑΣ

- Ισόγειο κτηρίου γραφείων της Ασφαλιστικής Εταιρείας «Φοίνιξ»

IONIAN & POPULAR BANK BRANCH

- Ground floor of the "Phoenix" Insurance Agency building

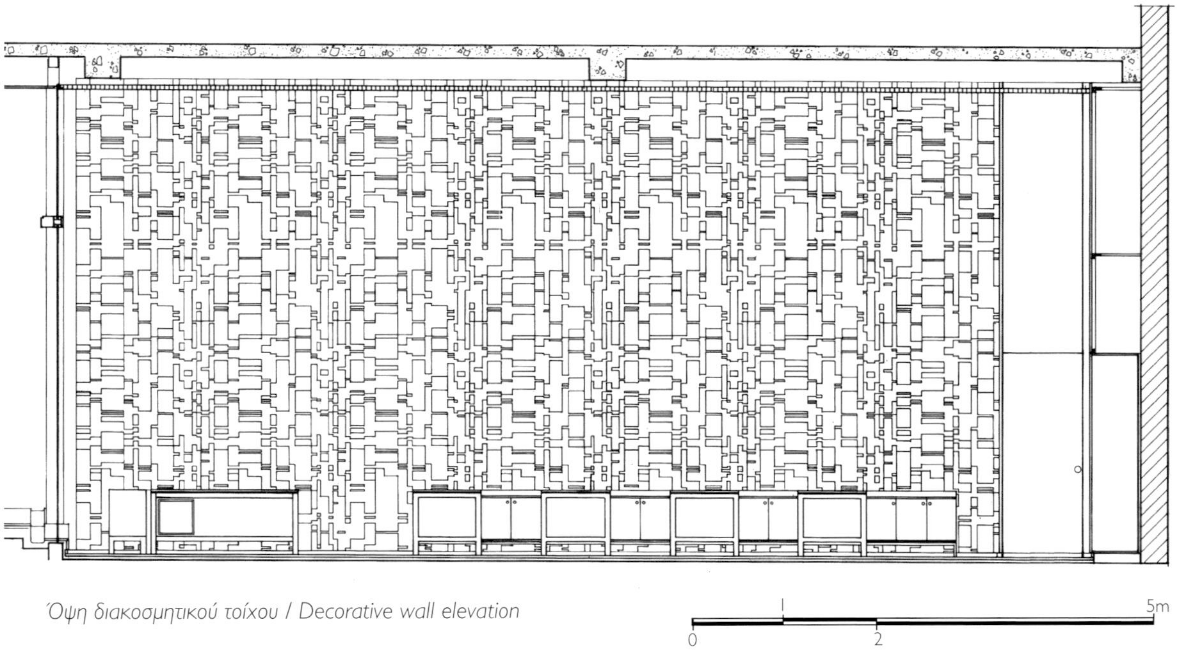

Όψη διακοσμητικού τοίχου / Decorative wall elevation

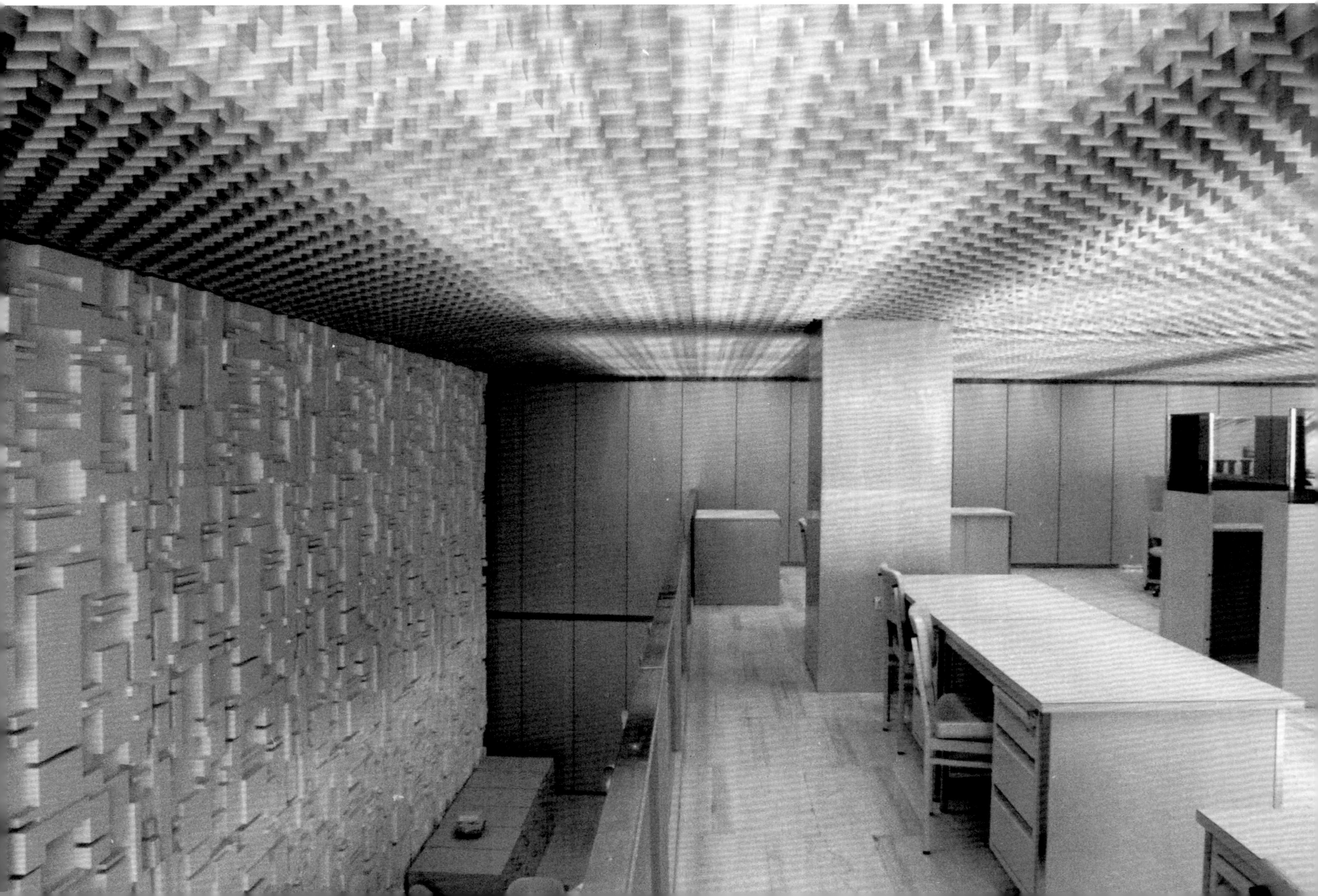

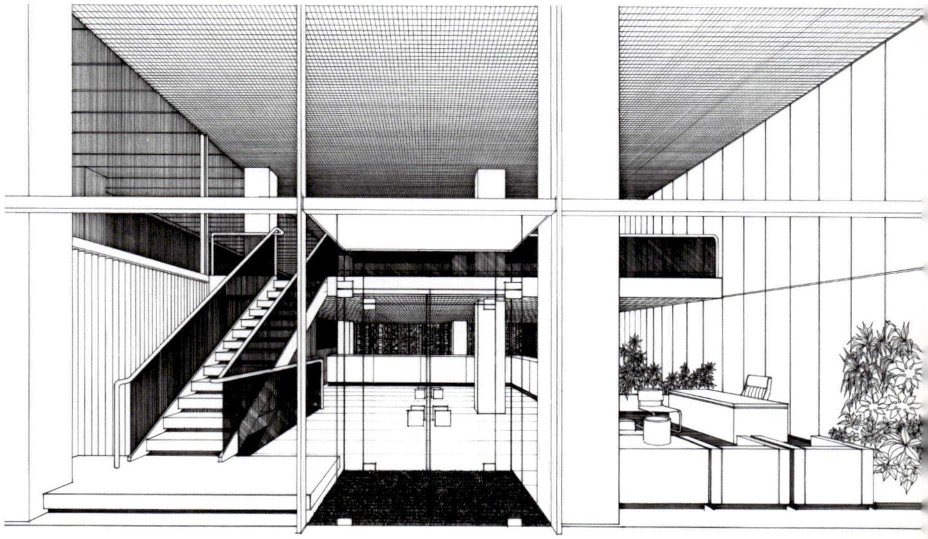

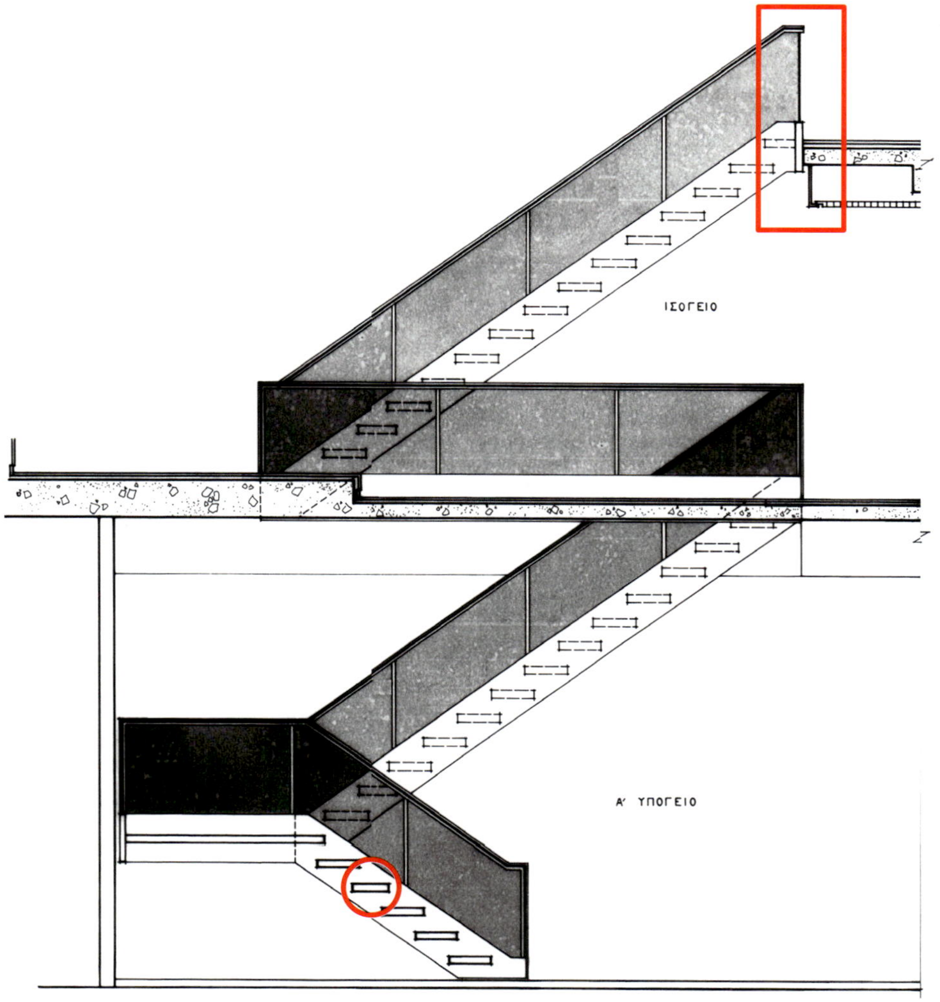

Τομή σκάλας / Staircase section

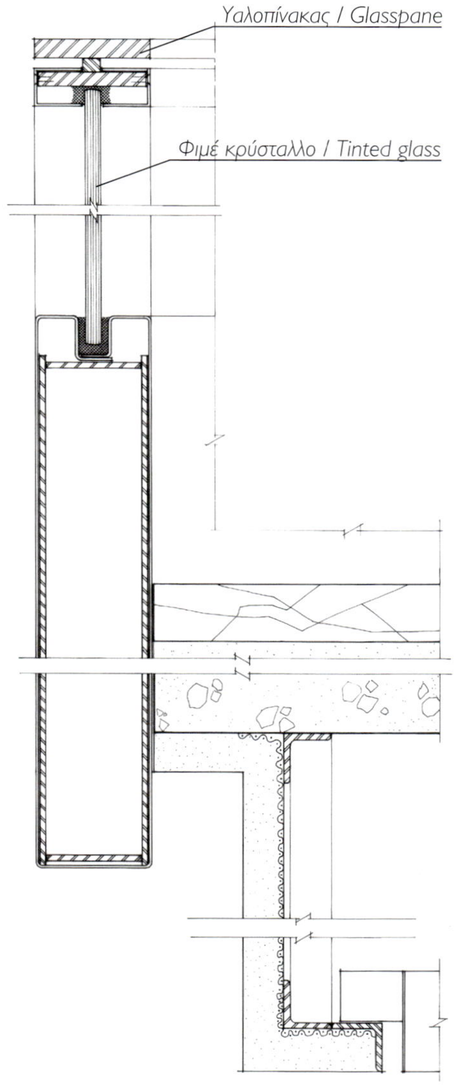

Λεπτομέρεια στηθαίου ημιορόφου / Mezzanine balustrade detail

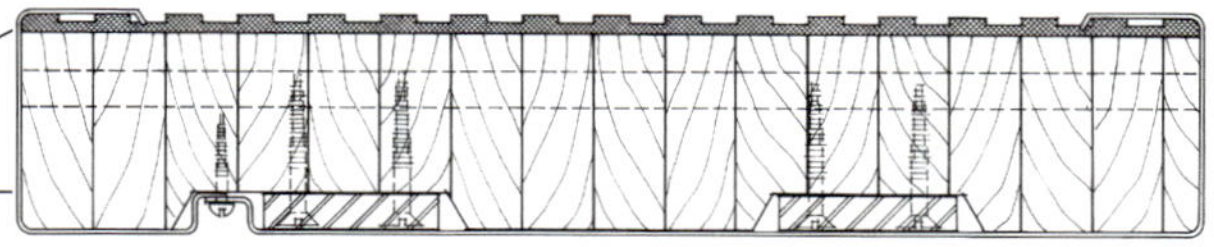

Λεπτομέρεια πατήματος / Stair detail

ΜΕΛΕΤΗ ΠΑΤΡΙΑΡΧΙΚΟΥ ΜΕΓΑΡΟΥ ΚΟΠΤΙΚΗΣ ΟΡΘΟΔΟΞΗΣ ΕΚΚΛΗΣΙΑΣ ΣΤΗΝ ΑΝΤΙΣ ΑΜΠΕΜΠΑ ΤΗΣ ΑΙΘΙΟΠΙΑΣ

Το κτήριο μελετήθηκε σε δύο στάθμες με υπόγειο και περίπτερη, ορθογωνική κάτοψη. Εξωτερικά, τα λευκά υποστυλώματα της τοξωτής κιονοστοιχίας είναι τραπεζοειδούς διατομής με μεσαία αμφίπλευρη εσοχή, ενώ τα γωνιακά είναι τριγωνικά, στραμμένα στους διαγώνιους άξονες, διαμορφώνοντας τα ενδιάμεσα τμήματα της πρόσοψης με καμπυλωμένες εσοχές. Ο υπερυψωμένος κεντρικός χώρος καλύπτεται με υαλοπετάσματα σε αφανή σκελετό και με ανηρτημένο διάτρητο πέτασμα στη στάθμη του εσωτερικού δαπέδου, που ανεβαίνει έως το ύψος του στηθαίου του δευτέρου ορόφου. Η κύρια είσοδος γίνεται από τις τρεις μεσαίες αψίδες της μεγάλης πλευράς του κτηρίου. Στο εσωτερικό, κεντρικά, βρίσκεται το φουαγιέ με τον βασικό πυρήνα κλιμακοστασίου και ένα αίθριο στην πίσω πλευρά του. Χώροι γραφείων, βιβλιοθήκη και δύο μεγάλες αίθουσες, όπως επίσης και μια αίθουσα ακροάσεων και τραπεζαρία διατάχθηκαν αμφίπλευρα της εισόδου. Στον όροφο μελετήθηκαν γραφεία και κοιτώνες. Συμβολικά, η περιμετρική κιονοστοιχία τονίζει τον δημόσιο χαρακτήρα του κτηρίου, ενώ τα τόξα τη θρησκευτική του υπόσταση.

STUDY OF THE PATRIARCHATE COPTIC ORTHODOX CHURCH IN ADDIS ABEBA, ETHIOPIA

The building was designed with a rectangular plan and surrounding arcades, on two levels and a basement.
Externally, the white columns of the arched colonnade have a trapezoid cross section with intermediate bilateral indent, while the ones at the corners are triangular, facing the diagonal axis, shaping the intermediate parts of the front façade with curved niches. The higher central hall is covered with curtain wall on concealed frame structure and a suspended perforated screen on the level of the floor, which rises to the height of the second floor parapet.
The three middle arches of the long side of the building form the main entrance. Inside, there is a central foyer with the primary staircase and a patio behind it. Office areas, a library and two large halls, as well as a hall for audiences and a dining hall are placed beside the entrance. Offices and dormitories were laid out on the upper floor. Symbolically, the surrounding colonnade stresses the public character of the building, while the arches point to its religious substance.

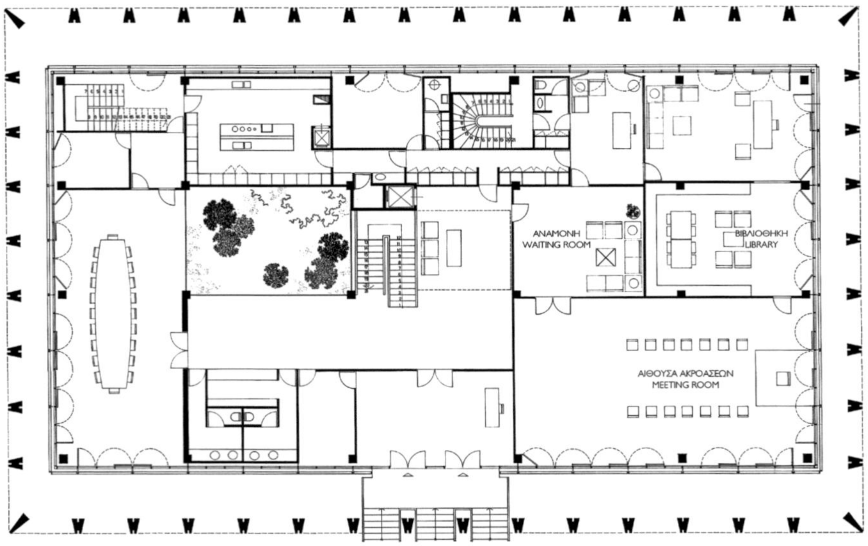

Κάτοψη ισογείου / Ground floor plan

Κάτοψη Α ορόφου / First floor plan

1973

ΜΕΛΕΤΗ ΝΕΟΥ ΚΤΗΡΙΟΥ ΤΗΣ ΕΛΛΗΝΙΚΗΣ ΠΡΕΣΒΕΙΑΣ ΣΤΗΝ ΜΠΡΑΖΙΛΙΑ

Η πρόταση εγγράφεται σε τετράγωνη κάτοψη, με περιμετρική κιονοστοιχία και το κύριο σώμα του κτηρίου σε εσοχή, με τετράγωνο αίθριο στο κέντρο της σύνθεσης. Το διώροφο σώμα του κτηρίου κλιμακώνεται σε προβολική εξοχή του ορόφου, ενώ ο δυναμικός χαρακτήρας τονίζεται από τους μεγάλους περιμετρικούς προβόλους της επίπεδης στέγης και το σύνθετο σχήμα των υποστυλωμάτων.
Στο πρόσθιο τμήμα του ισογείου υπάρχει η επίσημη είσοδος- φουαγιέ προς τον όροφο, όπου βρίσκεται το σαλόνι, η μεγάλη τραπεζαρία με την κουζίνα και τους λοιπούς βοηθητικούς χώρους. Στην πλάγια πλευρά του ισογείου διατάσσονται τα γραφεία της πρεσβείας, ενώ πίσω δύο μικρά διαμερίσματα. Τέλος, ο όροφος ολοκληρώνεται με τη διαμόρφωση της κατοικίας του πρέσβη. Στο υπόγειο τοποθετήθηκαν χώροι αρχείων με προθάλαμο, βοηθητικοί χώροι και χώροι στάθμευσης.
Μορφολογικά, κυριαρχεί η στέγαση εν προβόλω της λευκής φατνωματικής πλάκας πάνω στα ελεύθερα υποστυλώματα, σταυροειδούς κάτοψης με τριγωνικές ενισχύσεις και μείωση προς τα πάνω. Τα «κιονόκρανα» είναι σύνθετα με ακτινωτή διαμόρφωση πάνω σε κολουροκωνική άρθρωση. Συνολικά, επιχειρήθηκε με την πρόταση αυτή να προβληθεί σε συμβολικό επίπεδο το κλασικό ελληνικό πνεύμα με ένα σύγχρονο λεξιλόγιο.

STUDY OF A NEW BUILDING FOR THE GREEK EMBASSY IN BRASILIA

The proposal is inscribed in a square floor plan, with a surrounding colonnade, and the main body of the building in recess, with a square atrium in the center of the composition. The second storey projects over the ground floor, thus providing an escalation of the building, while its dynamic character is emphasized by the large surrounding cantilevers of the flat roof and the complex form of the columns.
At the frontal part of the ground floor there is the official entrance-foyer leading to the upper floor, where the main hall, the large dining hall with the kitchen and the rest of the auxiliary areas are located. The embassy offices are aligned at the side of the ground floor, and at the rear there are two small apartments. In conclusion, the upper floor is completed with the configuration of the ambassador's residence. At the basement archiving areas were planned with entrance hall, auxiliary areas and parking spaces.
Architecturally, the roofing dominates with its white square-paneled slab overhanging the free standing columns, which have a cross-shaped profile with triangular reinforcements and an inclination towards the top. The "capitals" are complex, with a radial configuration over a truncated cone-shaped joint. In all, it was attempted with this proposal to project the classical Greek spirit symbolically with a contemporary vocabulary.

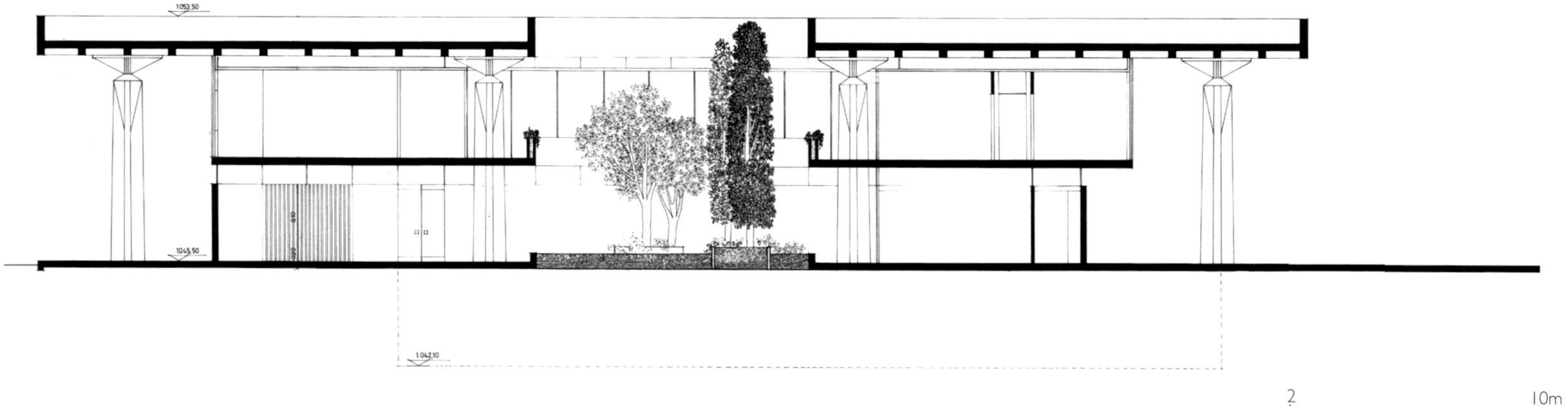

Τομή / Section

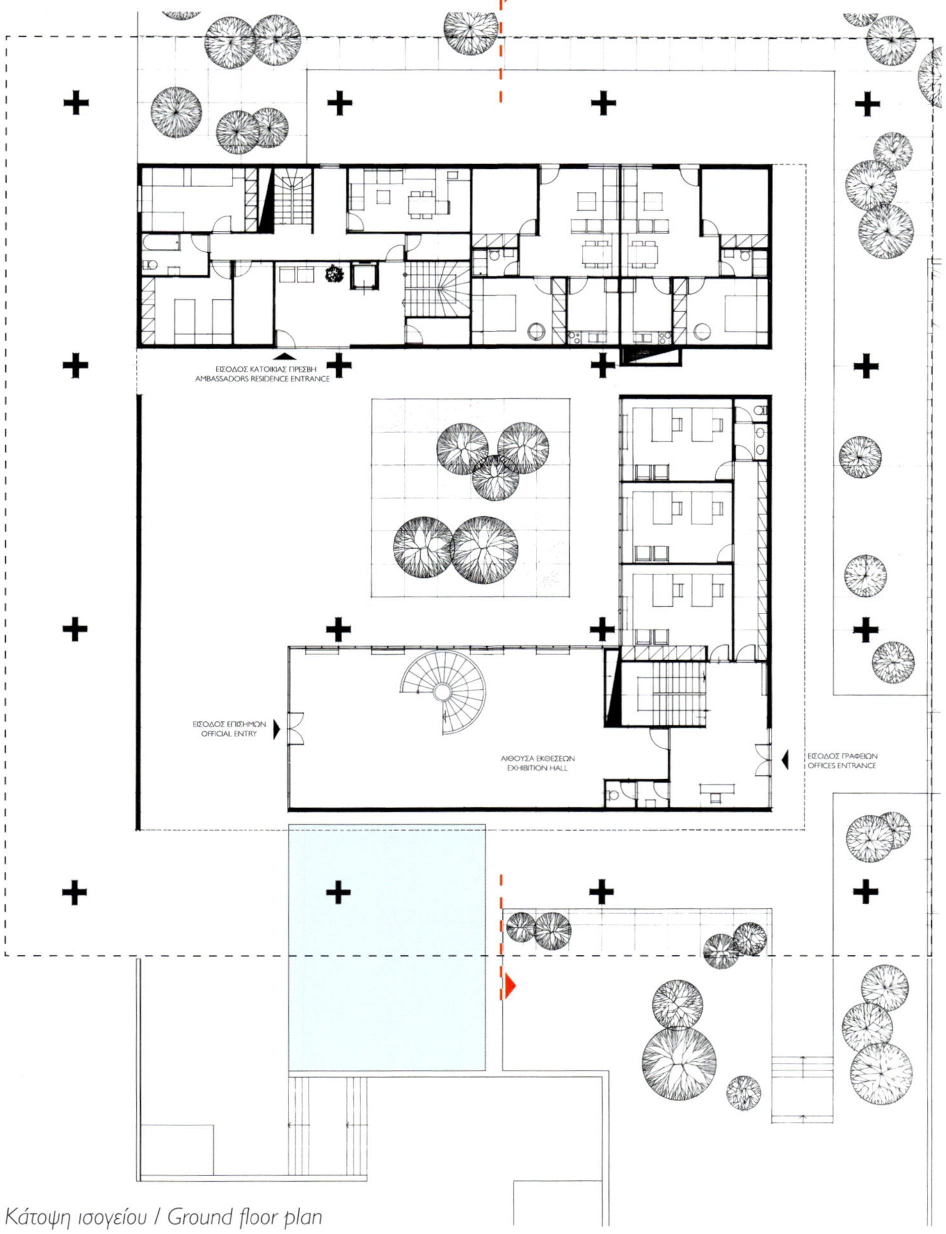

Κάτοψη ισογείου / Ground floor plan

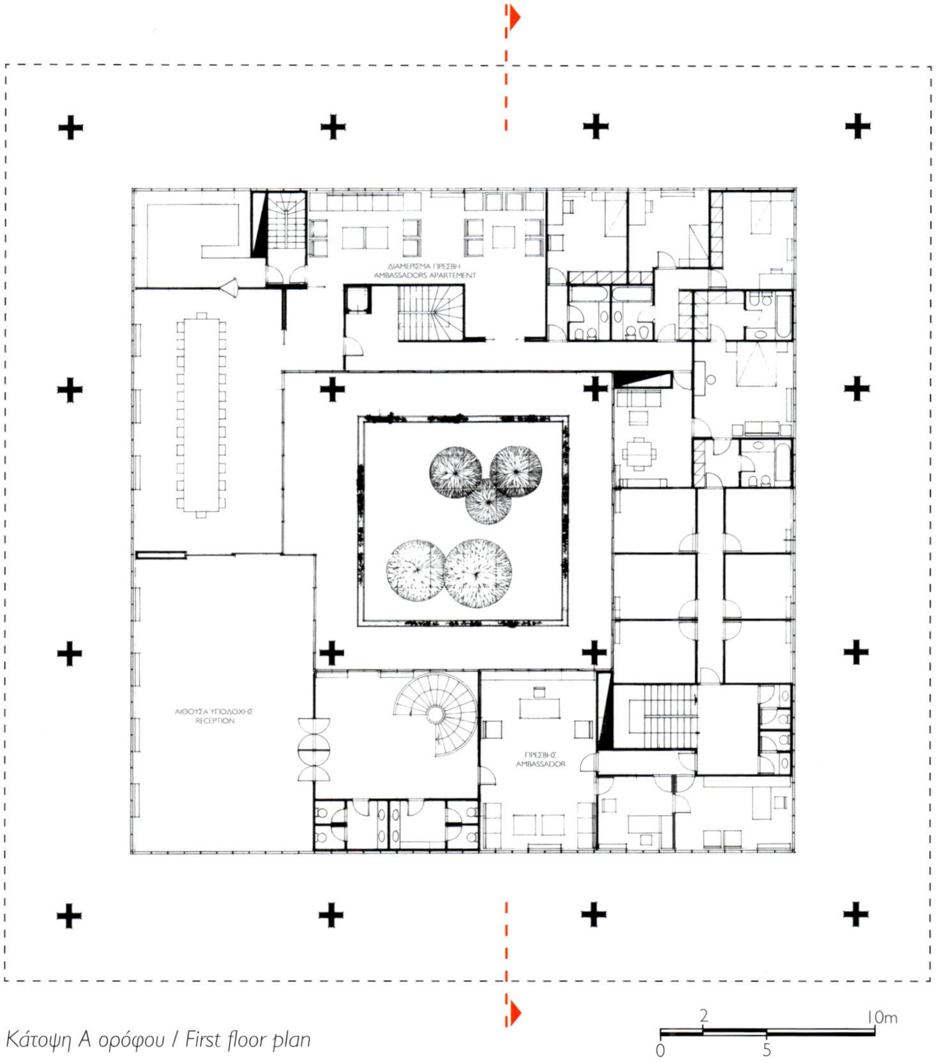

Κάτοψη Α ορόφου / First floor plan

1973

ΠΟΛΥΚΑΤΟΙΚΙΑ ΕΠΙ ΤΗΣ ΟΔΟΥ ΒΑΣ. ΠΑΥΛΟΥ ΣΤΟ ΨΥΧΙΚΟ

Το κτίσμα ανήκει στη περίοδο μιας σειράς μελετών που συνιστούν χρονική ενότητα (περίοδος 1973-74) και οδήγησαν στην επεξεργασία και διαμόρφωση ενός συγκεκριμένου μορφολογικού ιδιώματος. Πρόκειται για τριώροφες πολυκατοικίες με πιλοτή, στις οποίες ο τυπικός όροφος περιλαμβάνει δύο έως τρία ανόμοια μεταξύ τους διαμερίσματα που αναπτύσσονται σε γωνιακή διάταξη, ως παράλληλη υποχώρηση του αναπτύγματος των προσόψεων επί των δύο οδών.
Η βασική δομή συντίθεται από ένα σύστημα πλακών zoellner και μεγάλων προβόλων, που αντιστοιχεί στους εξώστες και στις υπερκείμενες πέργκολες. Οι τελευταίες προκύπτουν με τη μορφή δύο κάθετων δοκών, στην κάτω παρειά των οποίων αναρτήθηκαν λεπτές σταθερές περσίδες.
Η χιαστί μετάθεση των εξωστών επινοήθηκε ως απάντηση στην αρχιτεκτονική αμηχανία, που προκαλεί η «κατά μέτωπο» θέαση της ακμής ενός ορθογωνικού όγκου. Στη διάρθρωση αυτή συμμετέχουν τα γυάλινα τμήματα των στηθαίων και οι πέργκολες. Η δυναμική μορφή τους εντείνεται από την αίσθηση βάθους που προκαλεί το σώμα του κτηρίου με τα μεγάλα ανοίγματα, χωρίς σκούρα αλλά εξωτερικές πτυσσόμενες περσίδες από αλουμίνιο.
Παρά την ύπαρξη τυπικού ορόφου, όσον αφορά στη λειτουργική διάταξη, επιχειρήθηκε μια πλοκή στους όγκους και μια ένταση με τον τονισμό των οριζόντιων γραμμικών στοιχείων, καθώς μετατέθηκαν χιαστί καθ' ύψος.

APARTMENT BLOCK ON VAS. PAVLOU STREET IN PSYCHIKO, ATHENS

The building belongs to a series of studies of a particular period (1973-1974) that led to the development and the formation of a certain architectural vocabulary. It concerns a three-storey building on pilotis, where the L-shaped typical floor layout includes two to three different apartments, as if the elevations are a parallel offset of the two streets of the site.
The basic structure is composed by a system of zoellner-type slabs and large cantilevers, corresponding to the balconies and the overhanging pergolas. The pergolas are formed by two perpendicular beams, holding thin cross-fixed louvers.
The crosswise transposition of the balconies was invented as a response to the architectural puzzlement, caused by the frontal view of the edge of a rectangular volume. The glass balustrades of the parapets and the pergolas participate in this cross-configuration. Their dynamic form is intensified by the sense of depth produced by the mass of the building with its large apertures and the external folding aluminum blinds instead of sliding shutters.
Despite the presence of a typical floor layout, on the functional level, there was an attempt to play with the volumes and express certain dynamic by stressing the horizontal linear elements as they were transposed crosswise along the vertical axis.

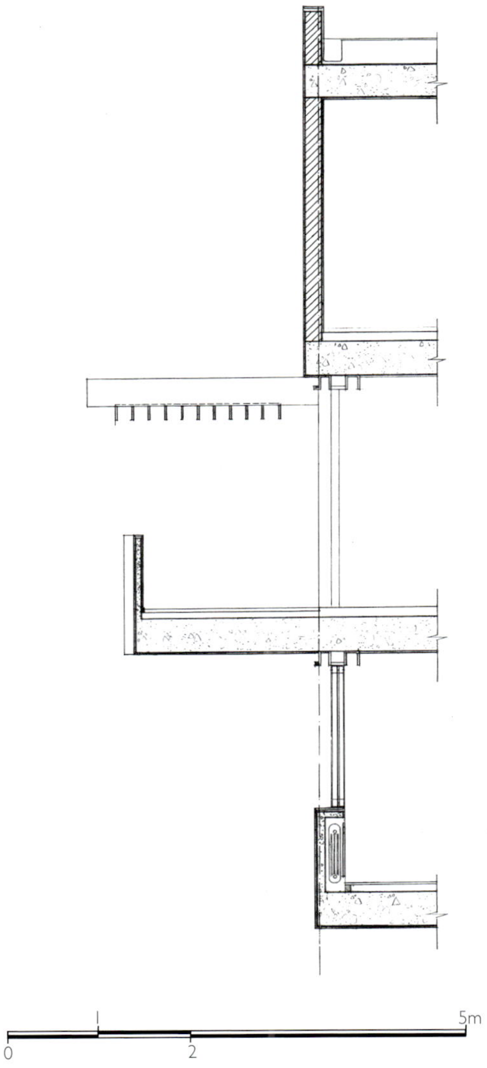

Κατακόρυφη τομή πρόσοψης / Façade vertical section

1973

Κάτοψη Β ορόφου / Second floor plan

2 10m
0 5

ΠΟΛΥΚΑΤΟΙΚΙΑ ΕΠΙ ΤΗΣ ΟΔΟΥ ΣΤΡΟΦΥΛΙΟΥ ΣΤΗΝ ΚΗΦΙΣΙΑ

Η ενιαία σύνθεση περιλαμβάνει δύο ανεξάρτητα κτήρια σε επαφή, με αυτόνομους πυρήνες κλιμακοστασίων, κεντρικές εισόδους και δύο διαμερίσματα ανά όροφο το καθένα. Τα κτήρια αναπτύσσονται κλιμακωτά και κατά μήκος του άξονα βορρά-νότου, με τους χώρους υποδοχής στραμμένους προς τη δύση, προς την οποία είναι προσανατολισμένο το μεγάλο ανάπτυγμα του οικοπέδου. Ο τυπικός όροφος επαναλαμβάνεται σε τρεις στάθμες, με εξαίρεση τον τρίτο όροφο του νότιου τμήματος, όπου αντικαθίστανται τα δύο διαμερίσματα από ένα μεγαλύτερο.

Οι όψεις διαμορφώνονται με τις συνεχείς λευκές επιφάνειες σε πρώτο επίπεδο, που εναλλάσσονται με γυάλινα στηθαία και τις σκούρες επιφάνειες του σώματος του κτηρίου, από εμφανή οπτοπλινθοδομή, καθώς και με μεγάλα συρόμενα υαλοστάσια με ξύλινα σκούρα.

APARTMENT BUILDING ON STROFILIOY STREET IN KIFISSIA, ATHENS

The layout includes two independent buildings in contact, with separate staircase cores, main entrances and two apartments per floor on each. The buildings rise gradually along the north-south axis, with reception halls facing west, towards the biggest part of the site. The typical floor is repeated on three levels, with the exception of the third floor of the southern section, where the two apartments are substituted by one larger.

The façades are formed by the continuous white surfaces, alternating with the glass railings and the darker surfaces of the building mass, of exposed brickwork, as well as large sliding windowpanes with wooden shutters.

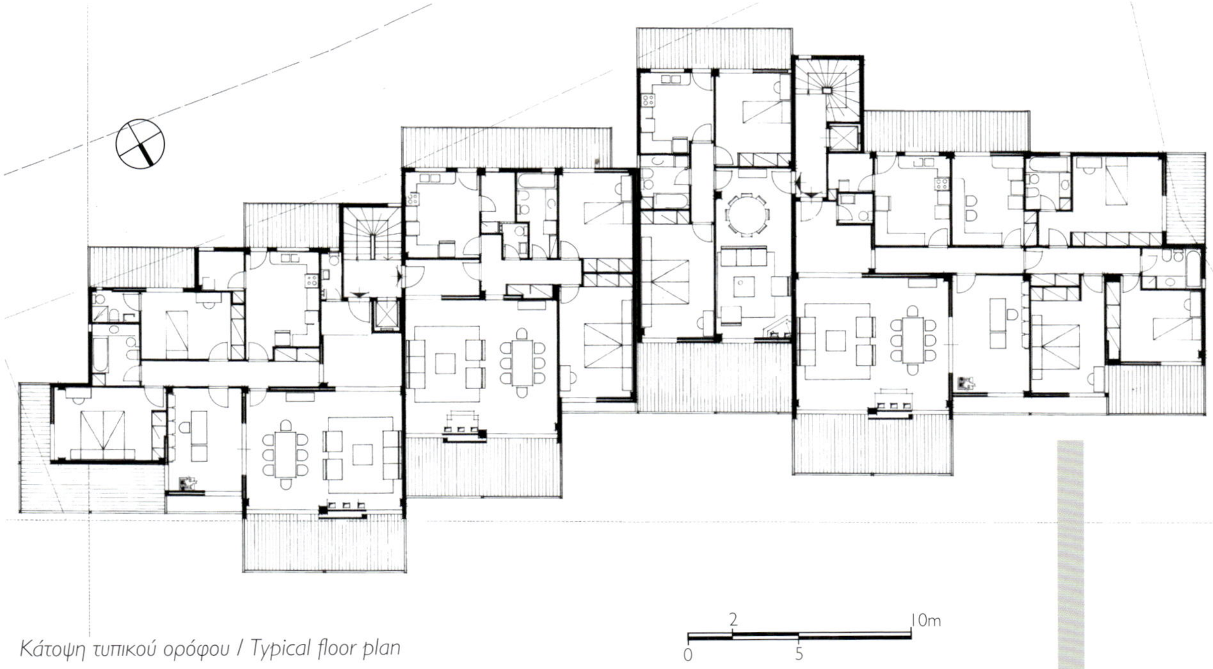

Κάτοψη τυπικού ορόφου / Typical floor plan

1973

ΠΟΛΥΚΑΤΟΙΚΙΑ ΕΠΙ ΤΗΣ ΟΔΟΥ ΠΗΓΑΣΟΥ ΣΤΟ ΨΥΧΙΚΟ

Το κτήριο διαμορφώθηκε σε γωνιακή διάταξη αφήνοντας ελεύθερο το νοτιοανατολικό τμήμα του οικοπέδου. Στη βόρεια πλευρά τοποθετήθηκε η είσοδος και το κλιμακοστάσιο. Στις δύο πρώτες στάθμες διαμορφώθηκαν οροφοδιαμερίσματα, ενώ η τελευταία μοιράζεται σε δύο μικρότερες κατοικίες, με αυτόνομη επικοινωνία σε τμήμα του δώματος για μία από αυτές.
Και σε αυτό το παράδειγμα επιχειρήθηκε μια πλοκή στους όγκους με αντιμεταθέσεις και αντιστροφές των εξωστών καθ' ύψος. Σε αυτό συνέβαλε και η αισθητική διαφοροποίηση του σώματος του κτηρίου, με τη χρήση εμφανούς οπτοπλινθοδομής, ξυλεπενδύσεων και συνεχών υαλοστασίων πλήρους ύψους, άνευ δοκών, σε αντίθεση με τους λευκούς εξώστες και τα προστεγάσματα.

APARTMENT BUILDING ON PIGASOU STREET IN PSYCHIKO, ATHENS

The building has an L-shaped layout, leaving the southeastern part of the site free. The entrance and stairwell are placed on the north side.
On the two first levels the apartments occupy the whole floor, while the last floor is split in two smaller apartments, one of which has separate access to part of the top terrace.
In this example, also, there was an attempt to achieve certain dynamic by interlocking volumes with mutual transference and reversions of the balconies along the vertical axis. The aesthetic differentiation of the building mass, with the exposed brickwork, timber cladding and continuous windowpanes from floor-to-ceiling, without beams, in contrast to the white balconies and cantilevers, contribute towards this aim.

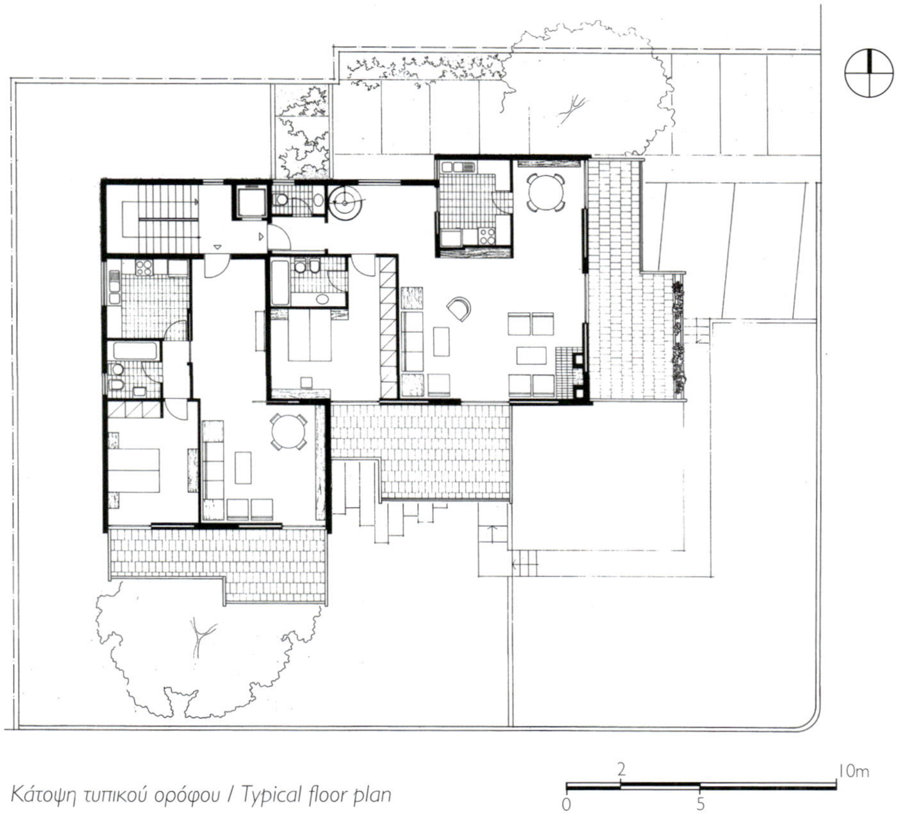

Κάτοψη τυπικού ορόφου / Typical floor plan

1974

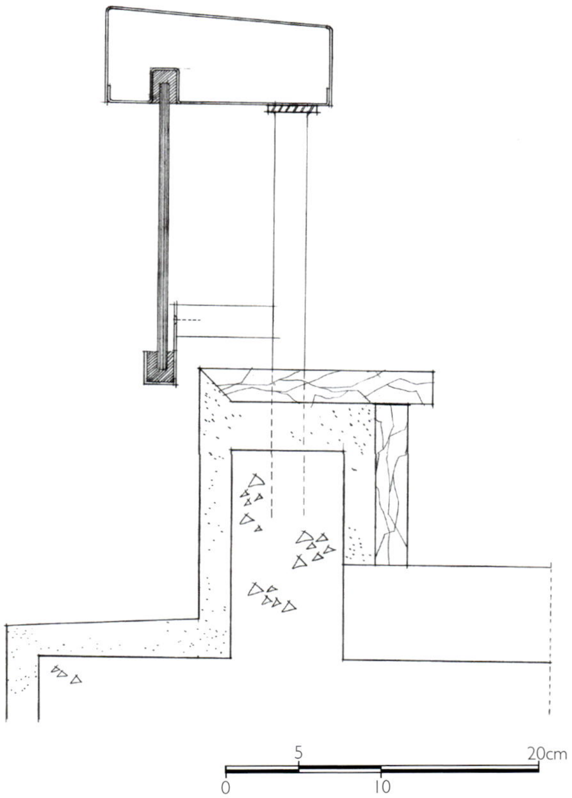

Λεπτομέρεια στηθαίου εξωστών / Balustrade detail

ΠΟΛΥΚΑΤΟΙΚΙΑ ΕΠΙ ΤΗΣ ΟΔΟΥ ΑΝΑΠΗΡΩΝ ΠΟΛΕΜΟΥ ΣΤΟΝ ΛΥΚΑΒΗΤΤΟ

Σε παράγωνο οικόπεδο, με έντονη κλίση, όψεις σε τρεις οδούς και ακάλυπτο χώρο μπροστά, υψώθηκε ο εξαώροφος όγκος της πολυκατοικίας, με δύο ισόγεια διαμερίσματα και τυπικά οροφοδιαμερίσματα επάνω. Από τον δρόμο με τη χαμηλότερη στάθμη γίνεται η πρόσβαση στο υπόγειο parking.
Τα συμπαγή τμήματα του κελύφους επενδύθηκαν με εμφανή οπτοπλινθοδομή που διακόπτεται από τις ανοιχτόχρωμες ζώνες στις στάθμες των πλακών. Τονίζοντας τα οριζόντια δομικά στοιχεία του όγκου προκλήθηκε μια κίνηση «ελάφρυνσης» της συμπαγούς μάζας του και μια στοιχειώδης αντίθεση προς την κατακορυφότητα των εξωστών που συνδέθηκαν καθ' ύψος με λεπτούς ξύλινους στύλους. Οι τάσεις αυτές εξυπηρετήθηκαν και από τη διαμόρφωση εσοχών στην πίσω πλευρά των εξωστών.

APARTMENT BUILDING ON ANAPIRON POLEMOU STREET IN LYCABETTUS, ATHENS

A six-storey building was built on the rear side of an odd-shaped site, with steep slope, facing three streets; it contains two apartments on ground level and a typical flat on each storey. Access to the underground parking area is provided from the street on the lowest level.
The built parts of the outer shell were clad with exposed brickwork, interrupted by light rendered zones at slab levels. The verticality of the balconies, which were connected by thin wooden posts, was contrasted by stressing the horizontal structural elements of the mass, a gesture that aided to lighten the compact building. These intentions were also satisfied by the formation of niches on the rear side of the balconies.

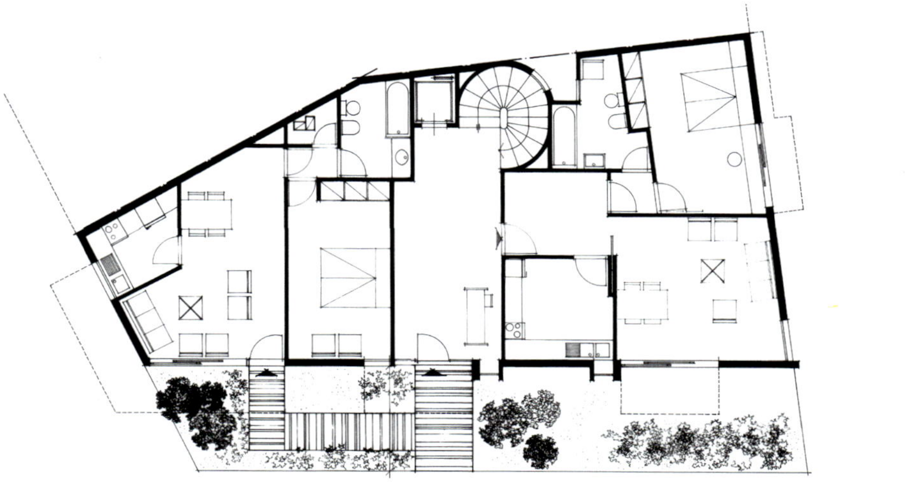

Κάτοψη ισογείου / Ground floor plan

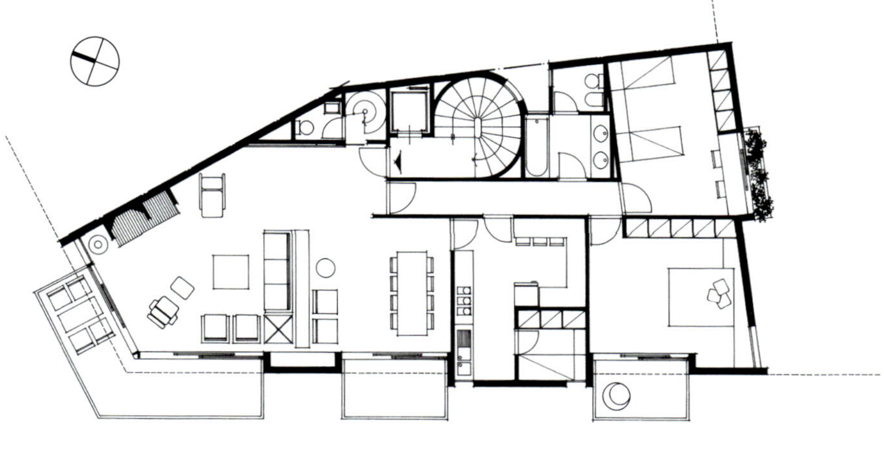

Κάτοψη τυπικού ορόφου / Typical floor plan

1974

ΞΕΝΟΔΟΧΕΙΟ «PRESIDENT» Α΄ ΚΑΤΗΓΟΡΙΑΣ ΕΠΙ ΤΗΣ Λ. ΚΗΦΙΣΙΑΣ ΣΤΟΥΣ ΑΜΠΕΛΟΚΗΠΟΥΣ

Στον αστικό ιστό, σε γωνιακό ορθογώνιο οικόπεδο με μικρή κλίση προς την πίσω πλευρά, σχεδιάστηκε ένας πύργος ξενοδοχείου με 22 ορόφους. Οι δύο όψεις βρίσκονται σε εσοχή ως προς τα μέτωπα του οικοπέδου. Στη διευρυμένη διώροφη βάση σχήματος «Γ», που καλύπτεται από μεγάλο δώμα, τοποθετήθηκαν κεντρικά στο άνω ισόγειο ο χώρος υποδοχής με τους πυρήνες κλιμακοστασίου-ανελκυστήρων και σε κλιμακωτές στάθμες τα δύο σαλόνια. Σε αντίστοιχες θέσεις, στο κάτω ισόγειο, μελετήθηκαν κουζίνες και εστιατόρια. Στην ταράτσα διαμορφώθηκαν υπαίθριοι, κοινόχρηστοι χώροι, με πισίνα και αναψυκτήριο.
Η πολυώροφη μάζα των δωματίων, μετακινημένη ως προς τη βάση της, δημιουργεί πρόβολο στην πλάγια όψη, ενώ διασπάται σε δύο κάθετους όγκους, με εσοχή στη θέση του κεντρικού διαδρόμου των ορόφων και οπισθοχώρηση του ενός όγκου ως προς τον άλλο. Η αρχιτεκτονική μελέτη επεκτάθηκε στον εσωτερικό σχεδιασμό, με μαρμάρινες και ξύλινες επενδύσεις-δαπεδοστρώσεις, διακοσμητικές ψευδοροφές και ειδικές κατασκευαστικές λεπτομέρειες, που αναδεικνύουν τον χαρακτήρα των χώρων σε αντίθεση με την «ουδετερότητα» των όψεων.

"PRESIDENT" HOTEL CLASS A ON KIFISSIAS AVENUE IN AMPELOKIPI, ATHENS

A 22-storey-tower hotel was designed within the urban fabric, on a corner site with slight inclination toward its rear side. The two façades are set back from the plot boundaries. In the wide two-storey, L-shaped base, the reception area is placed at the "upper" ground level, along with the stairwell-elevators core and two lounges on the mezzanine level. Kitchen areas and restaurants are designed on the "lower" ground level. Open-air, public areas with swimming pool and bar are arranged on the base's terrace.
The multistorey block of rooms, in recess from the base's outline, creates an overhang towards the side façade, while it breaks into two vertical volumes, separated by an indentation at the position of the central corridor of each floor, and a slight retreat of one volume relative to the other. The architectural design extended to the interior decoration, with marble and wooden cladding and flooring, decorative ceilings and special construction details, which point out the character of the interior areas in contrast to the "neutrality" of the façades.

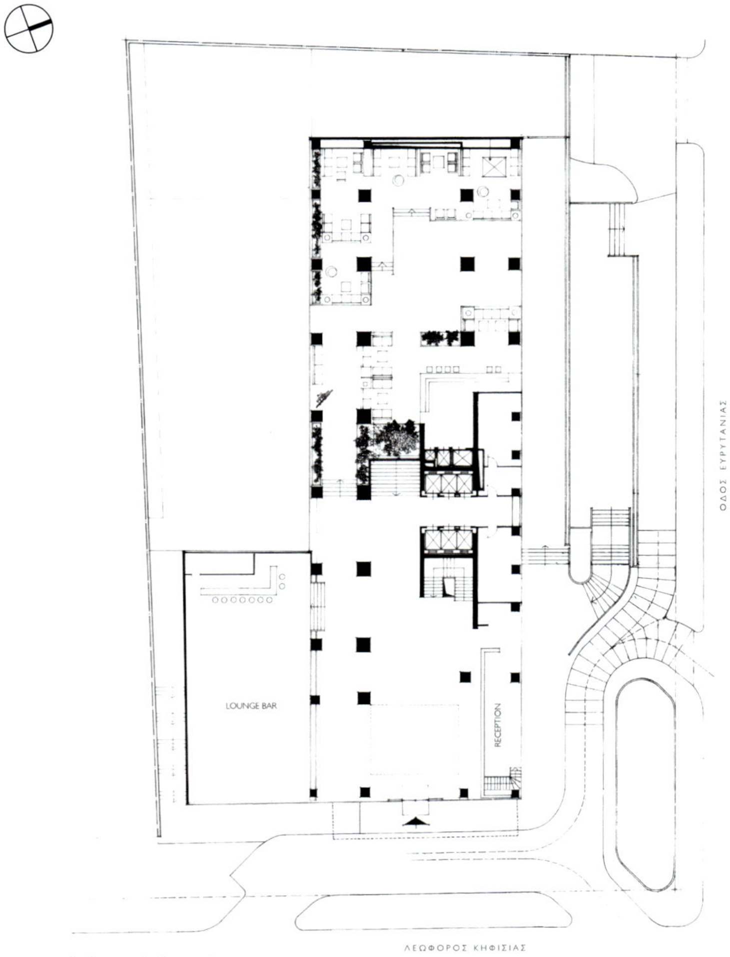

Κάτοψη ισογείου / Ground floor plan

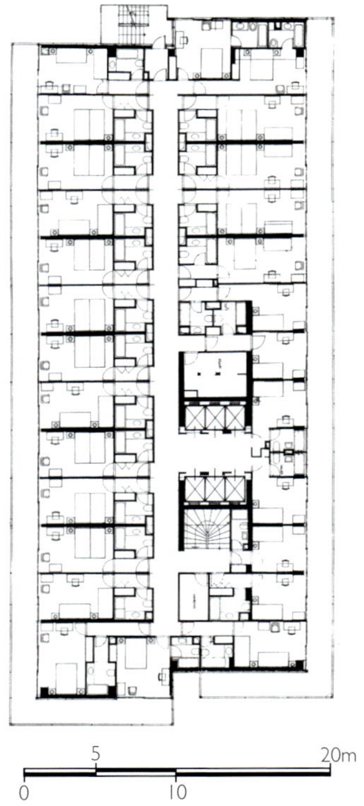

Κάτοψη τυπικού ορόφου / Typical floor plan

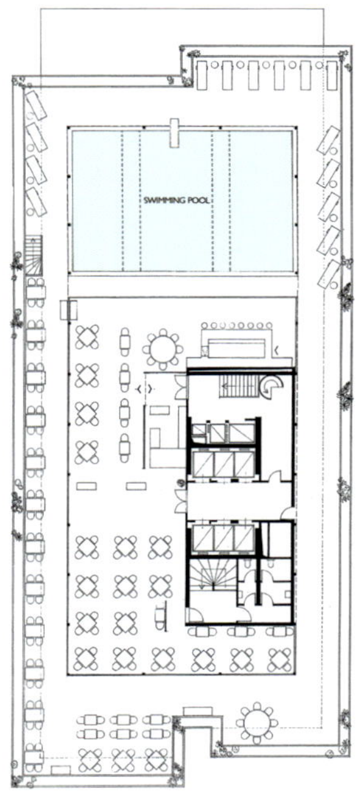

Roof garden

1974

ΚΤΗΡΙΟ ΓΡΑΦΕΙΩΝ ΝΑΥΤΙΛΙΑΚΗΣ ΕΤΑΙΡΕΙΑΣ ΕΠΙ ΤΗΣ ΑΚΤΗΣ ΜΙΑΟΥΛΗ ΣΤΟΝ ΠΕΙΡΑΙΑ

Το κτήριο διαμορφώνει ένα ισχυρό ορθογωνικό κέλυφος, που υψώνεται σε εννέα ορόφους, με δυο υπόγειες στάθμες στάθμευσης, και εγγράφεται στα όρια οικοδομικού τετραγώνου με όψεις σε τρεις οδούς. Η κάτοψη έχει σχήμα «Π», με ενιαίο αυστηρό μέτωπο επάνω στο όριο του κύριου οδικού άξονα και κεντρικό ακάλυπτο στην πίσω πλευρά. Μέσα στον εσωτερικό υπαίθριο χώρο προβάλλει ανάγλυφος ο όγκος του κλιμακοστασίου.
Η υπερκείμενη λειτουργική μάζα διαμορφώνεται συμπαγής επάνω σε διώροφη, μορφολογικά διαφοροποιημένη βάση καταστημάτων, με διαφανή υαλοστάσια. Ο όγκος του κτηρίου επιμερίζεται σε δύο διακριτές ζώνες, καθώς η ενιαία μάζα των τυπικών ορόφων γραφείων διασπάται από μεγάλη εσοχή στον έκτο όροφο, δημιουργώντας την εντύπωση ότι ο υπερκείμενος όγκος αιωρείται.
Εξωτερικά, η λευκή ορθομαρμάρωση των δομικών στοιχείων του ισογείου και ημιωρόφου εναλλάσσεται με την πυκνότερη, «ελαφριά» κλίμακα των σκούρων υαλοπετασμάτων των ορόφων. Η «θερμή» επιφάνεια της ξύλινης επένδυσης στην οροφή της εσοχής του έκτου ορόφου αποτέλεσε μια σκόπιμη αντίθεση προς τις ψυχρές επιφάνειες των υαλοστασίων.

SHIPPING COMPANY HEADQUARTERS ON MIAOULI COAST IN PIRAEUS

The edifice forms a rigid rectangular building envelope, with two underground levels of parking spaces, and is placed on the boundaries of a plot that faces three streets. It has a double L-shaped plan, with a uniform austere front towards the main road and a central open space at the rear side. The volume of the stairwell is projected in the internal open-air space.
The superimposed functional mass has a compact form above the two-storey base of shops, which has a differentiated form with its transparent windowpanes. The building volume is distributed to two distinct zones, since the uniform mass of the typical floors of office areas is split by a bold indent on the sixth floor, thus creating the impression that the upper volume is hovering.
Externally, the white marble cladding of the structural elements on ground and mezzanine level alternates with the denser, "light" scale of the curtain wall on each storey. The "warm" surface of timber lining on the ceiling of the indented sixth floor was deliberate in contrast to the "cold" surfaces of the reflective blue glasspanes.

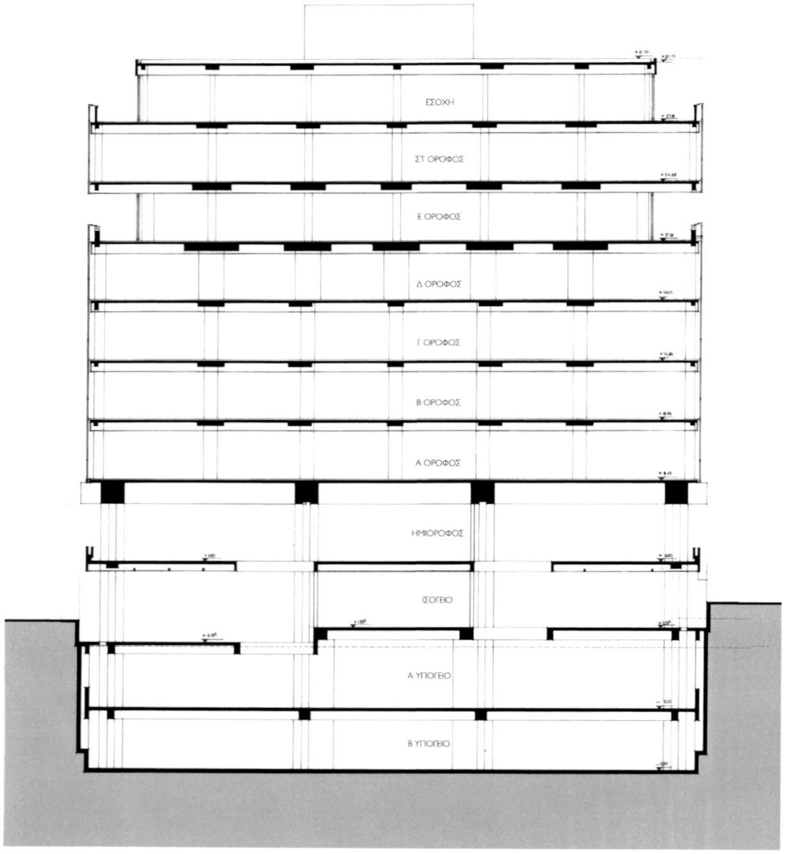

Τομή / Section

0 5 10 20m

1974

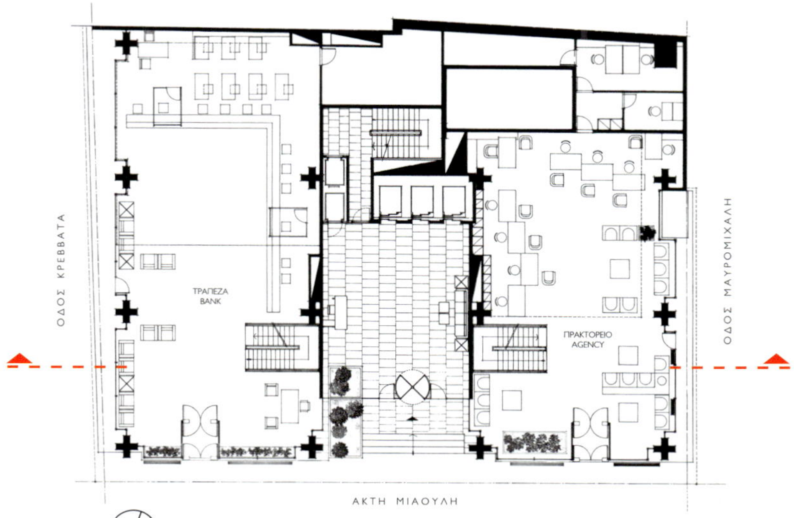

Κάτοψη ισογείου / Ground floor plan

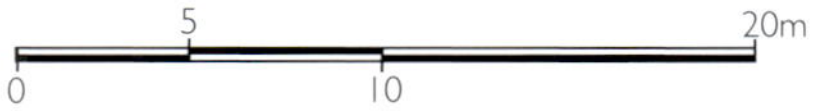

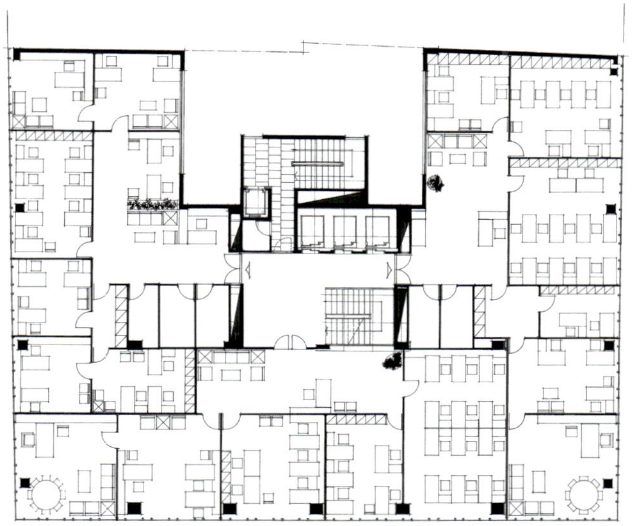

Κάτοψη τυπικού ορόφου / Typical floor plan

Κάτοψη Ε ορόφου / Fifth floor plan

ΣΟΥΠΕΡ ΜΑΡΚΕΤ «ΑΒ»
ΕΠΙ ΤΗΣ Λ. ΚΗΦΙΣΙΑΣ ΣΤΟΝ ΦΑΡΟ ΨΥΧΙΚΟΥ

Είναι ένα κτήριο υπεραγοράς που σχεδιάστηκε πιλοτικά για την πρώτη αλυσίδα τέτοιων καταστημάτων στην Αθήνα. Χωροθετήθηκε σε προβεβλημένο σημείο στο κέντρο τριγωνικού οικοπέδου, με υπαίθριο χώρο στάθμευσης στην πίσω πλευρά. Εφαρμόστηκε ένας ορθοκανονικός κάναβος και, για την προσαρμογή στο σχήμα του οικοπέδου, έγιναν οι αναγκαίες αποτμήσεις προς τη λοξή πλευρά.
Λειτουργικά, η υπεραγορά οργανώθηκε σε τρεις υπέργειες στάθμες, με τη διάταξη των τροφίμων στο ισόγειο και το υπόγειο. Η εκμετάλλευση του υπογείου για εμπορική χρήση, αντί για αποθήκες, αποτέλεσε καινοτομία για τα ελληνικά δεδομένα. Τα είδη σπιτιού κάλυψαν τον πρώτο όροφο, οι αποθήκες χωροθετήθηκαν στον δεύτερο και το αναψυκτήριο-café τοποθετήθηκε σε τμήμα του δώματος.

"AB" SUPER MARKET
ON KIFISSIAS AVENUE IN FAROS, PSYCHIKO, ATHENS

This building for a supermarket was a pilot design for the first chain stores of the kind in Athens. It was located on a prestigious spot in the center of a triangular site, with open-air parking space at the rear part of the plot. A square grid was applied, and, the building was adapted to the oblique side of the site.
Functionally, the supermarket is organized in three levels above ground, with food products arranged on ground level and basement. The commercial use of underground space, instead of storage areas, was an original for greek standards. Domestic products covered the first floor, storage areas were located on the second, and a café was placed on part of the roof terrace.

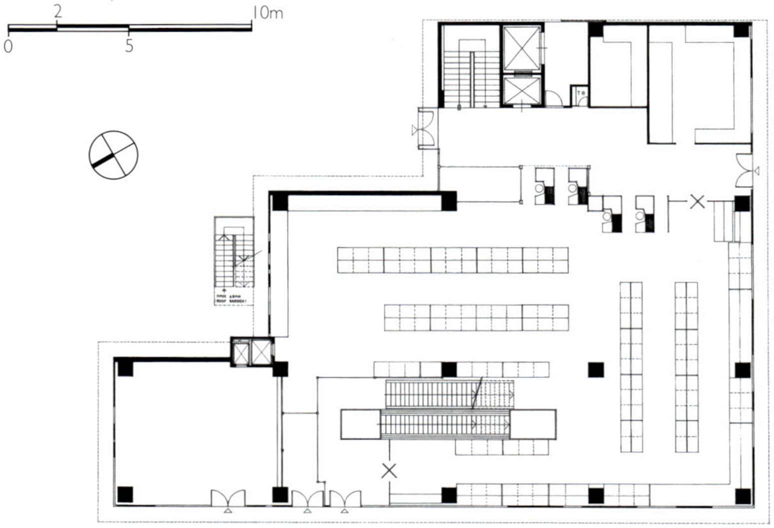

Κάτοψη ισογείου / Ground floor plan

ΑΒ
ΑΛΦΑ-ΒΗΤΑ
1974

ΠΥΡΓΟΣ ΓΡΑΦΕΙΩΝ «ATRINA» ΕΠΙ ΤΗΣ Λ. ΚΗΦΙΣΙΑΣ ΣΤΟ ΜΑΡΟΥΣΙ

Ο περίοπτος αυτός ουρανοξύστης αποτελείται από τρία κάθετα ορθογωνικά πρίσματα, διαφορετικού ύψους, με ασύμμετρη υποχώρηση ως προς το επίπεδο των στενών όψεων. Το σύνολο των όψεων διαμορφώνεται από τον ενιαίο κάναβο των υαλοπετασμάτων με ανακλαστικά κρύσταλλα.
Σε αυτό το κτήριο έγινε χρήση μιας προηγμένης και πρωτοποριακής τεχνολογίας του υαλοπετάσματος που επιδιώκει τη μέγιστη αξιοποίηση του υλικού. Το γυαλί, ως υλικό επένδυσης (π.χ. αντί μαρμάρου ή φύλλων αλουμινίου) προτάθηκε ως η πλέον δόκιμη λύση για το ύφος ενός ουρανοξύστη, με την επιδίωξη να φαίνεται ο συγκεκριμένος όσο το δυνατόν πιο ενιαίος και ανάλαφρος. Πίσω από την ομοιόμορφη λιτότητά του το κτήριο έχει μία ξεκάθαρη εσωτερική διάρθρωση, με πυρήνες κλιμακοστασίων και βοηθητικούς χώρους στο κέντρο.
Στη λύση αυτή επιλέχθηκε η κάλυψη του φέροντα οργανισμού πίσω από ελαφριές γυάλινες επιφάνειες. Σε αντίθεση με τον Πύργο Αθηνών, επιλέχθηκε εδώ η επαναληπτικότητα ενός και μόνο στοιχείου (εμβάτης) της πρόσοψης και τούτο για να επιτευχθεί η μέγιστη «ανάταση» στα πρίσματα, καθώς αυτά αναδύονται από το έδαφος χωρίς να τερματίζουν πουθενά.
Το συγκρότημα «Atrina» αποτέλεσε το πρώτο κτήριο που σηματοδότησε την επέκταση της «επαγγελματικής στέγης» κατά μήκος του βόρειου άξονα της Λεωφόρου Κηφισίας, πέρα από τα όρια του δήμου της Αθήνας και μάλιστα σε σημαντική απόσταση.

"ATRINA" OFFICE TOWER ON KIFISSIAS AVENUE IN MAROUSSI, ATHENS

This prominent high-rise tower consists of three vertical rectangular prisms of different height, which are non-symmetrically set back along the axis of their narrow façades. All sides are formed by the uniform grid of reflective glass curtain walls.
An advanced and innovative for the time technology of glasspanes was applied on this building, which aimed for maximum exploitation of the material. The glass, as cladding material (e.g. instead of marble or aluminum sheets) was suggested as the optimum solution for the style and identity of the high-rise building, to make it look as uniform and light as possible. Behind its uniform simplicity, the building has a clear interior configuration, with vertical circulation cores and auxiliary areas in the center.
In contrast to the Tower of Athens, the elevations in this case result from the repetition of one single module, to achieve maximum "uplift" on the prisms, as they emerge from the ground without having an end on any height. To enhance that light effect, the whole structure was concealed behind the curtain wall.
The "Atrina" complex became the first building to mark the expansion of corporate buildings along the north axis of Kifissias Avenue, far beyond the boundaries of the city of Athens at the time.

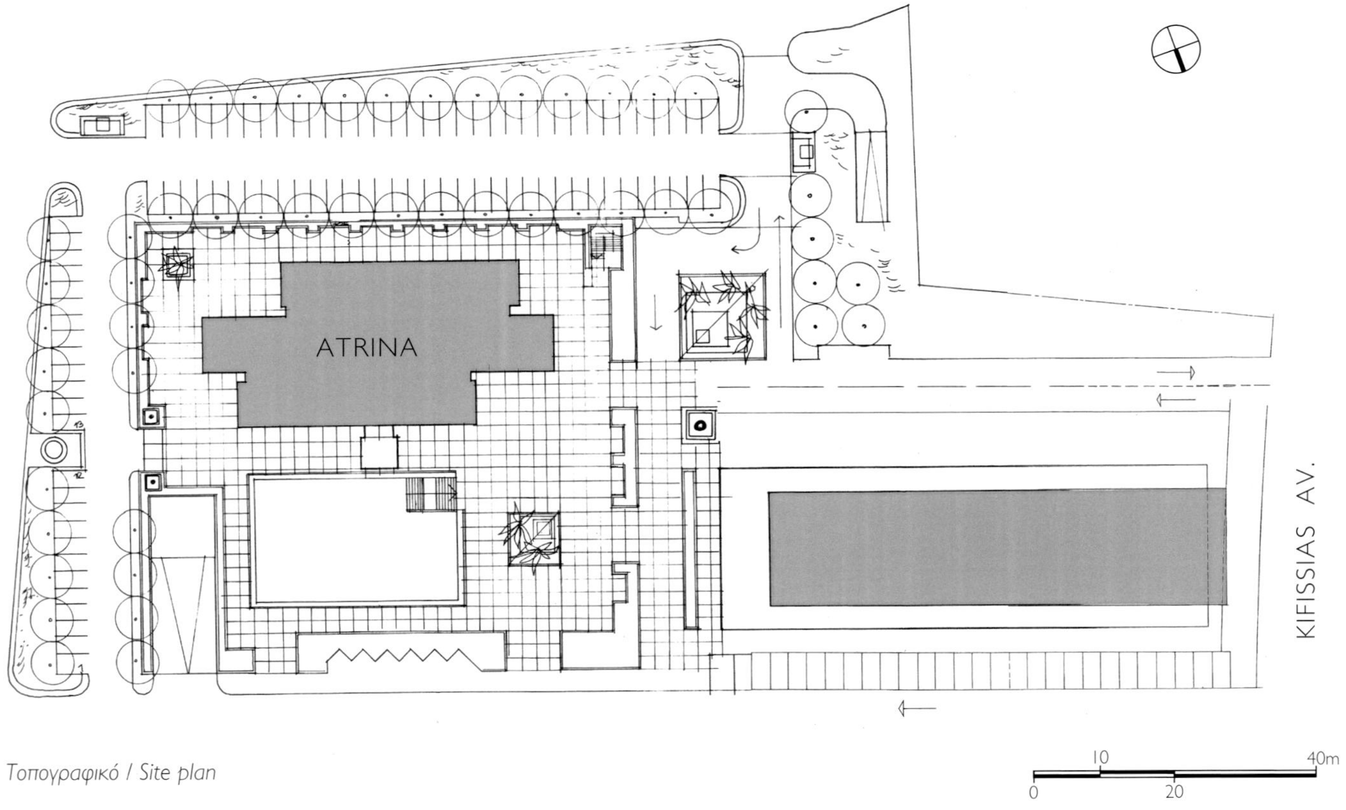

Τοπογραφικό / Site plan

1976

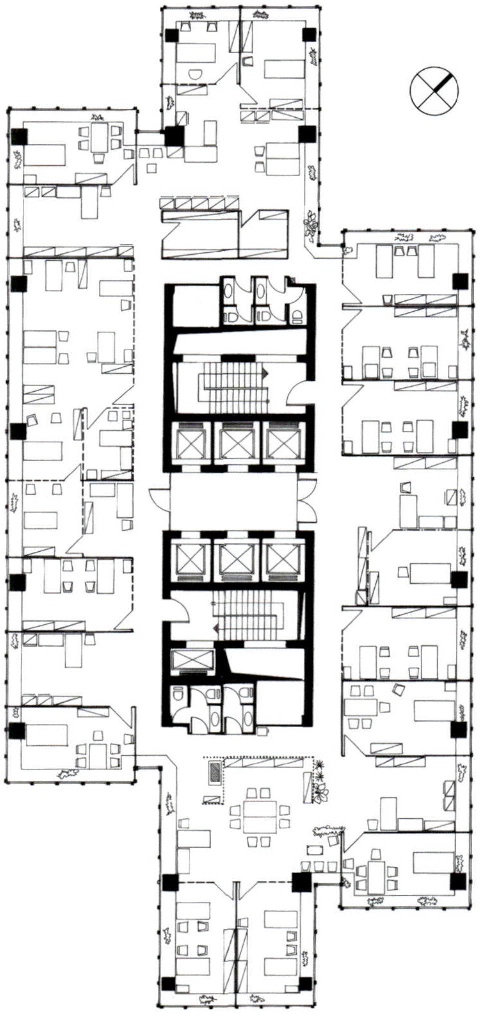

Κάτοψη τυπικού ορόφου / Typical floor plan

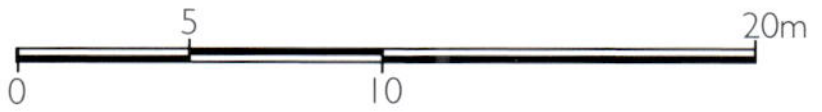

ΚΕΝΤΡΙΚΑ ΓΡΑΦΕΙΑ ΕΤΑΙΡΕΙΑΣ «ΕΔΟΚ-ΕΤΕΡ» ΕΠΙ ΤΗΣ Λ. ΚΗΦΙΣΙΑΣ ΣΤΗΝ ΑΓ. ΒΑΡΒΑΡΑ ΧΑΛΑΝΔΡΙΟΥ

Στο κτήριο αυτό, οι όροφοι στηρίζονται από τους κεντρικούς πυρήνες των κλιμακοστασίων και τα περιμετρικά τοιχία σε εγκάρσια διάταξη, χωρίς την παρουσία άλλων ενδιάμεσων υποστηλωμάτων. Το σώμα του κτηρίου εξέχει με τη μορφή μεγάλων προβόλων στις δυο στενότερες όψεις, διαμορφώνοντας εσοχή στο μέσο τους. Αντίστοιχα, δημιουργούνται στοές περιμετρικά του ισογείου και διακόπτεται η καθ' ύψος ανάπτυξη του όγκου με ημιυπαίθριες ζώνες στις στάθμες του τέταρτου και του τελευταίου ορόφου, οργανώνοντας το στερεό με βάση, κορμό και στέψη.
Σε αντίθεση προς τα κάθετα στοιχεία από λευκό μπετόν, το κέλυφος επενδύεται με πράσινους μη ανακλαστικούς υαλοπίνακες σε ζώνες ορόφων, με σύστημα υαλοπετάσματος σε αφανή στήριξη και με οριζόντια μεταλλικά στοιχεία που εξέχουν ελάχιστα από τα όρια των πλακών του μπετόν, τα μέτωπα των οποίων επενδύονται με μαύρα μεταλλικά πετάσματα.
Στο ισόγειο χωροθετήθηκε κατάστημα τράπεζας, με ημιώροφο και ανεξάρτητη είσοδο στο ισόγειο, ενώ στην ανώτερη στάθμη αναπτύχθηκαν οι χώροι διοίκησης και αναψυκτήριο. Στο πρώτο υπόγειο προβλέφθηκε συνεδριακός χώρος με εστιατόριο και βοηθητικές χρήσεις, ενώ δημιουργήθηκαν τρεις επιπλέον υπόγειες στάθμες στάθμευσης οχημάτων.

"EDOK-ETER" HEADQUARTERS ON KIFISSIAS AVENUE IN AG. VARVARA, CHALANDRI, ATHENS

The floors of this building are suspended from the central cores and the transverse load-bearing pillars of the perimeter, without any other intermediate column. The building body projects with two large cantilevers on the two narrow façades, forming an indent at the middle of their total height. Accordingly, a portico is formed around the ground level, and the vertical development of the building is interrupted by loggias on the fourth floor and the top, thus organizing the volume with a base, main body and crowning.
In contrast to the vertical elements of white concrete, the building envelope develops horizontally, comprising green non-reflective, invisibly supported, glasspanes and black metal panels, cladding the spandrels.
A bank department covers the ground floor and mezzanine, with its own independent entrance. Administration offices and a refreshment bar are arranged on the upper floor. A conference hall is provided, at first underground level, with a restaurant and auxiliary areas, while three more underground levels were created for parking spaces.

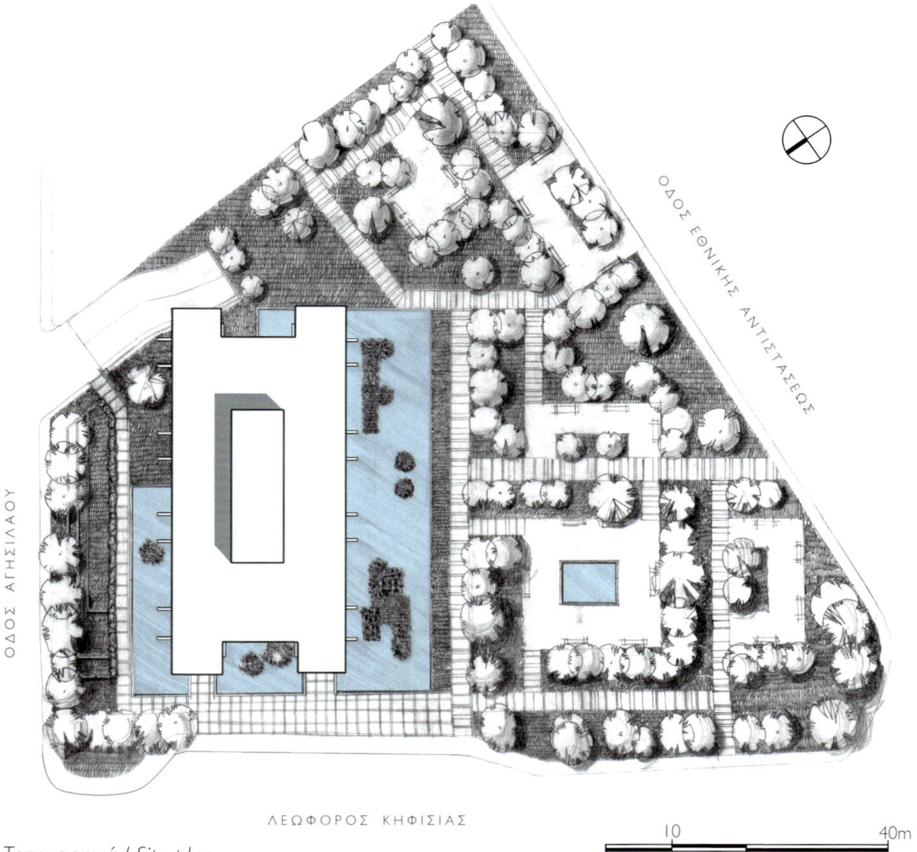

Τοπογραφικό / Site plan

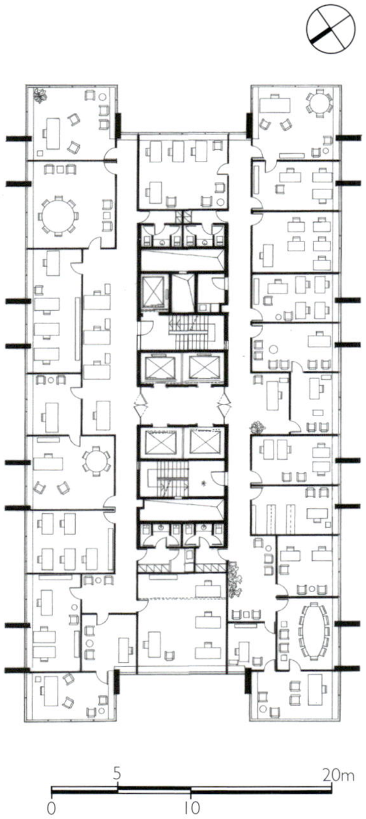

Κάτοψη τυπικού ορόφου
/ Typical floor plan

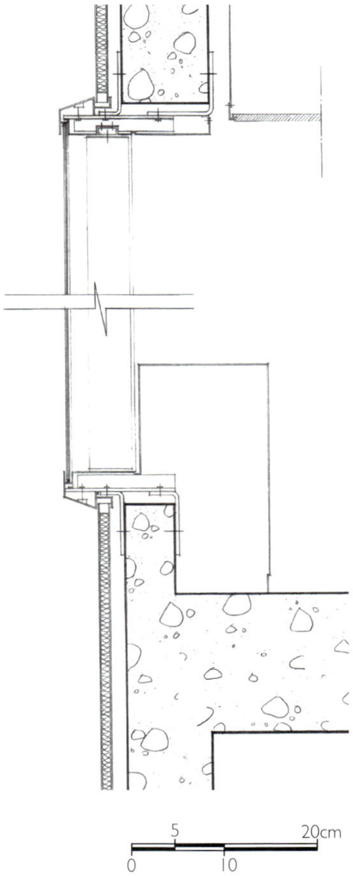

Τυπική λεπτομέρεια όψεων
/ Typical wall section detail

ΒΙΛΛΑ ΕΠΙ ΤΗΣ ΟΔΟΥ ΑΛΣΟΥΣ ΣΤΗΝ ΕΚΑΛΗ

Το κτήριο είναι διώροφο με στέγη που προεξέχει έντονα από το περίγραμμα του ορόφου. Στο ισόγειο διαμορφώθηκε δίπλα από τους χώρους υποδοχής και ένα ανεξάρτητο διαμέρισμα.

Στο έργο αυτό, τα κύρια μορφολογικά στοιχεία αποτελούν οι λίθινες επιφάνειες και το εμφανές μπετόν με τον επεξεργασμένο ξυλότυπο, παράλληλα με τα οριζόντια μέλη που είναι ο εξώστης του πρώτου ορόφου και η στέψη του. Χρωματικά οι γκρίζες, αδρές επιφάνειες εναλλάσσονται με τις στιλπνές επιφάνειες των ανοιγμάτων σε μαύρα πλαίσια. Τόσο τα φυμέ γυάλινα στηθαία και τα λευκά μέτωπα των εξωστών όσο και το τονισμένο μαύρο γείσο της στέψης επιλέχθηκαν, ώστε το έργο αυτό να κυριαρχείται από αντιθέσεις, επιδιώκοντας ένα κλίμα μορφολογικού πειραματισμού.

VILLA ON ALSOUS STREET IN EKALI, ATHENS

The two-storey building has a roof that overhangs boldly from the storey's outline. An independent apartment was designed on ground level, adjacent to the reception areas.

The main architectural elements of this project are the stone surfaces and the unrendered concrete produced by treated formwork, parallel to the horizontal parts, the first floor balcony and the roof cornice. From a chromatic point of view, the grey, rough surfaces alternate with the glossy surfaces of the black framed openings. The dark tinted glass balustrades and the white fronts of the balconies, as well as the distinct black ridge of the roof, were selected so that this project would be dominated by contradictions, in pursuit of a morphological experimentation.

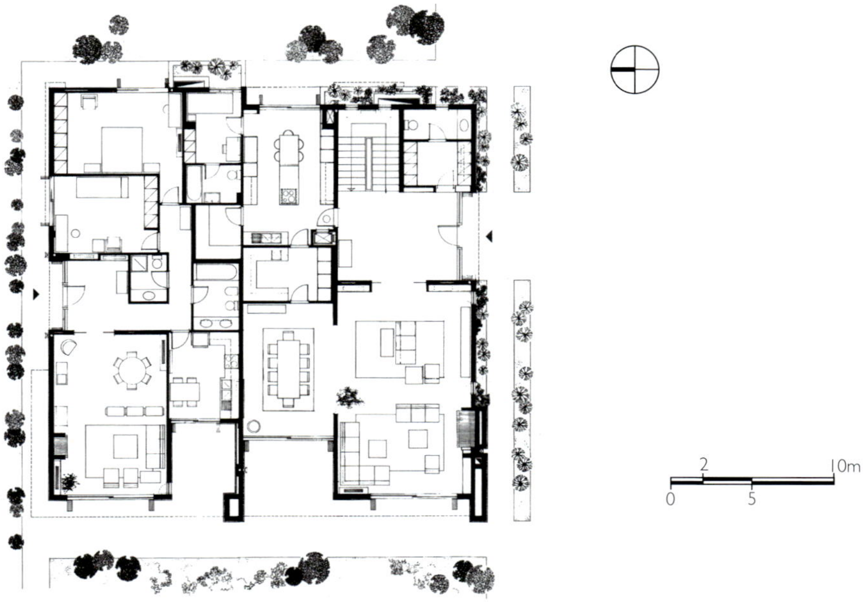

Κάτοψη ισογείου / Ground floor plan

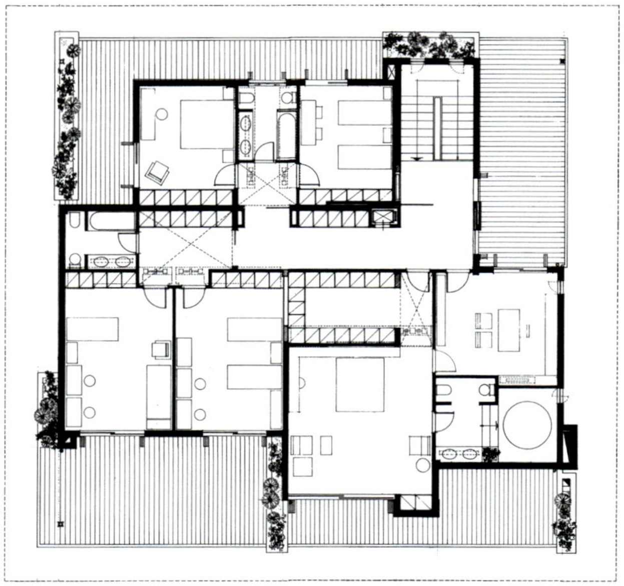

Κάτοψη Α ορόφου / First floor plan

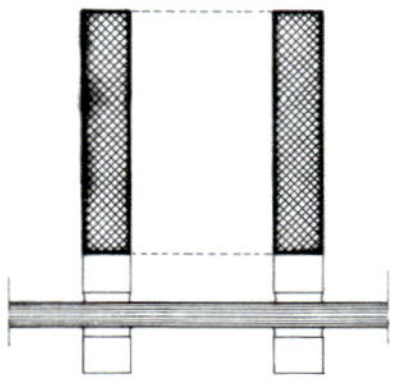

Κάτοψη / Plan

Λεπτομέρεια στηθαίου / Detail of balconies' parapets

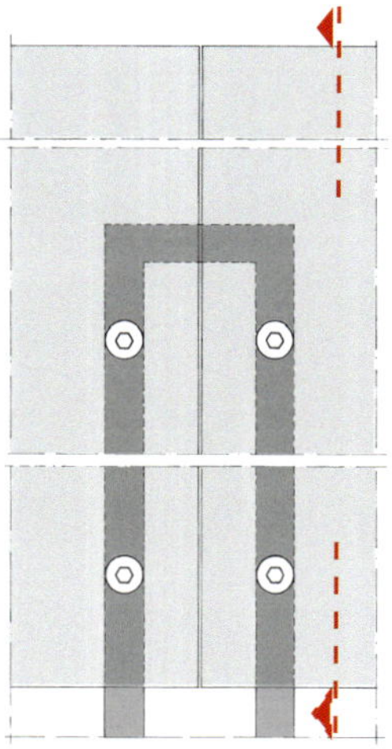

Όψη / Elevation

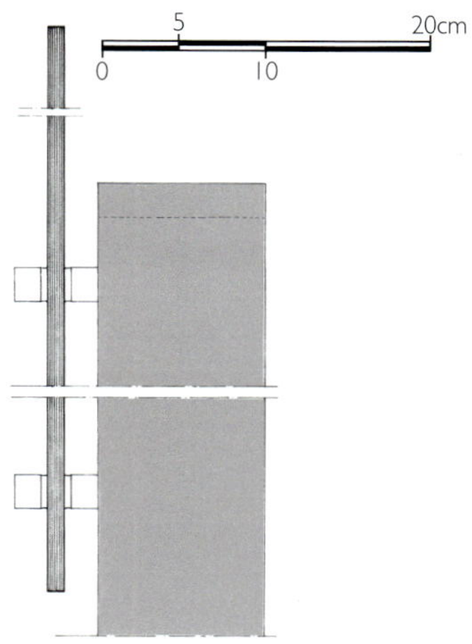

Τομή / Section

1978

ΣΥΓΚΡΟΤΗΜΑ ΠΟΛΥΚΑΤΟΙΚΙΩΝ ΕΠΙ ΤΗΣ ΟΔΟΥ ΔΡΥΑΔΩΝ ΣΤΟ ΨΥΧΙΚΟ

Δύο ανεξάρτητα κτήρια, ανόμοια (στην κάτοψη) μεταξύ τους, ενταγμένα σε μεσαίο, διαμπερές οικόπεδο, διατηρούν τα μορφολογικά χαρακτηριστικά του τριώροφου τύπου με πιλοτή. Τα δύο κτήρια εδράζονται σε διαφορετικές στάθμες, λόγω της κεκλιμένης επιφάνειας του οικοπέδου, γεγονός που συντείνει στην πλοκή του περιβάλλοντος χώρου, ο οποίος διακρίνεται για την πλούσια βλάστηση. Η εξωτερική ομοιομορφία των δύο πρώτων ορόφων αντιστοιχεί σε τυπική επανάληψη της εσωτερικής διάταξης δύο διαμερισμάτων ανά όροφο. Η διαφοροποίηση του τελευταίου ορόφου κάθε κτηρίου οφείλεται εξ ολοκλήρου στην επιθυμία να απομειωθεί η εικόνα της επανάληψης.

APARTMENT BUILDINGS COMPLEX ON DRIADON STREET IN PSYCHIKO, ATHENS

Two independent buildings, with different plans, within an intermediate spacious plot facing two parallel streets, maintain the morphological characteristics of the three-storey type on pilotis. The two buildings are based on slightly different levels, because of the site inclination, which in turn contributes to a varied, rich in vegetation, surrounding landscape. The exterior uniformity of the first two storeys corresponds to the typical repetition of the interior layout of two apartments on each floor. The differentiation of the last floor of each building is a direct result of the desire to reduce that sense of repetition.

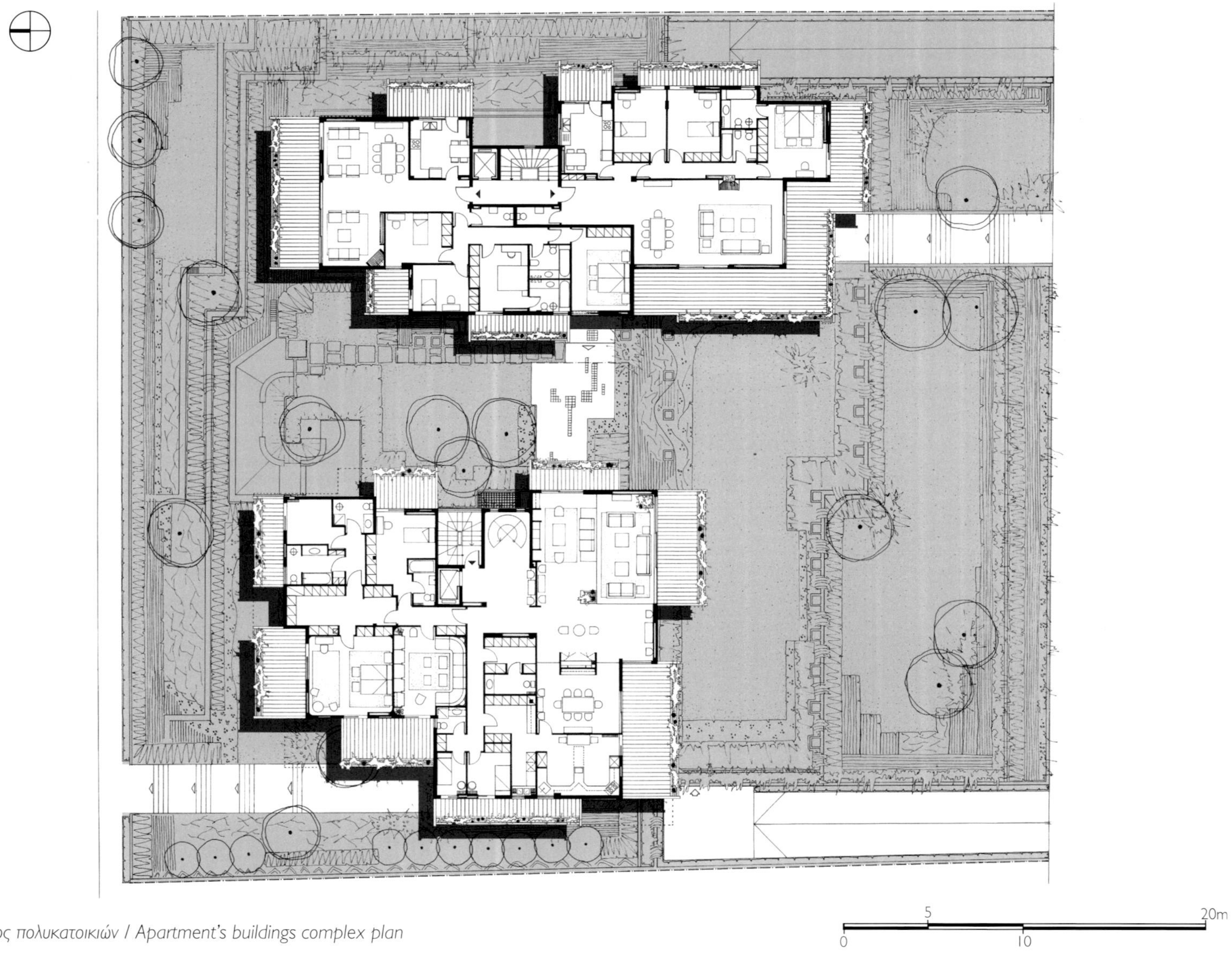

Κάτοψη συγκροτήματος πολυκατοικιών / Apartment's buildings complex plan

1979

ΚΤΗΡΙΟ ΓΡΑΦΕΙΩΝ ΕΠΙ ΤΗΣ ΟΔΟΥ ΕΘΝΙΚΗΣ ΑΝΤΙΣΤΑΣΕΩΣ ΣΤΗΝ ΑΓ. ΒΑΡΒΑΡΑ ΧΑΛΑΝΔΡΙΟΥ

Στο κέντρο γωνιακού οικοπέδου, το μικρό αυτό κτήριο γραφείων σχεδιάστηκε περίοπτο, αναδεικνύοντας την πλαστικότητα της μορφής τριών κυλίνδρων εν προβόλω εγγεγραμμένων σε τριγωνικό σχήμα.

Η μινιμαλιστική προσπάθεια της δομικής γεωμετρίας στο ισόγειο, αποτελούμενη από τα τρία κυκλικά υποστυλώματα και τον καμπυλόσχημο πυρήνα του κλιμακοστασίου, μελετήθηκε, ώστε να ελαφραίνει τον συμπαγή τετραώροφο όγκο του κτηρίου. Ο διαμπερής φωτισμός της κατ' ουσίαν ελεύθερης διάταξης των χώρων γραφείων επιτυγχάνεται μέσω ενός πρώιμου τύπου semi-structural υαλοπετασμάτων ειδικής κατασκευής, σε πολυγωνική βάση, με χρήση ανοξείδωτων προφίλ που τονίζουν την κατακορυφότητα.

OFFICE BUILDING ON ETHNIKIS ANTISTASEOS STREET IN AG. VARVARA, CHALANDRI, ATHENS

The design of this small office building, placed on the center of a corner site, accents the plasticity of the form of three cantilevered cylinders contained within a single triangular volume.

The minimalist attempt for structural geometry on ground level, with the three round columns and the curved stairwell, was designed to lighten the compact four-storey-high body of the building. The plenty natural lighting of the open plan offices was accomplished by the special construction of an early type of semi-structural curtain wall on a polygonal base, with frames of stainless steel that accentuate the verticality.

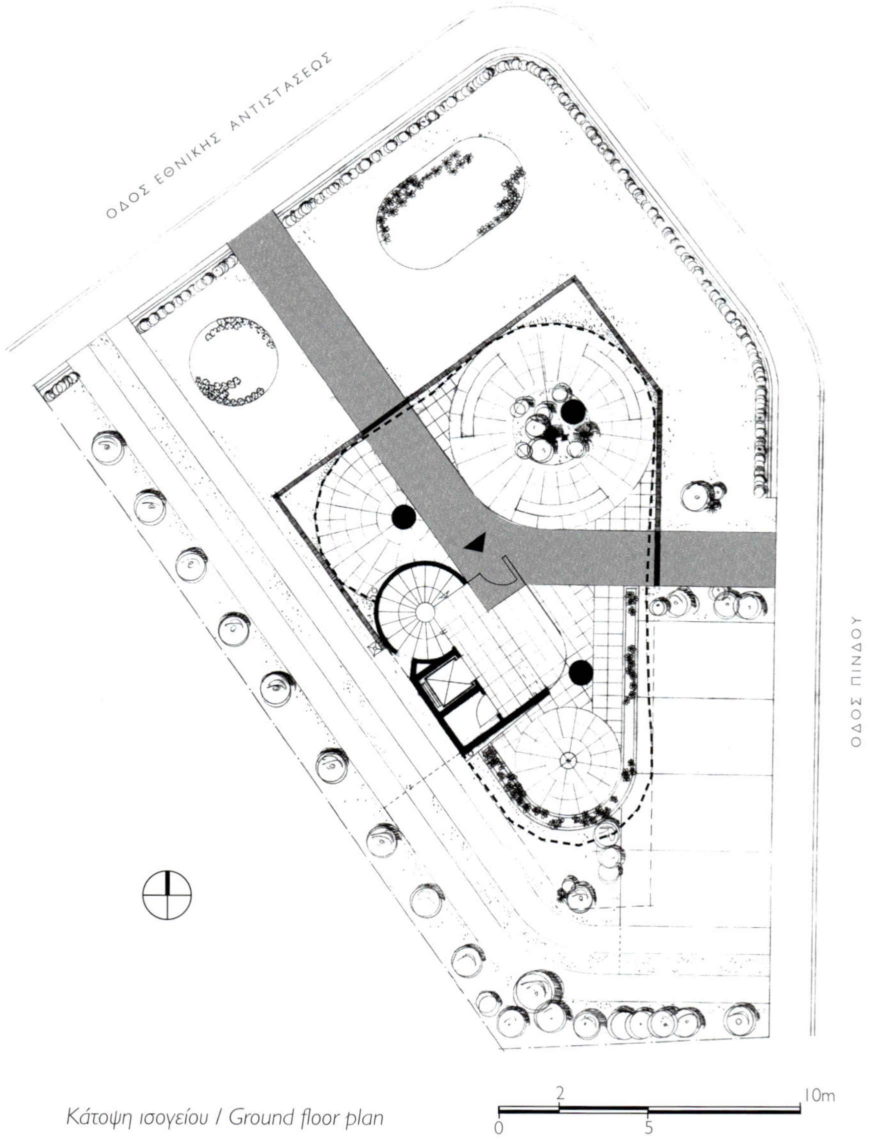

Κάτοψη ισογείου / Ground floor plan

1979

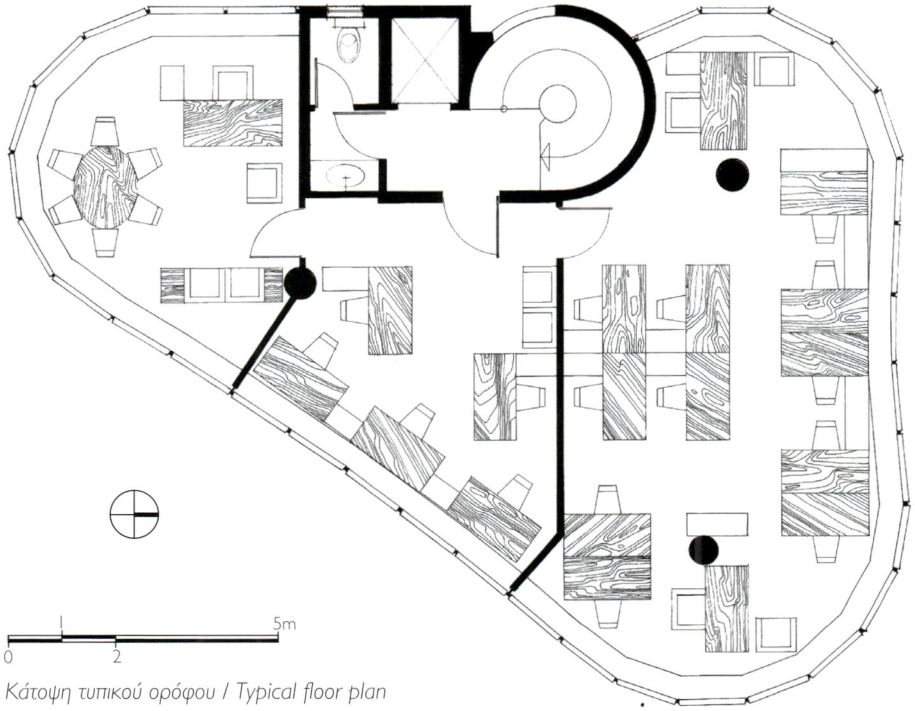

Κάτοψη τυπικού ορόφου / Typical floor plan

ΠΡΩΗΝ ΞΕΝΟΔΟΧΕΙΟ «ΑΣΤΗΡ ΠΑΛΛΑΣ» ΕΠΙ ΤΩΝ Λ. ΕΛ. ΒΕΝΙΖΕΛΟΥ (ΠΑΝΕΠΙΣΤΗΜΙΟΥ) & ΒΑΣ. ΣΟΦΙΑΣ ΣΤΟ ΣΥΝΤΑΓΜΑ

(ΣΥΝΕΡΓΑΣΙΑ ΜΕ Κ. ΔΕΚΑΒΑΛΛΑ, ΕΜ. ΒΟΥΡΕΚΑ, Σ. ΜΟΛΦΕΣΗ & Σ. ΔΗΜΟΥ)

Το κτήριο βρίσκεται στο βορειοανατολικό άκρο της Πλατείας Συντάγματος. Κατά μήκος του μετώπου επί της Λεωφόρου Βασ. Σοφίας υπάρχει σημαντική αρχαιολογική ανασκαφή, που αποκάλυψε θεμελίωση πύργου και τμήμα του αρχαίου τείχους των Αθηνών. Ο αρχιτεκτονικός όγκος διαμορφώθηκε με όψεις σε τρεις πλευρές, ενώ η μεγάλη όψη επί της Βασ. Σοφίας βυθίζεται έως τη στάθμη των ευρημάτων. Στις όψεις δίδεται έμφαση στην κατακορυφότητα, με εμφανή τα κάθετα φέροντα στοιχεία, των οποίων η ραδινότητα τονίζεται από μεσαία εσοχή (αντιστοιχούν θέσεις υδρορροών). Η κύρια λειτουργική μάζα είναι συμπαγής και επενδύεται με ανακλαστικά κρύσταλλα (ενιαία σε ύψος ορόφου), δημιουργώντας τρίεδρα πρισματικά πλαίσια εν προβόλω σε ύψος έξι ορόφων. Ο τελευταίος όροφος (όγδοος) βρίσκεται σε εσοχή. Όλα τα κατακόρυφα στοιχεία και το οριζόντιο, που αναπτύσσεται με τις ζαρντινιέρες του πρώτου ορόφου, είναι από σκυρόδεμα με καθαρό ξυλότυπο και λευκό τσιμέντο.
Εσωτερικά, έγινε συστηματική προσπάθεια, ώστε όλες οι λεπτομέρειες να αναδεικνύουν ένα ιδιαίτερο ύφος, λόγω και της προβεβλημένης θέσης του ξενοδοχείου στο κέντρο της πρωτεύουσας.

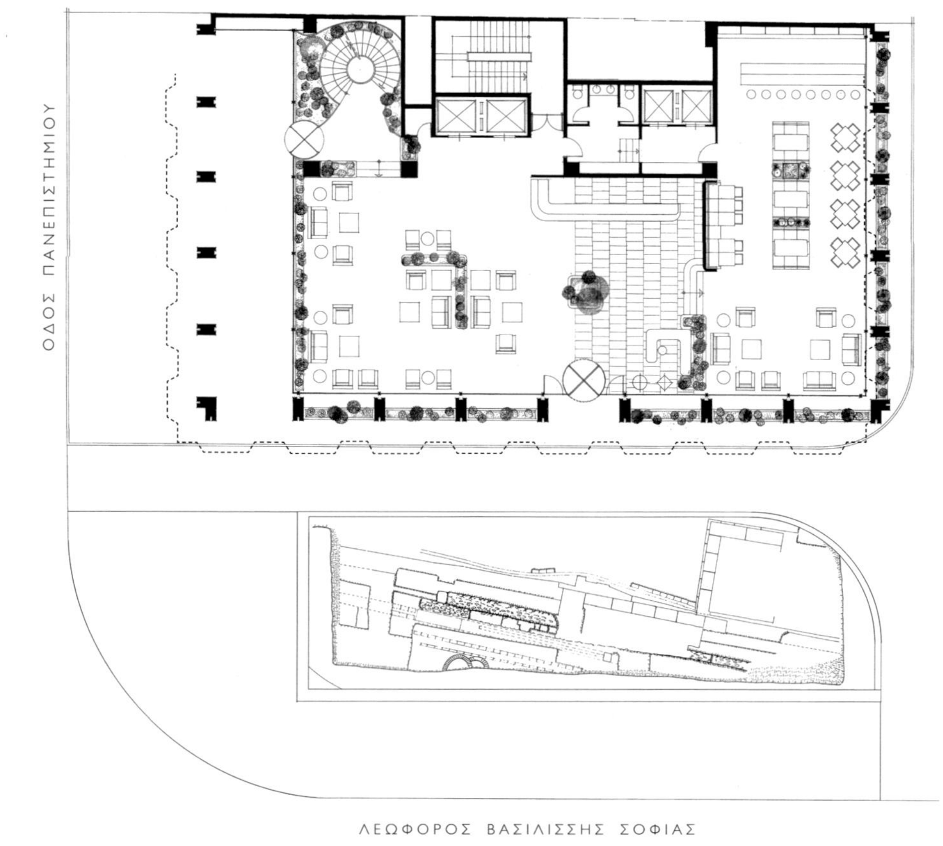

Κάτοψη ισογείου / Ground floor plan

FORMER "ASTIR PALACE" HOTEL ON EL. VENIZELOU (PANEPISTIMIOU) & VAS. SOFIAS AVENUES, SYNTAGMA, ATHENS

(COLLABORATION WITH C. DEKAVALLAS,EM. VOUREKAS, S. MOLFESIS & S. DIMOU)

The building is situated on the northeastern end of Syntagma square. Along Vas. Sofias Avenue, there was an important archaeological excavation, which has revealed the foundations of a tower and part of the ancient walls of Athens. The architectural volume was formed with three elevations, while the long façade on Vas. Sofias Avenue sinks to the level of the excavation findings. Emphasis was given to verticality, keeping exposed the load-bearing pillars, the thin shape of which is stressed by central vertical indentations (positions of drains). The main functional mass is compact, clad with brown reflective glasspanes (covering the full storey height), forming cantilevered trihedral prisms for a height of six floors. The last floor (eighth) is in recess. All columns and the horizontal structures, with planters along the party wall, are made of exposed white concrete.
In the interior, there was a significant effort to express a particular style with every detail, due to the important location of the hotel in the center of the capital.

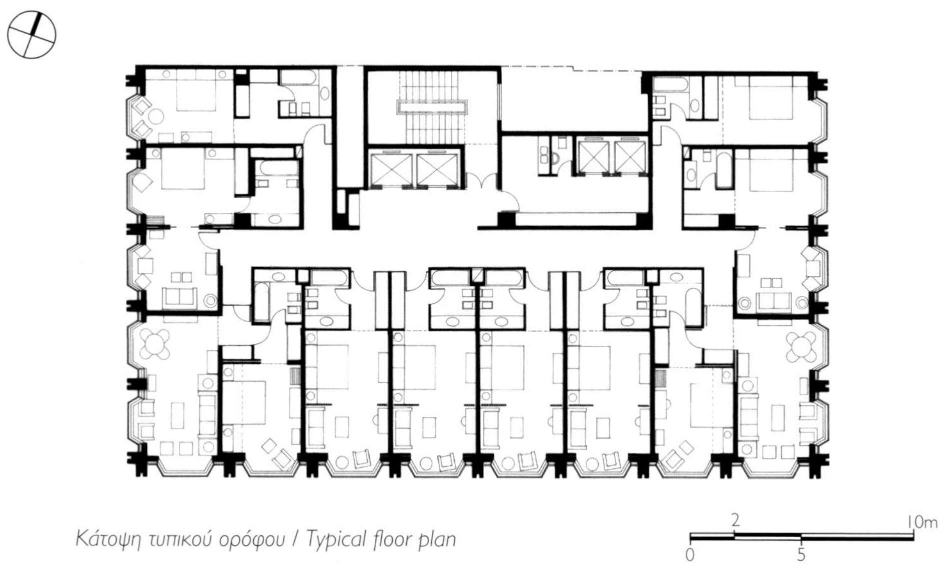

Κάτοψη τυπικού ορόφου / Typical floor plan

1979

ΕΜΠΟΡΙΚΟ ΚΕΝΤΡΟ «GALLERIA» ΕΠΙ ΤΗΣ Λ. ΑΓΓ. ΜΕΤΑΞΑ ΣΤΗ ΓΛΥΦΑΔΑ

Το κέντρο «Galleria» υπήρξε το πρώτο εμπορικό κέντρο στην Ελλάδα που μελετήθηκε με τον απαραίτητο εσωστρεφή χαρακτήρα που χαρακτηρίζει τα κτήρια αυτά.
Το κτήριο, που έχει νοτιοδυτικό προσανατολισμό, βρίσκεται σε μεσαίο, επίμηκες οικόπεδο με μεγάλο βάθος, επάνω στον εμπορικότερο δρόμο της περιοχής. Συνθετικά ακολουθήθηκε η αρχή της ανάπτυξης γύρω από ένα αίθριο με ασύμμετρο περίγραμμα, που αποτέλεσε το κυρίαρχο κομμάτι της σύνθεσης.
Λειτουργικά, το κτήριο αναπτύσσεται σε πέντε στάθμες, ισόγειο με πατάρι, πρώτο και δεύτερο όροφο και έναν υπόγειο χώρο στάθμευσης με ράμπα εισόδου στο πλάι της κύριας όψης, ενώ αφήνεται μεγάλος ακάλυπτος χώρος στην πίσω πλευρά του οικοπέδου. Στην καρδιά του αιθρίου υπάρχουν περίοπτες στον χώρο δύο κυλιόμενες κλίμακες ανόδου-καθόδου και ένας γυάλινος πανοραμικός κυλινδρικός ανελκυστήρας. Οι υπερκείμενοι όροφοι ακολουθούν την ίδια λογική ανάπτυξης των καταστημάτων γύρω από το αίθριο.
Εξωτερικά, επενδύεται το κτήριο με υαλοπετάσματα από μπλε ανακλαστικά κρύσταλλα, ενώ ένα μεταλλικό χωροδικτύωμα στεγάζει το αίθριο με διαφανή πολυκαρβονικά φύλλα. Στην πολυεπίπεδη όψη διαμορφώνεται εσοχή, με σταδιακή αφαίρεση κυβικών όγκων προς τα κάτω. Η επένδυση, με το ίδιο γυαλί των όψεων, των εξωτερικών οροφών, που διαμορφώνονται από την αλληλοεπικάλυψη των όγκων της όψης, συνεργεί στο παιχνίδι των αντανακλάσεων και των αντεστραμμένων ειδώλων, προετοιμάζοντας τον επισκέπτη για την πολυπλοκότητα του εσωτερικού πυρήνα (αίθριο).

"GALLERIA" SHOPPING CENTER ON AGG. METAXA AVENUE IN GLYFADA, ATHENS

"Galleria" was the first shopping center in Greece which was designed with the necessary typical introvert character for this type of use.
The building, facing southwest, is built on an intermediate oblong site of large depth, on the most commercial street of the area. The concept follows the principle of a development around an irregular internal atrium, the major part of the composition.
From a functional point of view, the building has five levels; a ground floor with mezzanine, first and second floor, and an underground parking area accessed by a ramp at the side of the main façade, while a large open space is left at the rear part of the plot.
In the heart of the atrium stand prominently two escalators and a glass panoramic elevator. The upper floors are arranged following the same principle of development around the atrium.
Externally, the building is clad with curtain walls of blue reflective glasspanes, while a steel space frame covers the atrium with transparent polycarbonate panels. The multifaceted façade has a recess, as there is a gradual subtraction of cubic volumes from top to bottom. The cladding of the external ceilings, which are formed due to the interlocking volumes of the façade, with the same glasspanes, contributes to the game of reflections and mirrored images, preparing the visitor for the complexity of the internal core (atrium).

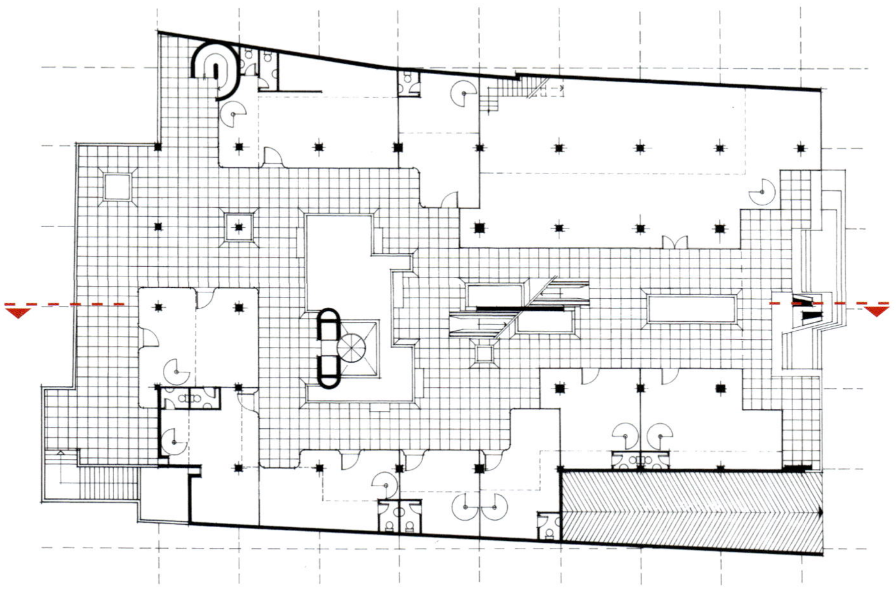

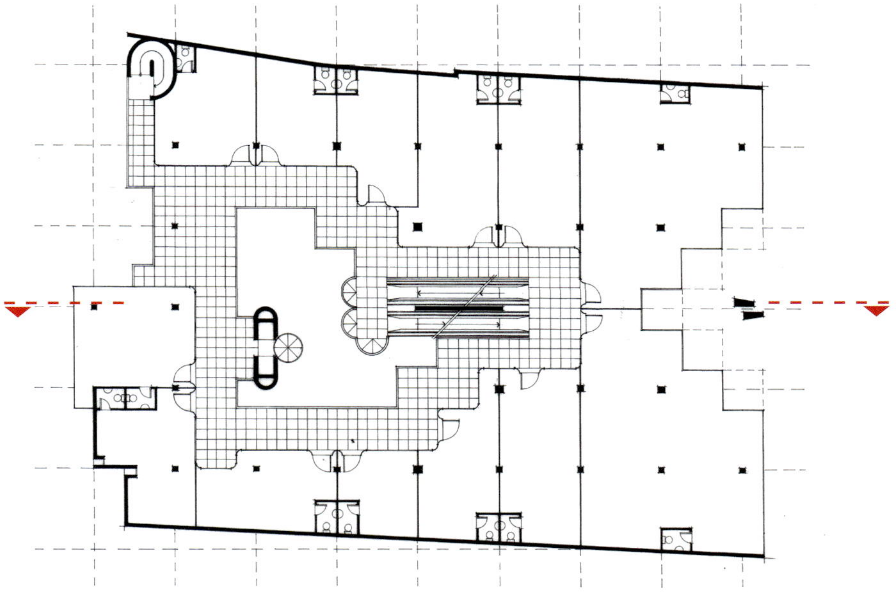

Κάτοψη ισογείου / Ground floor plan

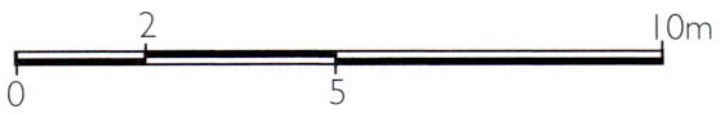

Κάτοψη Α ορόφου / First floor plan

1979

Galleria
ΤΡΑΠΕΖΑ
ΠΙΣΤΕΩΣ
CREDIT
BANK

Galleria

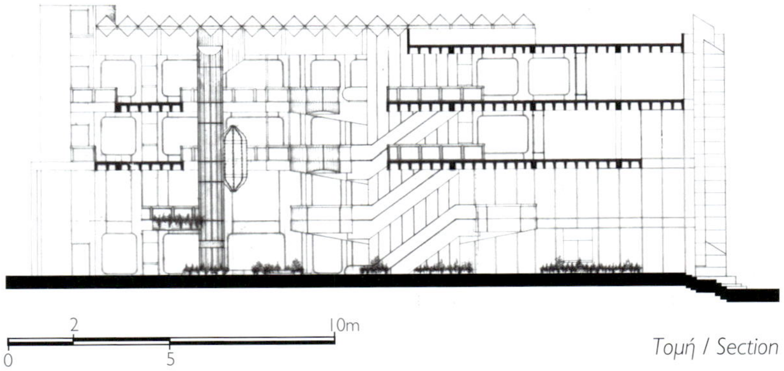

Τομή / Section

something

ΠΟΛΥΚΑΤΟΙΚΙΑ ΕΠΙ ΤΩΝ ΟΔΩΝ ΔΡΥΑΔΩΝ & ΕΘΝΙΚΗΣ ΤΡΑΠΕΖΗΣ ΣΤΗ ΦΙΛΟΘΕΗ

Το σύμπλεγμα τριών κατοικιών σε ενιαίο κτήριο με πιλοτή περιλαμβάνει δύο διώροφα διαμερίσματα και ένα αυτόνομο διαμέρισμα στον τρίτο όροφο.
Το κτήριο, διαμορφώνοντας συμπαγές πλάγιο όριο με ξυλεπένδυση, προσανατολίζεται μετωπικά μέσω των μεγάλων προβόλων των εξωστών και των μεγάλων ανοιγμάτων στις δύο ανοιχτές πλευρές του οικοπέδου.
Η οργάνωση των πλήρων όψεων γίνεται σε οριζόντιες ζώνες, με εναλλαγή των υλικών, του λευκού σοβά και του ξύλου, ενώ τα γυάλινα στηθαία στους προβόλους των εξωστών καλύπτουν το πάχος της πλάκας. Έτσι, επιτυγχάνεται ένας τεμαχισμός των αρχιτεκτονικών μελών σε επιμέρους αυτόνομα στοιχεία, εμπλουτίζοντας κατ' αυτόν τον τρόπο τη γενική εικόνα.

APARTMENT BUILDING ON DRIADON & ETHNIKIS TRAPEZIS STREETS IN FILOTHEI, ATHENS

This triple-residence complex on pilotis includes a couple of two-storey apartments and a single apartment on the third floor.
The building, with its compact lateral timber-clad side elevations, faces its large cantilevered balconies with their wide openings parallel to the two open spaces of the plot.
Like on previous examples, the façades are organized in horizontal zones of alternating materials, white plaster and wood, while the glass railings on the cantilevered balconies cover the slabs. This leads to a segmentation of the architectural members into individual autonomous elements, thus enriching the overall impression of the building.

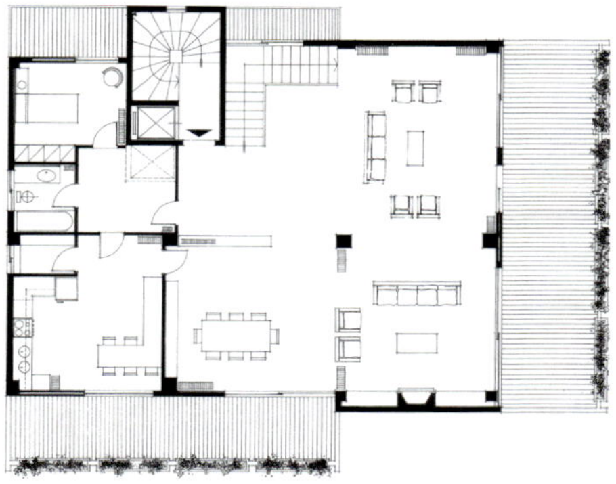

Κάτοψη Α ορόφου / First floor plan

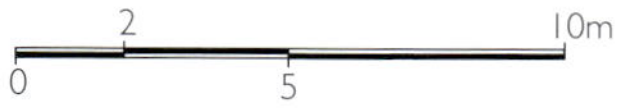

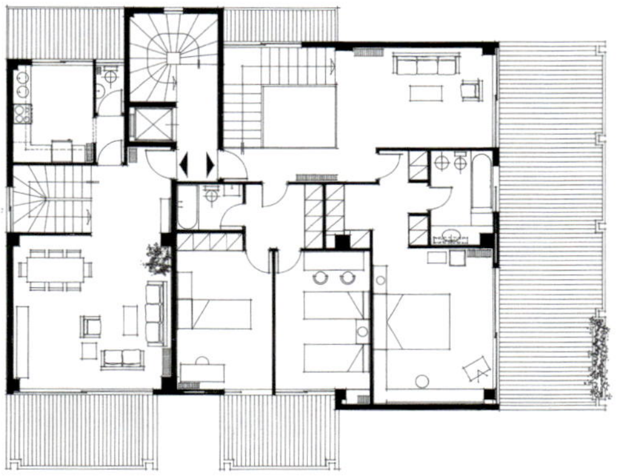

Κάτοψη Β ορόφου / Second floor plan

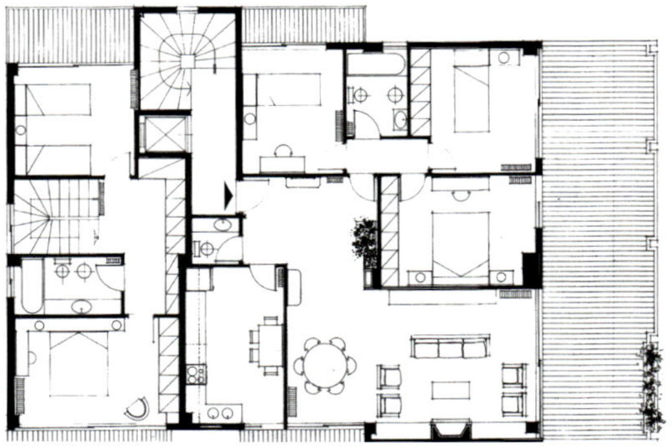

Κάτοψη Γ ορόφου / Third floor plan

1980

ΜΕΛΕΤΗ ΣΥΓΚΡΟΤΗΜΑΤΟΣ ΚΤΗΡΙΩΝ ΓΡΑΦΕΙΩΝ «TWIN TOWERS» ΕΠΙ ΤΗΣ ΟΔΟΥ ΑΓ. ΚΩΝΣΤΑΝΤΙΝΟΥ ΣΤΟ ΜΑΡΟΥΣΙ

Η σύνθεση περιλαμβάνει δύο δίδυμους πύργους γραφείων τοποθετημένους στον διαγώνιο άξονα ανατολής-δύσης ορθογώνιου περιβάλλοντος χώρου, διαμορφωμένου ως ανοικτό πάρκο.
Στην αρχιτεκτονική πρόταση προβάλλεται η περίοπτη ανάδειξη των όγκων, με έμφαση στην κατακόρυφη διάσταση. Δομικά, προτείνονται ως εμφανή τα ισχυρά τοιχία, σε κάθετη διάταξη ως προς τις πλευρές, τα οποία προορίζονται να στηρίξουν τους τέσσερις ορθογώνιους όγκους που διασταυρώνονται στην απόληξη των δύο τελευταίων ορόφων, με τη μορφή εξωστών εν προβόλω.
Η στιλπνή λειτουργική μάζα επενδεδυμένη με ανακλαστικά κρύσταλλα διαμορφώνεται με αναβαθμούς και γωνιακές αποτμήσεις, με εσοχές στο μέσον των τεσσάρων πλευρών. Με τη συρρίκνωση του ορθογωνικού πυρήνα του ισογείου δημιουργείται περιμετρική εσωτερική στοά στη βάση των κτηρίων εν είδει πιλοτής.

STUDY OF "TWIN TOWERS" OFFICE BUILDING COMPLEX ON AG. KONSTANTINOU STREET IN MAROUSSI, ATHENS

The project encompasses two twin office towers placed on the diagonal east-west axis of a rectangular surrounding public park.
The architectural proposal stresses the prominence of the volumes, giving emphasis on the vertical axis. Structurally, the strong load-bearing walls are presented unrendered, perpendicular to the sides. These walls support the four rectangular prisms which intersect at the final two levels, via cantilevered balconies.
The sleek functional mass, clad with reflective glasspanes, is formed with recesses and corner bevels, with indentations on the middle of each side. The rectangular core at the ground level leaves space for a surrounding portico on the base of the buildings in the form of pilotis.

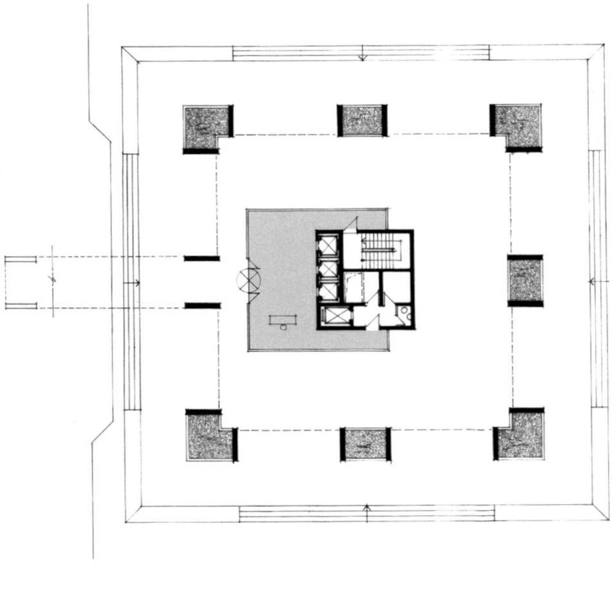

Κάτοψη ισογείου / Ground floor plan

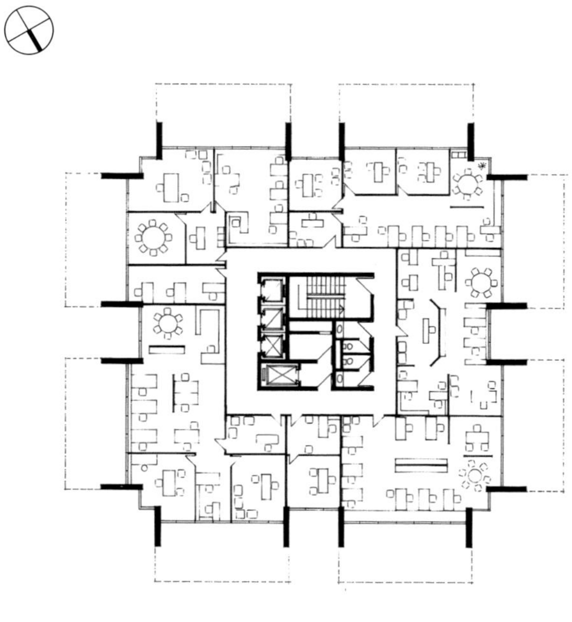

Κάτοψη 2ου & 3ου ορόφου / 2nd & 3rd floor plan

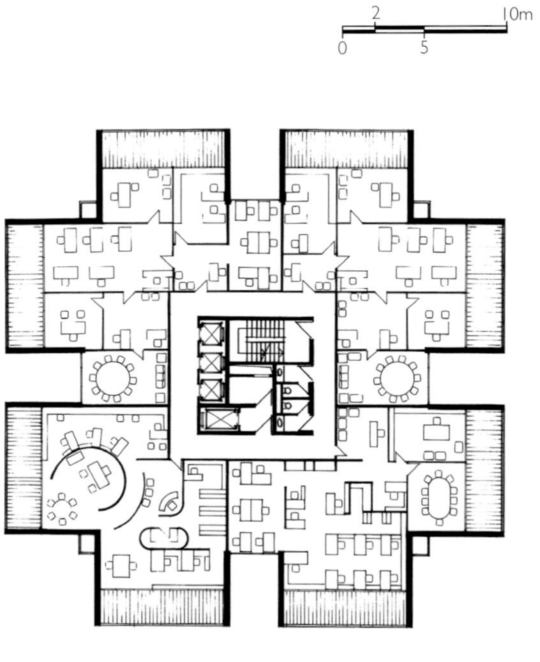

Κάτοψη 10ου ορόφου / 10th floor plan

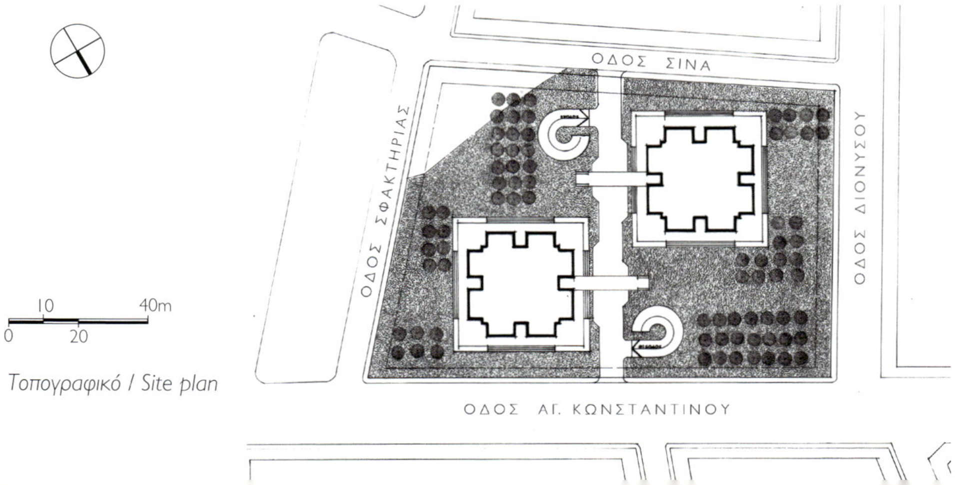

Τοπογραφικό / Site plan

1981

ΜΕΛΕΤΗ ΣΥΓΚΡΟΤΗΜΑΤΟΣ ΚΤΗΡΙΩΝ ΓΡΑΦΕΙΩΝ «TRADE CENTER» ΣΤΟΝ ΠΑΡΑΔΕΙΣΟ ΑΜΑΡΟΥΣΙΟΥ

Η μελέτη στράφηκε προς τη συνεκτική δομή δύο δίδυμων, αυτόνομων πύργων με κλιμακωτή απομείωση του ασύμμετρου όγκου τους προς τα άνω.
Συνθετικά, η κάτοψη αναλύεται σε τετράγωνο κάναβο με τοιχία στις δύο διευθύνσεις, που προβάλλουν κάθετα στις όψεις, και πυρήνα κλιμακοστασίων με βοηθητικές λειτουργίες στο κέντρο. Οι χώροι γραφείων αναπτύσσονται περιμετρικά γύρω από εσωτερικό διάδρομο. Οι όροφοι διαμορφώνονται ογκοπλαστικά σε ενότητες εν προβόλω, με κλιμακωτή καθ' ύψος ανάπτυξη, καθώς και επίστεψη από στεγασμένους εξώστες που φθάνουν στο όριο της εξωτερικής περιμέτρου.
Σε αυτούς τους δύο μικρούς «πύργους» έγινε η απόπειρα να εκφραστεί μια ποικιλία στους όγκους, ώστε να εντάσσονται σε μια απλή και λειτουργική δομή. Οι δύο ασύμμετροι πύργοι παράγουν κατοπτρικά ένα συμμετρικό και συνεκτικό αποτέλεσμα.

STUDY OF "TRADE CENTER" OFFICE BUILDINGS COMPLEX IN PARADISOS, MAROUSSI, ATHENS

The design focused on a cohesive layout of two twin, mirror-placed towers with gradual reduction of their asymmetrical volume towards the top.
From a conceptual point of view, the plan is analyzed by a square grid with load-bearing walls on both directions, which project perpendicular to the façades. The buildings include central circulation cores with the necessary auxiliary facilities. The office areas develop on the perimeter, around an internal corridor.
Cantilevered glass volumes in the form of towers develop gradually with different heights. On top the volumes finish with loggias that reach the outer perimeter.
It was attempted, on these two small "towers" to realize a variety of volumes, which can be placed within a simple and functional structure. The two asymmetrical towers reflect on each other a symmetrical and cohesive result.

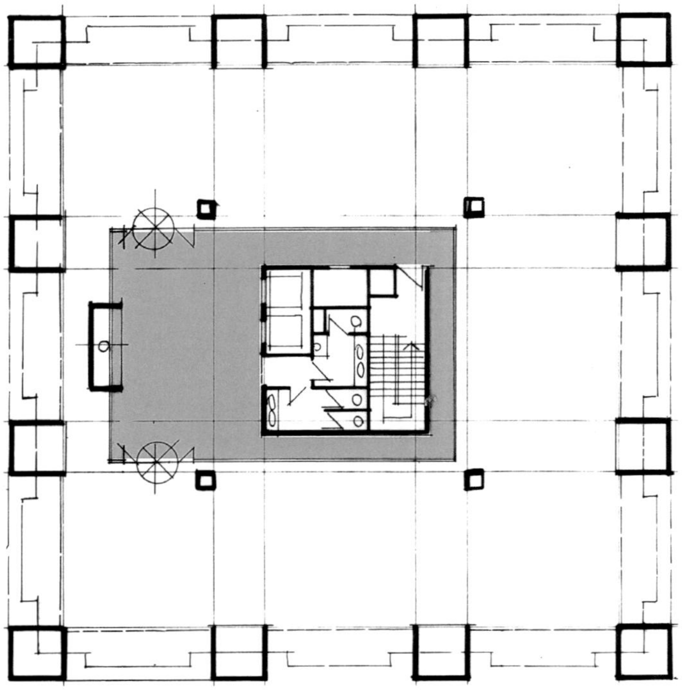

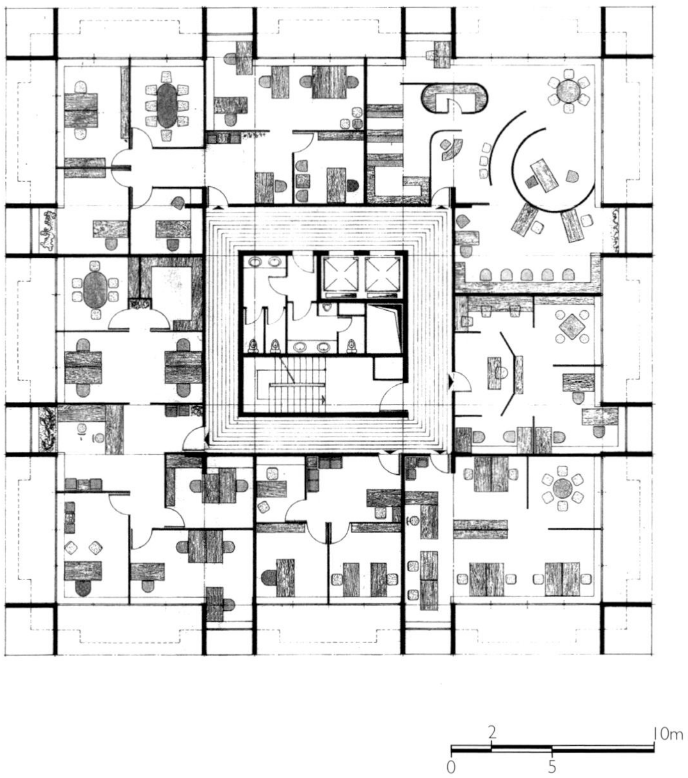

Κάτοψη ισογείου / Ground floor plan

Κάτοψη 10ου ορόφου / 10th floor plan

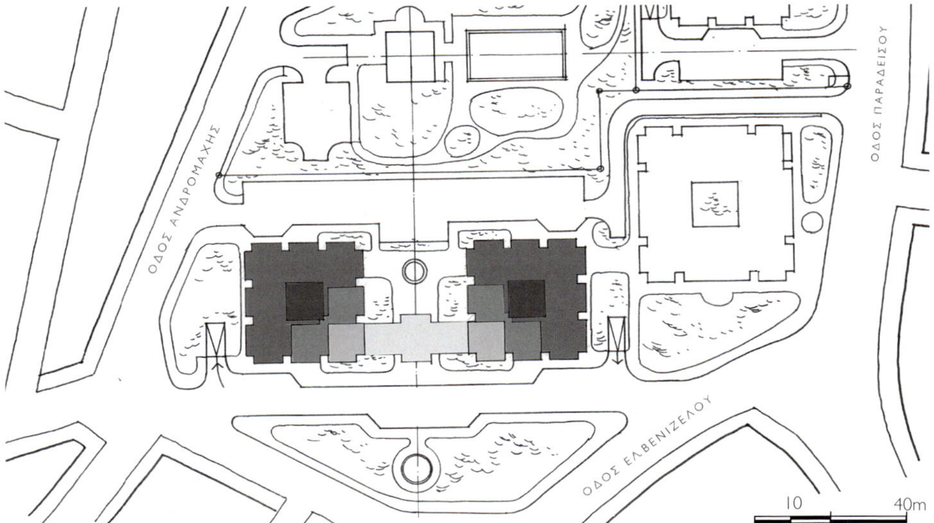

Τοπογραφικό / Site plan

1981

ΕΜΠΟΡΙΚΟ ΚΕΝΤΡΟ «ATRIUM»
ΕΠΙ ΤΗΣ ΟΔΟΥ ΧΑΡ. ΤΡΙΚΟΥΠΗ

Στην καρδιά του «Atrium» βρίσκεται ένα εσωτερικό αίθριο που συνδέεται με εμπορικές στοές άλλων κτηρίων σε τρεις δρόμους, τη Χαριλάου Τρικούπη, την οδό Πανεπιστημίου και την Ιπποκράτους. Έτσι, αποτελεί ένα σημαντικό πέρασμα για τους πεζούς στο κέντρο της Αθήνας. Η κεντρική είσοδος - πρόπυλο, με κλιμακωτή εσοχή των ορόφων που διαμορφώνουν «αψίδα», τοποθετήθηκε μετωπικά στον κάθετο άξονα της οδού Φειδίου, ώστε να αναδεικνύεται προοπτικά η κύρια είσοδος.
Οι εμπορικές χρήσεις προβλέφθηκαν στο ισόγειο και σε τρεις ορόφους, με μεσαίο, περίοπτο πυρήνα κλιμακοστασίου-ανελκυστήρων και τέσσερις επιπλέον ορόφους γραφείων. Στο εσωτερικό διαμορφώθηκαν δύο διευρυμένα αίθρια, όπου το ένα φθάνει από το πρώτο υπόγειο μέχρι τη στάθμη του τρίτου ορόφου και έχει δικτυωματική, γυάλινη οροφή. Η όψη επενδύθηκε σε ζώνες με λευκό μάρμαρο και υαλοστάσια από ανακλαστικά κρύσταλλα-καθρέπτες σε σκούρα πλαίσια και λεπτά ασύμμετρα κατακόρυφα, ανοξείδωτα στοιχεία σε όλο το ύψος της. Επίσης, χρησιμοποιήθηκαν ανοξείδωτες ψευδοροφές στους προβόλους που στεγάζουν τα ισόγεια καταστήματα, τα οποία βρίσκονται σε εσοχή, ώστε να διαμορφώνεται στοά χωρίς υποστυλώματα στην οικοδομική γραμμή.

"ATRIUM" SHOPPING CENTER
ON CHARILAOU TRIKOUPI STREET, ATHENS

In the heart of "Atrium" there is an internal 4-storey high lobby which is connected through shopping galleries of other buildings to three streets, Charilaou Trikoupi, Panepistimiou and Ippokratous. Hence, it is a significant passage for pedestrians in the center of Athens. The main entrance - gate, with gradual recess of the storeys above that creates an "arch", was placed facing the transverse Fidiou street, in order to give emphasis to the perspective of the entrance.
Commercial use was provisioned for on the ground floor and the first three floors, with a central, prominent stairwell-elevators core, and office areas on the four additional floors. Two wide atria are formed in the interior, one of which starts at the first basement and reaches the third floor level, covered by a glass roof supported on a space frame. The façade is clad in zones with white marble, reflective glass panes in dark frames, and thin, randomly placed, vertical elements of stainless steel, throughout its surface. Also, stainless steel ceilings were used on the cantilevers that cover the shops on ground level, which are set back, so that an arcade without columns is formed by the building outline.

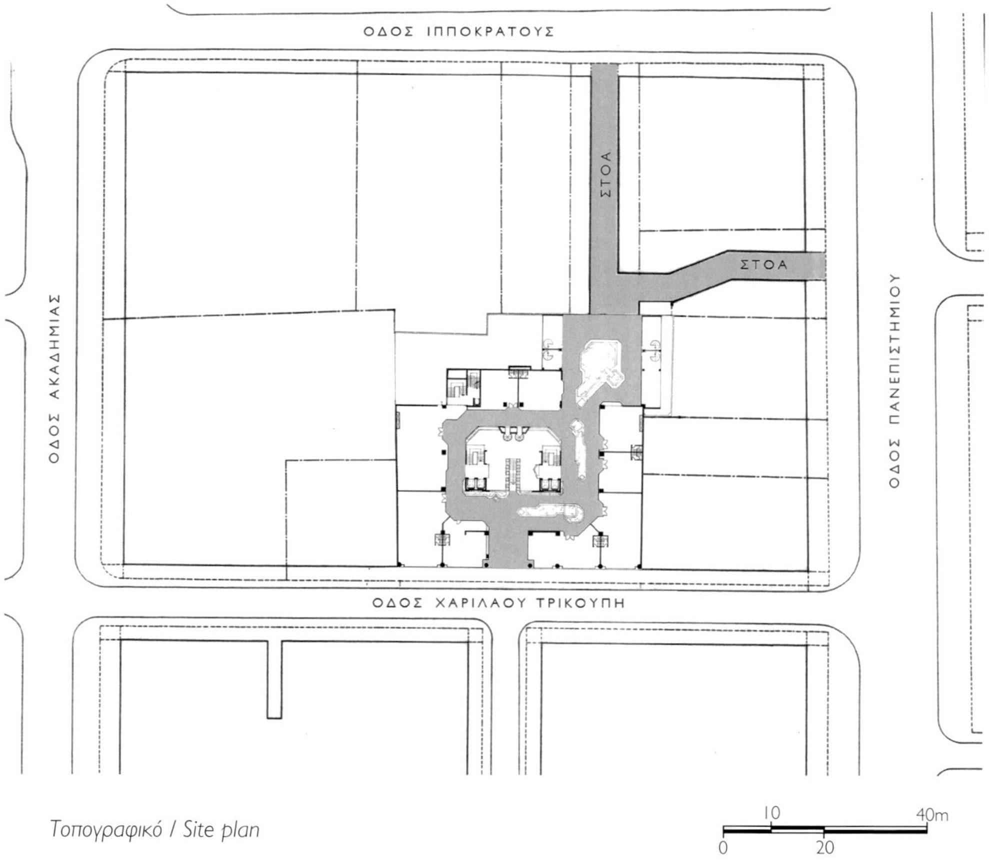

Τοπογραφικό / Site plan

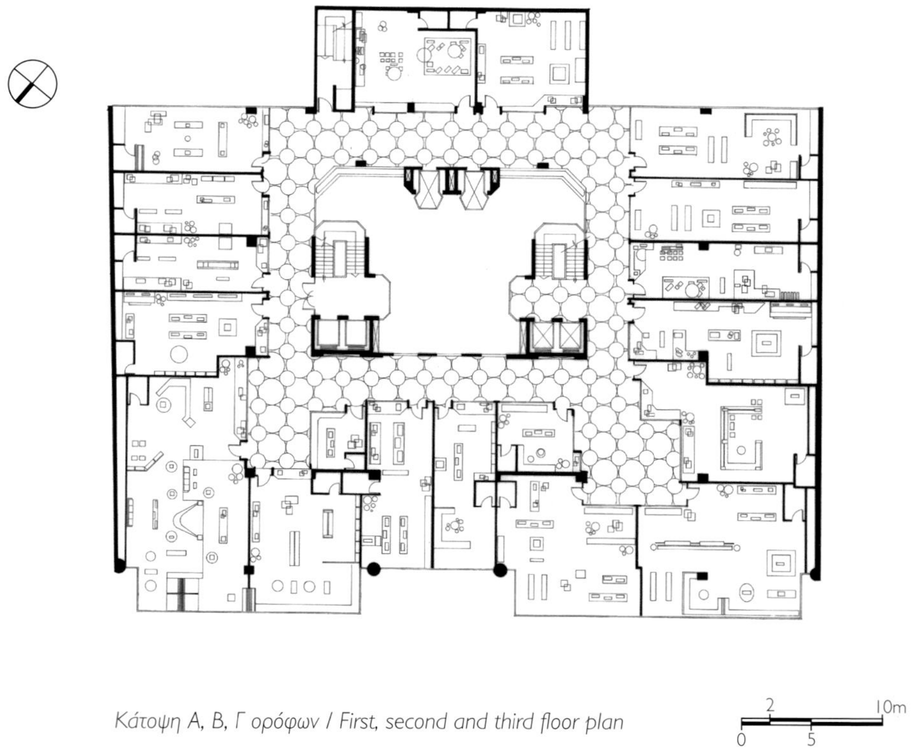

Κάτοψη Α, Β, Γ ορόφων / First, second and third floor plan

1981

ΚΤΗΡΙΟ ΓΡΑΦΕΙΩΝ ΕΠΙ ΤΗΣ Λ. ΒΑΣ. ΣΟΦΙΑΣ ΣΤΟ ΚΟΛΩΝΑΚΙ

Το κτήριο βρίσκεται στην ευρύτερη περιοχή της Πλατείας Συντάγματος, απέναντι από τη Βουλή.

Η αρχιτεκτονική λύση πρότεινε την κατασκευή ενός κτηρίου, του οποίου η μορφολογία θα ήταν ο συγκερασμός συμπαγών στοιχείων μαζί με μεγάλα υαλοστάσια, αντί εξωτερικών τοιχοπετασμάτων. Τα υαλοστάσια σε εσοχή αποτελούνται από μπλε, ανακλαστικά κρύσταλλα, με εμφανή μαύρα πλαίσια και διαμορφώνονται σε δύο επιφάνειες, με προεξέχον το μεσαίο τμήμα. Στη ζώνη του ισογείου-ημιωρόφου δημιουργούνται περιμετρικές στοές. Το μεσαίο τμήμα αυτής της ζώνης είναι διώροφο και διαχωρίζεται οπτικά με τη λευκή ζώνη του πρώτου ορόφου από την υπερκείμενη δεύτερη ζώνη. Η τρίτη ζώνη έχει ενιαία ορθομαρμάρωση και μικρότερα αξονικά διατεταγμένα ανοίγματα. Ακολουθούν δύο όροφοι σε εσοχή.

Ο κύριος όγκος αναπτύσσεται γύρω από μεσαίο ακάλυπτο χώρο και τους κεντρικούς διπλούς πυρήνες ανελκυστήρων-κλιμακοστασίου. Η διαμόρφωση των όψεων με την ένταξη λιτών πλαισίων και διακοσμητικών στοιχείων υποδηλώνει ένα πρώιμο διακριτικό δείγμα του μεταμοντέρνου στην Αθήνα.

OFFICE BUILDING ON VAS. SOFIAS AVENUE IN KOLONAKI, ATHENS

The edifice is situated in the wider area of Syntagma Square, opposite the Parliament.

The concept suggested the construction of a building that would combine compact elements with large windowpanes, instead of external curtain walls. The windowpanes contain blue, reflective glasspanes, with exposed black frames. The glazings generally consist of a projected middle part and two narrow side panes in recess. The zone of the ground and mezzanine level includes the mandatory, lateral, roadside arcades. This lower part has double height and is visually separated by a white marble strip from the superimposed glazed part. The third zone has uniform marble cladding and smaller axial openings. Two floors in recess follow above.

Initially, the main volume develops around an intermediate open space and the double stairwell-elevators cores. The arrangement of the façades, with the incorporation of simple frames and decorative elements expresses an early discreet postmodern style in Athens.

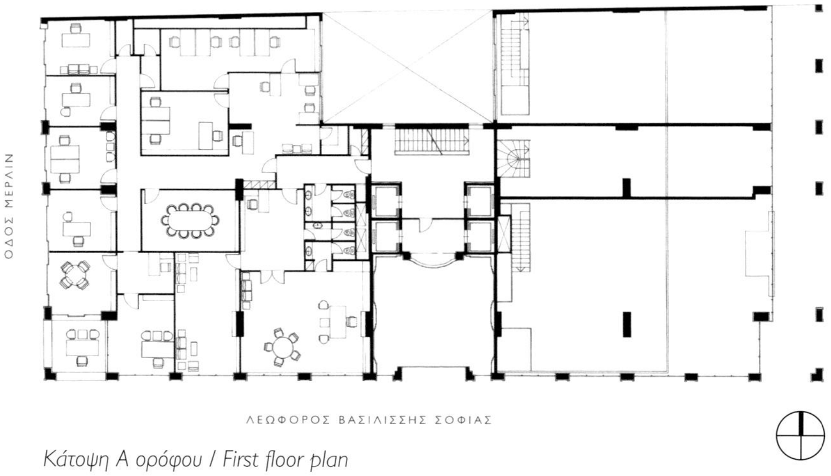

Κάτοψη Α ορόφου / First floor plan

Κάτοψη τυπικού ορόφου / Typical floor plan

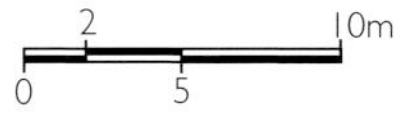

1982

Τράπεζα Κύπρου Ban
Bank of Cyprus

ΕΜΠΟΡΙΚΟ ΚΕΝΤΡΟ «ΑΓΟΡΑ»
ΕΠΙ ΤΗΣ Λ. ΚΗΦΙΣΙΑΣ ΣΤΟΝ ΠΑΡΑΔΕΙΣΟ ΑΜΑΡΟΥΣΙΟΥ

(ΣΥΝΕΡΓΑΣΙΑ ΜΕ V. MAZZUCONI)

Στις αρχές της δεκαετίας του 1980, η τρέχουσα αντίληψη για τα εμπορικά κέντρα αρχίζει να γίνεται προβληματική, κυρίως λόγω πλεονάσματος ενός μη αφομοιωμένου νέου είδους που εισέβαλε στην ελληνική πραγματικότητα.

Αναψηλαφώντας αυτή τη θεματική, και με όλη την προηγούμενη συσσωρευμένη γνώση επάνω σε μελέτες αντίστοιχης κλίμακας, δόθηκε με το συγκρότημα «Αγορά» η ευκαιρία του επαναπροσδιορισμού της αρχικής ιδέας ενός εμπορικού κέντρου.

Πέντε κτήρια διατάσσονται σε οικόπεδο 10 στρεμμάτων γύρω από μια υπαίθρια πλατεία που προσφέρει ποικίλες οπτικές φυγές. Σε αυτό συνέβαλε και το μορφολογικό λεξιλόγιο με τις προχωρημένες «μεταμοντέρνες» αναφορές και τον πολυσύνθετο χαρακτήρα του.

Εμπορικές λειτουργίες αναπτύσσονται κυρίως ισόγεια, στα διαφορετικού τύπου κτήρια πίσω από γραμμικές στοές, όπως επίσης και στα ανεξάρτητα μικρά περίπτερα στην πλατεία.

Οι αποσπασματικές μορφές από μάρμαρο και στιλβωμένες μεταλλικές λεπτομέρειες στα δομικά στοιχεία και στις ανάγλυφες επενδύσεις του δομικού κελύφους προσπαθούν να παραπέμψουν σε μια «εξιδανικευμένη» εικόνα του ατελούς ή μισοκατεστραμμένου έργου, με ό,τι αυτό συνεπάγεται.

Το είδωλο από κατακόρυφες περσίδες αλουμινίου επάνω στη γυάλινη «οθόνη» της όψης του κτηρίου ΙΙΙ, της πίσω όψης του εμπορικού κέντρου, από το οιονεί «ολόγραμμα» του ναού του Ηφαίστου στο Θησείο, είναι η υπόμνηση του ιερού στοιχείου της αρχαίας Αγοράς, ως αντικατοπτρισμός στη συλλογική μνήμη.

"AGORA" SHOPPING CENTER
ON KIFISSIAS AVENUE IN PARADISOS, MAROUSSI, ATHENS

(COLLABORATION WITH V. MAZZUCONI)

In the beginning of the 1980s the contemporary concept for shopping centers starts to become problematic, mainly due to a redundancy of this type of buildings, which was not yet assimilated in the greek reality.

By reinventing this topic, and with all the previously accumulated knowledge upon designs of similar scale, the opportunity was given in the case of the "Agora" complex to redefine the initial concept of a shopping center.

Five buildings are arranged on a ten-thousand-square-meter site, around an open-air plaza which provides multiple views. The architectural vocabulary, with its advanced "postmodern" references and its complex character, contributed towards a collage of multiple relations.

Commercial functions develop mainly on ground level, on the various buildings, behind linear galleries, as well as in the independent small pavilions on the plaza.

The fragmented marble forms and the polished steel details on the structural elements and on the embossed cladding of the structural shell attempt to refer to an "ideal" image of the imperfect or ruined project, along with whatever consequences such a notion brings.

The reflection of the aluminum vertical louvers on the glass "screen" of the façade on building III, the rear façade of the shopping center, from the quasi "hologram" of the temple of Hephaestus on Thission, is a reminiscence of the ancient forum (Agora), reflected on the collective memory.

Τοπογραφικό / Site plan

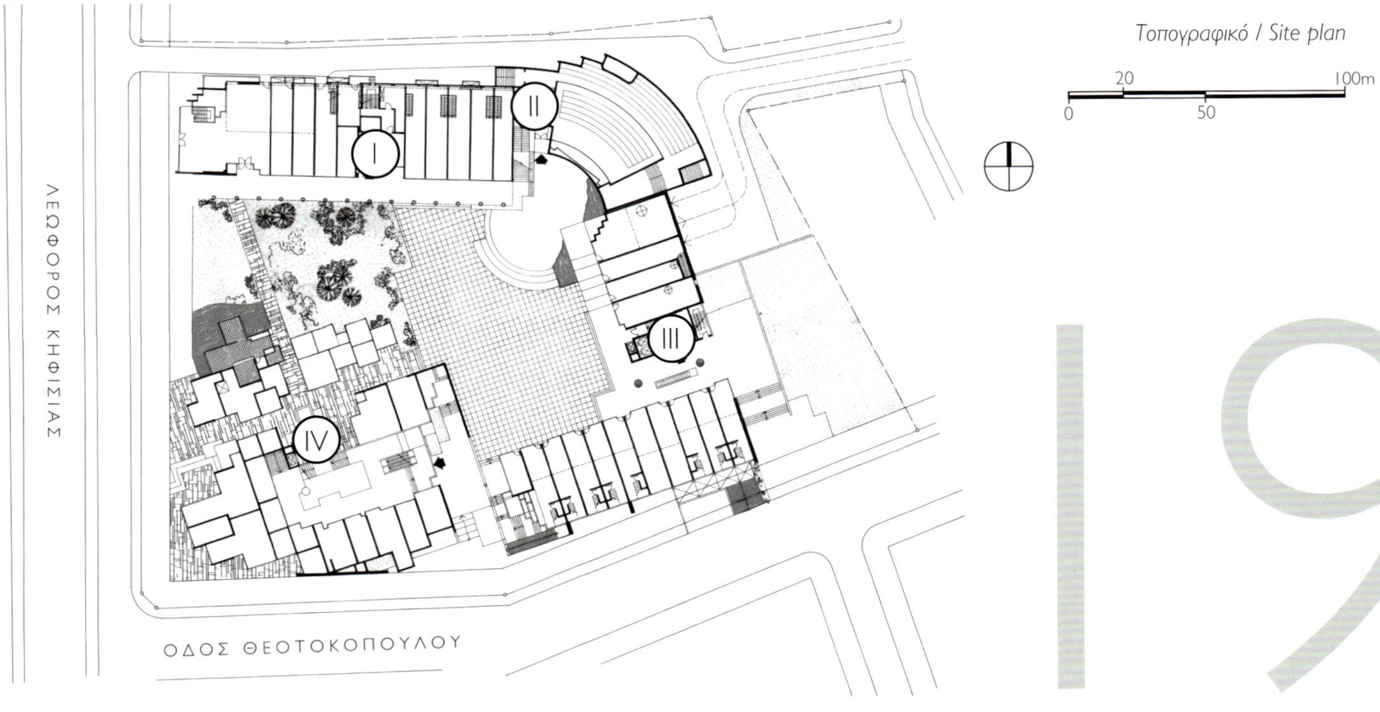

1985

AGORA
GEORGIA
EMPORIO AGORA
DEFILE
TOP TEN

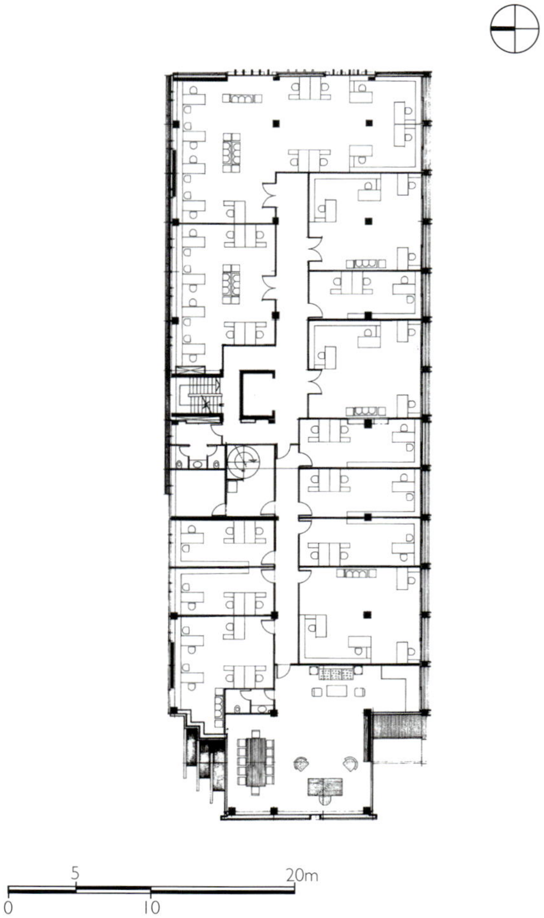

Κάτοψη τυπικού ορόφου Κτηρίου Ι
/ Typical floor plan of the Building I

Κάτοψη τυπικού ορόφου Κτηρίου ΙΙΙ / Typical floor plan of the Building III

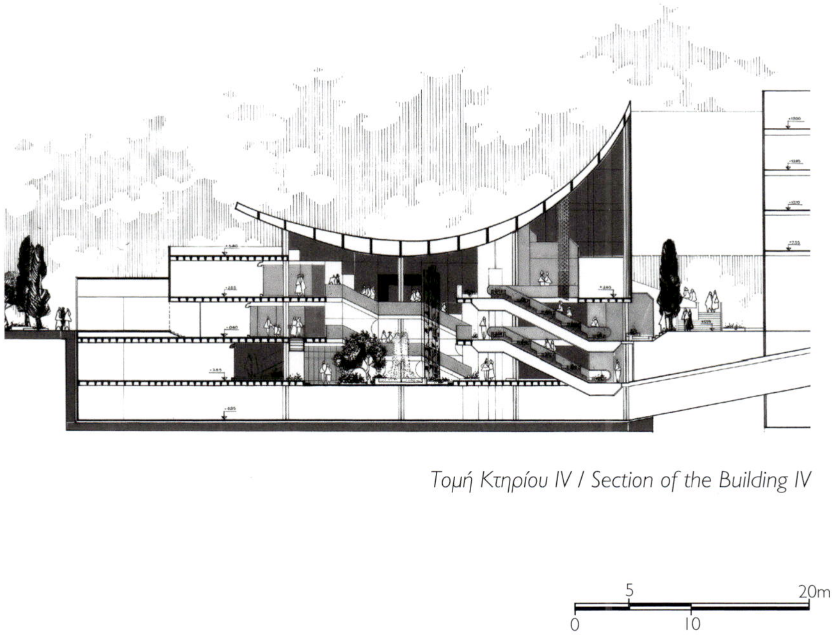

Τομή Κτηρίου IV / Section of the Building IV

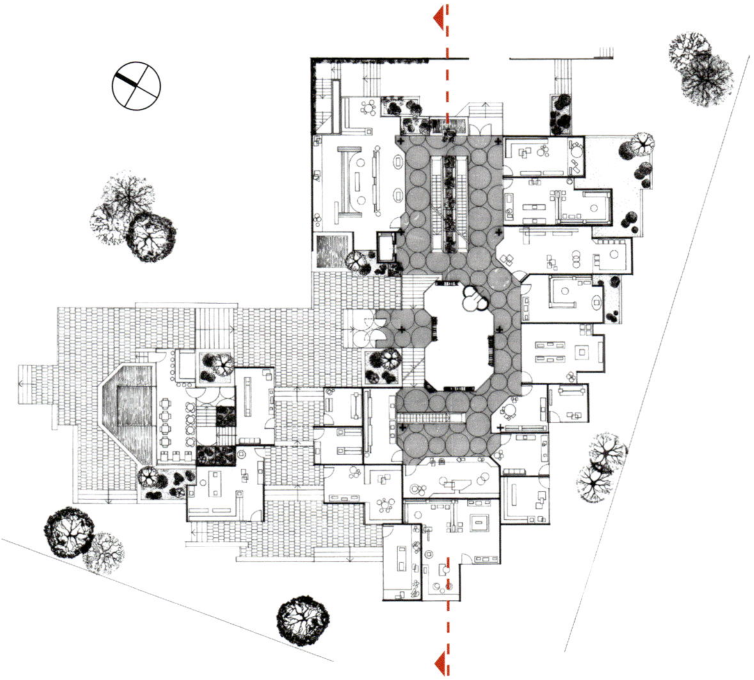

Κάτοψη ισόγειου Κτηρίου IV / Ground floor plan of the Building IV

ΜΟΥΣΕΙΟ ΚΥΚΛΑΔΙΚΗΣ ΤΕΧΝΗΣ ΕΠΙ ΤΗΣ ΟΔΟΥ ΝΕΟΦΥΤΟΥ ΔΟΥΚΑ ΣΤΟ ΚΟΛΩΝΑΚΙ

Το κτήριο του Μουσείου περιλαμβάνει σε υπερυψωμένη ισόγεια στάθμη τον κεντρικά τοποθετημένο χώρο εισόδου με εκθετήριο και έξοδο σε μικρό κήπο στο βάθος, στη διάθεση των επισκεπτών. Αμφίπλευρα της κύριας εισόδου βρίσκεται αφενός η πρόσβαση μέσω ανελκυστήρα οχημάτων για τη στάθμη του γκαράζ στο δεύτερο υπόγειο και αφετέρου η ανεξάρτητη είσοδος των δύο τελευταίων ορόφων, που προορίζονταν για διαμερίσματα, προκειμένου το Μουσείο να έχει πρόσθετα έσοδα.
Στο επίπεδο του πρώτου υπογείου βρίσκεται ο χώρος που λειτουργεί το παιδικό εργαστήριο. Οι κυρίως αίθουσες του Μουσείου βρίσκονται σε τρεις τυπικούς ορόφους, ενώ μια αίθουσα διαλέξεων και γραφεία διεύθυνσης στεγάζονται στον τέταρτο όροφο.
Εσωτερικά, προκειμένου να διευθετηθεί ελεύθερα η διάταξη των συλλογών, αποφεύχθηκαν τα ενδιάμεσα υποστυλώματα. Επίσης, οι χώροι διαμορφώθηκαν διαδοχικά, ώστε να υπάρχει ρευστή αλληλοδιείσδυση μεταξύ τους.
Το αυστηρό ύφος και η γεωμετρία των μορφών, που είναι τα κύρια χαρακτηριστικά των εκθεμάτων της διεθνώς γνωστής συλλογής του Μουσείου, καθόρισαν σε μεγάλο βαθμό και το αρχιτεκτονικό ύφος του κτηρίου. Η λιτή, κυβιστική δομή της μαρμάρινης όψης αλλά και οι λεπτομέρειες στα στοιχεία του εσωτερικού χώρου απηχούν την επιδίωξη της σύνδεσης του σύγχρονου κτηρίου κυρίως με τα προϊστορικά εκθέματα.

MUSEUM OF CYCLADIC ART ON NEOFYTOY DOUKA STREET IN KOLONAKI, ATHENS

The building of the Museum includes, on an elevated ground level, the centrally placed entrance hall with a small shop and at the rear end, a small garden with a coffee shop. At the sides of the main entrance there is an elevator for vehicle access to the underground parking space, on the second level below ground, as well as the independent entrance of the final two floors, which were intended for residential use, as a means of additional income for the Museum organization.
A workshop for children lies in the first basement. The main halls of the Museum are located in three typical storeys, while a lecture hall and administration offices occupy the fourth floor.
In the interior, intermediate columns were avoided, to facilitate the free exhibition of collections. Their arrangement allows for a fluid circulation through them.
The austere character and the geometry of the forms, the main characteristics of the articles of the internationally known Museum collection, set in extent the architectural style of the building. The unadorned, cubic structure of the marble façade, as well as the details on the interior elements, reflect the aim to associate the contemporary building mainly to its prehistoric exhibits.

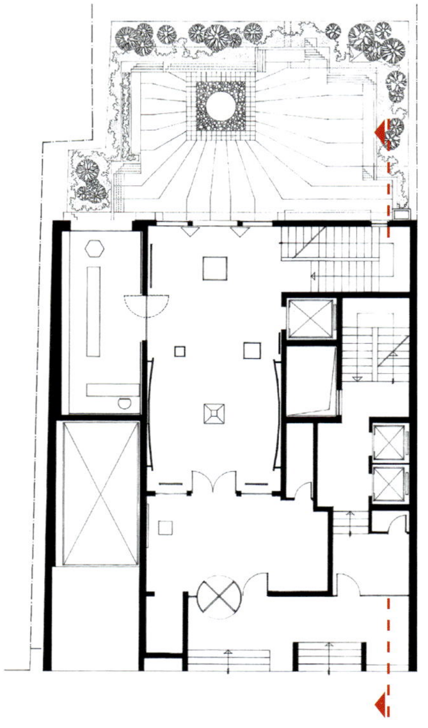

Κάτοψη ισογείου / Ground floor plan

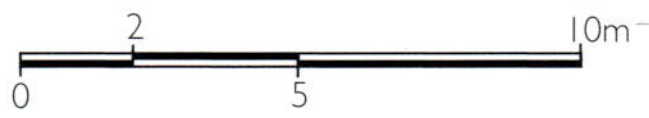

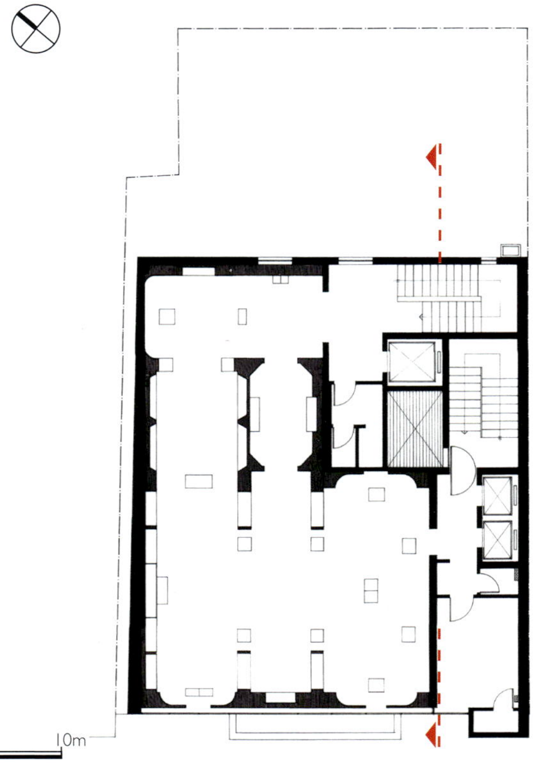

Κάτοψη Α, Β, Γ ορόφων / First, second and third floor plan

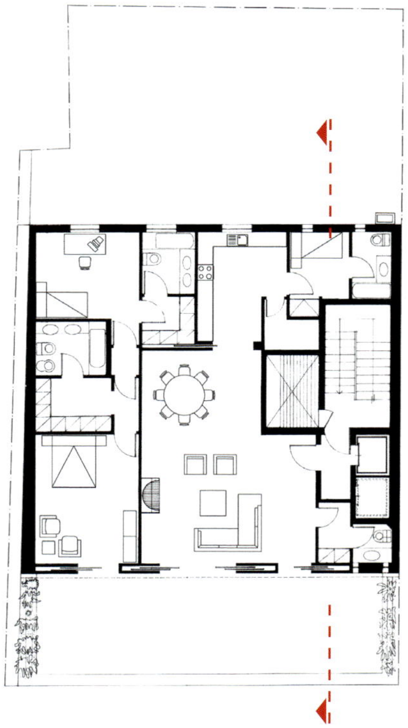

Κάτοψη Δ, Ε ορόφων / Fourth and fifth floor plan

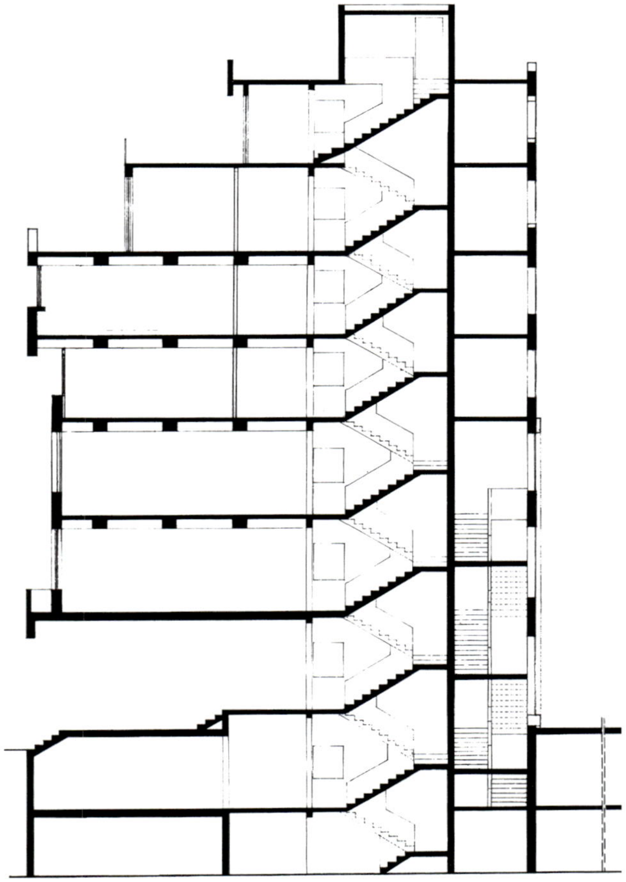

Τομή / Section

ΜΕΛΕΤΕΣ ΚΡΟΥΑΖΙΕΡΟΠΛΟΙΩΝ ΤΗΣ WINDSOR LINE

«LADY DIANA»
Μελετήθηκε η αρχιτεκτονική μορφή και ο πλήρης σχεδιασμός-οργάνωση των εσωτερικών χώρων μικρού κρουαζιερόπλοιου που κατασκευάστηκε σε βρετανικό ναυπηγείο. Το σκάφος αναπτυσσόταν σε πέντε επίπεδα, περιλαμβάνοντας καμπίνες επιβατών, μικρό spa, αίθουσα κινηματογράφου, κλειστούς και υπαίθριους χώρους αναψυχής με πισίνα.

«DAY CRUISER»
Μελετήθηκε η εσωτερική και εξωτερική διαμόρφωση ενός μικρού σχετικά σκάφους 85 μέτρων, προορισμένο να λειτουργεί κατά τους θερινούς μήνες για ημερήσιες κρουαζιέρες. Λόγω της μικρής διαμονής των επισκεπτών επάνω στο σκάφος δόθηκε έμφαση στη μορφή, την εναλλαγή ανοικτών-κλειστών χώρων, όπως και στην εργονομία, οργανώνοντας πολλούς άνετους χώρους ψυχαγωγίας και χαλάρωσης, περιορίζοντας στο ελάχιστο τις καμπίνες επιβατών με την κλειστή συμβατική τους μορφή. Στο ψηλότερο πρύμνιο τμήμα μελετήθηκε περίοπτος χώρος συνάθροισης, με μεγάλα γυάλινα ανοίγματα προς τη θέα του πελάγους.

STUDIES OF CRUISE SHIPS OF WINDSOR LINE

"LADY DIANA"
The architectural form and the complete design-arrangement of the interior spaces of a small cruise ship constructed in a british shipyard was undertaken. The ship developed on five levels, including passenger cabins, small spa, movie theatre, enclosed and open-air recreation areas with swimming pool.

"DAY CRUISER"
The project concerned the interior and exterior design of a relatively small (85 meters long) ship, intended to operate during summer for day-long cruises. Due to the short stay of visitors onboard, emphasis was given on the form, the alternation of open-closed spaces, as well as the ergonomics, organizing a number of comfortable recreation and relaxation areas, and minimizing the passengers' cabins with their closed conventional form.
On the highest stern section, a prominent congregation area was designed, with large glass openings to the sea view.

Κρουαζιερόπλοιο / Cruise ship "LADY DIANA"

main deck 0 2 5 10m

Κρουαζιερόπλοιο / Cruise ship "DAY CRUISER"

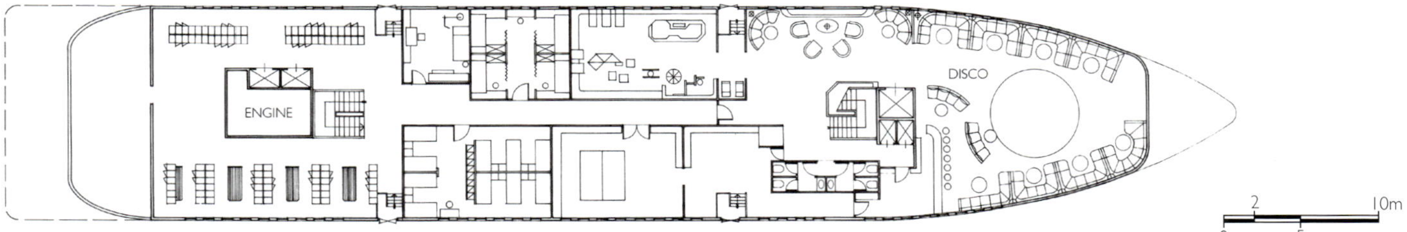

επίπεδο 1 / level 1 - free board deck

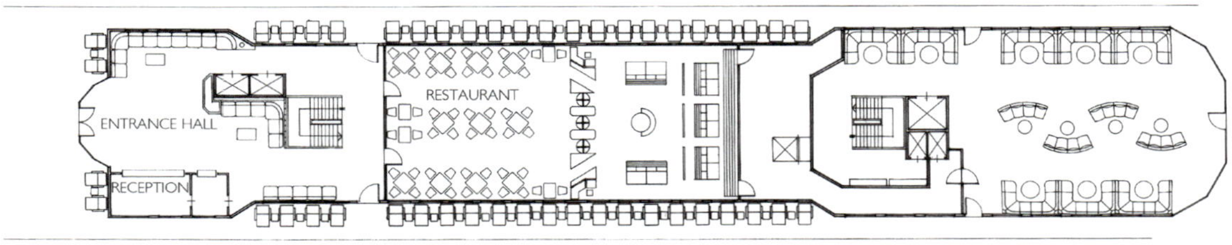

επίπεδο 1 / level 1 - main deck

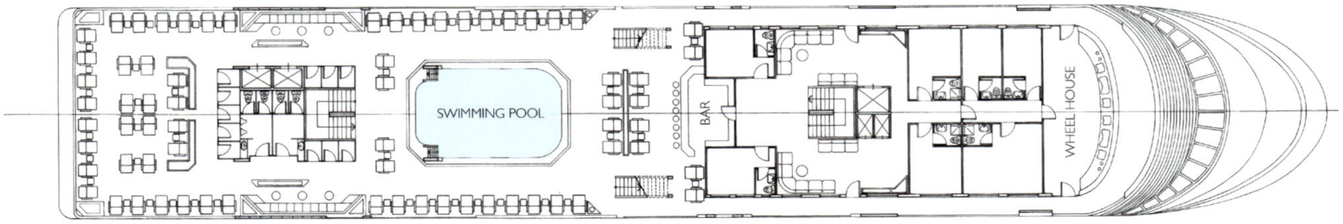

επίπεδο 2 / level 2 - upper deck

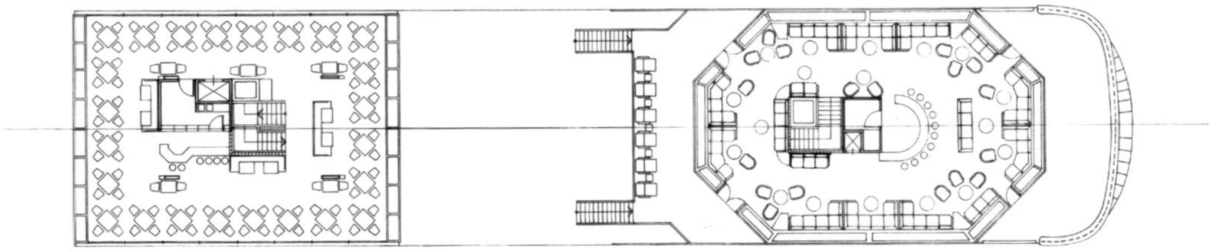

επίπεδο 3 / level 3 - sun deck

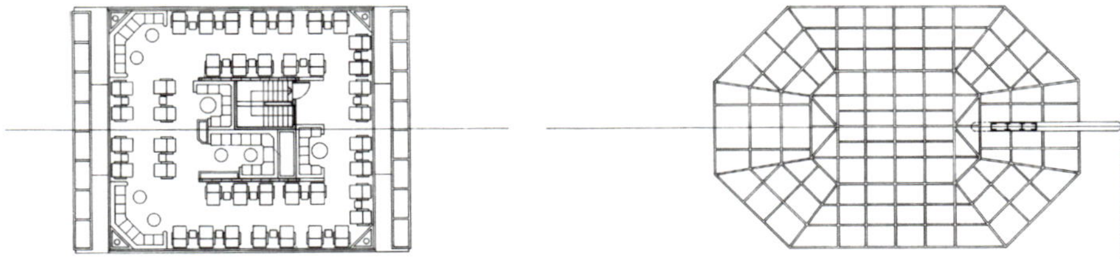

επίπεδο 4 / level 4 - open deck

1987-89

ΔΙΑΜΟΡΦΩΣΗ ΕΣΩΤΕΡΙΚΩΝ ΧΩΡΩΝ ΓΡΑΦΕΙΩΝ ΝΑΥΤΙΛΙΑΚΗΣ ΕΤΑΙΡΕΙΑΣ ΣΤΟ Ν. ΨΥΧΙΚΟ

Ο σχεδιασμός και η λειτουργική οργάνωση των γραφείων ναυτιλιακής εταιρείας στηρίχθηκε στην απλή συνεκτική διάταξη γραφειακών χώρων αμφίπλευρα ενός γραμμικού πυρήνα κυκλοφορίας. Αξιοποιήθηκαν οι αισθητικές ιδιαιτερότητες των υλικών. Τα βασικά στοιχεία ήταν τρία: γυάλινα χωρίσματα πλήρους ύψους χωρίς μεταλλικό σκελετό με τυπωμένο σχέδιο αμμοβολής, στιλπνός ανοξείδωτος χάλυβας για τις ψευδοροφές και μαύρος γρανίτης για τα δάπεδα. Τα στοιχεία της επίπλωσης, όπως και ο τεχνητός φωτισμός, σχεδιάστηκαν ώστε να εξισορροπούν τη «σκληρή» αίσθηση των βασικών υλικών, ενώ στο τελικό αποτέλεσμα προσδόθηκε επαρκής διαφάνεια σε συνδυασμό με το «παιχνίδι» αντανακλάσεων, γεγονός που άμβλυνε τις διαστάσεις των κλειστών χώρων. Τέλος, ειδική κατασκευή έγινε για το κυκλικό έπιπλο υποδοχής της εισόδου με εναλλαγές ξανθού ξύλου και μαύρης λάκας.

INTERIOR DESIGN OF SHIPPING COMPANY HEADQUARTERS IN N. PSYCHIKO, ATHENS

The design and functional organization of the shipping company headquarters was based on the simple arrangement of the office areas on both sides of a linear circulation core. The aesthetic attributes of the materials were stressed out. The basic elements were three: full-height borderless glass screens with sandblasted decorative patterns, polished stainless steel for the ceilings, and black granite for the floors. The furniture, as well as the elements for artificial lighting, was designed to balance the "hardness" of the basic materials, while a sense of transparency and a "play" of reflections enriched the final result, thus widening the dimensions of the closed areas. In conclusion, a special construction was provided for the round furniture in the reception area, with alternations of light coloured wood and black lacquer.

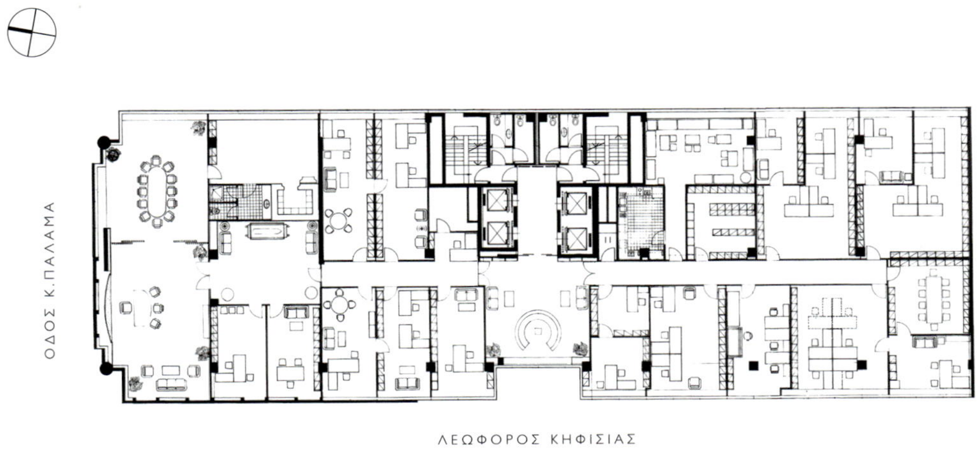

Κάτοψη Α ορόφου / First floor plan

5 20m
0 10

1993

ΣΥΓΚΡΟΤΗΜΑ ΚΤΗΡΙΩΝ ΓΡΑΦΕΙΩΝ & ΚΑΤΑΣΤΗΜΑΤΩΝ ΕΠΙ ΤΗΣ Λ. ΚΗΦΙΣΙΑΣ ΣΤΟ ΜΑΡΟΥΣΙ

Το συγκρότημα αποτελείται από τρεις ανεξάρτητους όγκους σε σχήμα «Π» με εμπορικές χρήσεις, γύρω από κεντρική ορθογωνική πλατεία, με μικρό περίπτερο και σιντριβάνι στο πίσω μέρος.

Το πίσω κτήριο διαφοροποιείται με την ενιαία επιφάνεια της λίθινης-γυάλινης όψης, που έχει σχετικά μνημειακό αλλά ιδίως σκηνογραφικό χαρακτήρα.

Ουσιώδης συμβολή στο έργο αυτό υπήρξε η διάπλαση μιας πλατείας με αξιόλογες διαστάσεις, ως χώρου δημόσιου, που σε εγχώριας, ιδιωτικής πρωτοβουλίας έργα σπανίως επιχειρείται. Οι στενές όψεις των δίδυμων εμπρόσθιων κτηρίων χαρακτηρίζονται από τη διαμόρφωση πυλώνων που εμπεριέχουν γυάλινες ημικυλινδρικές προεξοχές. Στις πλάγιες μακριές πλευρές τονίζονται τα κατακόρυφα υποστυλώματα με ανοιχτό γκρι γρανίτη, αμφίπλευρα των οποίων σχηματίζονται συνεχείς εσοχές καθ' ύψος, που πλαισιώνουν τις επιφάνειες των υαλοπετασμάτων και των επενδύσεων με μαύρο γρανίτη, σε οριζόντιες εναλλασσόμενες ζώνες.

OFFICE AND SHOPPING COMPLEX ON KIFISSIAS AVENUE IN MAROUSSI, ATHENS

The complex consists of three independent volumes arranged in double L-shape with commercial use, around a rectangular plaza, with a fountain and a small pavilion at the back of the courtyard.

The rear building is differentiated by its uniform façade cladded with granite and glass curtain wall. It carries a relatively monumental and particularly theatrical character.

Of essential contribution to this project was the formation of a plaza with significant dimensions, as public space, something that is very rarely realized in private projects in the country. The narrow façades of the twin frontal buildings are distinguished by the formation of pylons encompassing glass semi-cylindrical projections. The vertical columns, with their light grey granite, are dominant in the lateral long façades, at the sides of which there are recesses throughout the whole height, which frame the alternations of glasspanes and black granite horizontal linings.

1994

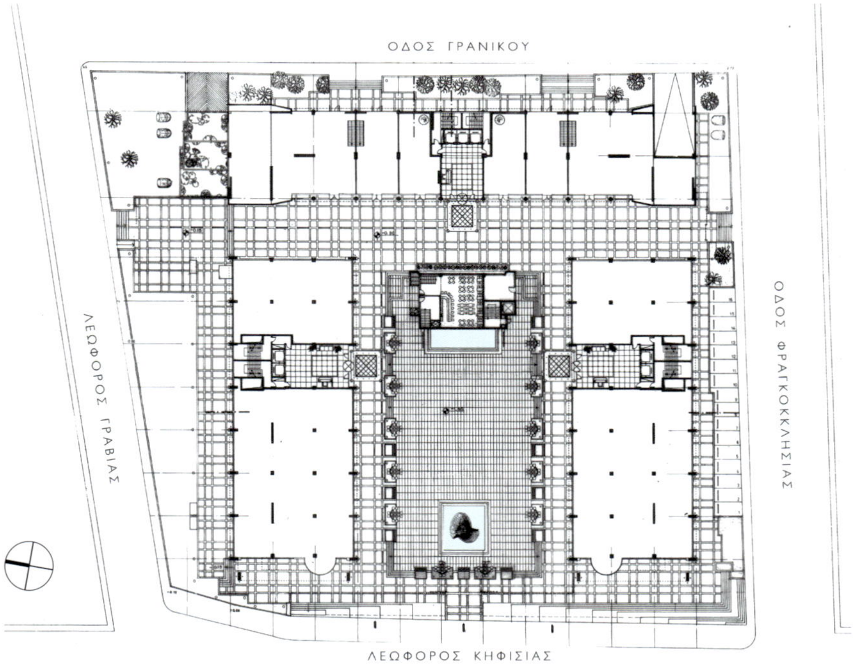

Τοπογραφικό / Site plan

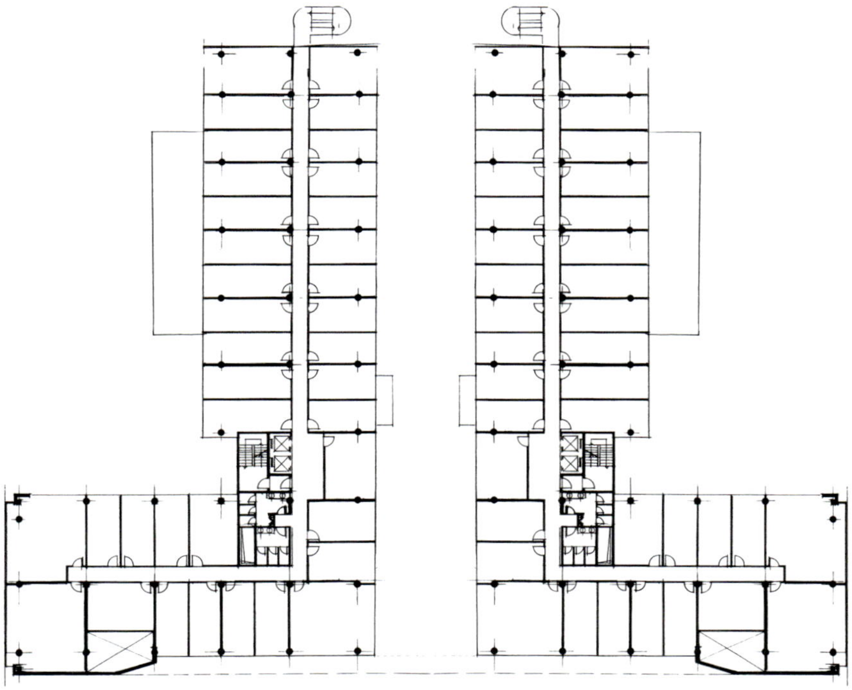

ΑΡΧΙΚΗ ΠΡΟΤΑΣΗ

Αντίθετα με την ιδέα της μεγάλης κεντρικής πλατείας που χαρακτήρισε τη μεταγενέστερη λύση που τελικώς κατασκευάστηκε, η αρχική πρόταση περιελάμβανε την κατασκευή δύο αντικατοπτρικών κτηρίων (το καθένα σε σχήμα «Γ») και τη διαμόρφωση μεσαίας στοάς κατά μήκος των δύο μεγάλων εσωτερικών πλευρών των κτηρίων. Η σύνθεση προέκυπτε, έτσι, ως ενιαία στην κύρια όψη, δημιουργώντας συμμετρικό μέτωπο, χάρη στον υπερκείμενο όροφο, με γραμμικά ανοίγματα και μαρμάρινες επενδύσεις που «γεφύρωνε» τους δύο ανεξάρτητους κτηριακούς όγκους. Αυτή η αρχική ιδέα επιχείρησε να τονίσει το στοιχείο της προβολής στη λεωφόρο ακόμη περισσότερο.

INITIAL CONCEPT

Contrary to the idea of a large central plaza, which marked the solution that was eventually constructed, the initial proposal included the construction of two mirrored buildings (each with an L-shaped layout) and the arrangement of an intermediate gallery along the two large inner sides of the buildings. Thus, the top superimposed storey, with its slot openings and marble cladding, that "bridged" the two independent building volumes, rendered the composition unified on the main facade, creating a symmetrical front. This initial idea aimed to further emphasize its exposure to the main avenue.

ΤΡΕΙΣ ΚΑΤΟΙΚΙΕΣ ΕΠΙ ΤΗΣ ΟΔΟΥ ΣΕΡΕΠΕΤΖΗ ΣΤΟ ΨΥΧΙΚΟ

Σε γωνιακό οξυκόρυφο οικόπεδο με έντονη κλίση τοποθετείται το συγκρότημα τριών κατοικιών, που εκμεταλλεύεται το φυσικό ανάγλυφο και προσανατολίζεται στη θέα. Οι είσοδοι στις δύο μεγαλύτερες κατοικίες γίνονται από την υψηλότερη στάθμη του οικοπέδου (επί της οδού Σερεπετζή) από τη δυτική πλευρά, ενώ στη μικρότερη, που βρίσκεται στην ανατολική πλευρά, η είσοδος γίνεται από τη χαμηλή στάθμη του οικοπέδου. Οι χώροι διημέρευσης στις δύο πρώτες κατοικίες βρίσκονται στο πρώτο επίπεδο και οι κοιτώνες είναι στην ανώτερη στάθμη με κοινό roof-garden στο δώμα. Η δεύτερη, προς βορρά, κατοικία διαθέτει εσωτερική πισίνα που βλέπει σε αυλή στην ανατολική πλευρά.
Εξωτερικά, το συγκρότημα παρουσιάζει μικρά ανοίγματα στη δύση. Μελετήθηκαν οι αναλογίες και στοιχεία σκιασμού των δυτικών ανοιγμάτων που οργανώνουν την καθαρή γεωμετρία της όψης. Η ανατολική πλευρά των κατοικιών χαρακτηρίζεται από μεγάλους εξώστες, ημιυπαίθριους χώρους και πέργκολες.
Το φυτεμένο δώμα, όπως και ο περιβάλλων χώρος σε κλιμακωτά επίπεδα, σχεδιάστηκαν ως συνέχεια του κτηρίου, ώστε ανοιχτοί και κλειστοί χώροι να αποδίδουν την αντίληψη ενός συνόλου ενοποιημένου με το περιβάλλον.

THREE RESIDENCES ON SEREPETZI STREET IN PSYCHIKO, ATHENS

A complex of three houses is placed on a corner, pointed site with intense inclination, which takes full advantage of the natural terrain and faces the view. The entrances for the two larger houses are placed on the highest level of the site (on Serepetzi street) on the west side, while the entrance for the smallest one, that is located on the east side, is at the lowest level of the plot. The first two houses have living areas on the first level and bedrooms on the highest level, sharing a common roof garden. The second house, to the north, includes an internal swimming pool that faces the yard to the east side.
Externally, the complex presents small openings to the west. The dimensions and shading elements of the western openings were designed to organize the clear geometry of the façade. The east side of the houses stands out by its large balconies, semi-open air areas, and pergolas.
The roof garden, as well as the surrounding landscape on gradual plateaus, has been designed in continuity to the buildings levels, so that open and closed spaces can convey the perception of an ensemble, unified by its surroundings.

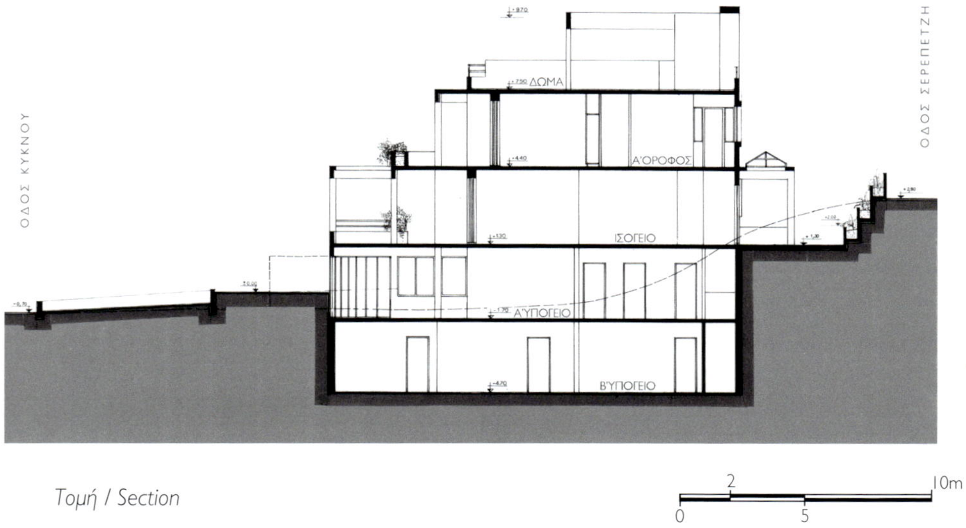

Τομή / Section

1995

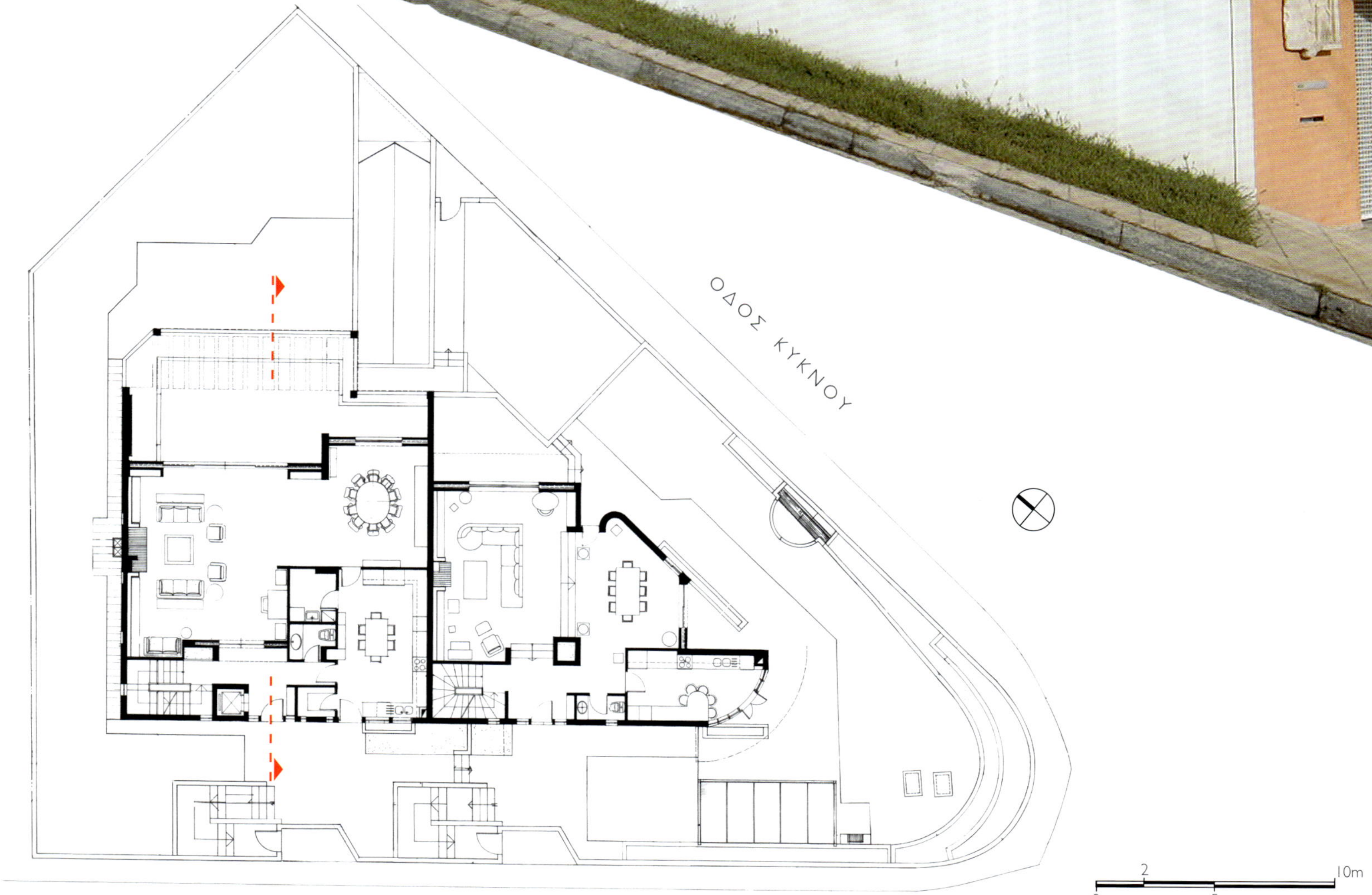

Κάτοψη ισογείου / Ground floor plan

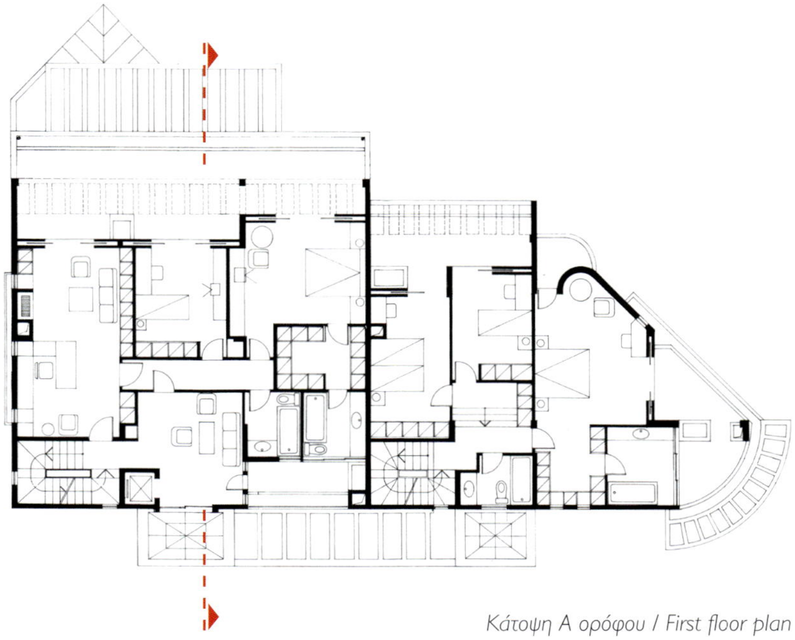

Κάτοψη Α ορόφου / First floor plan

ΚΕΝΤΡΙΚΑ ΓΡΑΦΕΙΑ ΤΗΣ ΠΡΩΗΝ ΚΤΗΜΑΤΙΚΗΣ ΤΡΑΠΕΖΑΣ ΚΑΙ ΤΟΥ ΝΟΜΙΚΟΥ ΣΥΜΒΟΥΛΙΟΥ ΤΟΥ ΚΡΑΤΟΥΣ ΕΠΙ ΤΗΣ ΟΔΟΥ ΑΚΑΔΗΜΙΑΣ

Η μελέτη αφορούσε στην κατασκευή μεγάλου κτηρίου γραφείων με όψη σε τρεις βασικές οδούς του κέντρου της Αθήνας. Ο πολυώροφος όγκος εμφανίζει βάση από τρία καταστήματα στο ισόγειο, με παρόδιες και εσωτερικές στοές και προσβάσεις από τους τρεις δρόμους.

Εξωτερικά, πραγματοποιήθηκε επεξεργασία των όψεων με εναλλαγή μαρμάρινων και συνεπίπεδων γυάλινων επενδύσεων από ανακλαστικά κρύσταλλα. Συγχρόνως, τοποθετήθηκαν κάποια εμφανή, διακοσμητικά μεταλλικά πλαίσια, σε θέσεις ομοιομόρφων υαλοπετασμάτων. Επίσης, όπου οι εσωτερικές διαρρυθμίσεις και ο προσανατολισμός των γραφειακών χώρων το επέτρεπαν, επεκτάθηκαν οι ορθομαρμαρώσεις με ένθετο τον κάναβο των παραθύρων σε αντίστοιχες θέσεις με υπερκείμενους ορόφους που διατηρούν ανοίγματα.

HEADQUARTERS OF FORMER MORTGAGE BANK OF GREECE AND STATE LEGAL SERVICE ON ACADIMIAS STREET, ATHENS

The design concerned the construction of a large office building with façades on three main streets in the center of Athens. The multistorey volume presents a base containing three stores on ground level, with roadside and internal porticos and access from all three streets.

On the exterior, there is an alternation of granite cladding and in-plane reflective glass curtain walls. At the same time, some decorative, exposed metal frames have been installed in place of uniform windowpanes. Also, where the interior arrangement and the orientation of office areas rendered it possible, the marble cladding has been expanded to include the openings grid in positions that correspond to openings on higher storeys.

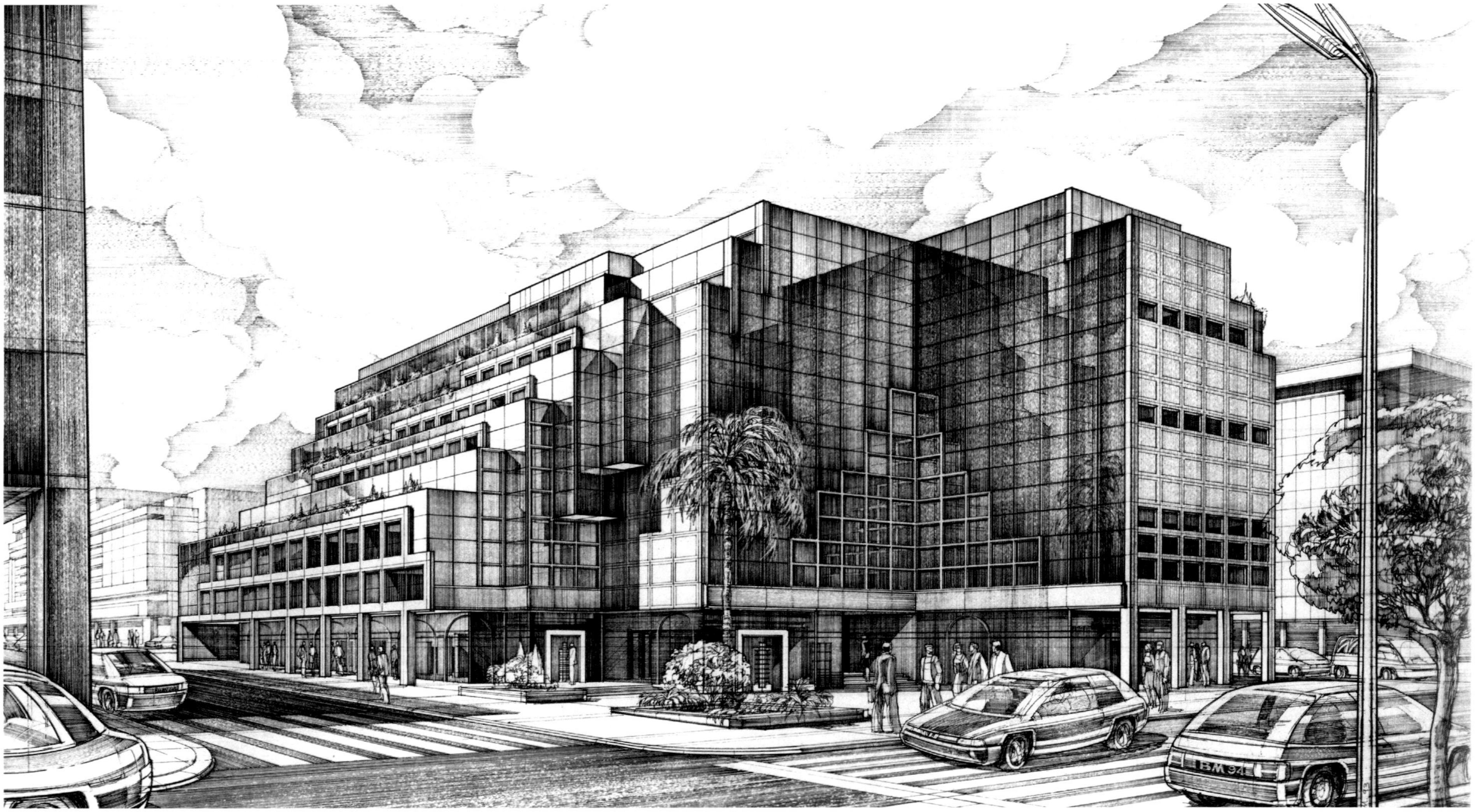

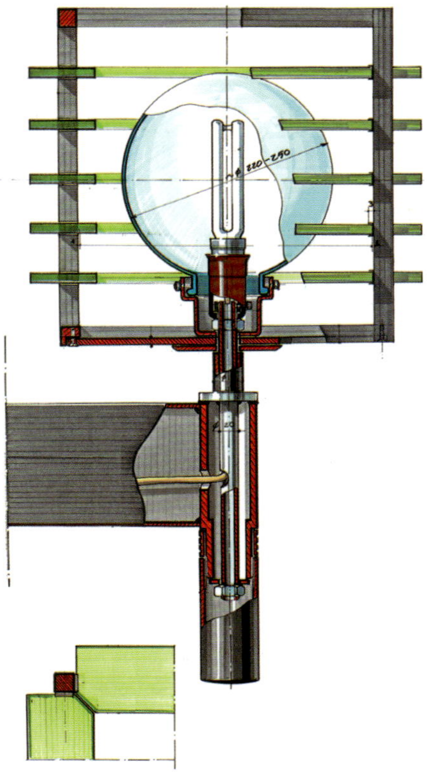

Λεπτομέρεια φωτιστικού / Street light detail

1996

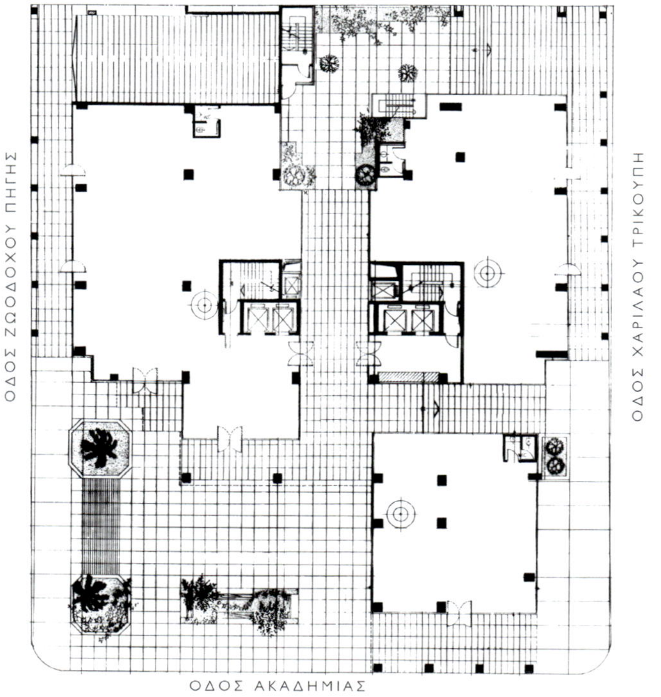

Κάτοψη ισογείου / Ground floor plan

Κάτοψη Β ορόφου / Second floor plan

ΚΤΗΡΙΟ ΓΡΑΦΕΙΩΝ & ΚΑΤΑΣΤΗΜΑΤΩΝ ΕΠΙ ΤΗΣ Λ. ΚΗΦΙΣΙΑΣ & ΟΔΟΥ ΒΑΣ. ΣΟΦΙΑΣ ΣΤΟ ΜΑΡΟΥΣΙ

Το κτήριο με τρεις όψεις σε τεθλασμένο περίγραμμα ακολουθεί ως προς την κάλυψή του, την ιδιαίτερη μορφολογία του οικοπέδου, δηλαδή ακανόνιστο σχήμα περιμέτρου με μικρό βάθος, λόγω της μεγάλης τριγωνικής εσοχής του περιβάλλοντα χώρου του γειτονικού μικρού ναού, στην πίσω πλευρά του χώρου. Το σχήμα αυτό καθιστά το κτήριο «ρηχό» και με μεγάλο ανάπτυγμα στην όψη επί της Λεωφόρου Κηφισίας.
Το κύριο σώμα του κτηρίου επενδύθηκε με ανοιχτόχρωμο γρανίτη και ανακλαστικά κρύσταλλα στα ανοίγματα. Η μορφή των ανοιγμάτων, οι αναλογίες και ο ρυθμός τους μελετήθηκαν, ώστε να προσιδιάζουν στη γραφειακή οργάνωση των χώρων.
Διάφορα στοιχεία, όπως οι ανοιχτόχρωμες κατακόρυφες εξοχές μεταξύ των ανοιγμάτων αλλά και η συνεχόμενη μετόπη του τρίτου ορόφου, τα αναρτημένα πετάσματα των εξωστών επενδύθηκαν με μαύρο γρανίτη και χρησιμεύουν στον σκιασμό των ανοιγμάτων. Την επίστεψη του κτηρίου ολοκληρώνουν τα σκίαστρα από διάτρητα μεταλλικά πετάσματα, καμπυλωμένα προς το δώμα. Στο έργο αυτό δεν υπήρχε περιθώριο οπισθοχώρησης από τις οικοδομικές γραμμές κι έτσι έγινε προσπάθεια να εκφραστεί με πληθωρικό τρόπο μια πλαστικότητα στο κέλυφος εντάσσοντας στοιχεία που ενισχύουν το ανάγλυφο των όψεων.

SHOPS & OFFICE BUILDING ON KIFISSIAS AVENUE & VAS. SOFIAS STREET IN MAROUSSI, ATHENS

The building, with three jagged façades, is developed, according to the peculiar shape of the site, along a perimeter of irregular shape with shallow depth, because of the large triangular intrusion of the landscape surrounding the adjacent small temple, on the rear side of the site. This shape renders the building "shallow", with a wide elevation along Kifissias Avenue.
The main mass of the building is clad with light coloured granite and the openings are covered with reflective glasspanes. The form of the openings, as well as their proportions and rhythm, was designed so as to befit the interior arrangement for office spaces.
Several elements, such as the vertical light-coloured projections between the openings, but also the continuous cornice of the third storey, the suspended screens on the balconies, which were clad with black granite and are used to shade the openings. The crowning of the building is completed by shades made of perforated metal screens, curved towards the roof. In this project, setting the outline of the building back from the building line was not an option, and therefore, there was an attempt to express prolifically the plasticity of the outer shell, by integrating elements which intensify the relief of the façades.

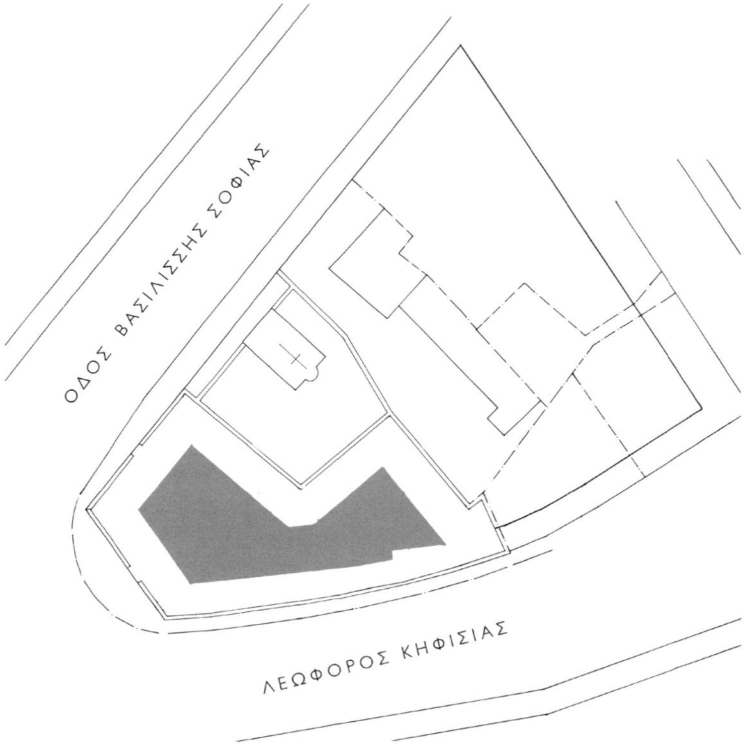

Τοπογραφικό / Site plan

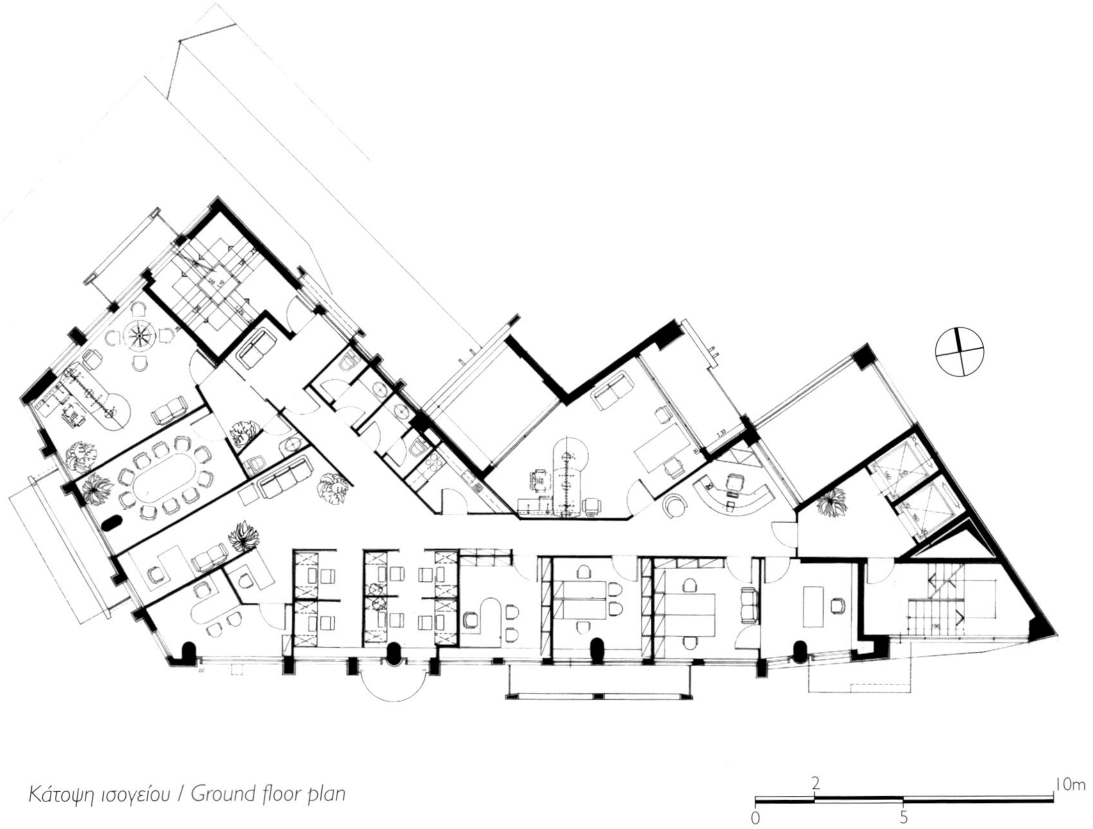

Κάτοψη ισογείου / Ground floor plan

1997

MEGA CORNER
ΚΗΦΙΣΙΑΣ
151
ΙΔΙΟΚΤΗΤ
ΙΔΡΥΜΑ
ΣΑΜΟΥ

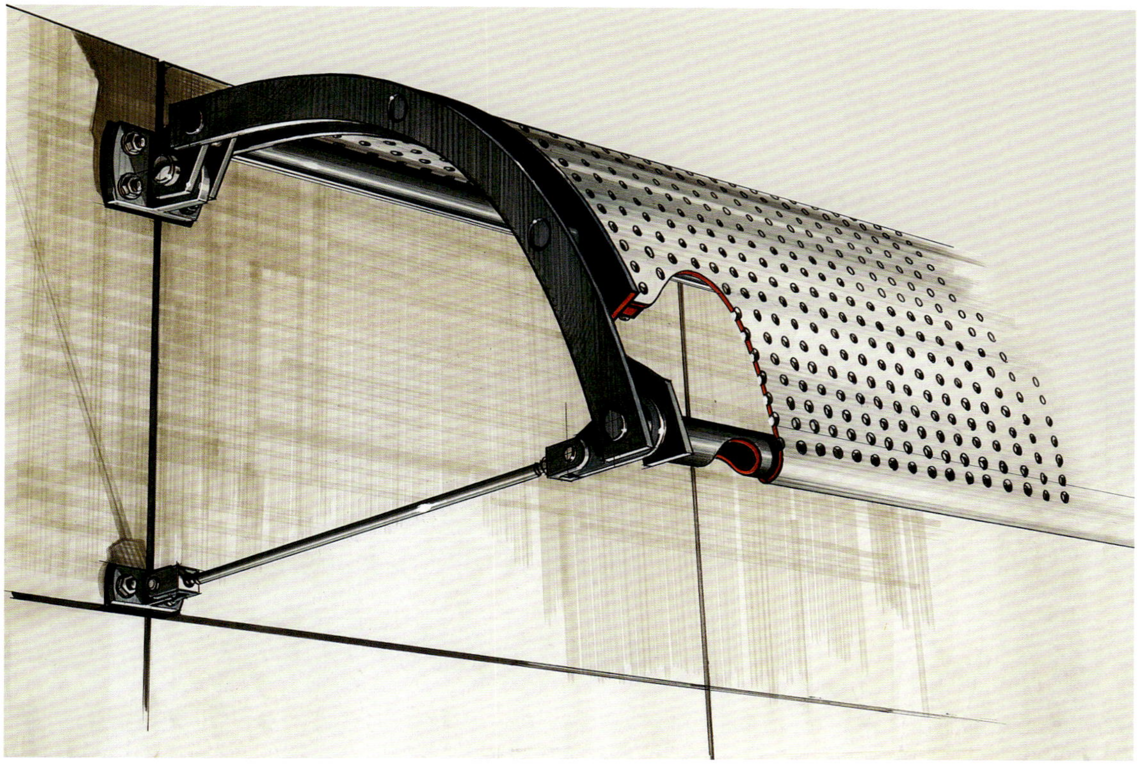

Λεπτομέρεια διάτρητης μεταλλικής κατασκευής / Perforated metal structure detail

ΚΤΗΡΙΑ ΓΡΑΦΕΙΩΝ ΕΤΑΙΡΕΙΑΣ ΚΙΝΗΤΗΣ ΤΗΛΕΦΩΝΙΑΣ ΕΠΙ ΤΗΣ Λ. ΚΗΦΙΣΙΑΣ ΣΤΟ ΜΑΡΟΥΣΙ

Η τελική μελέτη σε μεγάλο οικόπεδο επί της Λεωφόρου Κηφισίας (θέση παλαιού εργοστασίου ΗΒΗ), διχοτομημένο από δημοτικό πεζόδρομο, οδηγήθηκε στην πρόταση κατασκευής τριών κτηρίων αρθρωμένων σε κοινό χώρο στάθμευσης.
Τα δύο κτήρια στο εμπρόσθιο τμήμα τοποθετήθηκαν σχεδόν κάθετα ως προς το λοξό όριο της λεωφόρου, αμφίπλευρα μεσαίου υπαίθριου χώρου. Ανοίχθηκε έτσι μια γραμμική πλατεία με υδάτινη επιφάνεια στο κέντρο και κουβούκλιο πρόσβασης των πεζών στις υπόγειες στάθμες. Στην πίσω πλευρά υπάρχει διαμορφωμένο πάρκο με τον πεζόδρομο και το τρίτο κτήριο στο βάθος. Λειτουργικά, όλα τα κτήρια φέρουν σε κεντρική θέση τον πυρήνα κλιμακοστασίων και έχουν τετραώροφη ανωδομή με τυπική επανάληψη ορόφων γραφείων με διευρυμένο ισόγειο.
Εξωτερικά, μελετήθηκε η γεωμετρία των επενδύσεων στις όψεις από γκρι γρανίτη με σκούρα υαλοπετάσματα, με λευκά και μπλε μεταλλικά κατακόρυφα στοιχεία και εναλλαγή μαύρου γρανίτη και λευκών διάτρητων καφασωτών στις ποδιές των ανοιγμάτων.

MOBILE TELEPHONY COMPANY OFFICES ON KIFISSIAS AVENUE IN MAROUSSI, ATHENS

The final design for a large site on Kifissias Avenue (site of old IVI factory), which is bisected by a new local pedestrian way, led to the proposal of three buildings joined by a shared parking area.
The two frontal buildings were placed almost perpendicular to the avenue's oblique boundary, at the sides of an intermediate outdoor space. Thus, a linear plaza was created, with a small water pond in the center and an entrance shelter providing access to the underground levels. Behind the buildings there is a landscaped park with the walkway and the third building in the background. From a functional point of view, all three buildings have four nearly typical storeys and a wide ground floor around centrally placed circulation cores.
Externally, the designed dealt with the geometry of the façades, clad with grey granite and tinted curtain walls, white and blue vertical decorative elements and alternating black granite and white perforated metal trellisworks cladding the spandrels.

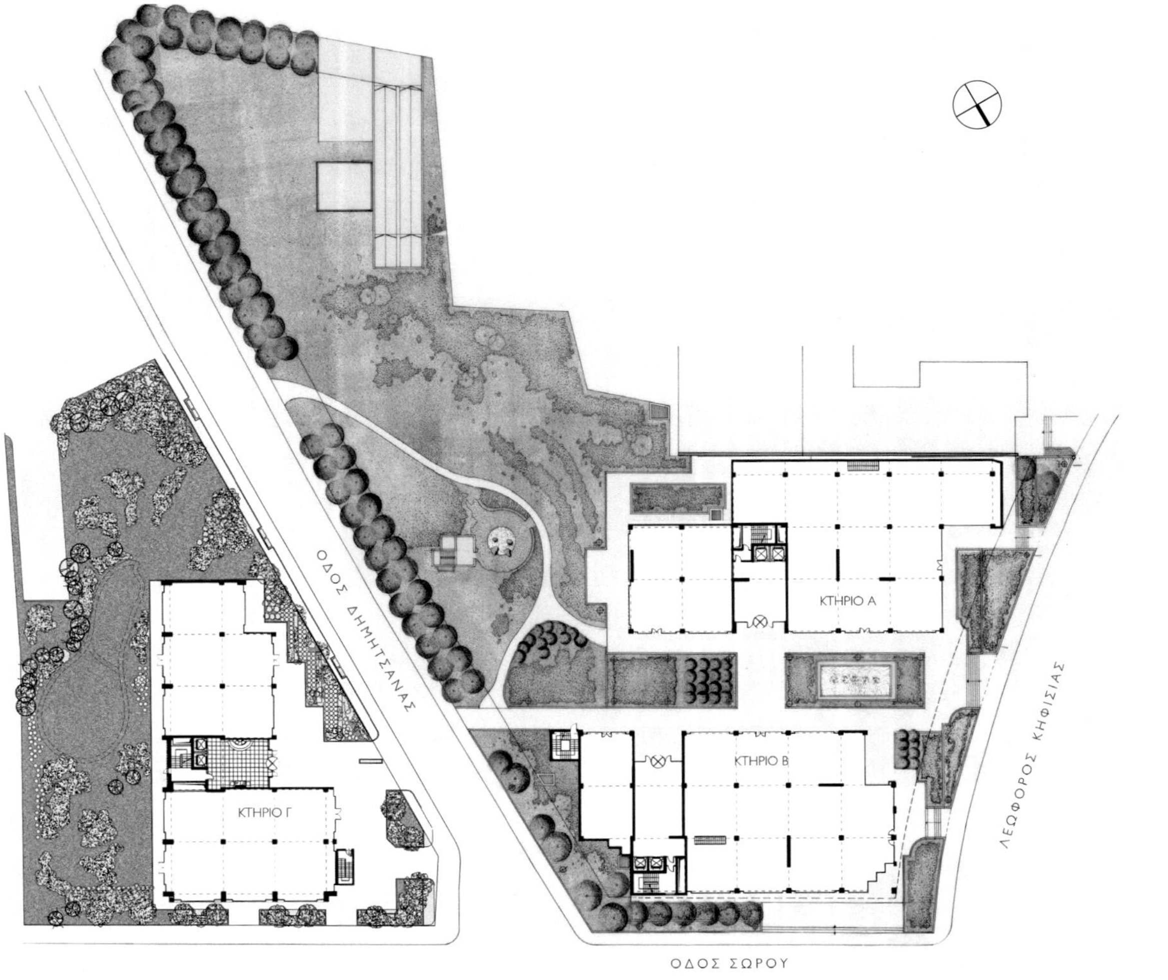

Γενική κάτοψη συγκροτήματος κτηρίων Α, Β, Γ / Complex of buildings A, B, C general plan

1999

ΔΗΜΑΡΧΕΙΟ ΑΜΑΡΟΥΣΙΟΥ ΕΠΙ ΤΗΣ ΟΔΟΥ ΒΑΣ. ΣΟΦΙΑΣ

Το κτήριο εντάσσεται ελεύθερα σε παράγωνο οικοδομικό τετράγωνο με ήπιο ανάγλυφο. Η αρχιτεκτονική σύνθεση αναπτύσσεται γύρω από έναν πυρήνα κοινοχρήστων και βοηθητικών λειτουργιών.
Ο δημόσιος χαρακτήρας του κτηρίου δεν αποδίδεται στον βαθμό που θα θέλαμε παρά τη λιτή γεωμετρία των όγκων, τη χρήση των υλικών και κάποια επιμέρους αρχιτεκτονικά στοιχεία που το προσδιορίζουν, όπως η κατασκευή ενός μετώπου στην κύρια όψη, διαμορφωμένου ως πλαισίο με οριζόντια σκιάδια (σταθερές μεταλλικές περσίδες λευκού χρώματος). Η οριζόντια γραμμική ομοιομορφία της όψης διακόπτεται από έναν τριώροφο καμπύλο όγκο, εντεταγμένο σε «πυλώνα», στη βάση του οποίου βρίσκεται η κεντρική είσοδος του κτηρίου.
Εξωτερικά, το κτήριο επενδύθηκε με ανοιχτόχρωμο γκρι γρανίτη και υαλοπετάσματα από ανακλαστικό κρύσταλλο. Τέλος, μελετήθηκε αναρτημένο υαλοπέτασμα τύπου planar με σχέδιο αμμοβολής, ως επιπλέον εξωτερικό προστατευτικό φίλτρο για τα ανοίγματα της νοτιοανατολικής πλευράς, το οποίο δεν υλοποιήθηκε.

MAROUSSI CITY HALL ON VAS. SOFIAS STREET, ATHENS

The building is placed freely in a city block of irregular shape with a mild slope. The architectural concept develops around a core of public spaces and facilities.
The public character of the building is not expressed to the desirable extent despite the unadorned geometry of its volumes, the materials used and certain defining architectural elements, such as the frontal construction of the main façade, shaped as an aluminum frame with white fixed horizontal louvers. The horizontal linear uniformity of the main elevation is interrupted by a three-storey, curved volume, surrounded by a "pylon", at the base of which the main entrance of the building is placed.
Externally, the building was clad with light grey granite and reflective curtain walls. In conclusion, a suspended glass curtain wall with sandblasted pattern was proposed, as an additional external protective filter for the openings on the southeastern side, which eventually was not realized.

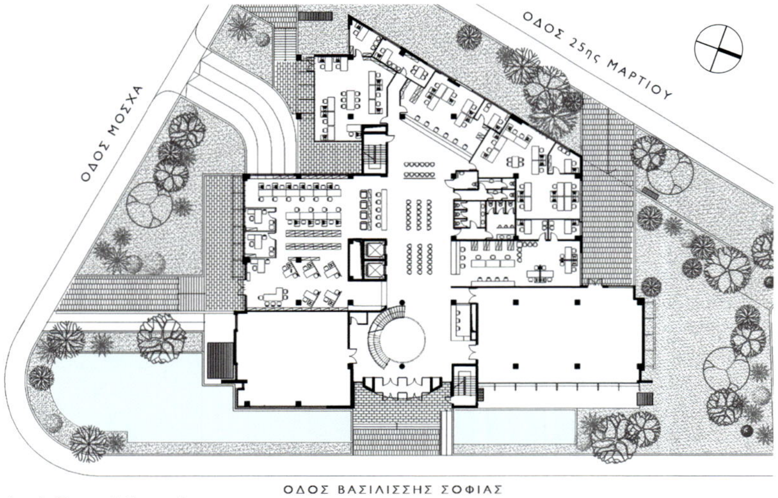

Κάτοψη ισογείου / Ground floor plan

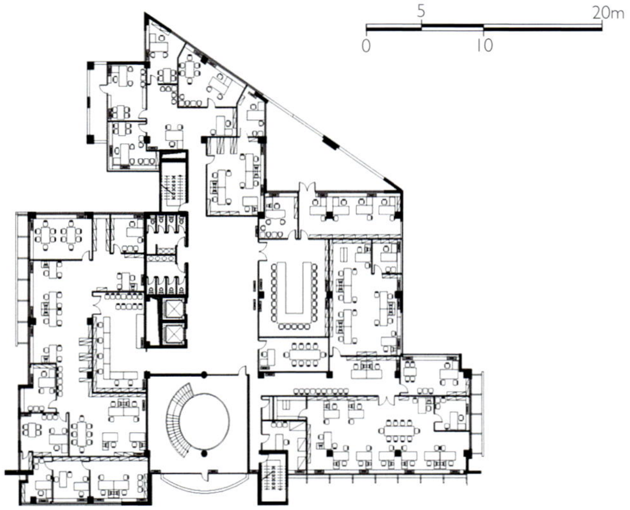

Κάτοψη Α ορόφου / First floor plan

1999

Ο Αλέξης Βικέλας από τις αρχές του 2000, μετά την αποφοίτησή του από το Πολυτεχνείο της Αθήνας και την τριετή μεταπτυχιακή του εκπαίδευση στη Σχολή Καλών Τεχνών του Düsseldorf, άρχισε τη σταδιοδρομία του μαζί με τον πατέρα του Ιωάννη Βικέλα. Έκτοτε, όλα τα έργα που έχουν μελετηθεί στο γραφείο είναι αποτέλεσμα και της δικής του πολύ σημαντικής συμβολής. Ήδη, με την ολοκλήρωση δέκα χρόνων συνεργασίας ο ένας συμπληρώνει τον άλλο, με στόχο πάντα ένα καλύτερο αποτέλεσμα.

Alexis Vikelas since the beginning of 2000, after his graduating from the Architecture School at the National Technical University of Athens and his three-year post-graduate education at the School of Fine Arts in Düsseldorf, he began his career with his father Ioannis Vikelas. Since then, all projects designed at the office are the result of his additional significant contribution. After the completion of their ten-year cooperation, the one complements the other, always aiming to the best result.

ΚΕΝΤΡΙΚΑ ΓΡΑΦΕΙΑ ΤΡΑΠΕΖΙΚΟΥ ΟΡΓΑΝΙΣΜΟΥ «MARFIN» ΕΠΙ ΤΗΣ Λ. ΚΗΦΙΣΙΑΣ ΣΤΟ ΜΑΡΟΥΣΙ

Πρόκειται για συγκρότημα δύο όμοιων, λειτουργικά και μορφολογικά, όγκων με ενιαία τυπολογία τεσσάρων τυπικών ορόφων, με μικρές διαφορές στη διαρρύθμιση των χώρων γραφείων. Οι ισόγειες στάθμες των τραπεζικών καταστημάτων έχουν ενιαία ανάπτυξη, με τους κεντρικούς πυρήνες κλιμακοστασίων τοποθετημένους στην πίσω πλευρά.

Το στοιχείο της σύνθεσης που επιδιώχθηκε για να επανακαθορίσει την ταυτότητα του συνόλου, είναι ο προαύλιος χώρος που συνδέει τον πίσω ακάλυπτο με τον δημόσιο χώρο μπροστά. Το μεταλλικό στέγαστρο που τον καλύπτει, συνδέοντας τα δύο κτήρια, προσδίδει στο συγκρότημα μια ιδιαίτερη ταυτότητα. Κατασκευαστικά, το στέγαστρο αποτελείται από φορείς που έχουν την ελλειπτική μορφή των διπλών τόξων, από κυκλικές διατομές και μεταλλικούς εντατήρες συμπαγών ράβδων. Ως υλικό πλήρωσης για τον σκιασμό χρησιμοποιήθηκαν καμπυλωμένες μικρότερες, κυκλικές διατομές σε πυκνή διάταξη, στερεωμένες στο κάτω μέρος του τοξωτού φορέα.

Εξωτερικά, οι επενδύσεις από λευκό γρανίτη και ανακλαστικούς υαλοπίνακες με σύστημα structural σε μια επιφάνεια χαρακτηρίζονται από τις αναλογίες των ανοιγμάτων που διαφοροποιούνται σε κάθε όροφο και μάλιστα με συνεχή μείωση προς τα επάνω.

Στις στενές προσόψεις αναρτήθηκαν μεταλλικά πλαίσια τετραγωνικού σχήματος ως στοιχεία μορφολογικού εμπλουτισμού, σε διάλογο με το μεταλλικό στέγαστρο.

"MARFIN" BANKING ORGANIZATION HEADQUARTERS ON KIFISSIAS AVENUE IN MAROUSSI, ATHENS

This project is a complex of two identical mirror-placed volumes, with a uniform typology of four typical storeys and minor differences in the office areas arrangement. The ground levels hosting the bank branch offices have a unified development, with the central stairwells placed on the rear side.

The compositional element, assigned to redefine the identity of the ensemble, is the intermediate courtyard connecting the rear and the frontal open space. The covering metal canopy, connecting the two buildings, lends a particular identity to the complex. The structure of the space frame consists of twin elliptical arcs of circular profile, and solid steel tension rods. Smaller, curved, round profiles, attached in a dense arrangement underneath the primary arches, were used to create pleasant shading.

The elevations are formed by white granite and grey-blue glasspanes. The proportions of the openings are differentiated on each floor, with gradual reduction towards the top of the building. In reference to the perforated metal roof, square steel frames were suspended from the narrow front elevation of both buildings.

2000

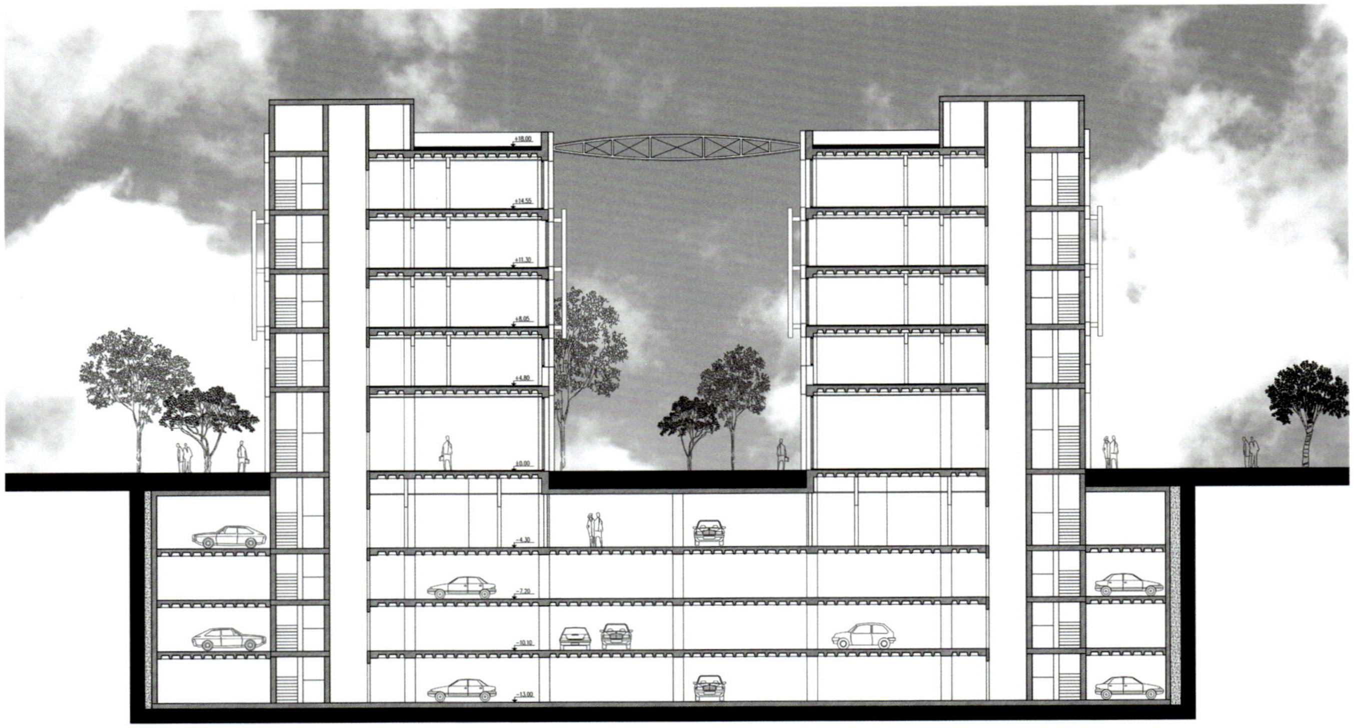

Τομή / Section

Κάτοψη τυπικού ορόφου / Typical floor plan

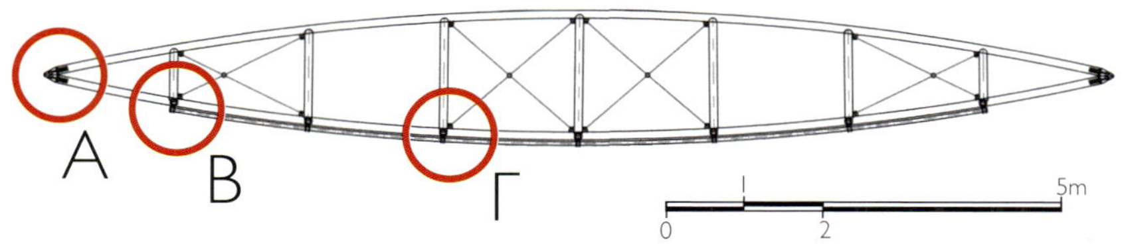

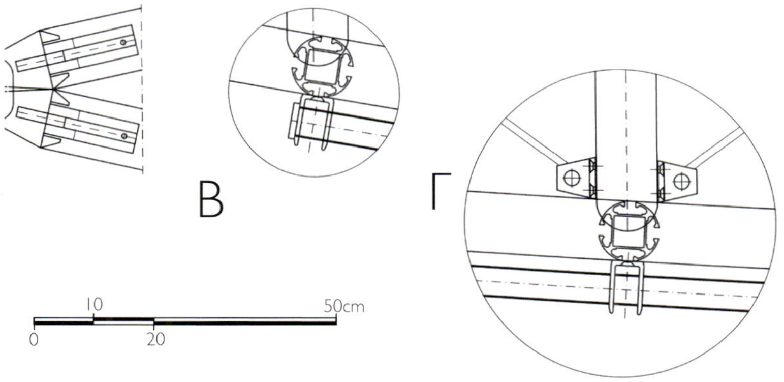

Λεπτομέρειες χωροδικτυώματος / Spaceframe details

ΣΥΜΜΕΤΟΧΗ ΣΕ ΔΙΑΓΩΝΙΣΜΟ ΓΙΑ ΤΟ ΝΕΟ ΠΛΑΝΗΤΑΡΙΟ ΚΑΙ ΚΤΗΡΙΟ ΕΚΘΕΜΑΤΩΝ ΦΥΣΙΚΗΣ ΕΠΙ ΤΗΣ Λ. ΒΟΥΛΙΑΓΜΕΝΗΣ ΣΤΗ ΓΛΥΦΑΔΑ

(ΣΥΝΕΡΓΑΣΙΑ ΜΕ ΝΤΙΝΟ ΓΕΩΡΓΙΟΥ)

Σε οικόπεδο τραπεζοειδούς σχήματος, με όψεις σε τρεις οδούς και πρόσωπο επί της Λεωφόρου Βουλιαγμένης σχεδιάστηκε μια πρόταση που σκόπευε στην οργάνωση δύο βασικών λειτουργιών: την ένταξη του θόλου προβολών του Πλανητάριου και του θεματικού χώρου έκθεσης Φυσικών Επιστημών σε ενιαία σύνθεση.

Εξωτερικά, το κτηριακό σύνολο εγγράφεται σ' ένα περίστυλο ορθογώνιο, εν είδει δομικού χωροκανάβου. Μορφές στερεών – ημισφαίριο, κώνος, πυραμίδα, κύβος – προβάλλονται ελεύθερα μέσα στο χωρικό αυτό πλέγμα που τα συνδέει. Το κύριο σώμα του κτηρίου επενδύεται από φύλλα χαλκού, ο εξωτερικός δομικός σκελετός, όπως και όλα τα στοιχεία υπαιθρίων διαμορφώσεων, είναι από λευκό μάρμαρο, ενώ ηλεκτροκίνητες περσίδες εντός των υαλοπετασμάτων εξασφαλίζουν την ηλιοπροστασία.

PARTICIPATION IN THE COMPETITION FOR THE NEW PLANETARIUM AND PHYSICS EXHIBITION HALL ON VOULIAGMENIS AVENUE IN GLYFADA, ATHENS

(COLLABORATION WITH DINOS GEORGIOU)

On a trapezoid site, with elevations on three streets and main façade on Vouliagmenis Avenue, the designed proposal aimed to organize two basic functions: the integration of the Planetarium's projection dome and a thematic display area about Natural Sciences, in a single composition.

Open galleries form a structural spatial frame and surround different volumes in the shape of hemisphere cone, cube and pyramid. The main body of the building is clad with copper panels, the external structural frame, as well as all elements of outdoor configurations, are covered with white marble, while the motorized blinds inside the curtain walls provide sun shading.

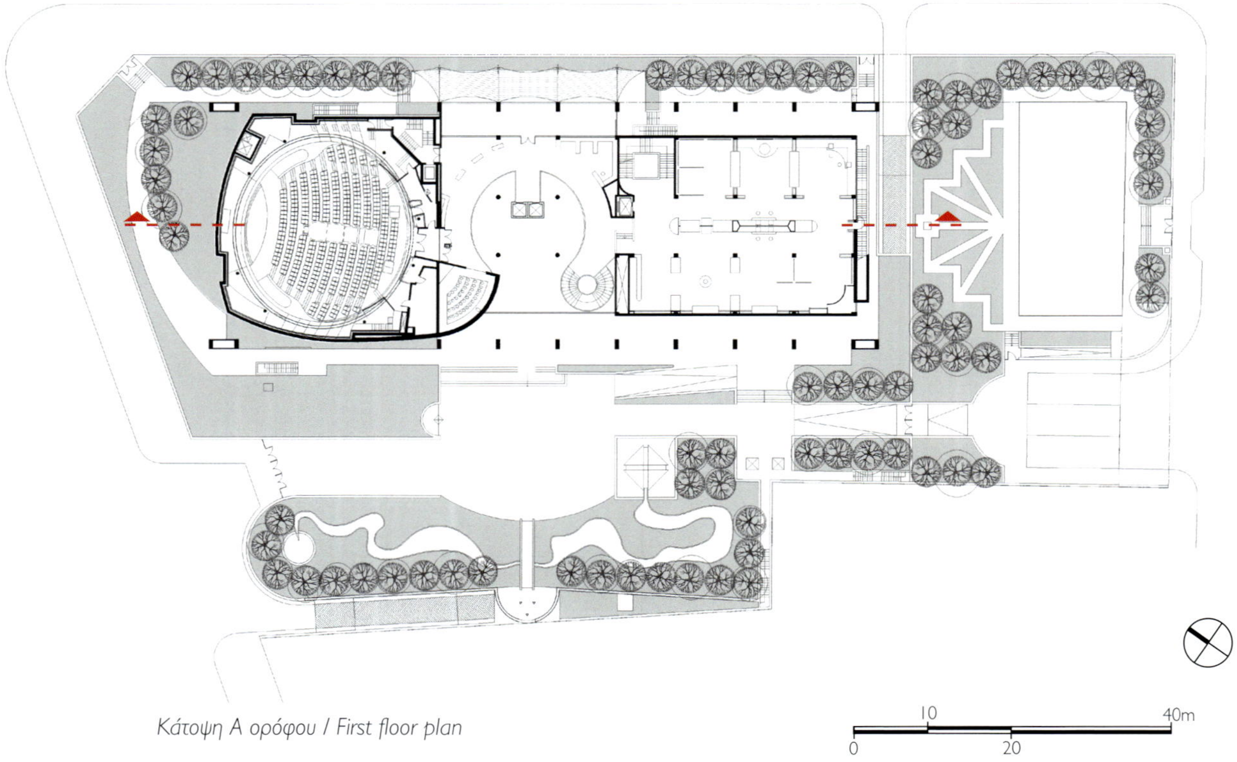

Κάτοψη Α ορόφου / First floor plan

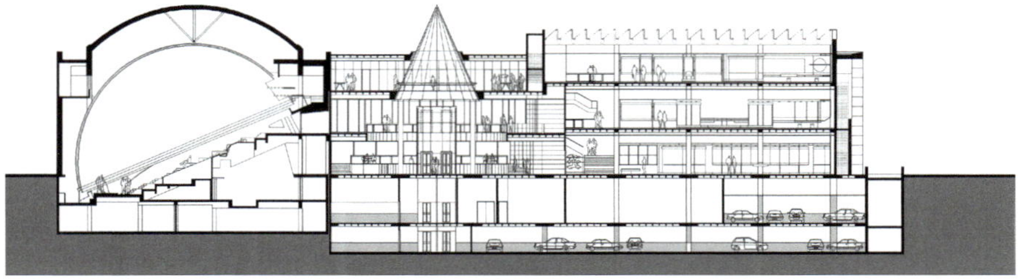

Τομή / Section

2000

ΜΕΛΕΤΗ ΚΤΗΡΙΟΥ ΓΡΑΦΕΙΩΝ & ΚΑΤΑΣΤΗΜΑΤΩΝ ΕΠΙ ΤΗΣ Λ. ΚΗΦΙΣΙΑΣ ΣΤΟΥΣ ΑΜΠΕΛΟΚΗΠΟΥΣ

Σύμφωνα με την πρόταση, μελετήθηκε η κατασκευή ενός προβεβλημένου συνόλου γραφείων-καταστημάτων με πέντε υπόγεια και επιδιώχθηκε η ένταξη του μεγάλου αυτού κτηριακού συγκροτήματος, περιβαλλόμενου από τέσσερις οδούς, μέσα στον πυκνοδομημένο αστικό ιστό.
Για να αντιμετωπιστεί ο μεγάλος όγκος του κτηρίου, σχηματίστηκε μια έντονη διαμήκη εγκοπή και το σώμα του κτηρίου χωρίστηκε σε δύο λεπτές πτέρυγες με καμπύλες απολήξεις που συνδέονται στο πάνω μέρος με μια ενιαία πλάκα που φέρει κυκλική οπή. Με τον τρόπο αυτόν, διαμορφώθηκε εσωτερικός πεζόδρομος και αίθριο στο κέντρο του συγκροτήματος.

STUDY OF SHOPS & OFFICE BUILDING ON KIFISSIAS AVENUE IN AMPELOKIPI, ATHENS

The proposal concerned the construction of a projected shops and office complex with five underground levels. The design aimed to incorporate this large building complex, facing four streets, within the dense urban fabric.
To deal with the large volume of the building, a bold longitudinal indentation was formed, splitting the building in two narrow wings with curved endings, connected by a large flat roof with a round opening. Thus, an internal street was laid in between leading to an atrium at the center of the building complex.

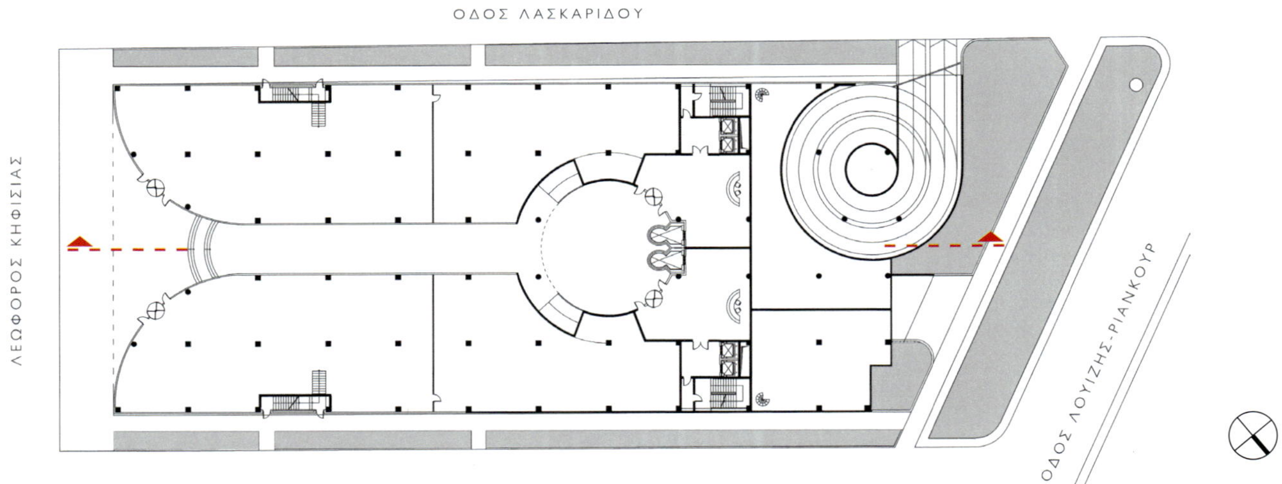

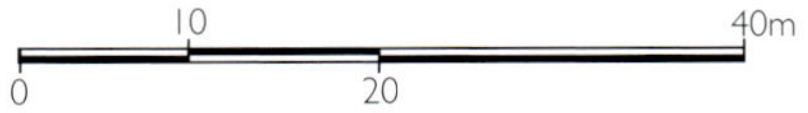

Κάτοψη ισογείου / Ground floor plan

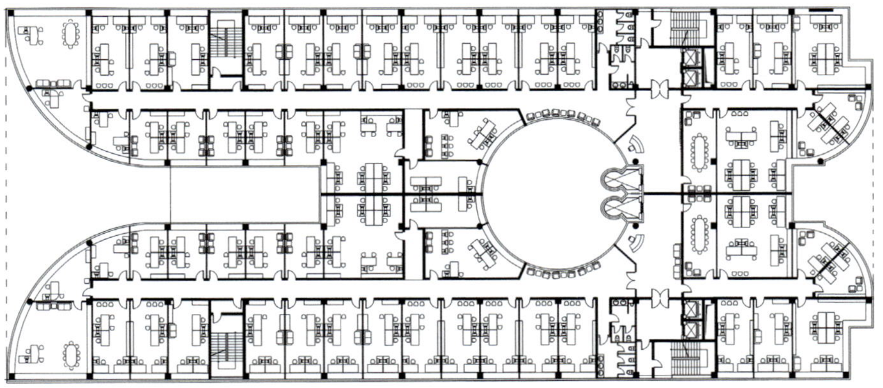

Κάτοψη τυπικού ορόφου / Typical floor plan

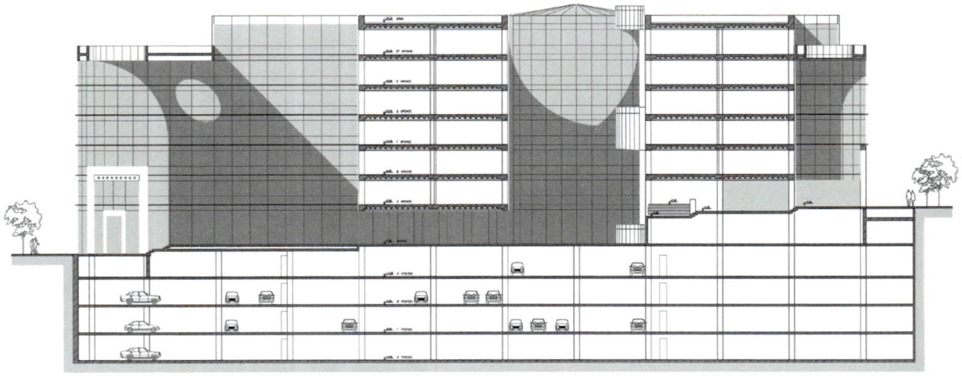

Τομή / Section

2000

ΤΡΕΙΣ ΚΑΤΟΙΚΙΕΣ ΕΠΙ ΤΗΣ ΟΔΟΥ ΣΕΡΕΠΕΤΖΗ ΣΤΟ ΨΥΧΙΚΟ

(ΕΣΩΤΕΡΙΚΗ ΔΙΑΡΡΥΘΜΙΣΗ ΚΑΤΟΙΚΙΑΣ Α: RS ARCHITECTS)

Σε μεσαίο, επίμηκες οικόπεδο με έντονη εγκάρσια κλίση, επάνω σε βραχώδη πλαγιά των Τουρκοβουνίων, μελετήθηκε το συγκρότημα τριών κατοικιών προσανατολισμένο ανατολικά.
Η σύνθεση είναι μια γραμμική παράταξη όμοιων τυπολογικά ενοτήτων που αναπτύσσονται κατακόρυφα λόγω του πρανούς και σε απόσταση από το δυτικό όριο του δρόμου που βρίσκεται στην υψηλότερη στάθμη. Η εξωτερική πρόσβαση στις κατοικίες γίνεται με γέφυρες, ενώ ενδιάμεσοι χαμηλοί όγκοι αποτελούν τους κατακόρυφους πυρήνες για την κάθοδο των οχημάτων με ανελκυστήρες σε ενιαίο υπόγειο χώρο στάθμευσης. Οι κατοικίες διαμορφώνονται σε πέντε επίπεδα, με χώρους διημέρευσης στη στάθμη πρόσβασης, υπνοδωμάτια, εσωτερική πισίνα και βοηθητικούς χώρους στις κατώτερες στάθμες αντίστοιχα.
Εξωτερικά, χρησιμοποιήθηκαν λίθινες επενδύσεις με οριζόντιο σύστημα ανάπτυξης. Ζώνες στενότερες διαδέχονται ζώνες φαρδύτερες με εναλλάξ αδρές και λειασμένες επιφάνειες που διαρθρώνουν συγχρόνως και τις αναλογίες ορισμένων ανοιγμάτων. Ένα εμφανές συνθετικό στοιχείο αποτελεί το κάθετο τοιχίο μεταξύ των δυο συμμετρικών κατοικιών, της μεσαίας και της νότιας. Επάνω σε αυτό αγκυρώνονται οι εξώστες της κύριας όψης και οι δοκίδες από τις πέργκολες στο δώμα, οι οποίες διαρθρώνονται σε διαφορετικά ύψη.

THREE HOUSES ON SEREPETZI STREET IN PSYCHIKO, ATHENS

(INTERIOR DESIGN OF HOUSE A BY RS ARCHITECTS)

On an intermediate, oblong site with intense transversal inclination, on a rocky slope of Tourkovounia, a complex of three houses was designed, with a view to the east.
The project is composed as a linear array of typologically similar units, which develop vertically, because of the site slope, distanced from the western boundary of the street that is at the highest level. The houses are accessed from the exterior by bridges, while intermediate low volumes form the vertical elevator cores that provide vehicles with access to common underground parking area. The houses are arranged in five levels, with living areas on the access level, bedrooms, indoor pool and auxiliary areas on all lower levels.
The exterior is covered with horizontally laid stone plates. Narrow zones follow wider ones with alternating rough and polished surfaces, which articulate at the same time the proportions of certain openings. Important element of the concept forms the dividing wall that extends and separates the two symmetrical houses, the one in the middle and the southern one. The balconies of the main façade, and the beams of the pergolas on different levels on the roof, are anchored on that wall.

2001

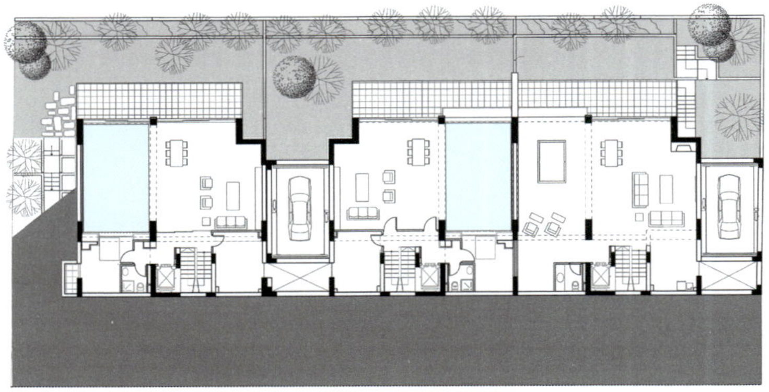

Κάτοψη υπογείου / Basement plan

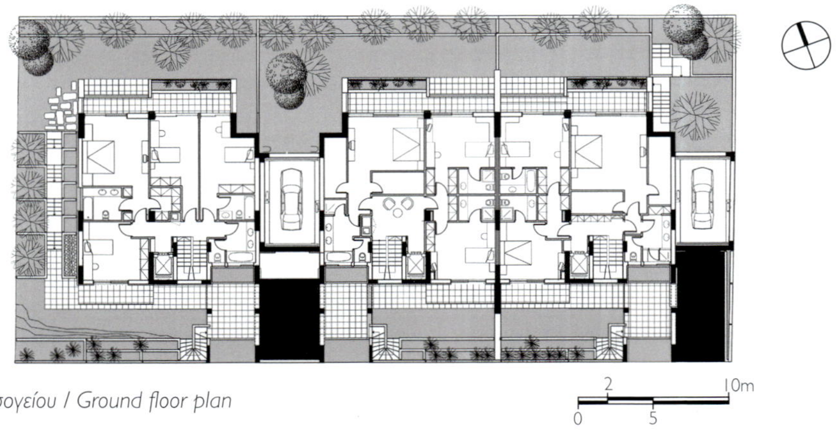

Κάτοψη ισογείου / Ground floor plan

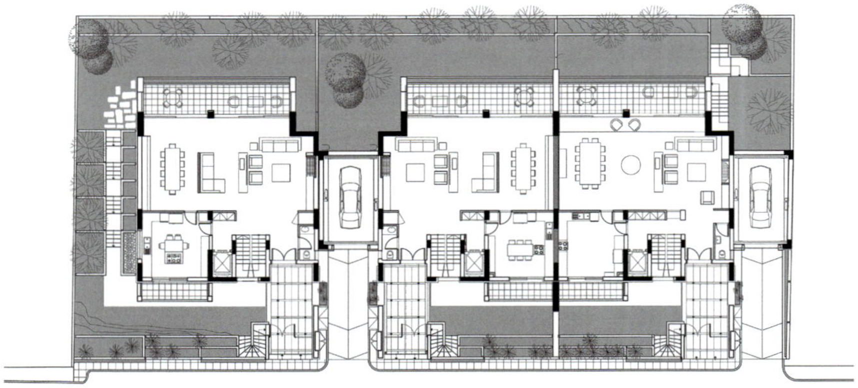

Κάτοψη Α ορόφου / First floor plan

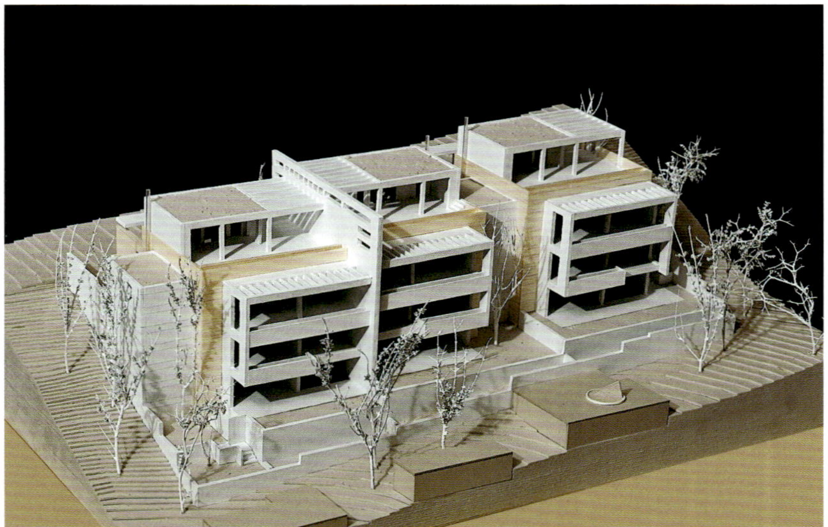

ΚΤΗΡΙΟ ΓΡΑΦΕΙΩΝ ΟΜΙΛΟΥ «DANAOS» ΕΠΙ ΤΗΣ ΑΚΤΗΣ ΚΟΝΔΥΛΗ ΣΤΟΝ ΠΕΙΡΑΙΑ

Το κτήριο ναυτιλιακής εταιρείας με κατάστημα στο ισόγειο βρίσκεται πάνω στο μέτωπο του λιμένα και έχει όψεις σε τρεις οδούς. Η βασική ιδέα ήταν η συνεχής ανάπτυξη των δύο κύριων όψεων με λοξή απότμηση της γωνίας.
Ο συγκερασμός προθέσεων και προδιαγραφών αποτυπώνεται στη διεύρυνση του αναπτύγματος του μετώπου, με τη δημιουργία μιας οιονεί «τέταρτης όψης» που προκύπτει με τη λοξή απότμηση του κυρίως όγκου και την κατάτμησή του σε δύο τμήματα με κατακόρυφη εγκοπή. Μελετήθηκε η σύνθετη λεπτομέρεια σύνδεσης των δύο γωνιακών επιμέρους όγκων να καταλήγει στη βάση σε ένα γωνιακό υποστύλωμα.
Στο υπερυψωμένο ισόγειο προβλέφθηκε χώρος για κατάστημα τραπέζης με ημιώροφο. Η πρόσβαση επιτυγχάνεται στη βάση της λοξής απότμησης. Στην κύρια όψη, και σε επαφή με τη μεσοτοιχία, υπάρχει ανεξάρτητη είσοδος προς τους ορόφους των γραφείων. Μελετήθηκε χώρος εστιατορίου και μεγάλη αίθουσα συνεδρίων στον πρώτο όροφο, τα γραφεία διεύθυνσης στην τελευταία στάθμη και δώμα διαμορφωμένο με μεταλλικές πέργκολες, ξύλινο deck και φυτεμένες επιφάνειες, το οποίο προορίζεται για φιλοξενία των υπαίθριων εκδηλώσεων.

"DANAOS" GROUP HEADQUARTERS ON KONDYLI COAST IN PIRAEUS

The building of a shipping company is located on the port front and faces three streets. The primary principle was the continuous development of two main façades with a chamfered corner.
The blending of intentions and specifications is marked on the widening of the front elevation, with the creation of a quasi "fourth façade" which results from the chamfering of the main body and its partition in two sections by a vertical indentation. The design dealt with the complex detail connecting the two individual corner volumes, which is based on an L-shaped column.
The design provided for a bank branch office with mezzanine floor on the elevated ground floor. The access is on the base of the chamfer. On the main façade, in contact to the party wall, there is an independent entrance to the storeys of office areas. The design included a restaurant and a large conference hall on the first floor, the management offices on the last floor, and a roof with metal canopies, a wooden deck and planted areas, where outdoor events can be hosted.

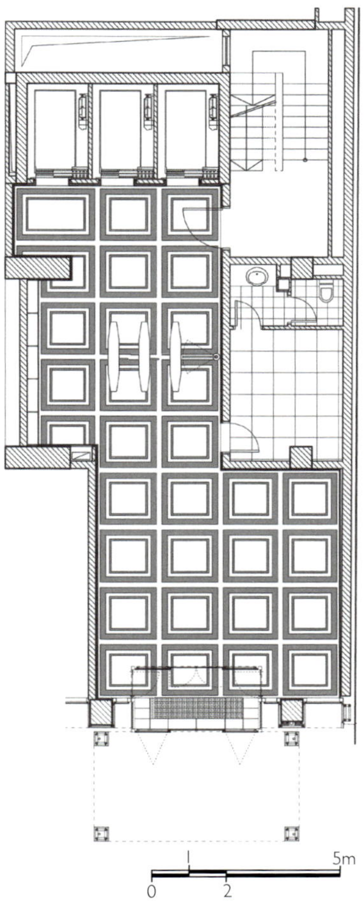

Κάτοψη δαπέδου εισόδου / Entrance floor plan

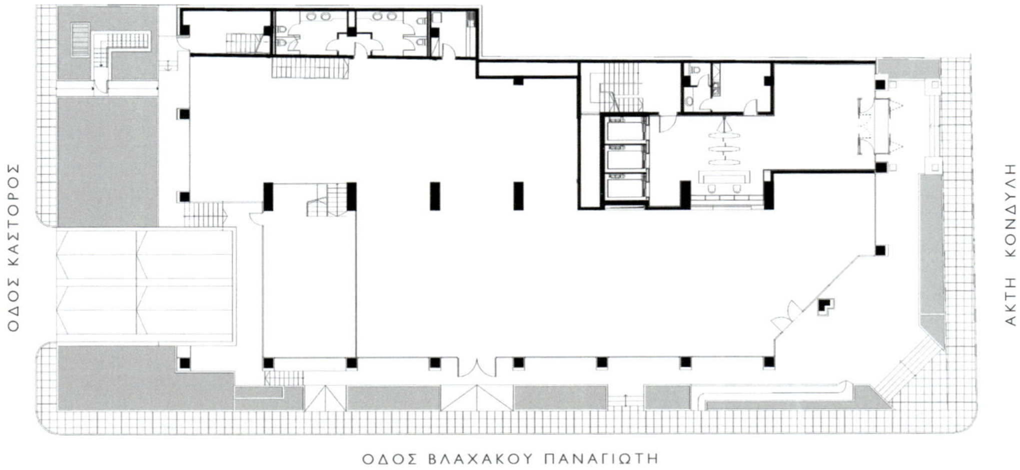

Κάτοψη ισογείου / Ground floor plan

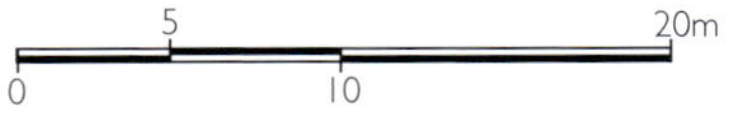

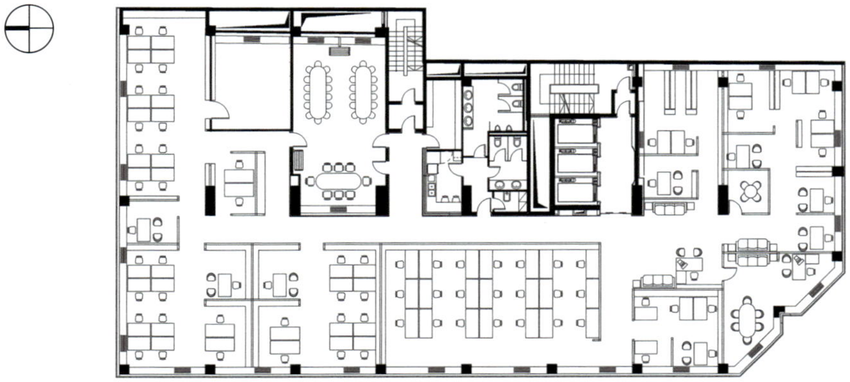

Κάτοψη 4ου ορόφου / Fourth floor plan

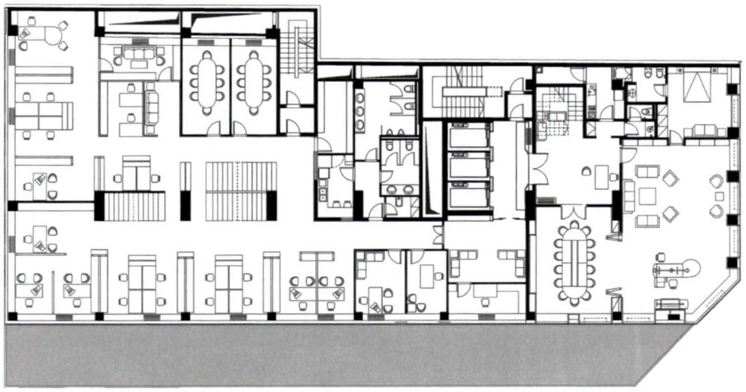

Κάτοψη 6ου ορόφου / Sixth floor plan

ΑΡΧΙΤΕΚΤΟΝΙΚΟΣ ΔΙΑΓΩΝΙΣΜΟΣ ΣΕ ΦΑΣΗ ΠΡΟΜΕΛΕΤΗΣ ΓΙΑ ΤΟ ΟΛΥΜΠΙΑΚΟ ΔΙΕΘΝΕΣ ΚΕΝΤΡΟ ΡΑΔΙΟΤΗΛΕΟΡΑΣΗΣ (IBC)

(ΣΥΝΕΡΓΑΣΙΑ ΜΕ Η. & Κ. ΣΚΡΟΥΜΠΕΛΟ & ΜΕΑΣ ΕΠΕ)

Το Διεθνές Ραδιοτηλεοπτικό Κέντρο IBC για τη μετάδοση των αγώνων αποτέλεσε το νευραλγικό κέντρο των Ολυμπιακών Εγκαταστάσεων στην ευρύτερη περιοχή του Σταδίου, όπου θα διεξάγονταν οι Ολυμπιακοί Αγώνες του 2004.
Ο στόχος της μελέτης ήταν η δημιουργία ενός «μη-κτηρίου», ώστε να αποδοθεί σε δημόσια χρήση ένας «ελεύθερος χώρος» μέσα στον ήδη βεβαρυμένο αστικό ιστό, που θα είχε τη μορφή ενός πράσινου πάρκου με οπτικές φυγές προς την πόλη και τις υπόλοιπες Ολυμπιακές Εγκαταστάσεις. Για τον λόγο αυτόν δημιουργήθηκε ένα κεκλιμένο επίπεδο που έμοιαζε να αποκολλάται από τον φλοιό της γης, με τη μορφή ενός φυτεμένου δώματος-πάρκου με ήπια κλίση. Η κεκλιμένη επιφάνεια συνδεόταν μέσω δύο ραμπών με το χαμηλότερο επίπεδο του υπερτοπικού άξονα στα ανατολικά, αφήνοντας ενδιάμεσο ανοιχτό όρυγμα για τον υπόγειο σταθμό μετεπιβίβασης, και ανασηκωνόταν προς δυσμάς, δημιουργώντας ένα υψηλό μέτωπο στραμμένο προς το Στάδιο. Το κεκλιμένο πάρκο είχε ως κύριο σκοπό την «απόκρυψη» αυτού του τεράστιου κτηρίου από κάθε παρατηρητή της Λεωφόρου Κηφισίας. Πάνω στη φυτεμένη πλατεία πρόβαλαν οι τέσσερις γυάλινοι κύβοι των γραφείων και πιο πίσω το εστιατόριο με την κυματιστή στέγαση.
Μελετήθηκε ένα ευέλικτο μεταλλικό σύστημα κατασκευής με δυνατότητα να αποσυναρμολογηθεί μετά το πέρας των Αγώνων. Στο ισόγειο χωροθετήθηκαν οι εγκαταστάσεις τεχνικού εξοπλισμού και χώροι υποδοχής. Στον όροφο διατάχθηκαν δυτικά, τα studios με εξαώροφο ύψος και κεντρικά, ο πύργος γραφείων. Στην περίμετρο της ορθογωνικής στέγης-πλατείας μελετήθηκε ένα «διάτρητο» μεταλλικό στέγαστρο με τη μορφή γείσου, με κλίση προς τα επάνω, που στηριζόταν σε μεταλλικά διαγώνια στοιχεία, τα οποία εξείχαν από τα συμπαγή μέτωπα των τριών όψεων του κτηρίου.
Δυστυχώς, το κύριο χαρακτηριστικό αυτής της μελέτης, η διαμόρφωση δηλαδή της στέγης σε μικρό πάρκο, κάτω από το οποίο το κτήριο θα «εξαφανιζόταν», δεν υλοποιήθηκε.

ARCHITECTURAL COMPETITION - PRELIMINARY PHASE FOR THE OLYMPIC INTERNATIONAL BROADCASTING CENTER (IBC)

(COLLABORATION WITH E. & C. SKROUMBELOS & MEAS LTD)

The International Broadcast Center (IBC) for the Olympic Games was the key point of the Olympic Facilities in the broad area of the Stadium where the 2004 Olympic Games were going to take place.
The design aimed at the creation of a "non-building", so as to return to public use a "free space" within an already dense urban fabric, which would have the form of a green park with views to the city and the other Olympic Facilities. To meet this target, a sloped plane was designed, appearing to detach from the earth's crust, with the form of a green roof-park with a mild inclination. The inclined plane connected to the lower level of the major road axis to the east via two ramps, forming an open trench for the underground connecting station, and elevated to the west, thus creating a high front facing the Stadium. The sloped park attempted to "conceal" this enormous building from the observers along Kifissias Avenue. Four glass cubes of office spaces protruded over the planted plaza, as well as a restaurant with an undulating roof.
A flexible steel structural system was designed, with the capability of being disassembled upon completion of the Games. Reception areas and facilities for technical equipment were located on the ground floor. The six-storey-high studios were arranged on the west side of the upper floor, and the office tower was located centrally. A "perforated" metal cover, in the form of a cornice, with an inclination upwards, was designed on the perimeter of the rectangular roof-terrace, which was mounted on steel bracings that protruded from the solid fronts of the three facades of the building.
Unfortunately, the main feature of this study that was the reformation of the roof to a small park, under which the building would "disappear", was not carried out..

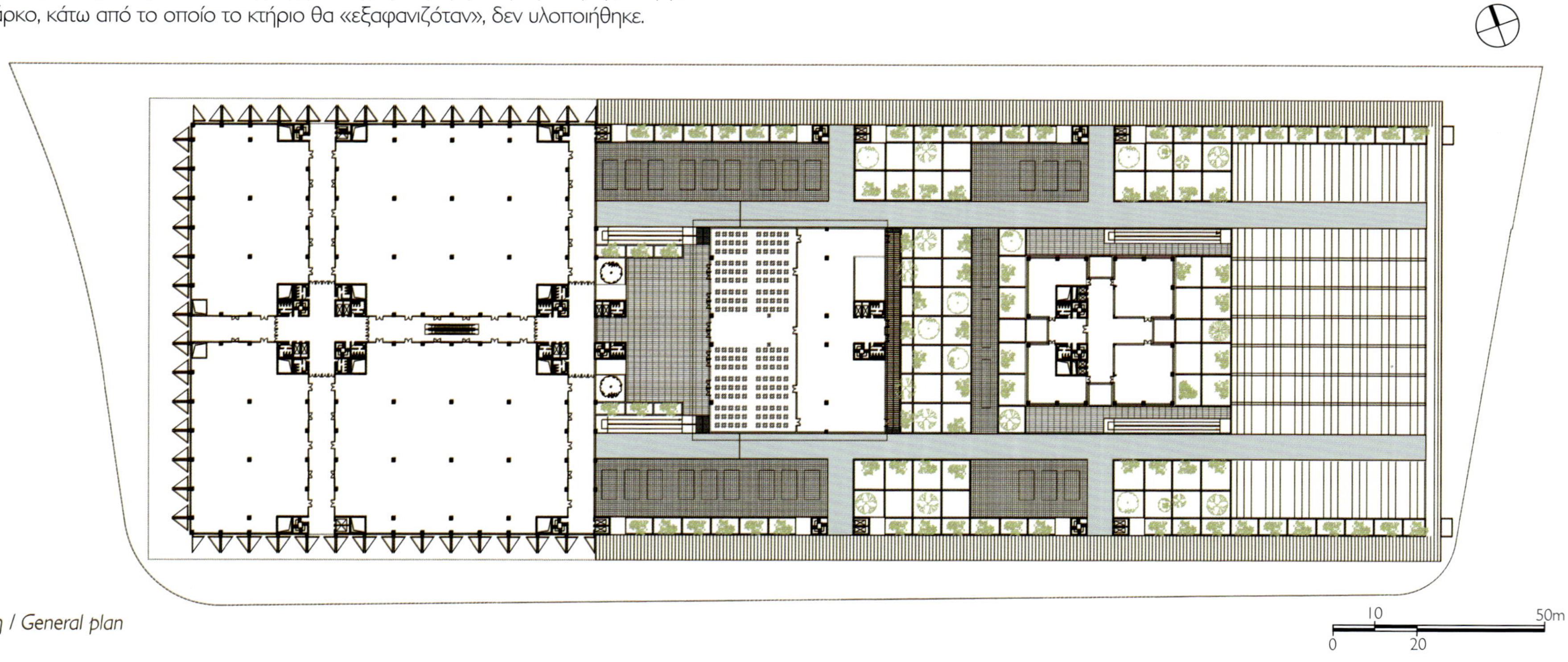

Γενική κάτοψη / General plan

2001

ΑΜΦΙΘΕΑΤΡΟ ΓΕΝΝΑΔΕΙΟΥ ΒΙΒΛΙΟΘΗΚΗΣ ΣΤΗΝ ΟΔΟ ΣΟΥΗΔΙΑΣ 61

Το νέο κτήριο περιέχει τις κύριες χρήσεις βιβλιοστασίων και εκθεσιακού χώρου σε δύο υπόγεια και μεγάλο αμφιθεατρικό χώρο στο ισόγειο με διώροφο ύψος και foyer. Εξωτερικά, το νέο κτήριο εμφανίζει μορφολογική συνέπεια σε σχέση με το νεοκλασικό σύμπλεγμα, του οποίου αποτελεί λειτουργική συνέχεια. Κατ' αυτό, ο όγκος οργανώνεται μορφολογικά με βάση, κορμό και στέψη. Γίνονται ορθομαρμαρώσεις στη στάθμη του υπογείου, ενώ το ισόγειο επιχρίεται με υποκίτρινο σοβά και λευκά, ανάγλυφα κατακόρυφα στοιχεία εν είδει πεσσών με γείσα και τελική επίστεψη περιμετρικού γείσου στο ύψος της οροφής και χτιστό στηθαίο στο δώμα. Τα κουφώματα είναι ξύλινα με μεταλλικά κιγκλιδώματα ασφαλείας. Το ύφος και το είδος της επέμβασης έγινε με συνέπεια και σεβασμό στη μορφή του υπάρχοντος, διατηρώντας αναλλοίωτα τα νεοκλασικά στοιχεία που το καθόρισαν.
Ο αμφιθεατρικός διώροφος χώρος περιλαμβάνει εξώστη, σκηνή (με ανυψούμενη πλατφόρμα) και καμπίνα προβολής (ισόγειο). Ο χώρος της αίθουσας έχει αμφίπλευρη έξοδο στον περιβάλλοντα της πίσω πλευράς (βορεινή), μέσω κλιμακοστασίου. Προς την κύρια όψη σχεδιάστηκε προθάλαμος-foyer με ανοίγματα στη νότια πλευρά και κύρια πρόσβαση δυτικά, από τον χώρο της στοάς.

GENNADIOS LIBRARY AUDITORIUM AT 61 SOUIDIAS STREET, ATHENS

The new building contains the book storage areas and an exhibition hall on two underground levels and a large auditorium with foyer on the double-height ground floor.
Externally, the neoclassical complex and the new building, the former's functional continuation, display a morphological consistence. The new building has a similar morphological organization with a base, body and crowning. Marble cladding is applied on underground level, while the storey on ground level is coated with subyellow plaster and white, bearing embossed vertical elements in the form of pillars with cornices, and final crowning of a cornice running on ceiling level and a compact parapet on the roof. There are wooden openings with metal safety gratings. The style and type of the design is respectfully consistent to the form of the existing complex, keeping intact its defining neoclassical elements.
The two-storey-high space of the auditorium includes a balcony, a stage (with elevating platform) and a projection room (ground floor). The main hall has exits on either sides towards the rear (north) side open area, through a stairwell. A lobby-foyer with openings to facing the south and main entrance on the west, by the arcade, was designed towards the main facade.

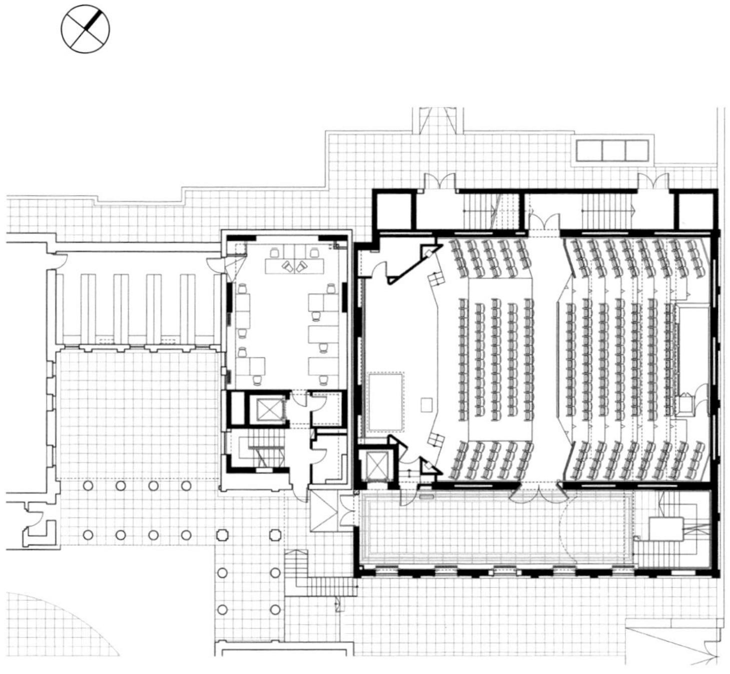

Κάτοψη ισογείου / Ground floor plan

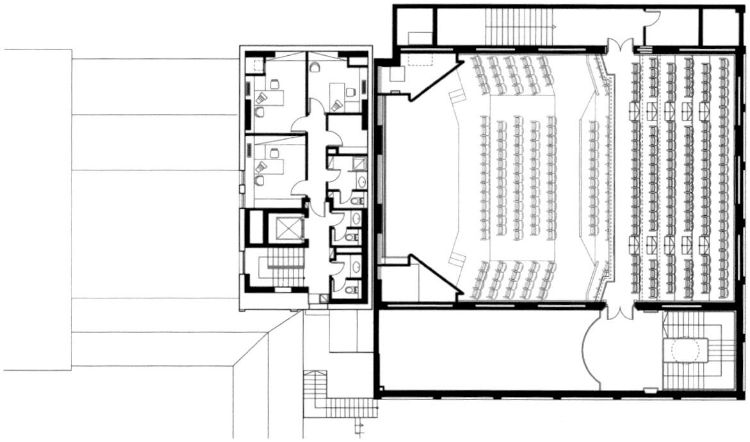

Κάτοψη ορόφου / First floor plan

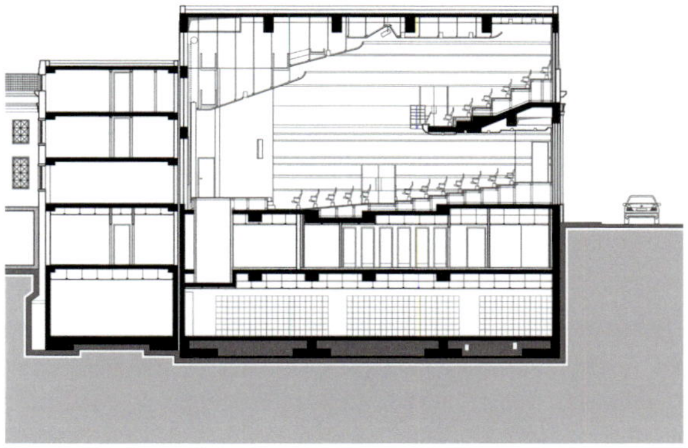

Τομή / Section

2002

ΟΛΥΜΠΙΑΚΟ ΚΕΝΤΡΟ ΙΣΤΙΟΠΛΟΪΑΣ ΣΤΟΝ ΑΓ. ΚΟΣΜΑ

(ΣΥΝΕΡΓΑΣΙΑ ΜΕ Η. & Κ. ΣΚΡΟΥΜΠΕΛΟ & ΜΕΑΣ ΕΠΕ)

Η κατασκευή του Ολυμπιακού Κέντρου Ιστιοπλοΐας επιχείρησε να συμβάλει ουσιαστικά στη διαμόρφωση του θαλάσσιου μετώπου κατά μήκος της παράκτιας ζώνης του υπό μελέτη «Μητροπολιτικού Πάρκου Ελληνικού».

Η πρώτη ζώνη, παράλληλη με τη διαμόρφωση της ακτογραμμής, αφορούσε στην κατασκευή κυματοθραύστη, χώρων κυκλοφορίας οχημάτων και μαρίνα ελλιμενισμού. Το Κέντρο Διοίκησης και Ελέγχου (γραφεία ISAF-επισήμων, ασφάλισης αγώνων, μετεωρολογικός σταθμός), το Κέντρο Τύπου και το υπαίθριο Αμφιθέατρο Τελετών Απονομής Επάθλων, σε συνάφεια με τον χώρο της Ολυμπιακής Φλόγας, χωροθετήθηκαν σ' αυτή τη ζώνη. Η στρατηγική θέση αυτών των εγκαταστάσεων αφορούσε στην αμφίπλευρη ορατότητα που προσφέρεται προς τον θαλάσσιο στίβο και τον ολυμπιακό λιμένα.

Η δεύτερη ζώνη σχεδιασμού, κάθετη στην ακτογραμμή, καθορίστηκε από τη θέση και τη στάθμη του αγωγού ομβρίων, για να λειτουργήσει ως συνδετήριος άξονας των παράκτιων επεμβάσεων και του κυματοθραύστη. Στο επίπεδο της προβλήτας παρατάχθηκαν εμπορικά καταστήματα και χώροι εξυπηρέτησης (τράπεζες, ταχυδρομείο, εστιατόρια, κτήρια τεχνολογικής υποστήριξης, διοίκησης του ιστιοπλοϊκού, τροφοδοσίας και ανεφοδιασμού, χώροι εθελοντών και βοηθητικών χρήσεων). Στο άνω επίπεδο, δημιουργήθηκε μια γραμμική πλατεία, ως υπαίθριος περίπατος, που κατέληγε στο Αμφιθέατρο Τελετών Απονομής Επάθλων με απεριόριστη θέα στον ορίζοντα και στις αθλητικές εγκαταστάσεις.

Οι χερσαίες εγκαταστάσεις, που συνιστούν την τρίτη ζώνη σχεδιασμού κατά μήκος της ακτογραμμής, αφορούσαν στις προβλήτες ελλιμενισμού, χώρους καθέλκυσης των σκαφών και χώρους παραμονής αθλητών. Στον ευρύτερο χώρο προβλέφθηκαν οι εγκαταστάσεις εισόδου-ελέγχου στις Ολυμπιακές Εγκαταστάσεις και περιοχή στάθμευσης οχημάτων.

Ένα επιπλέον σημείο αναφοράς στάθηκε η καμπύλη μορφή ως μια δυναμική που, ούτως ή άλλως, εμπεριέχει την έννοια της υδάτινης κίνησης, χαρακτηρίζει την τρισδιάστατη μορφή των στεγάσεων, συμπαγών και διάτρητων (πέργκολες) και αποτυπώνεται και στο περίγραμμα των κατόψεων. Στην περιοχή εισόδου και εξόδου των σκαφών, διαμορφώθηκε στην παράκτια ζώνη μια ήπια καμπύλη, θαλάσσια δίοδος με τη μορφή πτερυγίου, μεταξύ της απόληξης του κυματοθραύστη και μιας επιφάνειας από προσχώσεις.

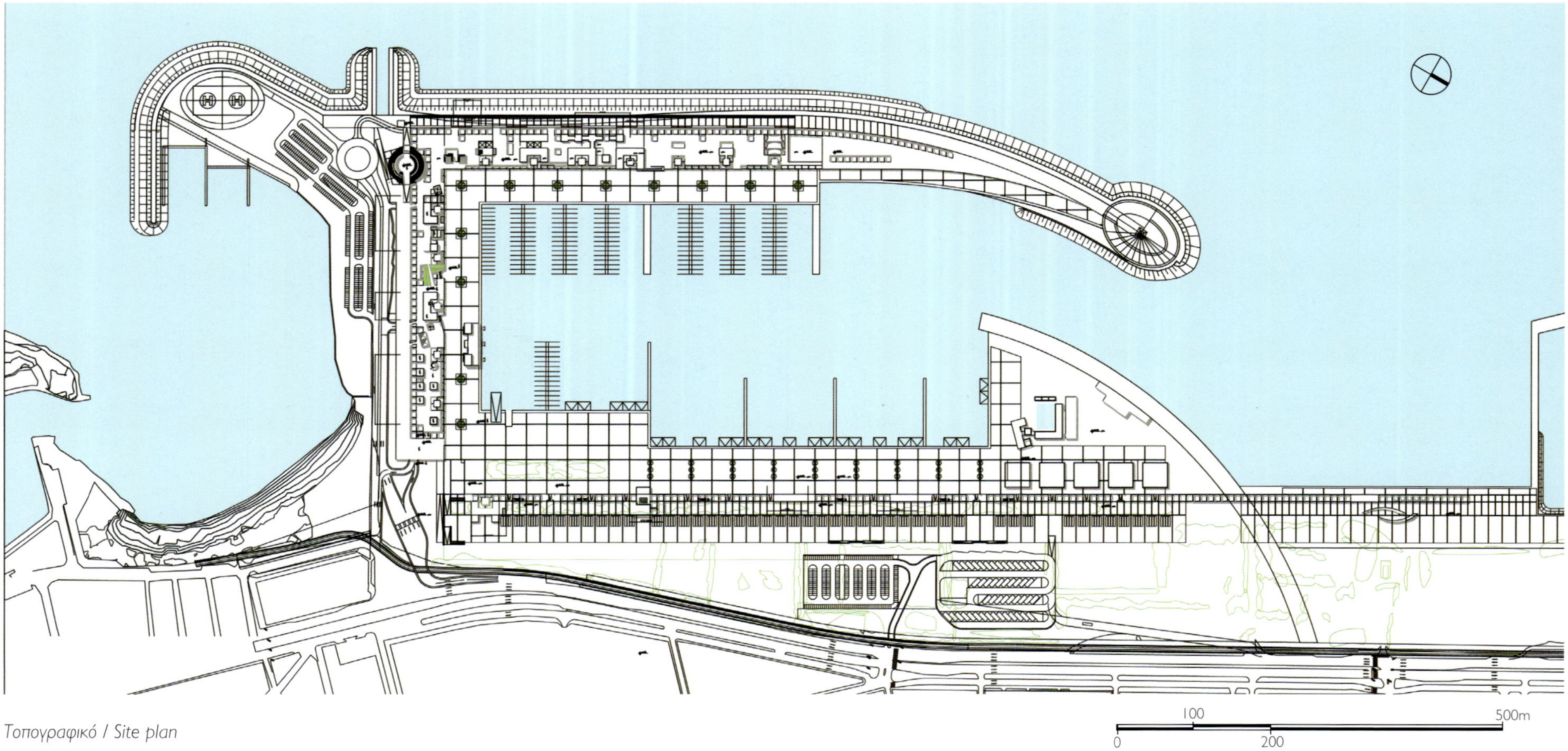

Τοπογραφικό / Site plan

2003

OLYMPIC SAILING CENTER IN AG. KOSMAS, ATHENS

(COLLABORATION WITH E. & C. SKROUMBELOS & MEAS LTD)

The construction of the Olympic Sailing Center intended to contribute to the formation of the sea front along the coastal zone of the – under study – "Metropolitan Park of Hellinikon".

The first zone, parallel to the arranged coastline, concerned the construction of a breakwater, vehicle circulation areas and a docking marina. The Administration and Control Center (ISAF, VIP, race insurance, and weather offices), the Press Center and the open-air Amphitheatre for Medal Ceremonies, were sited in this zone, in relation to the area of the Olympic Flame. The strategic position of this location had to do with the bilateral visibility towards the sea and the olympic port.

The second design zone, perpendicular to the coastline, was defined by the position and the level of the rain-water sewer, and served as a connecting axis between the coastal interventions and the breakwater. On the level of the pier, commercial shops were lined along with spaces for other services (banks, post office, restaurants, buildings for technical support, sailing administration, catering and supplies, volunteer areas and auxiliary uses). On the higher level, a linear plaza was created, as an open-air promenade, which leads to the Amphitheatre for Medal Ceremonies, providing unrestricted view to the horizon and the sports grounds.

The land facilities, that make the third design zone, consisted of the docking pier, vessel launching areas and staying areas for the athletes. Entrance-control areas for the Olympic Facilities were planned in the broader area, as well as a vehicle parking area.

The dynamic form of the curve, which anyway includes the notion of water motion, marks the three-dimensional expression of the roofs, either solid or perforated (pergolas), and is imprinted on the plans outline, as an additional reference point for the design. At the entrance and exit point of the vessels to the marina, a mild curve was shaped in the coastal zone, a sea passage in the form of a fin, between the breakwater termination and a silt deposit field.

ΚΤΗΡΙΟ ΓΡΑΦΕΙΩΝ & ΚΑΤΑΣΤΗΜΑΤΩΝ ΕΠΙ ΤΗΣ ΟΔΟΥ Α. ΠΑΠΑΝΔΡΕΟΥ ΣΤΑ ΜΕΛΙΣΣΙΑ

Σε γωνιακό, τριγωνικό οικόπεδο αναπτύσσεται το κτήριο κατά μήκος του κεντρικού οδικού άξονα, δημιουργώντας το κυρίως προβεβλημένο μέτωπο σε βορειοανατολικό προσανατολισμό.
Διαμορφώθηκαν δύο ανεξάρτητοι όροφοι καταστημάτων και δύο υπερκείμενοι όροφοι γραφείων με γραμμικό ανάπτυγμα και με απομείωση του κτηριακού όγκου προς τον ακάλυπτο.
Μορφολογικά, το μέτωπο της όψης μελετήθηκε ως ενιαίο πλαίσιο με πλάγιο πέτασμα που ανεβαίνει έως το δώμα και επενδύεται όλο από λευκό μάρμαρο, όπως και τα κατακόρυφα δομικά στοιχεία. Οι πλάκες των ορόφων βρίσκονται σε εσοχή, ώστε τα υαλοπετάσματα της κύριας όψης να δημιουργούν κατακόρυφες ενιαίες επιφάνειες που θα σκιάζονταν από αναρτημένα μεταλλικά πλαίσια με οριζόντια και κάθετα μετατιθέμενα προφίλ σχηματίζοντας το βασικό στοιχείο της όψης.
Στο δώμα μελετήθηκε μεταλλική πέργκολα που προβάλλεται επαρκώς έξω από την κύρια όψη, ώστε να τονίζει την επίστεψη και να ολοκληρώνει την όλη σύνθεση.

SHOPS & OFFICE BUILDING ON A. PAPANDREOU STREET IN MELISSIA, ATHENS

On a corner, triangular site, a building develops along the axis of the central road, with its main elevation facing northeast.
Two independent wider storeys with shops and two overimposed levels of linear office areas were formed.
The façade front was designed as a single frame with a side fin which rises to the roof, all clad with white marble as well as the vertical posts. The floor slabs are set back, so that the glass curtain walls of the main elevation create uniform vertical surfaces, which would have been shaded by suspended aluminum frames with horizontal and vertical mullions forming openings of alternating proportions in a rhythmic way.
A metal canopy was designed on the roof, projecting adequately from the main façade, thus giving emphasis on the crowning of the building and completing the whole composition.

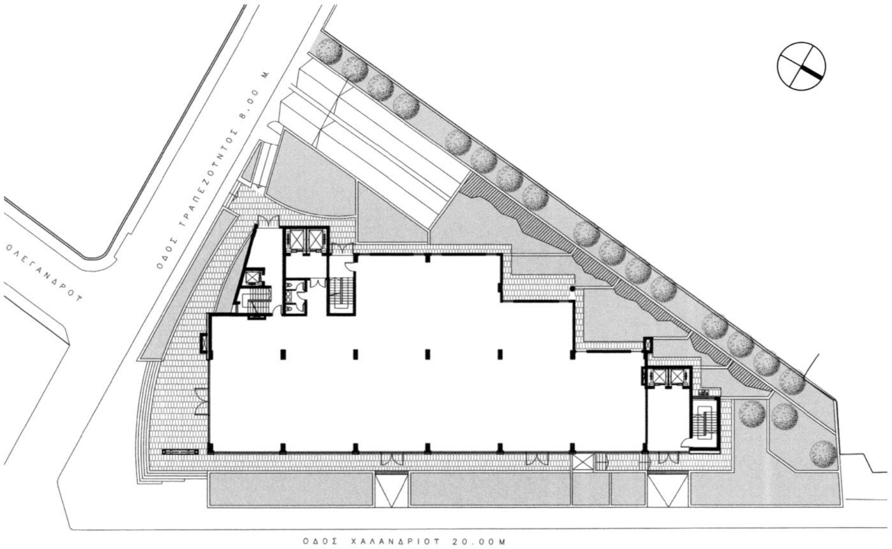

Κάτοψη ισογείου / Ground floor plan

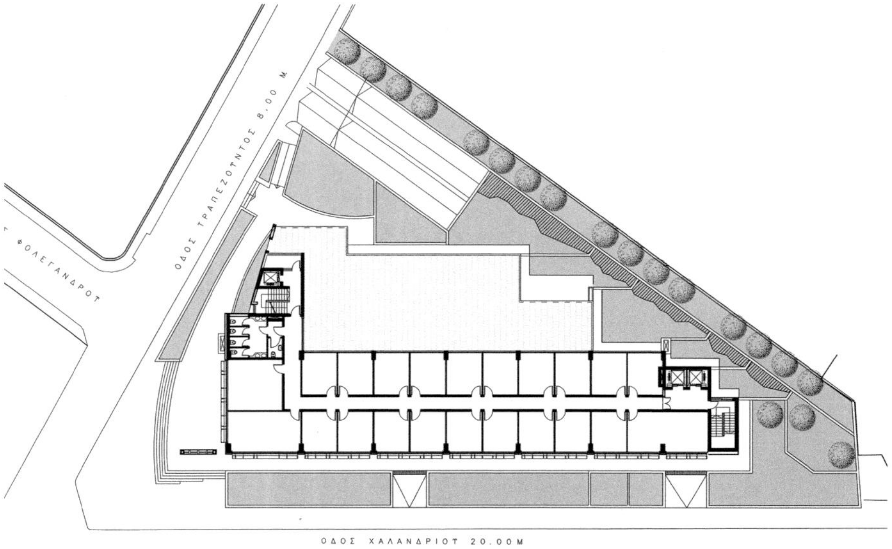

Κάτοψη Γ ορόφου / Third floor plan

2005

ΣΥΓΚΡΟΤΗΜΑ ΚΤΗΡΙΩΝ ΓΡΑΦΕΙΩΝ ΚΑΙ ΝΕΟΥ ΧΡΗΜΑΤΙΣΤΗΡΙΟΥ ΑΘΗΝΩΝ ΕΠΙ ΤΗΣ Λ. ΑΘΗΝΩΝ ΣΤΗΝ ΑΚΑΔΗΜΙΑ ΠΛΑΤΩΝΟΣ

Το συγκρότημα περιλαμβάνει τρία ανεξάρτητα κτήρια γραφείων πάνω σε τετραώροφη υπόγεια βάση με χώρους στάθμευσης.

ΚΤΗΡΙΟ Α

Στην προβεβλημένη γωνία του συγκροτήματος μελετήθηκε το κτήριο του νέου Χρηματιστηρίου Αθηνών. Στόχος της μελέτης υπήρξε η ανάδειξη του δημόσιου χαρακτήρα του.
Δημιουργήθηκε μια συνεχής κιονοστοιχία στην περίμετρο του κτηρίου, που αναπτύσσεται καθ' όλο το ύψος του όγκου, με τις οριζόντιες συνδετήριες δοκούς σε ελαφρά υποχώρηση. Εσωτερικά, στον άξονα της κάτοψης, τοποθετήθηκε πολυώροφος κενός χώρος σε μορφή αιθρίου, η παρουσία του οποίου αποτυπώνεται τόσο στη συμμετρική μορφολογία της όψης με επίστεψη κορωνίδας στην ανώτερη στάθμη, όσο και στο δώμα του κτηρίου, με τη μορφή ημικυλινδρικού γυάλινου θόλου.
Λειτουργικά, το κτήριο χωρίζεται σε τρία κλίτη, δημιουργώντας δύο ανεξάρτητες εξωτερικές πτέρυγες, που συνδέονται μεταξύ τους με εγκάρσιους διαδρόμους και κεντρικούς πυρήνες κλιμακοστασίων. Οι γραφειακοί χώροι διατάσσονται αμφίπλευρα εσωτερικού διαδρόμου, με τις μεσαίες σειρές γραφείων να έχουν έμμεσο φωτισμό από το κεντρικό στεγασμένο αίθριο του κτηρίου. Έχουν προβλεφθεί, επίσης, αίθουσες συσκέψεων ανά όροφο, καθώς και μεγάλη αίθουσα διαλέξεων στο ισόγειο, με εκτόνωση στο foyer στη βάση του μεσαίου κλίτους.
Εξωτερικά, στο επίπεδο των όψεων, οι κίονες παρουσιάζουν ημικυλινδρική μορφή επενδεδυμένοι με γκρι ελληνικό μάρμαρο και συνδέονται οριζόντια με λευκές μαρμάρινες μετόπες.

ΚΤΗΡΙΟ Β

Ο γραμμικός ορθογώνιος όγκος του δεύτερου κτηρίου αναστρέφει τη σημαίνουσα λογική της μετωπικής θέασης του Χρηματιστηρίου από τον υπερτοπικό άξονα της Λεωφόρου Αθηνών, μετατοπίζοντας την κυρία είσοδο στην πλάγια εσωτερική όψη. Κατ' αυτόν τον τρόπο οργανώνεται το κτήριο με τη μορφή τεσσάρων επάλληλων κάθετων επιπέδων με ημικυλινδρικές απολήξεις στην κύρια στενή όψη προς τη λεωφόρο.

ΚΤΗΡΙΟ Γ

Με ανάλογο τρόπο, το τρίτο κτήριο στην πίσω πλευρά του οικοπέδου, αποκομμένο αναγκαστικά, εξαιτίας της κεντρικής θέσης εισόδου των υπόγειων χώρων στάθμευσης, αναδεικνύεται περίοπτο, διαθέτοντας κοινά μορφολογικά στοιχεία με το δεύτερο, ώστε αμφότερα να διαφοροποιηθούν από τον όγκο του Χρηματιστηρίου.

OFFICE BUILDING AND NEW BUILDING FOR ATHENS STOCK EXCHANGE COMPLEX ON ATHINON AVENUE IN AKADIMIA PLATONOS, ATHENS

The complex includes three independent office buildings over a four-level underground base of parking area.

BUILDING A

The new Athens Stock Exchange Building was designed on the exposed corner of the complex. The design aimed at stressing out its public character.
A continuous colonnade was created on the perimeter of the building, which develops along the full height of the built volume, with slightly recessed horizontal beams. Internally, on the plan's axis, there is a multi-storey void in the form of an atrium, whose existence is marked in the symmetrical morphology of the elevation with a crowning on the top level, but also on the roof, by a semi-cylindrical glass vault.
From a functional point of view, the building is divided in three aisles, creating two independent external wings, which are interconnected by transversal corridors and central stairwells. The office areas are arranged along the sides of an internal corridor, the intermediate office arrays being lit indirectly from the central covered atrium of the building. There is provision for meeting halls on each storey, and a large auditorium on ground level, in connection to the foyer on the central aisle base.
Externally, on the facades, the semi-cylindrical columns are clad with grey greek marble and are connected horizontally with white marble plates.

BUILDING B

The linear rectangular volume of the second building reverses the emphatic logic of the frontal view of the Stock Exchange from the supralocal axis of Athinon Avenue, transferring the main entrance on the side internal facade. The building is thus organized in the form of four successive vertical layers with semi-cylindrical terminations on the main narrow facade towards the avenue.

BUILDING C

Similarly, the third building on the rear side of the plot, detached by necessity, because of the central entrance position of the underground park area, stands out prominently, sharing common morphological elements with the second building; the volume of the Stock Exchange is thus differentiated from the other two buildings.

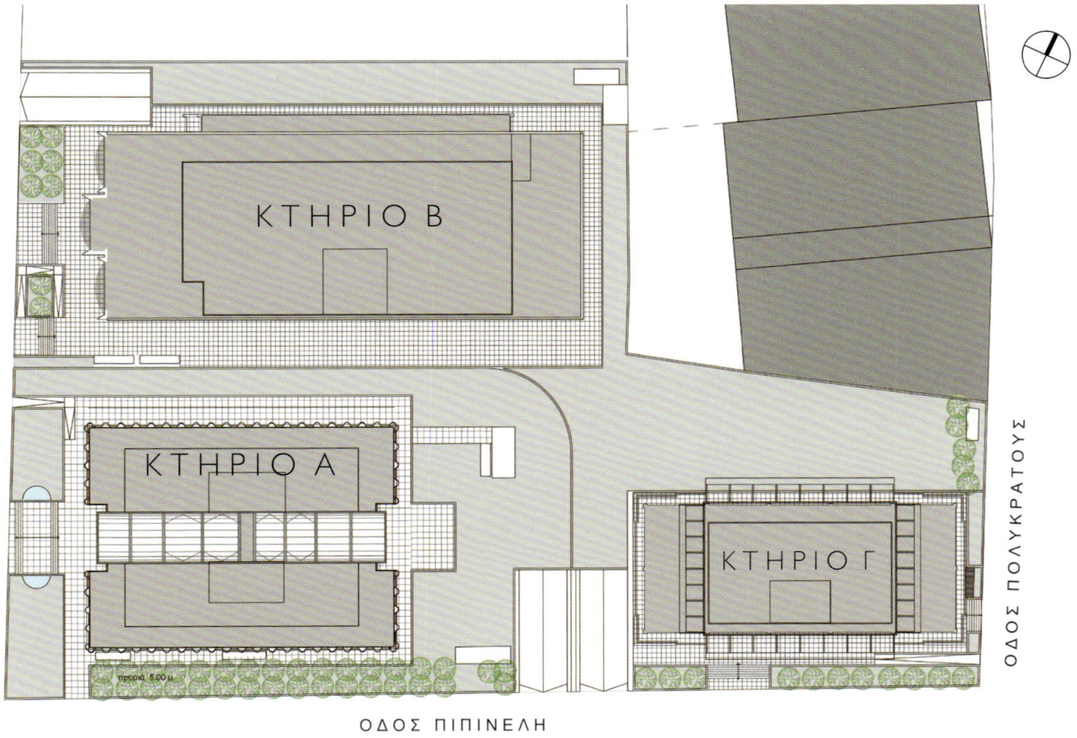

Τοπογραφικό / Site plan

0 10 20 40m

2005

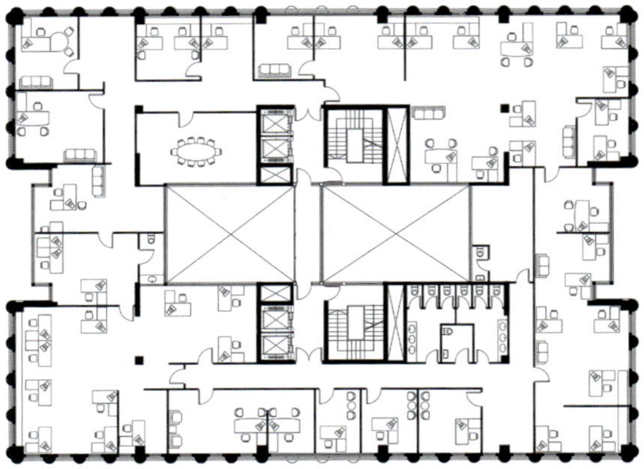

Κάτοψη Γ ορόφου (κτήριο Α) / Third floor plan (building A)

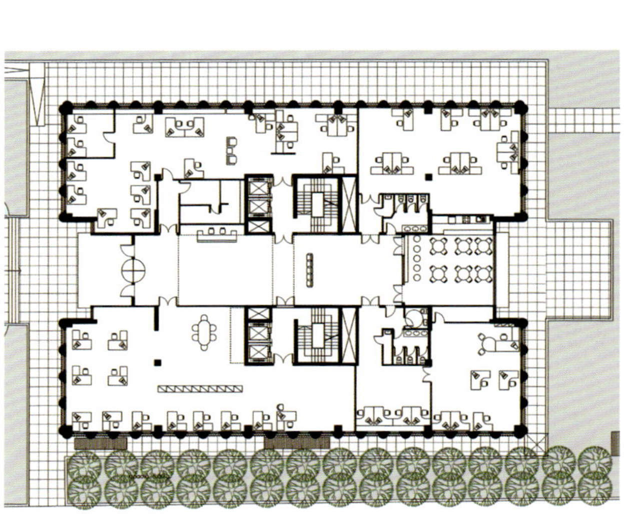

Κάτοψη ισογείου (κτήριο Α) / Ground floor plan (building A)

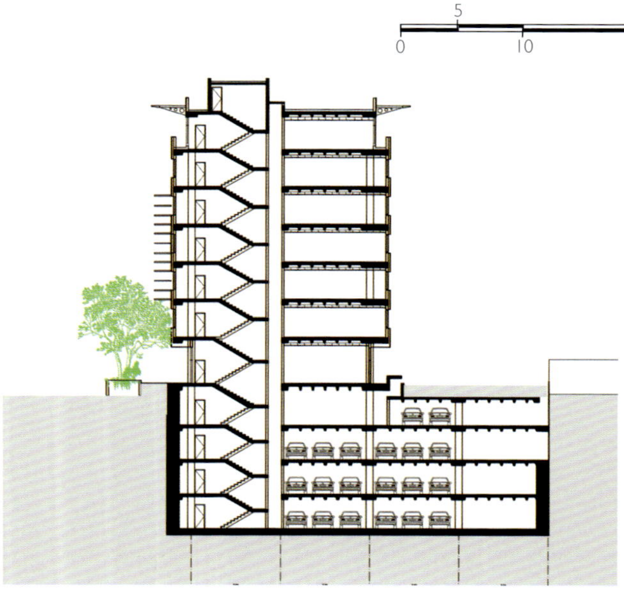

Τομή (κτήριο Γ) / Section (building C)

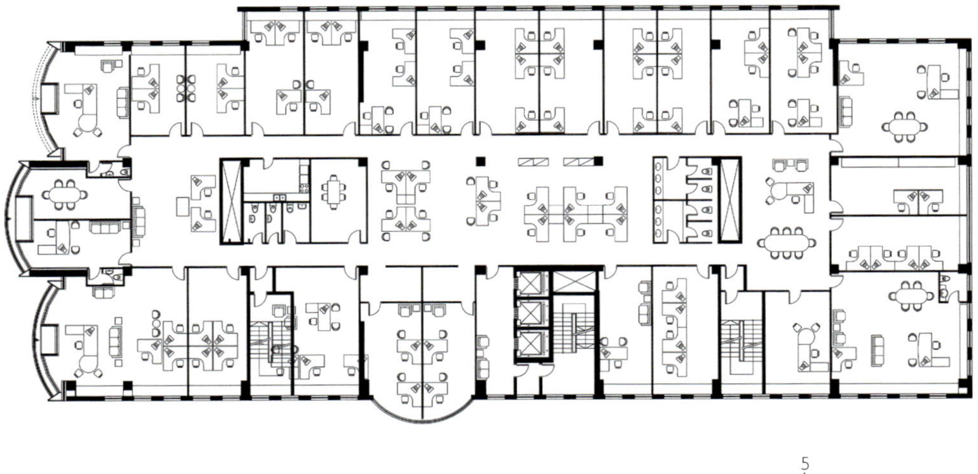

Κάτοψη τυπικού ορόφου (κτήριο Β) / Typical floor plan (building B)

ΚΤΗΡΙΟ ΓΡΑΦΕΙΩΝ & ΚΑΤΑΣΤΗΜΑΤΩΝ ΕΠΙ ΤΗΣ ΟΔΟΥ ΑΓ. ΚΩΝΣΤΑΝΤΙΝΟΥ ΣΤΟ ΜΑΡΟΥΣΙ

Το κτήριο μελετήθηκε σε συνεργασία με το εργαστήριο ενεργειακών μελετών του Πανεπιστημίου Αθηνών. Διαθέτει ισόγειο, τρεις ορόφους και τέσσερα υπόγεια με δημόσιο χώρο στάθμευσης, σε οικόπεδο κεκλιμένο και διαμπερές (με κοινόχρηστο πεζόδρομο στην πίσω πλευρά). Ο κτηριακός όγκος αναπτύσσεται κλιμακωτά γύρω από αίθριο, σε επαφή με το ένα πλάγιο όριο του οικοπέδου.
Εξωτερικά, η μορφή του κτηρίου και η επεξεργασία των όψεων επιχείρησε με συστηματικό τρόπο να εντάξει συστήματα και κατασκευές σκίασης στον βιοκλιματικό σχεδιασμό. Ο κάναβος των επενδύσεων των προσόψεων (πετάσματα αλουμινίου) χρησιμοποιήθηκε, ώστε να αναδείξει τους καθαρούς κυβικούς όγκους και να προβάλει την ενιαία αντίληψη του συνόλου, εξασφαλίζοντας ταυτόχρονα την υψηλή θερμική ανακλαστικότητα του «λευκού» στιλπνού υλικού. Στην κύρια όψη (βόρεια) αναρτήθηκε στους δύο πρώτους ορόφους μεταλλική κατασκευή με βοηθητικούς αφανείς γραμμικούς εξώστες και υαλοπετάσματα τύπου planar, με εφαρμογή επίθετης μεμβράνης με γραφιστικό χαρακτήρα.
Ο σκιασμός των όψεων εξασφαλίστηκε μ' έναν συνδυασμό ηλεκτροκίνητων διάτρητων περιστρεφόμενων περσίδων και σταθερών ανοξείδωτων πλεγμάτων στη δυτική πλευρά, καθώς και μεγάλες σταθερές περσίδες για τη διαμόρφωση της γυάλινης νότιας όψης. Επίσης, χρησιμοποιήθηκαν κατασκευές από δοκίδες αλουμινίου, μεταβλητής πυκνότητας, ανάλογα με τη γωνία πρόσπτωσης των ηλιακών ακτίνων και μικρά στέγαστρα από οριζόντιες εσχάρες σε επιμέρους ανοίγματα. Στο ίδιο πλαίσιο θερμικής άνεσης συντείνει και η κατασκευή υδάτινης επιφάνειας με σιντριβάνι μέσα στο αίθριο, κατά μήκος της κύριας κατεύθυνσης των βόρειων ανέμων, σε συνδυασμό με την εκτεταμένη φύτευση στον περιβάλλοντα χώρο.

SHOPS & OFFICE BUILDING ON AG. KONSTANTINOU STREET IN MAROUSSI, ATHENS

The building was designed in collaboration with the laboratory of energy studies of the University of Athens. It has a ground floor, three storeys and four underground levels with public parking spaces, on an inclined plot that faces a pedestrian way on its rear side. The building mass develops gradually around an atrium, placed in contact to one boundary of the plot.
Externally, it was attempted, by the form of the building and the treatment of the façades, to systematically incorporate shading systems and constructions to the bioclimatic design. The cladding grid of the façade (aluminum panels) was used to distinguish the pure cubic volumes and to express the uniform concept of the ensemble, ensuring at the same time a high thermal reflectivity, due to the "white" polished material. On the main (north) façade, a glass curtain wall, decorated with graphic film, was suspended with spider-type brackets from steel linear balconies.
The shading of the façades was achieved by a combination of motorized perforated rotating louvers and fixed stainless steel meshes on the west side, as well as large fixed louvers for the glass south façade. Also, aluminum canopies were applied, with variable density of the slats, depending on the angle of incidence of the sunrays, and suspended horizontal steel grates, on individual openings. The creation of a small water pond with a fountain in the atrium, along the main direction of north winds, combined with the extended vegetation of the surrounding landscape, contribute to the overall thermal comfort.

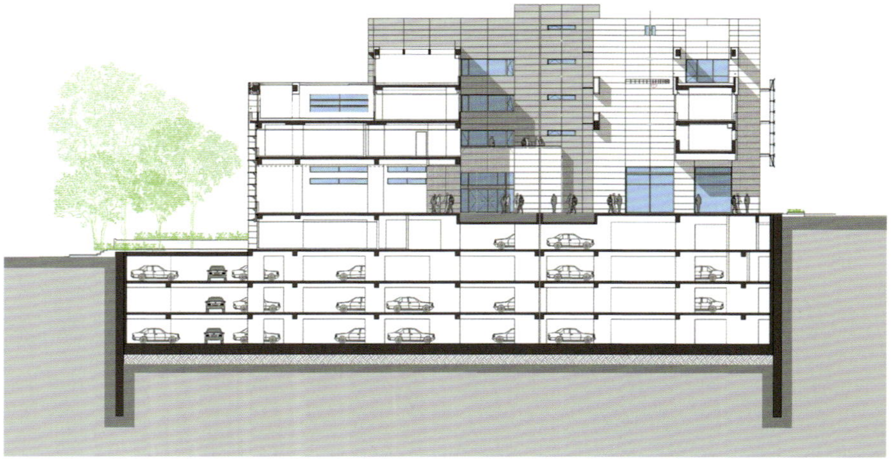

Τομή / Section

5 20m
0 10

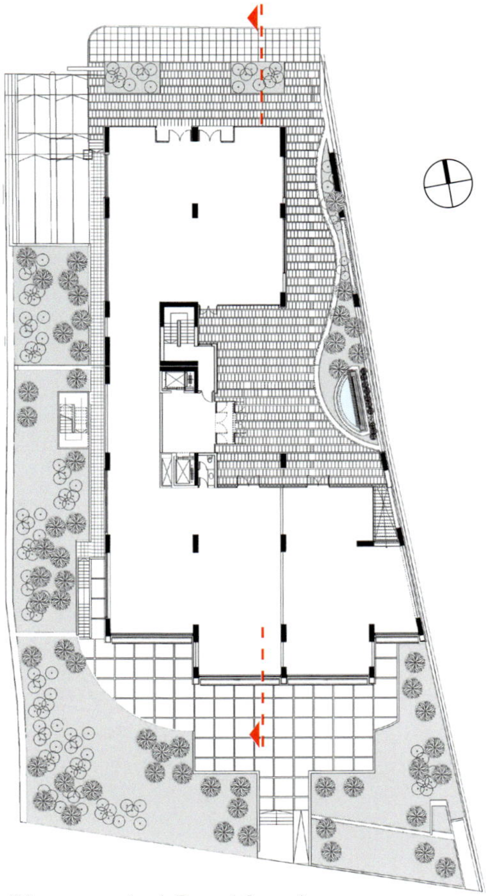

Κάτοψη ισογείου / Ground floor plan

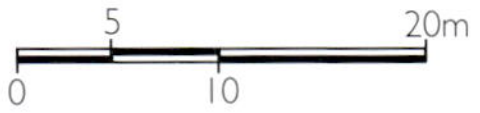

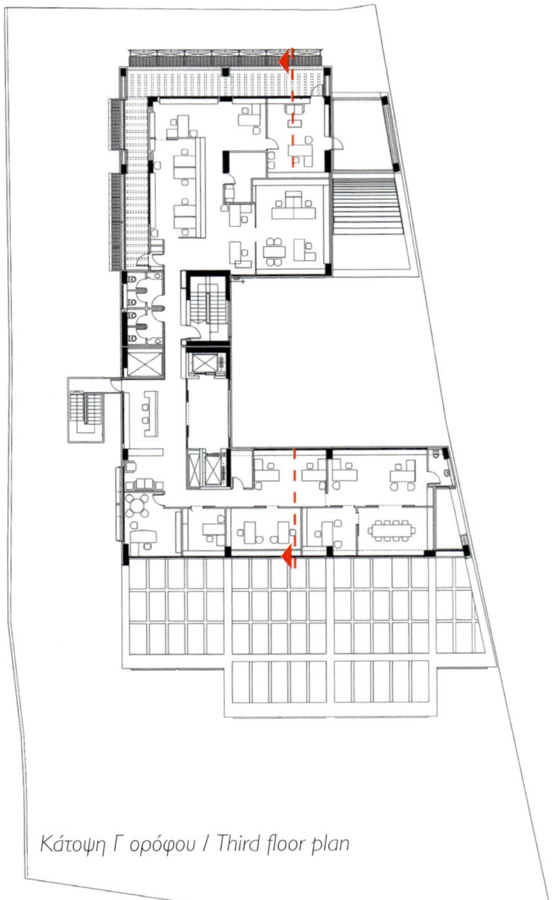

Κάτοψη Γ ορόφου / Third floor plan

2006

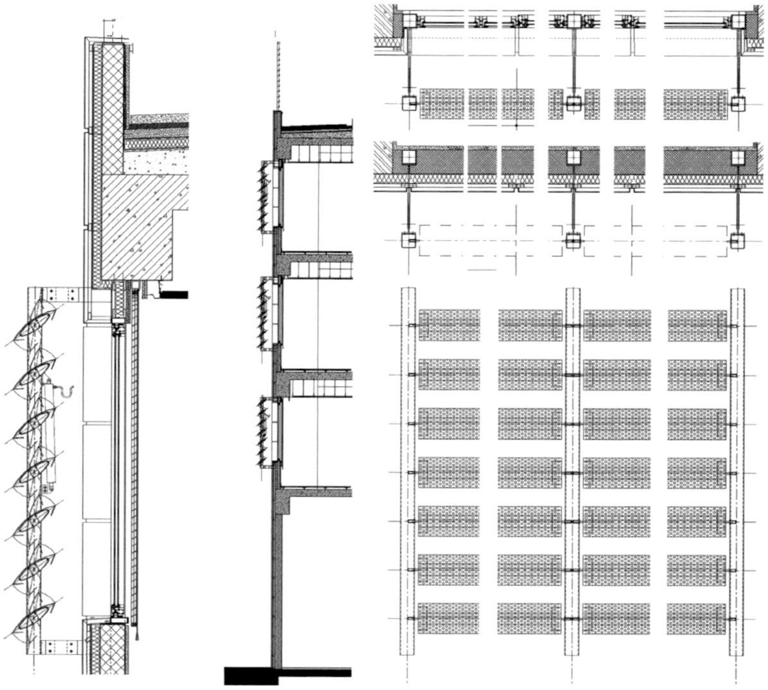

Λεπτομέρεια υαλοστασίων με περιστρεφόμενες περσίδες στη δυτική πλευρά
/ West elevation details with perforated rotating aluminium blinds

TRUSTOIL TANKERS
TRUSTOIL TANKERS
DAIKIN
ΕΥΡΩΙΑΤΡΙΚΗ

ΠΟΛΥΚΑΤΑΣΤΗΜΑ IKEA
ΕΠΙ ΤΗΣ Λ. ΚΗΦΙΣΟΥ ΣΤΟ ΑΙΓΑΛΕΩ

(ΣΥΝΕΡΓΑΣΙΑ ΜΕ ΓΡΑΦΕΙΟ ΑΛΕΞ. ΤΟΜΠΑΖΗ)

Το έργο μελετήθηκε σε μεγάλο οικόπεδο στη δυτική παρειά της Εθνικής Οδού, όπου υπήρχαν προγενέστερες βιομηχανικές αποθήκες μετάλλου. Η αυστηρή γεωμετρία του κτηριακού όγκου και η χωροθέτησή του καθορίστηκε από τους ιδιαίτερους όρους δόμησης της ευρύτερης περιοχής Ελαιώνα, τους περιορισμούς από τη γειτνίαση με τον υπερτοπικό άξονα και την έντονη επισκεψιμότητα λόγω της χρήσης που θα φιλοξενούσε.

Η μελέτη αφορά στην εφαρμογή μιας τυπικής εταιρικής ταυτότητας. Εξωτερικά χαρακτηρίζεται κυρίως από την εναλλαγή των χρωματικών επιφανειών των μεταλλικών πετασμάτων των όψεων και το ενιαίο στέγαστρο πάνω από την είσοδο και την έξοδο κάτα μήκος της ανατολικής πλευράς. Η βασική προσπέλαση των επισκεπτών γίνεται κατακόρυφα, με κυλιόμενες κλίμακες, από τις υπόγειες στάθμες στάθμευσης που καταλήγουν στο ημιυπαίθριο στεγασμένο τμήμα της κύριας όψης. Ο φέρων οργανισμός του πολυκαταστήματος αποτελείται από κοίλα μεταλλικά υποστυλώματα και δικτυωματικές δοκούς που δημιουργούν αλλεπάλληλες δίρριχτες στέγες με φεγγίτες οροφής.

IKEA DEPARTMENT STORE
ON KIFISSOU AVENUE IN AEGALEO, ATHENS

(COLLABORATION WITH OFFICE OF ALEX. TOMBAZIS)

The project was designed on a large site, formerly occupied by industrial metal storage facilities, on the west side of the National Road. The austere geometry of the building mass and its placement was defined by the particular building restrictions, the traffic limitations pressed by the adjacent highway and the intense rate of visits caused by the building's use.

The building hosts the store of a company of renowned corporate identity; it is marked mainly by the alternation of the coloured metal panels of the façades and the single long suspended roof at the east side covering the entrance and exit. The basic circulation of the visitors is vertical, by means of travellators and escalators, from the underground parking levels, to the semi-open air covered area in front of the main façade. The supporting structure is composed of hollow metal columns and steel lattices, which form continuous double-pitched roofs with skylights.

2006

Κυλιόμενες ράμπες επικοινωνίας με υπόγειο parking / Moving walks communicating with basement parking

Τομή / Section

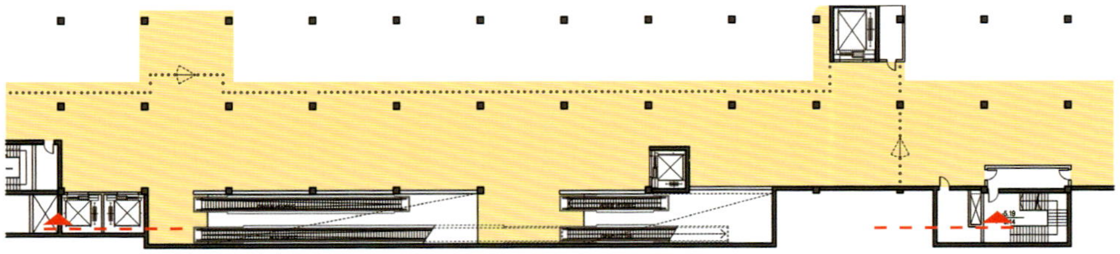

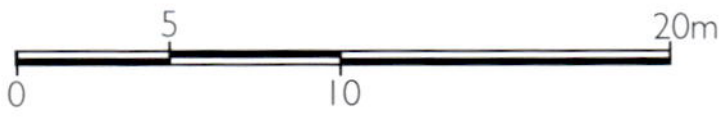

Τμήμα κάτοψης Α υπογείου / Part of first basement plan

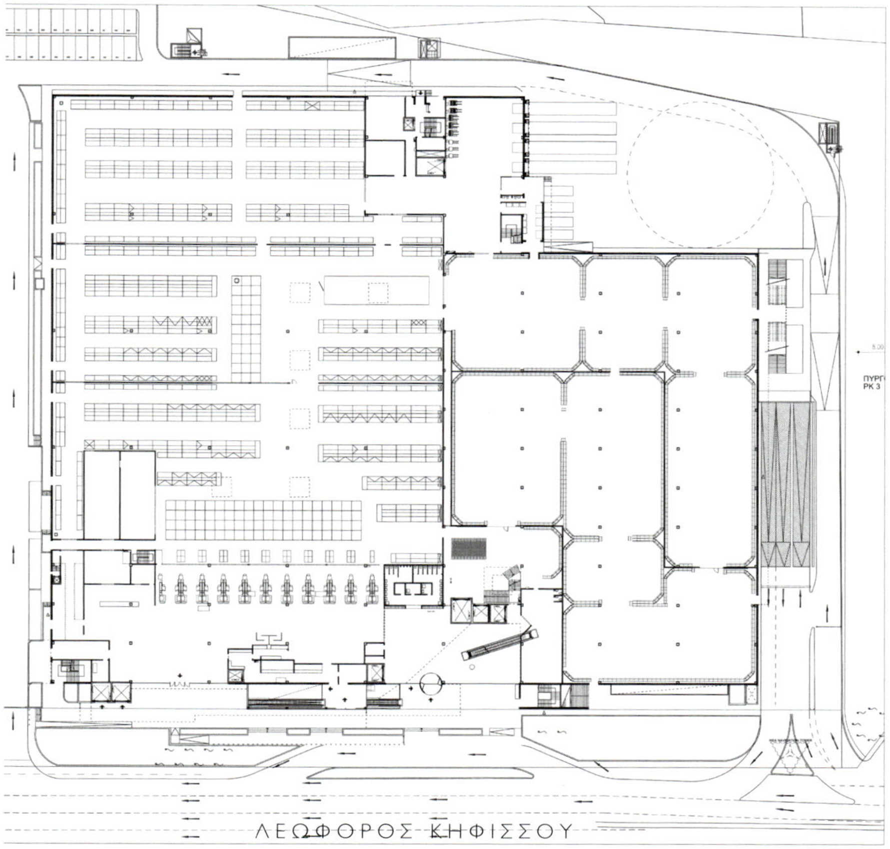

10 50m
0 20

Κάτοψη ισογείου / Ground floor plan

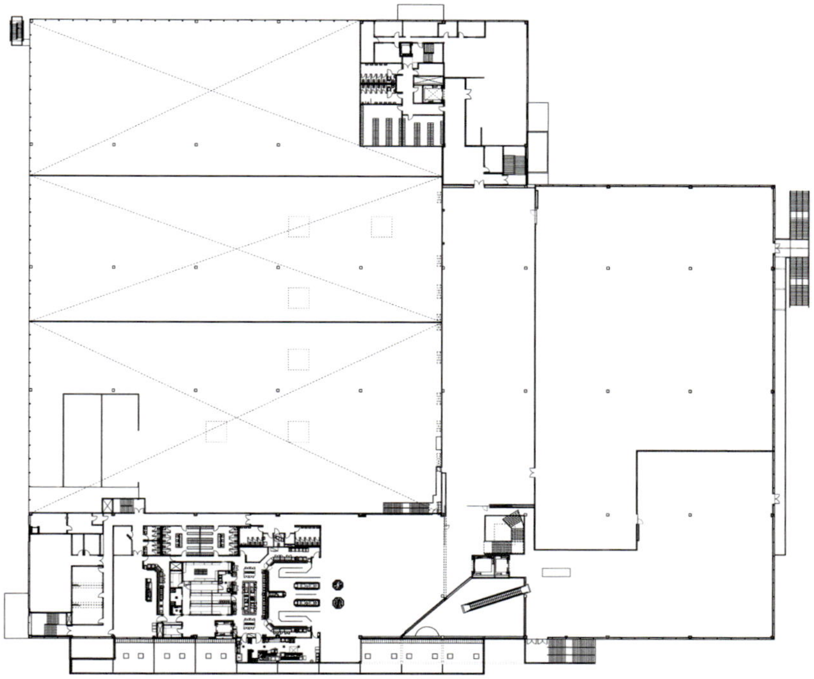

Κάτοψη Α ορόφου / First floor plan

ΣΥΓΚΡΟΤΗΜΑ ΚΤΗΡΙΩΝ ΓΡΑΦΕΙΩΝ & ΚΑΤΑΣΤΗΜΑΤΩΝ ΕΠΙ ΤΗΣ Λ. ΠΟΣΕΙΔΩΝΟΣ ΣΤΟ ΔΕΛΤΑ ΦΑΛΗΡΟΥ

Σε μεγάλο οικόπεδο, ανοικτό προς όλες τις πλευρές, με καμπύλο όριο προς τη Λεωφόρο Ποσειδώνος και τις γραμμές του τραμ, μελετήθηκαν δίδυμα κτήρια γραφείων και δύο κτήρια σε επαφή με πολυσινεμά και πολυκατάστημα στο θαλάσσιο μέτωπο.
Τα δύο κτήρια γραφείων σχεδιάστηκαν με την ογκοπλαστική ιδιαιτερότητα ενός ημικυκλικού καμπύλου σχήματος υποδοχής, μιας ανοιχτής χοάνης που καλεί τους επισκέπτες να εισδύσουν στο βάθος του συγκροτήματος. Ταυτόχρονα, η επιμήκης διαμόρφωση των προσόψεων και η κατοπτρική επανάληψη των δύο όγκων, επάνω σε κοινή δομική υπόγεια βάση, δημιουργούν την εντύπωση ενός κτηριακού συνόλου-περάσματος, μιας «πύλης», προς τους χώρους αναψυχής στο βάθος.
Λειτουργικά, τα κτήρια αποτελούνται από τις ενιαίες επιφάνειες ισογείων (χώροι καταστημάτων) και τέσσερις τυπικούς ορόφους γραφείων με αυτόνομες εισόδους στο πίσω μέρος. Η οργάνωση των ορόφων ακολουθεί την τυπολογία της περιμετρικής διάταξης των γραφείων με εσωτερικούς διαδρόμους γύρω από κεντρικούς κοινόχρηστους χώρους (αίθουσες συσκέψεων, σεμιναρίων και προβολών, W.C.).
Στο ισόγειο και στον τελευταίο όροφο εμφανίζεται ως κύριο υλικό της πρόσοψης το γυαλί, ενώ τα εμφανή καμπύλα υποστυλώματα επενδύονται με λευκό αλουμίνιο. Οι ενδιάμεσοι τρεις όροφοι επενδύονται με επάλληλες ζώνες από λείο και αδρό μαύρο γρανίτη εναλλάξ σε συνεχή ανάπτυξη. Οι κάθετες επιφάνειες των γωνιακών αποτμήσεων καλύπτονται εξ ολοκλήρου από υαλοπετάσματα και οριζόντιες λευκές περσίδες αλουμινίου. Το στοιχείο των σκιαδίων επαναλαμβάνεται στα στέγαστρα που προσαρμόζονται στις περιμετρικές δοκούς του δομικού σκελετού από μπετόν των τελευταίων ορόφων. Υπογραμμίζουν την επίστεψη των κτηρίων και τονίζουν αισθητικά το προς τα άνω πέρας μ' ένα ελαφρύτερο διάτρητο περίγραμμα. Τα στέγαστρα αυτά προσαρμόζονται στις περιμετρικές δοκούς του δομικού σκελετού από μπετόν των τελευταίων ορόφων.

OFFICE & COMMERCIAL BUILDINGS COMPLEX ON POSIDONOS AVENUE AT THE DELTA OF FALIRO, ATHENS

On a large site, open from all sides, with a curved front to Poseidonos Avenue and the tramline, two twin office buildings were designed by the sea front, along with a department store in contact to a multiplex movie theater.
The two office buildings were designed with the sculptural particularity of a semicircular entrance form, an open crucible that invites visitors to enter inside the complex. At the same time, the elongated arrangement of the façades and the mirrored repetition of the volumes, which stand over a unified underground base, create the impression of a passage-like building ensemble, a "gate", to the commercial and recreation facilities at the back.
From a functional point of view, the buildings are consisted of open-plan ground floors with cafés and shops and four office floors with independent entrances at the rear side. The floors' layout follows the typology of office areas arranged at the periphery, around circulation areas and shared facilities (meeting and seminar rooms, storage, restrooms).
Glass is chosen as the main material of the façade on the ground level as well as on the last floor, while the visible round columns are covered with white aluminum. The intermediate three storeys are clad with alternating continuous zones of polished and sandblasted black granite. The vertical surfaces of the corner cuttings are covered completely by glass curtain walls and white horizontal aluminum louvers. Similar shading devices project from the upper surrounding beams of the building frame. They were placed to underline the crowning of the buildings and accentuate aesthetically the upwards termination with a lighter perforated outline.

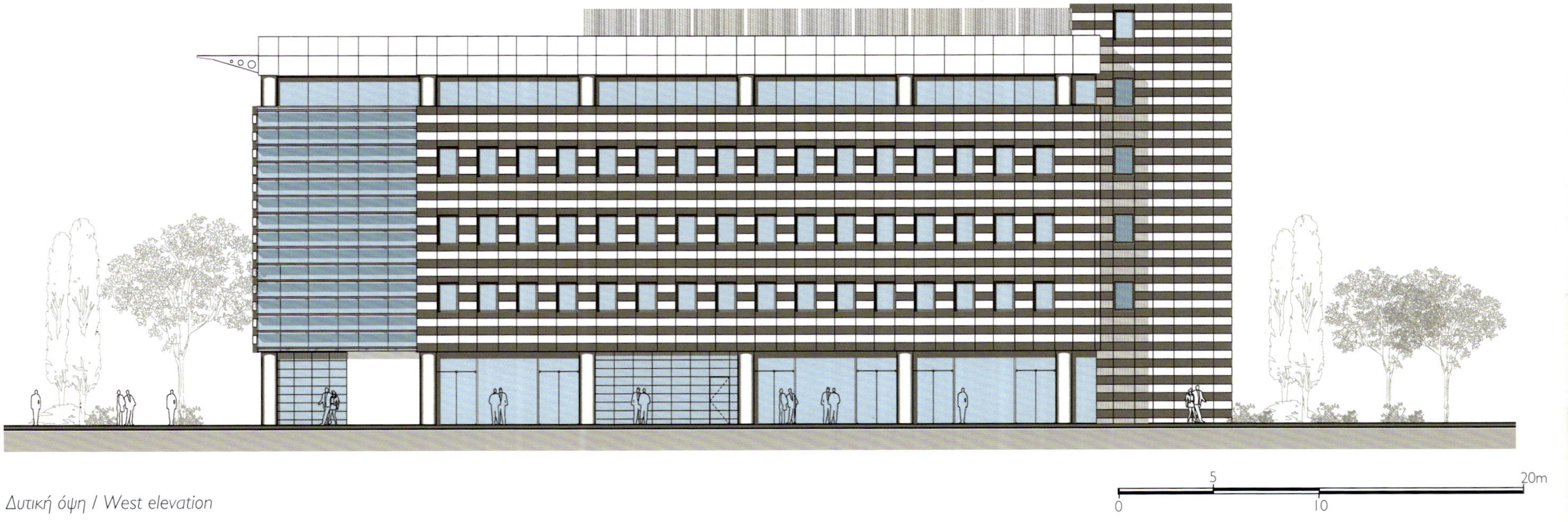

Δυτική όψη / West elevation

2006

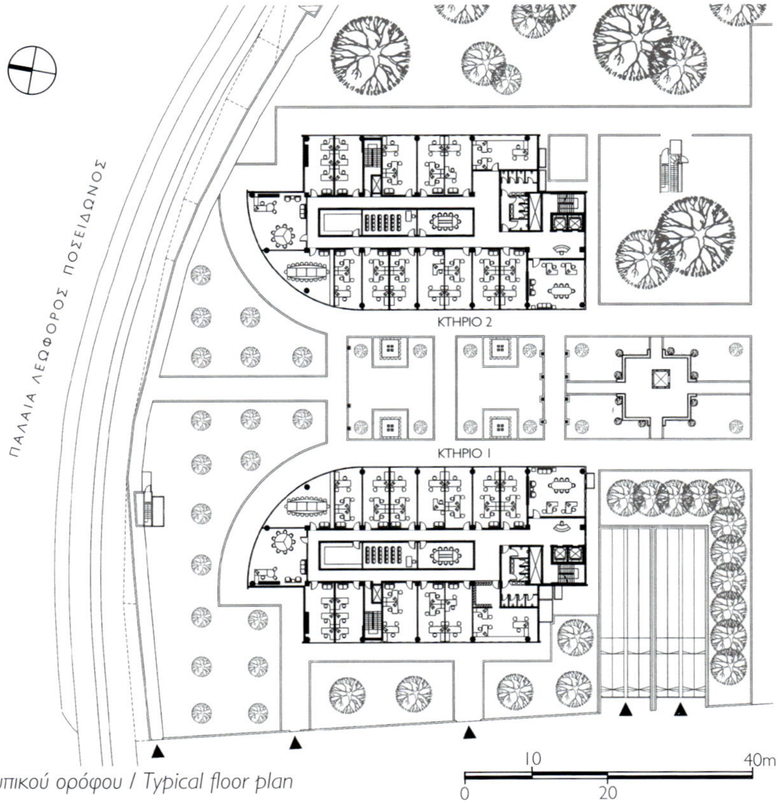

Κάτοψη τυπικού ορόφου / Typical floor plan

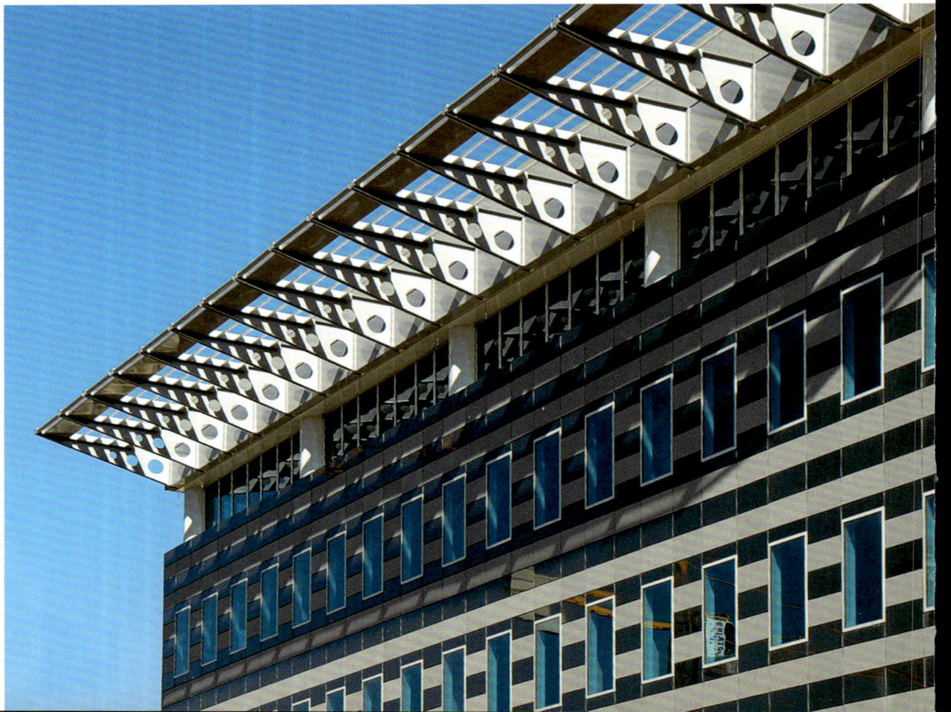

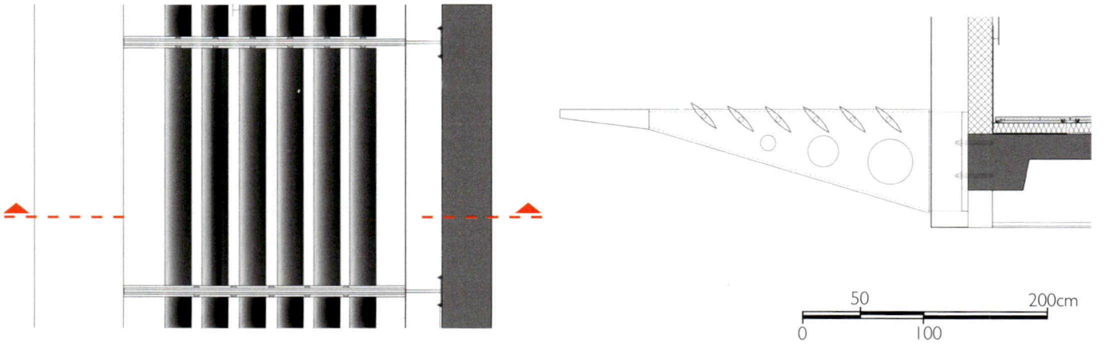

Λεπτομέρεια στεγάστρου / Shelter detail

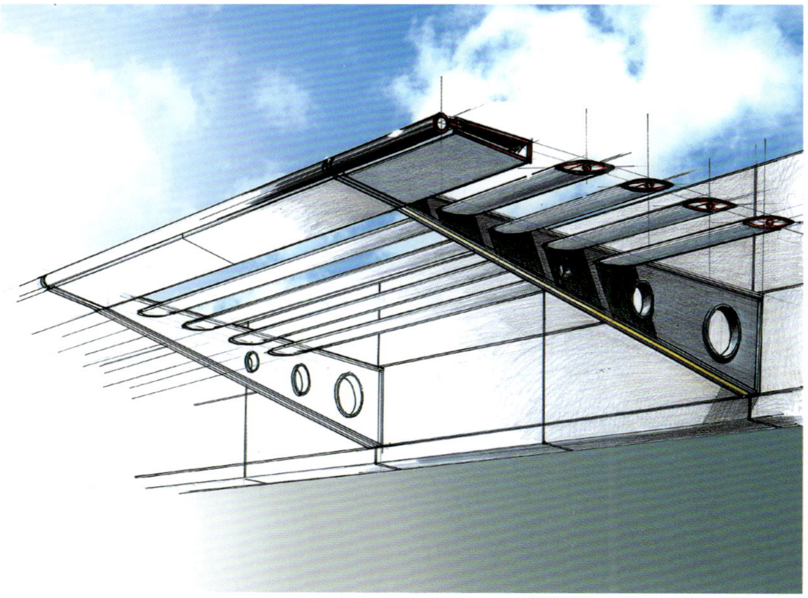

ΣΥΜΜΕΤΟΧΗ ΣΕ ΔΙΑΓΩΝΙΣΜΟ
ΓΙΑ ΣΥΓΚΡΟΤΗΜΑ ΔΙΑΜΕΡΙΣΜΑΤΩΝ & ΚΑΤΑΣΤΗΜΑΤΩΝ
ΕΠΙ ΤΩΝ ΟΔΩΝ ΜΥΛΛΕΡΟΥ, ΛΕΩΝΙΔΟΥ & ΓΕΡΜΑΝΙΚΟΥ
ΣΤΟ ΜΕΤΑΞΟΥΡΓΕΙΟ

Η πρόταση αναδεικνύει τον συνδυασμό του αστικού συνεχούς μετώπου του οικοδομικού τετραγώνου μ΄ έναν εσωτερικό υπαίθριο χώρο, σχεδόν ενιαίο, με ημιδημόσιο χαρακτήρα και δυνατότητα σύνδεσης με τους τρεις δρόμους, από τους οποίους ορίζεται το οικόπεδο. Οι βασικοί όγκοι του συγκροτήματος διατάσσονται στα τρία μέτωπα, ενώ ένας τέταρτος εμφανίζεται σε απόσταση από το εσωτερικό όριο της μεσοτοιχίας. Διατηρείται έτσι μια «εσωστρέφεια», που απηχεί τη μικροκλίμακα της ήσυχης ιδιωτικής αυλής. Από αυτόν τον εσωτερικό ακάλυπτο, μέσω πέντε κατακόρυφων πυρήνων, διατάσσονται οι προσβάσεις των πολυκατοικιών. Τα διαμερίσματα τοποθετούνται περιμετρικά, σε τέσσερις στάθμες, ενώ στο ισόγειο εμφανίζεται στοά με χώρους εργαστηρίων-καταστημάτων, καφετέριας με υπαίθριο χώρο στον εσωτερικό ακάλυπτο, καθώς και μικρής αγοράς, οι οποίοι τοποθετήθηκαν κοντά στα όρια του πολυσύχναστου οδικού άξονα.
Η πολυεπίπεδη και πολυχρωματική εμφάνιση του κελύφους αντανακλά την κλίμακα της μικρότερης ιδιοκτησίας και τον επιμερισμό του ετερογενούς περιβάλλοντα χώρου. Ένα πλήθος ελαφρότερων κατασκευών που αναρτώνται από τη συμπαγή μάζα, όπως εξώστες, σκιάδια και πέργκολες, συντίθεται με τη μορφή ενός τρισδιάστατου κολλάζ. Επιπλέον, βιοκλιματικά στοιχεία, όπως υδάτινες επιφάνειες και φυτεμένα δώματα, συμβάλλουν στη δημιουργία ευχάριστου μικροκλίματος.

PARTICIPATION IN COMPETITION
FOR SHOPS & APARTMENT COMPLEX
ON MYLLEROU, LEONIDOU & GERMANIKOU STREETS
IN METAXOURGIO, ATHENS

The proposal points out the combination of the city block continuous front with an internal, practically unified, open-air space, of semi-public character, interconnecting the three defining streets of the plot. The complex main volumes are arranged on the three fronts, while a fourth one appears in a distance from the internal boundary of the site's common walls. The complex thus retains an "introvert" character, which is reminiscent of the small scale of a quite private court. Access to the buildings is through five vertical cores, sited in that internal open space. The apartments are located on the perimeter, on four levels, and on ground level there is an arcade with workshop areas – shops, a cafeteria that occupies part of the internal open space, and a small market, near the boundaries of the busy road.
The multi-layered, multi-coloured appearance of the shell reflects the small scale of ownership and the segmentation of the heterogeneous surrounding. A number of lighter constructions, like balconies, shades and pergolas, suspended from the compact building mass, are composed into the form of a three-dimensional collage. In addition, bioclimatic elements, like water ponds and green roofs, contribute to the creation of a pleasant microclimate.

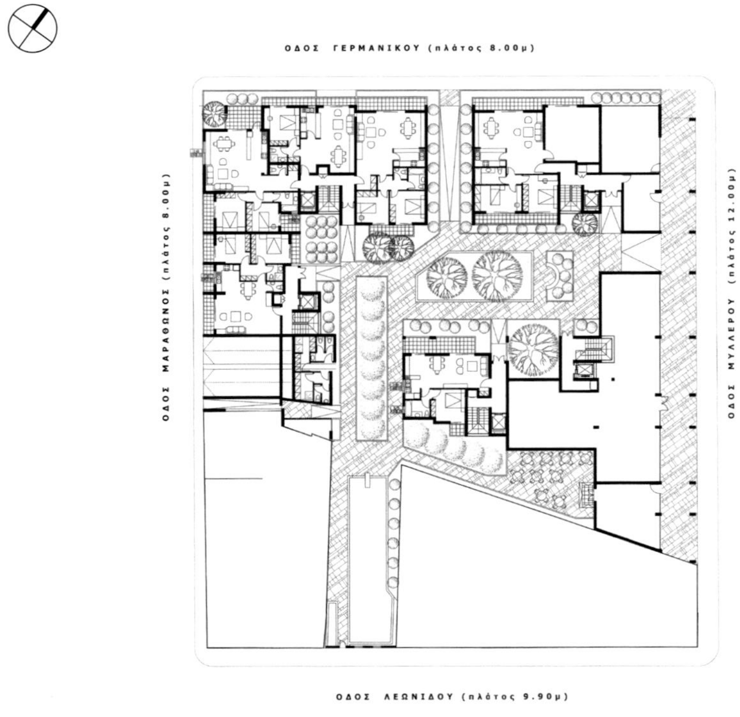

Κάτοψη ισογείου / Ground floor plan

Κάτοψη Α ορόφου / First floor plan

2006

ΣΥΜΜΕΤΟΧΗ ΣΕ ΚΛΕΙΣΤΟ ΔΙΑΓΩΝΙΣΜΟ
ΓΙΑ ΤΗ ΜΕΛΕΤΗ ΠΡΟΣΘΗΚΗΣ ΚΤΗΡΙΟΥ ΚΑΘ' ΥΨΟΣ
ΜΕ ΠΛΗΡΗ ΑΝΑΚΑΤΑΣΚΕΥΗ ΥΦΙΣΤΑΜΕΝΟΥ ΚΤΗΡΙΟΥ
ΕΠΙ ΤΗΣ ΟΔΟΥ ΠΑΤΗΣΙΩΝ, ΟΜΟΝΟΙΑ

(ΣΥΝΕΡΓΑΣΙΑ ΜΕ Κ. ΣΚΡΟΥΜΠΕΛΟ)

Λόγω της πολυμορφίας και της πυκνής δόμησης του περιβάλλοντα χώρου με ψηλά κτήρια, προτάθηκε η σχεδίαση ενός πολυκαταστήματος με ιδιαίτερη προβολή, με ταυτόχρονη μέριμνα αντιμετώπισης των δεσμεύσεων που προέκυπταν από το περίγραμμα του υφιστάμενου τριώροφου κτίσματος και τις υποχρεωτικές στοές, επιχειρώντας παράλληλα να δοθεί στο σύνολο ενιαία, σύγχρονη μορφή. Για τον λόγο αυτόν, επιλέχθηκαν καθαρές γεωμετρικές μορφές σε συνδυασμό με τη χρήση υλικών και κατασκευαστικών μέσων που θα αναδείκνυαν την αρχιτεκτονική πρόταση.
Ως κύρια αρχιτεκτονικά στοιχεία εμφανίζονται τα συμπαγή μέτωπα των δύο στενών όψεων που επενδύονται με φύλλα πατιναρισμένου χαλκού. Στην κύρια, στενή όψη διαμορφώνεται ένα δεύτερο αναρτημένο επίπεδο από περιστρεφόμενες περσίδες με αμφίπλευρες διαφημιστικές εκτυπώσεις, που καμπυλώνει στην άνω απόληξη του κτηρίου και μετασχηματίζεται σε πέργκολα του δώματος. Τα υαλοπετάσματα στη μακριά πλευρά σκιάζονται με οριζόντια σκιάδια. Για το τριώροφο κέλυφος του υφιστάμενου κτίσματος προτάθηκε η επένδυση με ξύλινα συνθετικά πανέλα.

PPARTICIPATION IN AN INVITED ARCHITECTURAL COMPETITION
FOR STUDY OF VERTICAL EXTENSION OF A BUILDING
WITH COMPLETE RECONSTRUCTION OF AN EXISTING BUILDING
ON PATISSION STREET, OMONIA, ATHENS

(COLLABORATION WITH C. SKROUMBELOS)

Due to the diverse, dense, high-rise development of the surroundings, the proposal called for the design of a department store particularly promoted. The design attempted to give to the ensemble a uniform, contemporary form, taking into consideration the limitations resulting from the outline of the existing three-storey building and the obligatory surrounding galleries. Therefore, clear geometric forms were chosen in combination with materials and constructional means that could stress the architectural proposal.
The solid fronts of the two narrow elevations, clad with sheets of aged copper, are the main architectural elements. On the main, narrow façade, a second suspended layer is formed, with rotating louvers printed on both sides with advertisements, which bends over the top of the building and transforms into the pergola of the roof. The curtain wall of the long side is equipped with horizontal shades. For the existing three-storey building envelope, a cladding of composite wood panels was proposed.

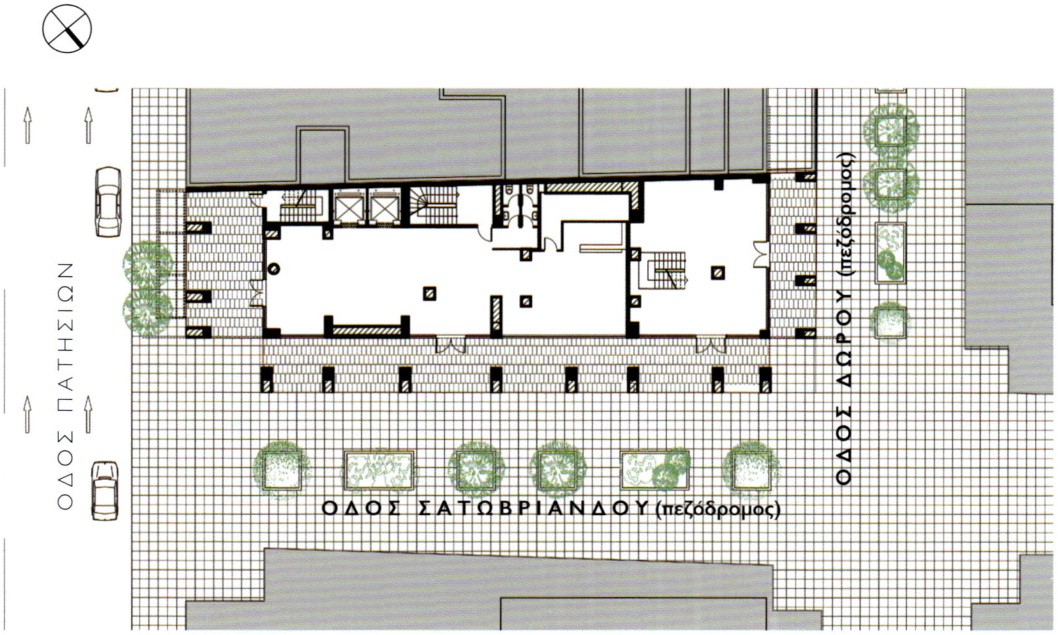

Κάτοψη ισογείου / Ground floor plan

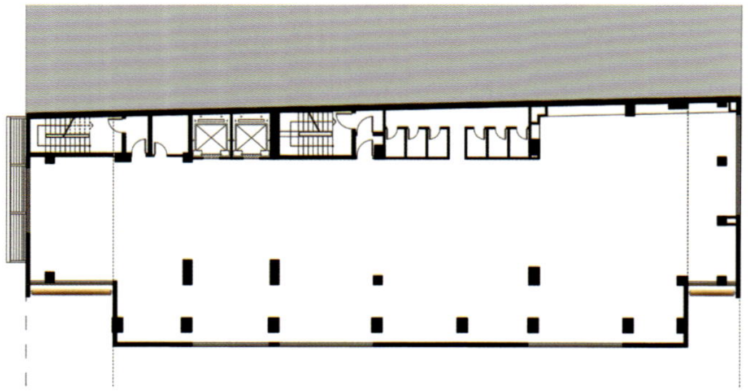

Κάτοψη Β ορόφου / Second floor plan

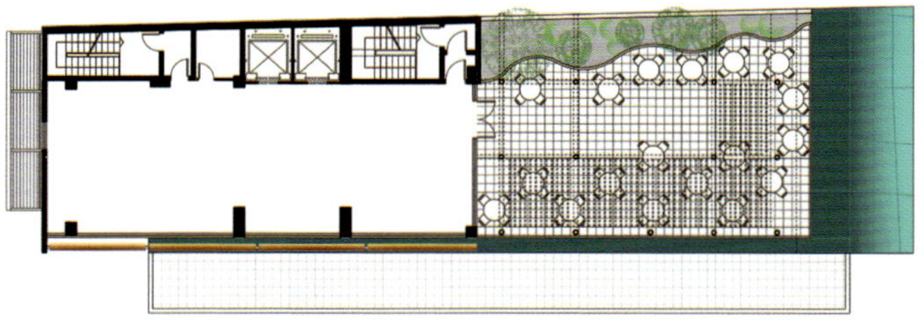

Κάτοψη Δ ορόφου / Fourth floor plan

2006

ΜΕΛΕΤΗ ΚΑΤΑΣΤΗΜΑΤΟΣ ΕΠΙΠΛΩΝ ΕΠΙ ΤΗΣ Λ. ΚΗΦΙΣΙΑΣ ΣΤΟ ΜΑΡΟΥΣΙ

Σε επίμηκες οικόπεδο, χάρη σε μια ανοιχτή καμπύλη διαμόρφωση της γωνίας, ενοποιήθηκε η στενή κύρια όψη προς τη λεωφόρο με τη μακριά πλάγια προς μελλοντικό πεζόδρομο.
Ο εγκάρσιος τοίχος προβολής στην όψη του κτηρίου επενδύεται με ξύλινα πετάσματα, ενώ το γυάλινο κέλυφος σκιάζεται από γραμμικά και καμπύλα μεταλλικά σκιάδια που εντείνουν την οριζόντια ανάπτυξη και το μήκος της πλάγιας όψης.
Στην απόληξη του δώματος σχεδιάστηκε ένα διάτρητο οριζόντιο πλέγμα – μεταλλική πέργκολα – που αυξάνει την αίσθηση του ύψους σκιάζοντας το ελεύθερο δώμα.

STUDY OF FURNITURE STORE ON KIFISSIAS AVENUE IN MAROUSSI, ATHENS

On an elongated plot, the main narrow elevation facing the avenue was unified to the oblong lateral façade looking towards the future pedestrian street by means of the curved arrangement of the corner between the two elevations.
The high transversal wall projecting from the building front is clad with wooden panels, while the glass building shell is shaded by linear and curved metal shades, which intensify the long curved elevation.
On top, the design proposed a perforated canopy, a metal pergola, to increase the impression of the building's height, shading the roof terrace.

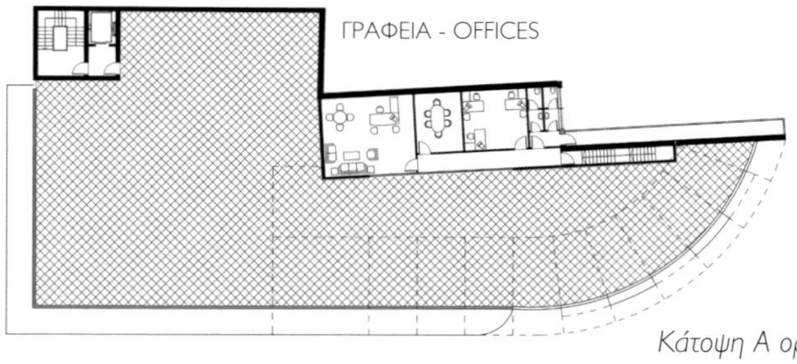

Κάτοψη Α ορόφου / First floor plan

Κάτοψη Α υπογείου / First basement plan

Κάτοψη Β υπογείου / Second basement plan

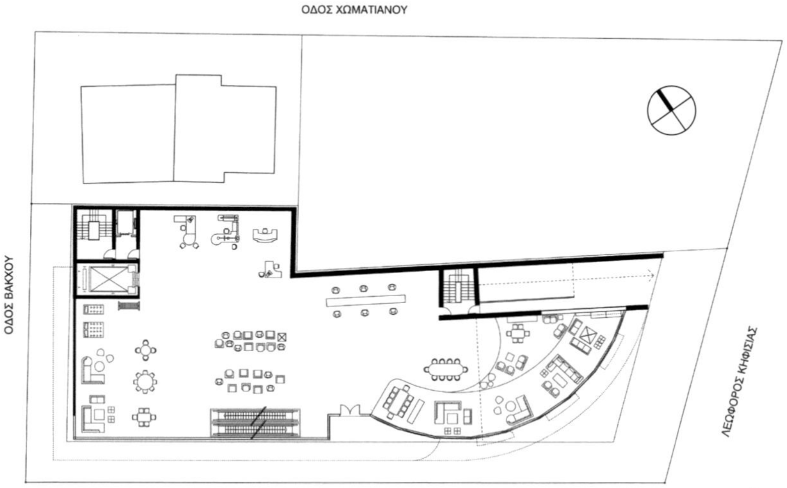

Κάτοψη ισογείου / Ground floor plan

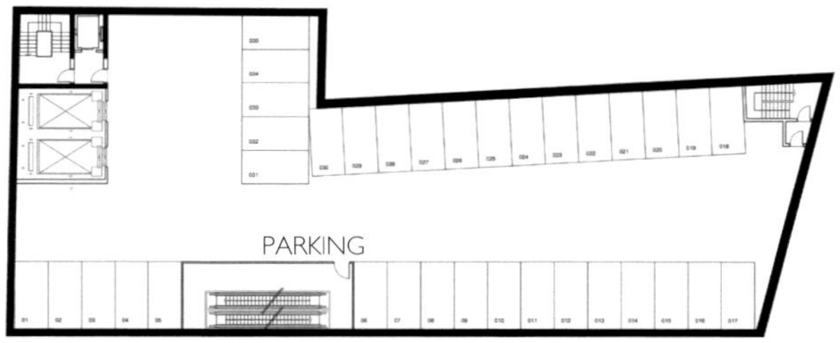

Κάτοψη Δ υπογείου / Fourth basement plan

SHOP
ΑΥΘΕΝΤΙΚΟΤΗΤΑ ΟΝΕΙΡΟ ΛΥΣΗ ΠΟΛΥΤΕΛΕΙΑ
ΝΕΟ ΘΑΛΠΩΡΗ ΠΟΙΟΤΗΤΑ
ΠΟΛΥΤΕΛΕΙΑ ΤΙΜΗ ΣΥΝΘΕΣΗ ΔΗΜΙΟΥΡΓΙΑ

2007

ΠΑΡΚΟ ΠΟΛΙΤΙΣΜΟΥ ΚΑΙ ΤΕΧΝΟΛΟΓΙΑΣ ΕΠΙ ΤΗΣ ΟΔΟΥ ΠΕΙΡΑΙΩΣ ΣΤΟΝ ΤΑΥΡΟ

Η πρόταση αφορά στην αναδιαμόρφωση του παλαιού βιομηχανικού συγκροτήματος μεταλλευμάτων και Ελληνικού Κέντρου Μεταλλευτικών Ερευνών, σε πρότυπο πάρκο πολιτισμού, τεχνολογίας και αναψυχής με εκτεταμένους χώρους πρασίνου.
Το συγκρότημα των πέντε κτηρίων αναπτύσσεται στον άξονα ανατολής-δύσης, κάθετο στην οδό Πειραιώς. Η πρόσβαση από τα ανατολικά γίνεται σε γραμμική πλατεία εξελισσόμενη σε πεζόδρομο που διατρέχει το σύνολο. Τα περίοπτα μεγάλης κλίμακας κτήρια μελετήθηκαν συνθετικά ως αυτόνομα σύνολα με ογκομετρική πολυμορφία που συγκεντρώνουν λειτουργικές ενότητες με συναφές περιεχόμενο, μέσα σ' έναν ρευστό περιβάλλοντα χώρο που τα συνδέει.

Κτήριο 1

(Συνεδριακό Κέντρο). Χωροθετείται στο πλέον προβεβλημένο άκρο του συγκροτήματος και έχει γωνιακό ανάπτυγμα με οξυκόρυφη απόληξη στο σημείο της κύριας εισόδου του πάρκου. Λειτουργικά, οι κοινόχρηστοι χώροι (φουαγιέ ορόφων) αναπτύσσονται στην εσωτερική πλευρά προς την πλατεία, με αίθουσες και μεγάλο αμφιθέατρο τοποθετημένα στην εξωτερική περίμετρο.

Κτήριο 2

(Κέντρο Εικονικής Πραγματικότητας, 3D Cinema, Θεματικό Μουσείο Ιστορικής Εξέλιξης και Μουσείο Βιομηχανίας-Τεχνολογίας, Επιστημονικό Κέντρο Ερευνών, Βιβλιοθήκη). Αναπτύσσεται γραμμικά, δημιουργώντας καμπύλη εξοχή και στοά κατά μήκος που οδηγεί στον κυλινδρικό όγκο του θόλου (3D Cinema) και την κεντρική είσοδο. Οι λειτουργίες που προϋποθέτουν ρέουσα κυκλική κίνηση, διαμορφώνονται σε ενότητες που αλληλοδιαπλέκονται, έχοντας οριζόντια και κάθετη ανάπτυξη.

Κτήριο 3

(Ξενοδοχείο). Βρίσκεται σε οργανωτική συνάφεια με το Συνεδριακό Κέντρο και διαμορφώνεται σε συμπαγή, τετράπλευρη βάση, την οποία διατρέχει ο διαμπερής άξονας εισόδου στο ισόγειο. Στην ανωδομή των τεσσάρων τυπικών ορόφων δημιουργείται ανοιχτό αίθριο, διευρύνοντας το ανάπτυγμα των δωματίων με θέα στην πλατεία.

Κτήριο 4

(Εκθεσιακό Κέντρο - Πινακοθήκη). Ο λειτουργικός ρόλος του κτηρίου εκφράζεται με την οργάνωση ενός περιμετρικά κλειστού σχήματος με κυκλική αυλή στο κέντρο. Οι εκθέσεις αναπτύσσονται γύρω από το αίθριο, σε τρεις στάθμες, ενώ η ισόγεια γραμμική προέκταση στο άκρο του πάρκου φιλοξενεί την Πινακοθήκη με ανεξάρτητη είσοδο.

Κτήριο 5

(Κέντρο Αναψυχής). Χαρακτηρίζεται από την εσωστρεφή οργάνωση εμπορικού κέντρου, με αίθουσες κινηματογράφων, καταστήματα και εστιατόρια-café που αναπτύσσονται γύρω από αίθριο. Σε συνάφεια με το κτήριο βρίσκεται υπαίθριο skate park.

CULTURE AND TECHNOLOGY PARK ON PIREOS STREET IN TAVROS, ATHENS

The proposal concerns the redesign of the old industrial complex for mineral treatment and Greek Center of Mineral Exploration, into a model park for culture, sciences, technology and recreation, with extended green spaces.
The five-building complex develops along the east-west axis, perpendicular to Pireos street. The eastern access is through a linear plaza, which evolves into a pedestrian way that runs through the whole complex. The prominent large-scale buildings were designed as autonomous units, with elaborate volume treatment, gathering similar functions, within a fluid interconnecting surrounding landscape.

Building 1

(Conference Center). It is placed on the most projected end of the complex, and its elevation develops around a corner with a pointed termination on the main entrance of the park. From a functional point of view, the public spaces (foyers of each storey) develop facing the inner plaza, while the halls and a large auditorium are placed on the outer perimeter.

Building 2

(Virtual Reality Center, 3D Cinema, Theme Museum for the Historical Evolution and Industrial-Technological Museum, Scientific Research Center, Library). It has a linear development, forming a round projection and a long arcade leading to the cylindrical dome (3D Cinema) and the main entrance. The functions, which require a flowing circular movement, are configured in groups that intermix, with horizontal, as well as vertical development.

Building 3

(Hotel). Placed in programmatic relation to the Conference Center. The upper floors project over a solid, square base, which is penetrated by the entrance axis on the ground level. An open atrium is formed in the superimposed four storeys, thus expanding the elevation of rooms facing the plaza.

Building 4

(Exhibition Center – Art Gallery). The functional role of the building is expressed by the configuration of a closed space with a circular court in its center. The exhibitions develop on three levels, around this atrium, while the linear extension on the ground floor towards the edge of the park hosts the Art Gallery, with its independent entrance.

Building 5

(Recreation Center). It is distinguished by the introvert arrangement of a shopping center, with movie theatres, shops, cafés and restaurants around an atrium.
In proximity to this building there is an outdoor skate park.

Τοπογραφικό / Site plan

2007

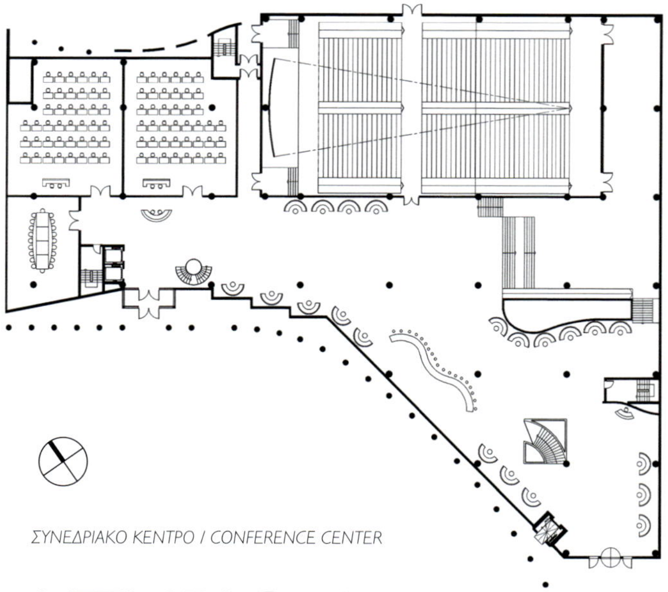

ΣΥΝΕΔΡΙΑΚΟ ΚΕΝΤΡΟ / CONFERENCE CENTER

ΚΤΗΡΙΟ 1

ΚΤΗΡΙΟ 2

ΜΟΥΣΕΙΟ ΒΙΟΜΗΧΑΝΙΑΣ - ΤΕΧΝΟΛΟΓΙΑΣ, ΒΙΒΛΙΟΘΗΚΗ, ΚΕΝΤΡΟ ΕΙΚΟΝΙΚΗΣ ΠΡΑΓΜΑΤΙΚΟΤΗΤΑΣ, 3D CINEMA, "ΟΙ ΡΙΖΕΣ ΤΗΣ ΕΥΡΩΠΗΣ" & ΕΛΚΕΜΕ / INDUSTRIAL - TECHNOLOGICAL MUSEUM, LIBRARY, CENTER OF VISUAL ARTS, 3D CINEMA, "ROOTS OF THE EUROPE" & ELKEME

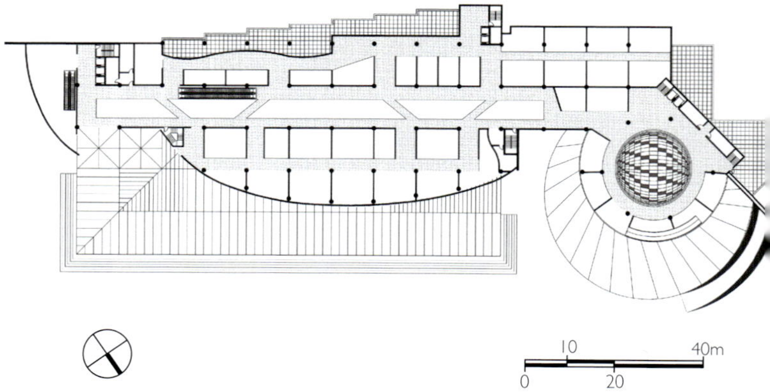

ΚΤΗΡΙΟ 3

ΞΕΝΟΔΟΧΕΙΟ / HOTEL

ΚΤΗΡΙΟ 4

ΕΚΘΕΣΙΑΚΟ ΚΕΝΤΡΟ, ΠΙΝΑΚΟΘΗΚΗ / EXHIBITION CENTER, GALLERY

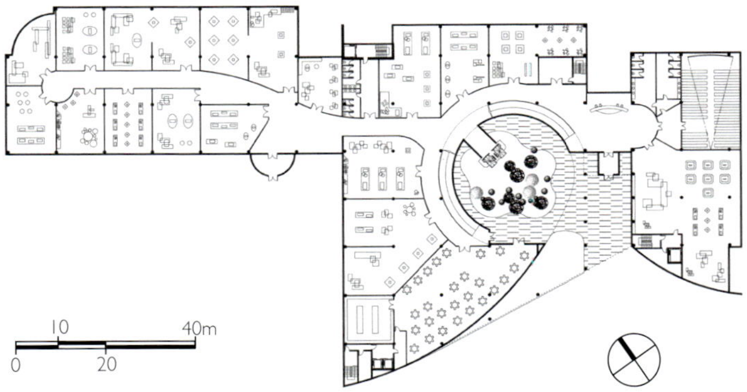

ΚΑΤΑΣΤΗΜΑΤΑ, ΚΙΝΗΜΑΤΟΓΡΑΦΟΙ
/ SHOPS, CINEMAS

ΚΤΗΡΙΟ 5

ΠΟΛΥΚΑΤΟΙΚΙΑ ΕΠΙ ΤΩΝ ΟΔΩΝ ΠΛΑΣΤΗΡΑ & ΚΟΥΝΤΟΥΡΙΩΤΟΥ ΣΤΗ Ν. ΣΜΥΡΝΗ

Το κτήριο εντάσσεται σε μεσαίο διαμπερές οικόπεδο τεθλασμένου σχήματος που ήταν καθοριστικό για τη χάραξη της σύνθεσης. Σύμφωνα με αυτήν προέκυψαν δύο ανεξάρτητοι λειτουργικοί όγκοι διαμερισμάτων στραμμένοι στα ανοιχτά μέτωπα, που συνδέονται μεταξύ τους μέσω της άρθρωσης του κεντρικού κλιμακοστασίου.

Λειτουργικά, στους χαμηλότερους ορόφους, οι κατοικίες οργανώνονται εξωστρεφείς, με τους βοηθητικούς χώρους να αναπτύσσονται γύρω από τον διπλό εσωτερικό ακάλυπτο, εκατέρωθεν του κεντρικού πυρήνα. Στις τελευταίες στάθμες δημιουργήθηκαν δύο ενιαία, μεγαλύτερα διαμερίσματα, των οποίων οι χώροι διημέρευσης και οι κοιτώνες βρίσκονται αντιδιαμετρικά κεντρικού άξονα κίνησης.

Εξωτερικά επιδιώχθηκε η απομείωση της συμπαγούς λειτουργικής μάζας των τυπικών ορόφων, μέσω των επάλληλων κάθετων πανέλων στο εξωτερικό όριο των εξωστών. Μορφολογικά το κτήριο χαρακτηρίζεται από την «ανοιχτόχρωμη» μαιανδρική γεωμετρία των πανέλων που εμπλουτίστηκε με τα λεπτότερα μεταλλικά στοιχεία των στηθαίων και την ημιδιάφανη κάλυψη στις πέργκολες των ανοιχτών δωμάτων των υπερκείμενων ορόφων.

APARTMENT BUILDING ON PLASTIRA & KOUNTOURIOTOU STREETS IN NEA SMYRNI, ATHENS

The building is located on an intermediate wide-angle shaped plot with two fronts, which defined the geometry of the concept. This resulted to two independent apartment volumes facing the open fronts of the site, interconnected through the joint of the central stairwell.

From a functional point of view, the apartments of the lower levels have an extrovert arrangement, with auxiliary areas developing around the double internal open space, on both sides of the central core. On the top levels, two larger apartments were created with the living areas and the bedrooms positioned diametrically opposed in relation to the central circulation axis.

Externally, the design aimed to reduce the compact functional mass of the typical storeys, by successive vertical panels on the balconies' outer boundary. As it regards the overall impression, the building is marked by the «light-coloured» meander-like panel geometry, which was enriched by the thinner metal elements of the parapets and the pergolas on the open terraces of the superimposed storeys.

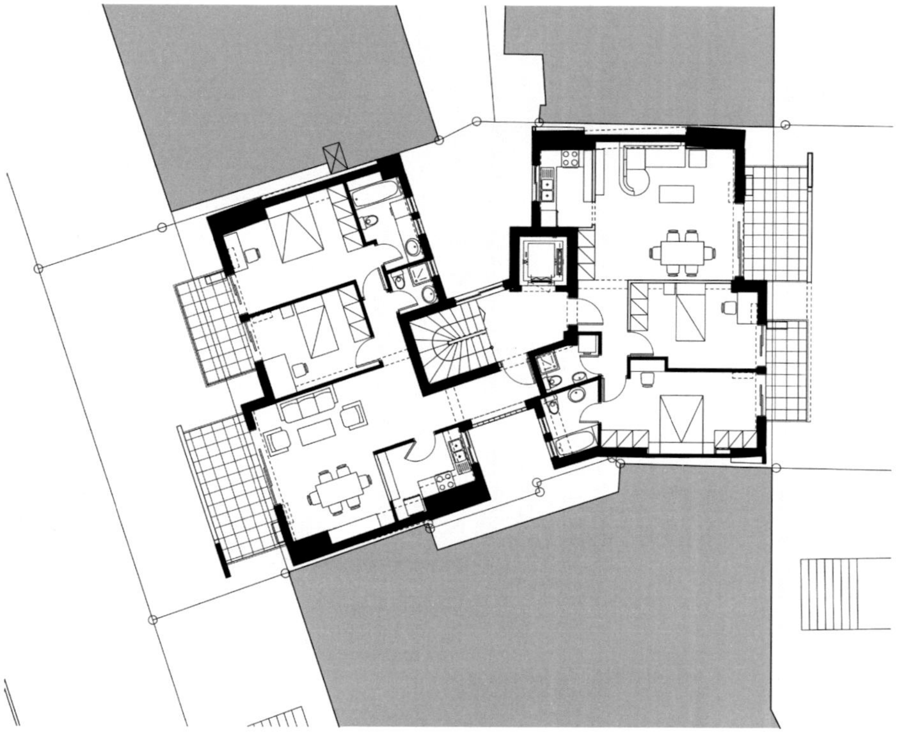

Κάτοψη τυπικού ορόφου / Typical floor plan

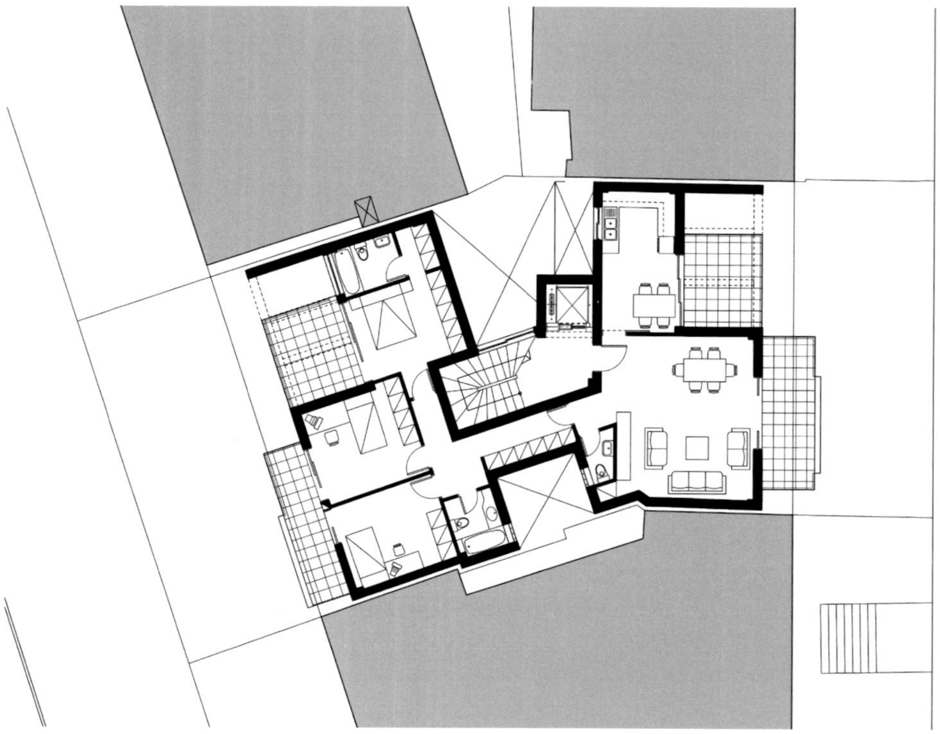

Κάτοψη 6ου ορόφου / Sixth floor plan

2007

ΠΡΟΜΕΛΕΤΗ ΕΜΠΟΡΕΥΜΑΤΙΚΟΥ & ΔΙΑΜΕΤΑΚΟΜΙΣΤΙΚΟΥ ΚΕΝΤΡΟΥ ΣΥΝΔΥΑΣΜΕΝΩΝ ΜΕΤΑΦΟΡΩΝ (LOGISTICS) ΣΤΟ ΘΡΙΑΣΙΟ ΠΕΔΙΟ

(ΣΥΝΕΡΓΑΣΙΑ ΜΕ CONFIDE ΕΠΕ & ΔΡΟΜΟΣ ΣΥΜΒΟΥΛΟΙ ΜΕΛΕΤΗΤΕΣ ΕΠΕ)

Το Εμπορευματικό Κέντρο αναπτύσσεται κατά μήκος μιας μεγάλης αλλά συνάμα στενής έκτασης 600 περίπου στρεμμάτων, μ' έντονη κλίση στο βορειοανατολικό άκρο. Το νότιο τμήμα του καταλαμβάνεται από το συγκρότημα του ΟΣΕ.
Η γενική διάταξη οργανώθηκε με βάση τις ιδιαίτερες απαιτήσεις κυκλοφορίας και στάθμευσης των μεγάλων οχημάτων και του τρένου. Η παρατακτική χωροθέτηση των αποθηκευτικών ενοτήτων, συνολικής επιφάνειας περίπου 200.000 τετραγωνικών μέτρων, έγινε με υπόβαθρο έναν επαναλαμβανόμενο στατικό κάναβο που πολλαπλασιάζεται ή υποδιαιρείται βάσει των λειτουργικών απαιτήσεων κάθε φορά. Ωστόσο, η δομική και συνθετικά αυστηρή ταξινόμηση επιδιώχθηκε να αναβαθμιστεί αισθητικά, προσδίδοντας την κλίμακα και τον ρυθμό της πολυχρωματικής επεξεργασίας με τυπωμένο διακοσμητικό μοτίβο, στα μεταλλικά πετάσματα που επενδύουν τις πτέρυγες των αποθηκών, ώστε να απομειωθεί το μεγάλο μέγεθος και να αποκτήσουν έναν ιδιαίτερο χαρακτήρα τα κτήρια των αποθηκών.
Η ανάπτυξη του συγκροτήματος των κοινοχρήστων χώρων είναι γραμμική, ενώ οι κυκλοφορίες-προσβάσεις διαμορφώνονται ρευστές, ως υπαίθρια κίνηση, με χώρους στάσης και αναψυχής να διαχέονται μεταξύ των μονάδων. Το φυτεμένο στέγαστρο του συγκροτήματος αποτελείται από ενιαία πλάκα μπετόν με καμπυλόμορφο περίγραμμα και φέρεται από τριπλούς μεταλλικούς κίονες ιδιαίτερα ραδινής μορφής. Στη βάση του στεγάστρου χωροθετούνται ως αυτόνομες νησίδες επιμέρους λειτουργίες, όπως κατάστημα τράπεζας, ταχυδρομικό κατάστημα, minimarket, ιατρείο, φαρμακείο, παιδικός σταθμός και εστιατόριο-καφετέρια. Στο άκρο της γραμμικής σύνθεσης βρίσκεται το κτήριο διοίκησης σε πιλοτή, διχοτομημένο σε δύο παράλληλες πτέρυγες. Το κενό ανάμεσα έχει, επίσης, ρευστή μορφή και λειτουργεί ταυτόχρονα ως πεζόδρομος που διατρέχει τη βάση του και ως πύλη εισόδου των κοινόχρηστων λειτουργιών. Συνολικά, οι όψεις του συγκροτήματος διοίκησης επενδύονται μ' ένα ανηρτημένο μεταλλικό πλέγμα με μοτίβο που σκιάζει και χαρακτηρίζει τη μορφή του συνόλου.

PRELIMINARY STUDY FOR A MAJOR LOGISTICS CENTER IN THRIASIO, ATTICA

(COLLABORATION WITH CONFIDE LTD & DROMOS CONSULTING LTD)

The Logistics Center develops along a large, but relatively narrow, area of approx. 600,000 sq.m., with a mild inclination. Its south part is occupied by buildings of the Hellenic Railways Organization.
The overall master plan was developed on the basis of the traffic study and the large vehicles and railway circulation demands. The serial layout of the storage units, of a total covered area of roughly 200,000 sq.m., was applied using a structural grid that can be multiplied or divided according to the specific operational requirements. However, it was desired to improve aesthetically this structural, austere array, expressing scale and rhythm by applying a colourful treatment with a printed decorative pattern, on the metal panels covering the storage wings, thus reducing the impression of their large size, and giving to the storage buildings a particular character.
The development of the public used spaces and facilities is linear, while there is a fluid arrangement of circulation and access, dispersing areas for resting and recreation between the units. The green roof of the complex consists of a single flat round-shaped concrete slab, carried on rather slender triple metal columns. Below the roof, autonomous strips host individual functions, like a bank branch office, a post office, a mini-market, an infirmary, a drugstore, a day care center and a restaurant-café. At the end of the linear composition there is the administration building on pilotis, split in two parallel wings. The intermediate gap has a fluid form and acts as a walkway that runs through the building's ground level, as well as an entrance gate for the public functions. The façades of the administration complex are covered by a suspended metal grid with a round pattern, which provides shade and lends to the ensemble its overall image.

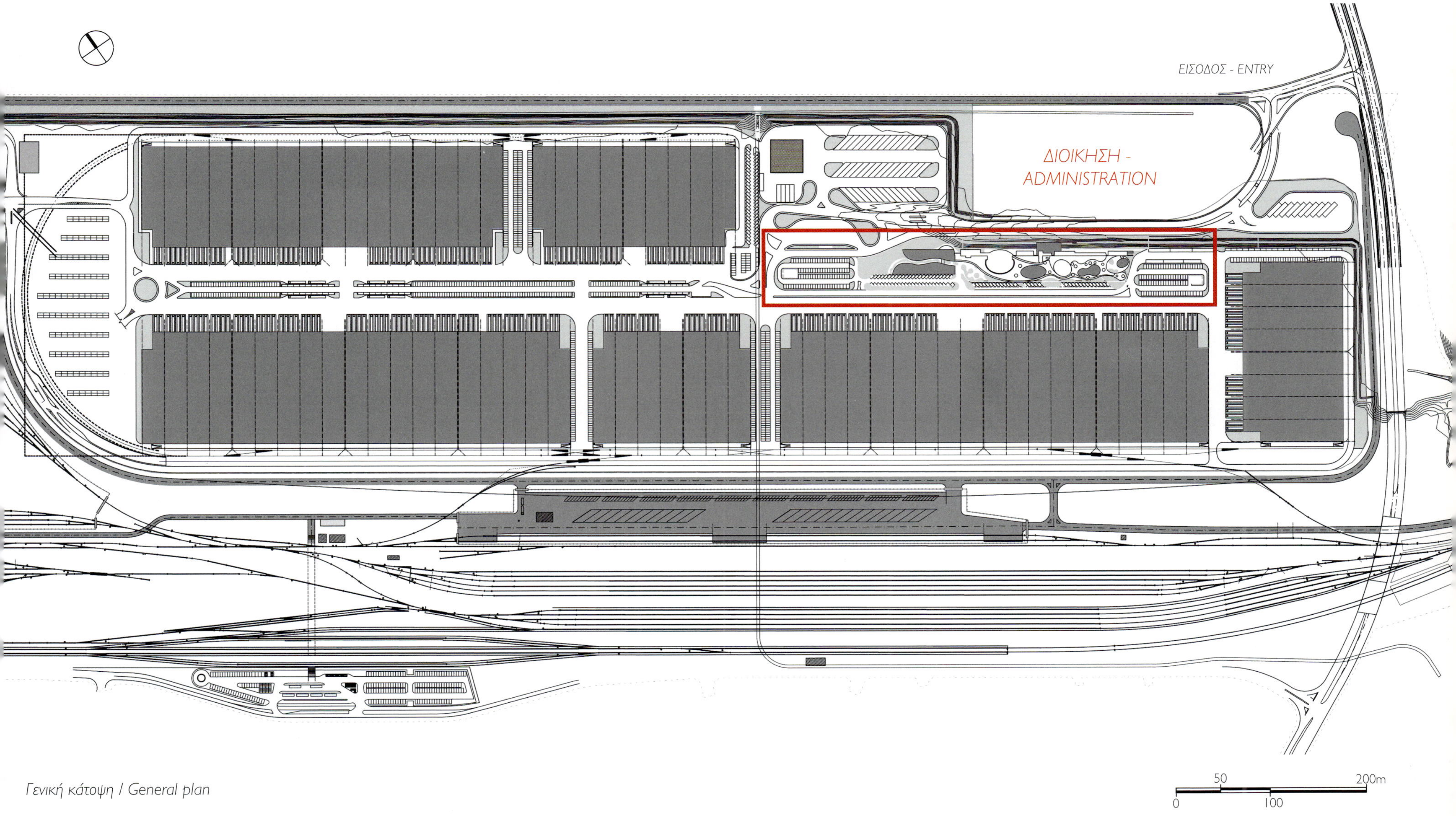

Γενική κάτοψη / General plan

2007

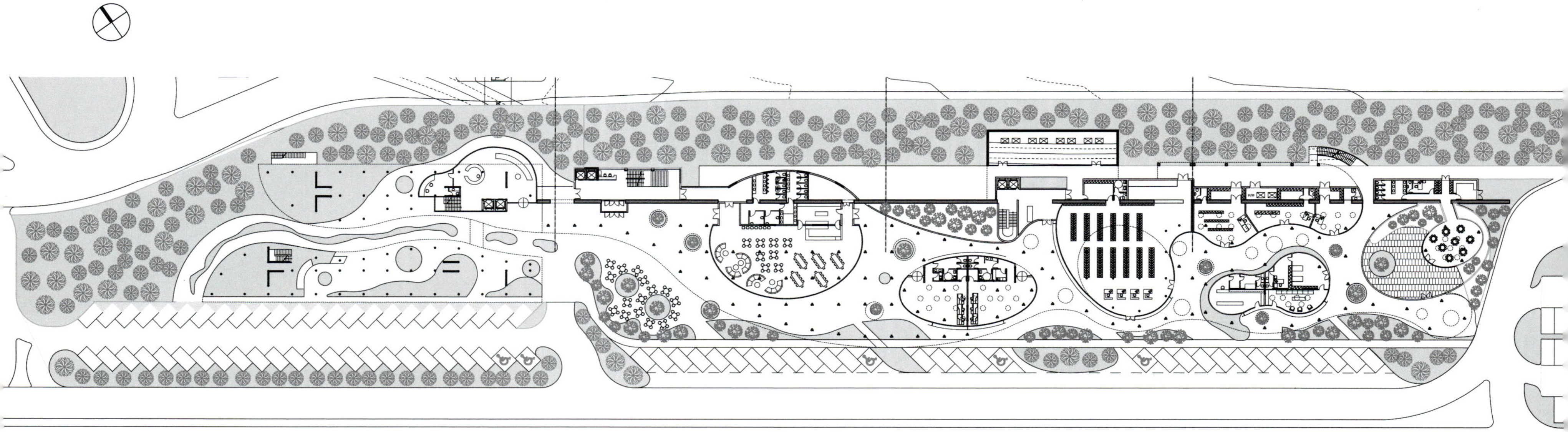

Περιοχή διοίκησης & κοινόχρηστων λειτουργιών / Administration area & common functions

ΜΕΛΕΤΗ ΙΔΙΩΤΙΚΗΣ ΚΑΤΟΙΚΙΑΣ ΕΠΙ ΤΗΣ ΟΔΟΥ ΑΠΟΛΛΩΝΟΣ ΣΤΗΝ ΚΗΦΙΣΙΑ

Το κτήριο μελετήθηκε ελεύθερο στο μέσον μεγάλου γωνιακού οικοπέδου με κλίση και θέα προς τα νοτιοδυτικά. Πρόκειται για μια διώροφη κατοικία με δύο πτέρυγες σε διάταξη «Γ», με μία υπόγεια στάθμη. Προβάλλει ένα συνεχές μέτωπο κατά μήκος της ανατολικής πλευράς, στο κέντρο της οποίας οργανώνεται η είσοδος σε εσοχή. Στη συνέχεια τοποθετήθηκε μικρό εσωτερικό αίθριο που διαχώριζε οπτικά τους χώρους υποδοχής από την τραπεζαρία και την κουζίνα. Όλοι οι χώροι αναπτύσσονται με θέα στην υπαίθρια πισίνα και στον κήπο.
Δεξιά της εισόδου τοποθετήθηκε χώρος γραφείου με έξοδο σε στεγασμένη πλακόστρωτη αυλή και κήπο. Στην άνω στάθμη υπάρχουν τέσσερα υπνοδωμάτια με λουτρά και έξοδο σε μεγάλα δώματα με πέργκολες και εξώστη στη βορειοανατολική πλευρά.
Εξωτερικά, το κυρίως κτήριο επενδύεται με σοβά και έχει τετράρριχτες στέγες καλυμμένες από φύλλα πατιναρισμένου χαλκού. Βασικά στοιχεία της αρχιτεκτονικής πρότασης αποτελούν οι πέργκολες και οι άλλες κατασκευές από οπλισμένο σκυρόδεμα και ξύλινες δοκίδες που σκιάζουν τα μεγάλα ανοίγματα. Ο υπαίθριος χώρος «αγκαλιάζει» το κτήριο, αναλύεται σε εκτενείς φυτεμένες επιφάνειες και πλακόστρωτα με διαβαθμίσεις που εκμεταλλεύονται τις κλίσεις του οικοπέδου και εντάσσουν την κατοικία στο φυσικό περιβάλλον.

STUDY OF A PRIVATE RESIDENCE ON APOLLONOS STREET IN KIFISSIA, ATHENS

The building is sited freely inside a large inclined corner plot with a diagonal view to the southwest. It concerns a two-storey, L-shaped house, with one underground level. Along the east side, a continuous front is projected. The entrance is located centrally in recess and it is in line with a small internal patio, which visually separates the living room with the dining and kitchen. All areas have a view to the garden and an outdoor swimming pool.
At the right of the entrance, an office area was placed, with access to a roofed paved court and a garden. On the upper floor there are four bedrooms with bathrooms and access to large terraces with pergolas, and a balcony on the northeastern side.
Externally, the main materials used are plaster and wooden claddings. On top the building is mainly covered by four-pitched roofs of aged copper. Key elements of the architectural design are the pergolas, and other constructions, made of reinforced concrete and timber slats, which shade the large openings. The outdoor space, "embracing" the building, is arranged by extensive green and paved areas on different levels that take advantage of the plot slopes and integrate the house in the natural environment.

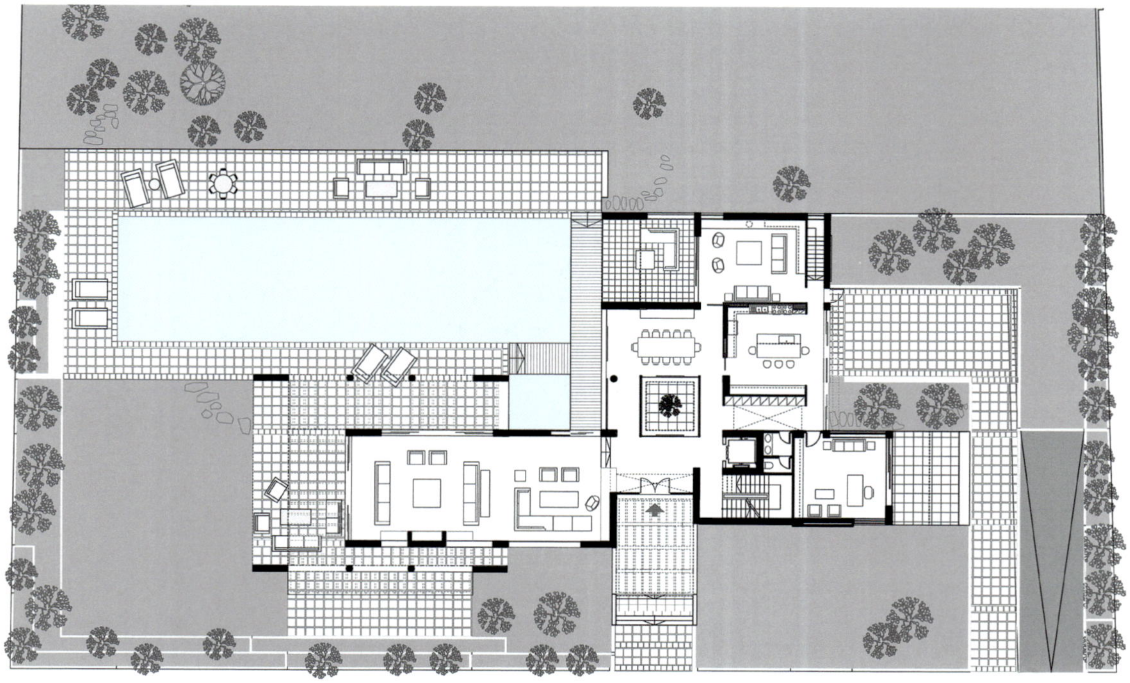

Κάτοψη ισογείου / Ground floor plan

Κάτοψη ορόφου / First floor plan

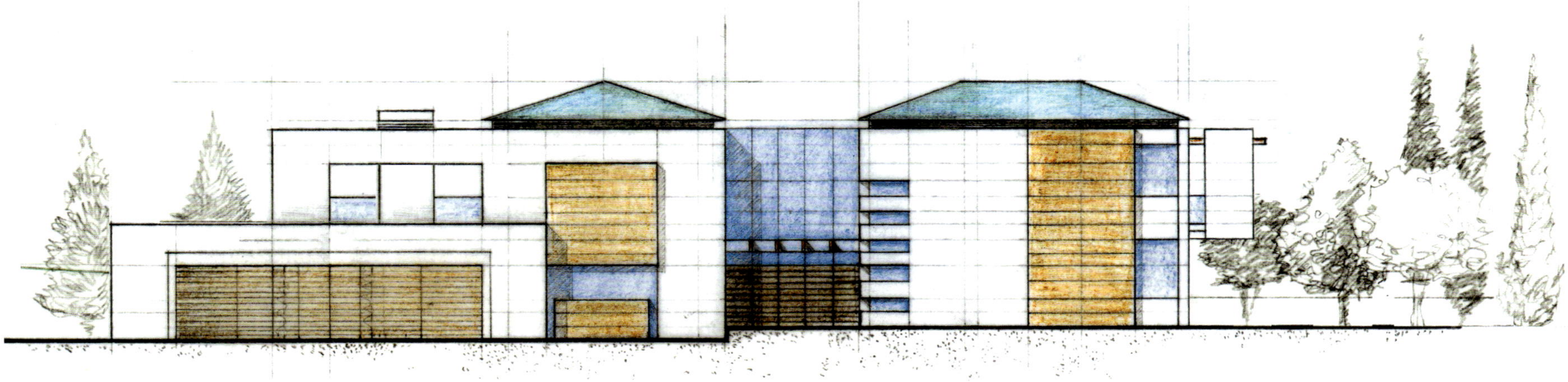

2007

ΜΕΛΕΤΗ ΜΟΥΣΕΙΟΥ ΣΥΓΧΡΟΝΗΣ ΤΕΧΝΗΣ ΕΠΙ ΤΗΣ Λ. ΚΗΦΙΣΙΑΣ ΣΤΟ ΜΑΡΟΥΣΙ

Η μελέτη για το νέο κτήριο μιας ιδιωτικής πινακοθήκης αποτελεί μια πρόταση που εμπεριέχει το πνεύμα του μουσείου, τόσο ως κλειστού κελύφους για την έκθεση των έργων τέχνης όσο και ως ευρύτερου χώρου ηρεμίας και περισυλλογής.
Όλοι οι χώροι αναπτύσσονται περιμετρικά στεγασμένου αιθρίου που φθάνει έως τη στάθμη του πρώτου υπογείου. Οι εκθέσεις αναπτύσσονται στις δύο υπερκείμενες στάθμες, με χώρο περιοδικών εκθέσεων στην πρώτη υπόγεια στάθμη, αμφιθεατρική αίθουσα προβολών στο δεύτερο υπόγειο, ενώ κλειστοί χώροι αναψυχής με υπαίθρια επέκταση χωροθετήθηκαν στην τελευταία άνω στάθμη και στο ισόγειο.
Η μορφή του κτηρίου είναι συμμετρική, οργανώνοντας έναν ορθογωνικό βασικό πυρήνα στο κέντρο, με γραμμικούς, χαμηλότερους όγκους στα τέσσερα άκρα να εξέχουν από το κυρίως σώμα. Η κύρια όψη διαμορφώνει ένα σχήμα υποδοχής με πλάγιες στοές κατά μήκος των κάθετων χαμηλών όγκων. Συνολικά, επιδιώκεται η έκφραση ιδιωτικού κτηρίου μουσείου που οφείλει, όμως, να έχει υποχρεωτικά και τον δημόσιο χαρακτήρα.

STUDY OF THE MUSEUM OF CONTEMPORARY ART ON KIFISSIAS AVENUE IN MAROUSSI, ATHENS

The design for the new building of a private picture gallery constitutes a proposal that contains the spirit of the museum, as a closed shell for displaying works of art, but also as a space for calmness and contemplation.
All areas evolve around a roofed atrium that sinks to the first level below ground where temporary exhibitions are displayed. The permanent collections are arranged on the two upper levels. An auditorium is hosted on the second underground level, and recreation areas, extending outdoors, on the top floor and ground level.
The building has a symmetrical form, with a rectangular basic core in the center, and lower wings protruding from the main body on all four sides. The main façade is arranged with galleries along the lateral lower volumes. In total, the design aimed for the image of a private museum building which, at the same time, owes to present a public character.

Νότια όψη / South elevation

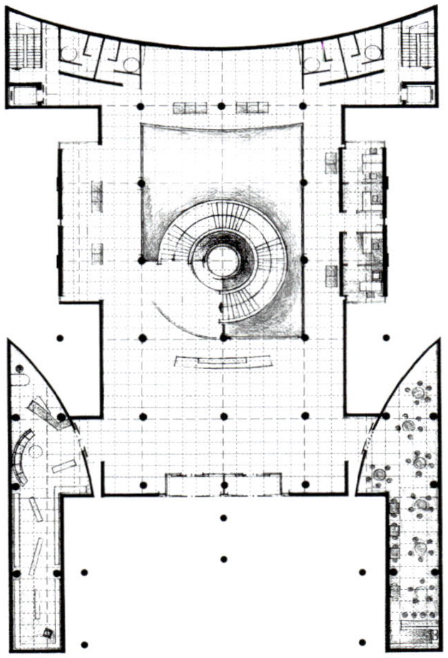

Κάτοψη ισογείου / Ground floor plan

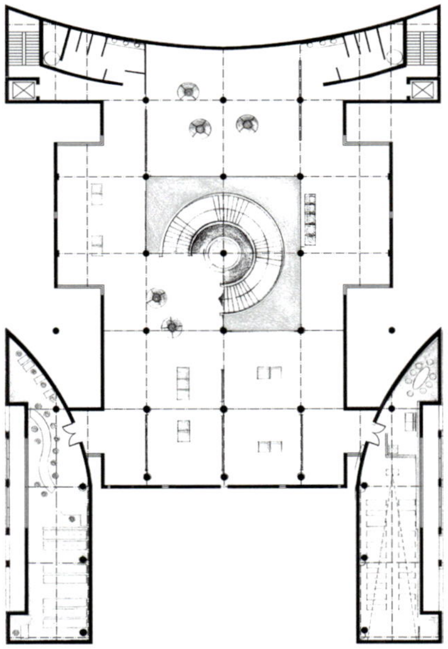

Κάτοψη Α ορόφου / First floor plan

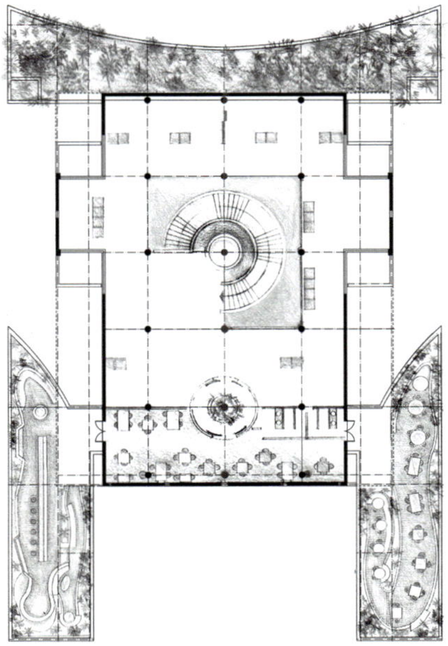

Κάτοψη Β ορόφου / Second floor plan

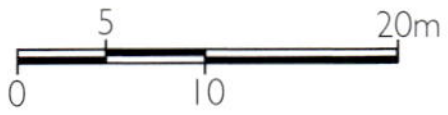

2008

ΠΡΟΤΑΣΗ ΑΝΑΚΑΤΑΣΚΕΥΗΣ ΚΑΙ ΕΠΕΚΤΑΣΗΣ ΔΙΑΤΗΡΗΤΕΟΥ ΚΤΗΡΙΟΥ ΣΕ ΜΟΥΣΕΙΟ ΣΥΓΧΡΟΝΗΣ ΤΕΧΝΗΣ, ΑΘΗΝΑ

Στη μελέτη γίνεται η προσπάθεια ανάδειξης ενός υφιστάμενου, διατηρητέου κελύφους με ιστορικά μορφολογικά χαρακτηριστικά και ταυτόχρονα της επεξεργασίας μιας σύγχρονης προσθήκης, ώστε να αναπτύσσονται σ' ένα ενιαίο λειτουργικό πρόγραμμα με αυξημένες απαιτήσεις και περιεχόμενο.
Το νέο κτήριο του Μουσείου Σύγχρονης Τέχνης οργανώνεται στο περίγραμμα του διατηρητέου κτίσματος και σε πλάγια επέκταση ως προς αυτό. Οι όροφοι μελετήθηκαν σε υποχώρηση από τα όρια των όψεων του διατηρητέου κτίσματος, διαμορφώνοντας έναν διακριτό όγκο με νέο μορφολογικό λεξιλόγιο.
Το νέο κέλυφος επενδύεται από λίθινες πλάκες μεγάλου σχήματος με σημειακές εσοχές από γραμμικούς φεγγίτες· το φυσικό φως, μέσω εσωτερικών ανακλαστικών επιφανειών στη ζώνη των ψευδοροφών, διαχέεται στους εκθεσιακούς χώρους.
Λειτουργικά συνδυάζεται ο εκθεσιακός και ο παιδευτικός χαρακτήρας, που προϋποθέτει η οργάνωση και το πνεύμα ενός σύγχρονου μουσείου, με χώρους βιβλιοθήκης, αίθουσας διαλέξεων, video room και παιδικό εργαστήρι, ενώ προστίθεται σε αυτούς και café-εστιατόριο κοντά στην είσοδο, με πρόσβαση στην υπαίθρια προστατευμένη αυλή.

PROPOSAL FOR REMODELLING AND EXTENSION OF A LISTED BUILDING TO HOUSE A MUSEUM OF CONTEMPORARY ART, ATHENS

The projection of an existing, listed building with historic morphological elements, and the simultaneous design of a modern expansion, was attempted in this project, so as to host a single functional program of special nature and requirements.
The new Museum of Contemporary Art is developed following the contour of the listed building and in its lateral expansion. The storeys above were designed in recess from the outline of the listed building, forming a distinguishable volume with a new morphological vernacular. The new shell is clad by large stone plates, creating slots for natural light; the natural light is dispersed into the exhibition areas, via internal reflective surfaces inside the ceilings' plenum.
The exhibition program is combined with the educational character, a prerequisite of the concept of any contemporary museum, with a library, a lecture hall, a video room and a workshop for children. The administration offices are on the top floor while the restaurant-café is close to the entrance level with access to the outdoor protected backyard.

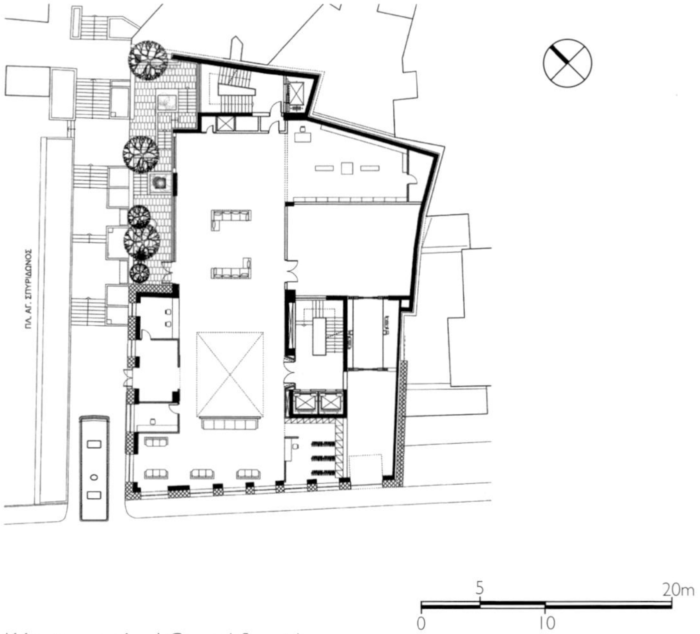

Κάτοψη ισογείου / Ground floor plan

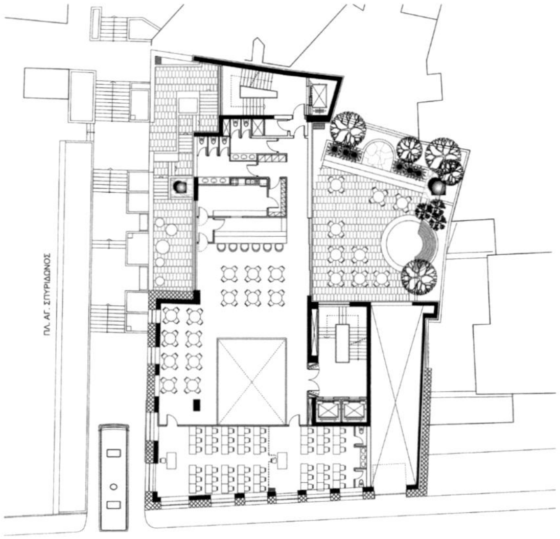

Κάτοψη Α ορόφου / First floor plan

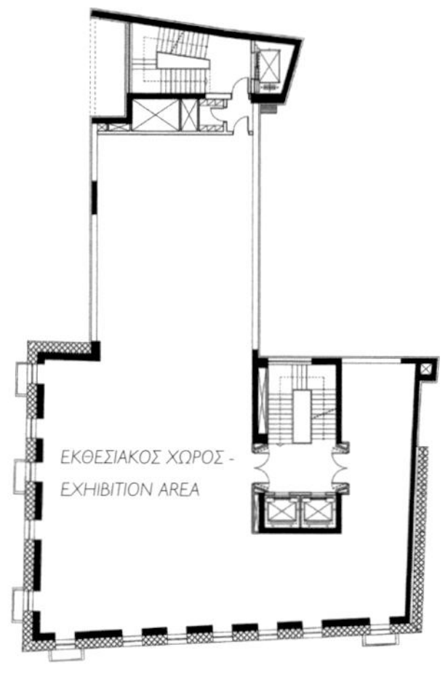

Κάτοψη Γ ορόφου / Third floor plan

2009

ΚΤΗΡΙΟ ΓΡΑΦΕΙΩΝ ΕΠΙ ΤΗΣ Λ. ΣΥΓΓΡΟΥ ΣΤΗΝ ΚΑΛΛΙΘΕΑ

Η βασική συνθετική ιδέα διατυπώνεται σε μια σύνθετη μορφή που προκύπτει από την αλληλοδιείσδυση δύο όγκων, ενός συμπαγούς κελύφους και ενός υπό γωνία διάφανου πρίσματος εν εσοχή. Ο συμπαγής όγκος διαμορφώνει ένα πρώτο επίπεδο διαρθρωμένο σε κάθετο και οριζόντιο μέτωπο, παράλληλο προς τον οδικό άξονα, που σχηματίζει ένα είδος πύλης. Ο δεύτερος διάφανος όγκος, λοξά τοποθετημένος, δίνει την εντύπωση ότι ένα τμήμα του είναι αναρτημένο από τον συμπαγή όγκο, ενώ ένα άλλο επεκτείνεται πάνω από αυτόν. Η όλη σύνθεση αναδείχθηκε από τη δυνατότητα που δόθηκε στο μεσαίο αυτό οικόπεδο να διαμορφωθεί η βόρεια μεσοτοιχία του σε κανονική όψη.

Εξωτερικά, επιδιώχθηκε η αισθητική αντιπαραβολή αφενός στους δύο όγκους με έμφαση στις οριζόντιες και κάθετες χαράξεις, αφετέρου στα υλικά, με μπεζ πωρόλιθο και κατασκευή διπλής γυάλινης όψης με εσωτερικές περσίδες σκιασμού και κατακόρυφα μεταλλικά στοιχεία ασύμμετρα τοποθετημένα.

Εσωτερικά, οργανώθηκε η διώροφη βάση χωροθετώντας τις λειτουργίες αμφίπλευρα ενός διώροφου κενού, με γέφυρα στη στάθμη του παταριού και γυάλινη στέγαση στην πίσω πλευρά. Οι υπερκείμενοι όροφοι γραφείων αναπτύσσονται σε τρεις πλευρές ενός αιθρίου, με γραφεία διεύθυνσης στον πέμπτο και έκτο όροφο.

Το κτήριο μελετήθηκε σε συνεργασία με το Εργαστήριο Ενεργειακού Σχεδιασμού με υπεύθυνο τον κ. Μ. Σανταμούρη.

OFFICE BUILDING ON SYGGROU AVENUE IN KALLITHEA, ATHENS

The basic principle of this design concept is expressed by a complex form deriving from the juxtaposition of two volumes, one solid shell and one recessed, transparent building envelope, rotated in relation to the shell. The solid volume forms a foreground, articulated by a horizontal mass, supported by two pillars aligned with the main road axis, thus creating a sort of gate. The second, transparent volume, placed on an angle, creates the impression that it is partly suspended by the solid volume, while another part is expanded over it. The whole design approach was brought out because of the opportunity presented by this intermediate site to form its northern party wall as a regular façade.

Externally, the design aimed for the aesthetic contrast of the two volumes, on one hand, with emphasis on the horizontal and vertical traces, and of the materials, on the other, with beige limestone and the construction of a double curtain wall with internal shading rollers and vertical mullions in irregular gaps. In the interior, the two-storey base was organized arranging functions on both sides of a double-height void, with a bridge on mezzanine level and a glass roof at the rear side. The office storeys above are developed around the three sides of an atrium, with management offices on the fifth and sixth floors. The building was designed in collaboration with the Laboratory of Energy Planning, under the supervision of mr. M. Santamouris.

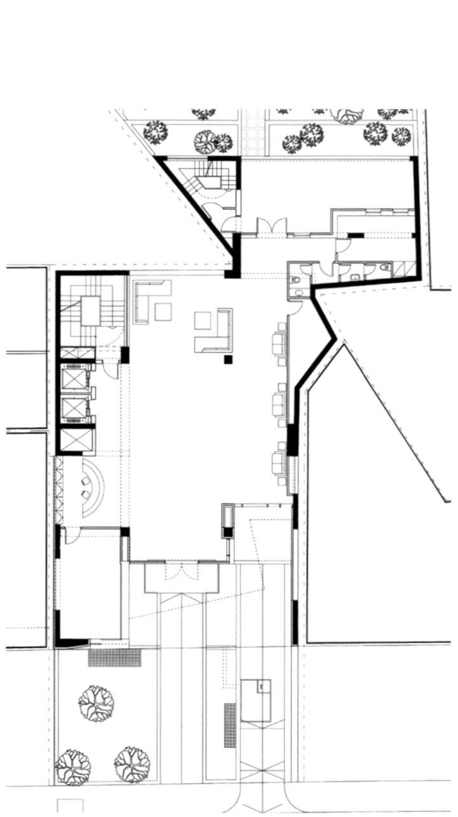

Κάτοψη ισογείου / Ground floor plan

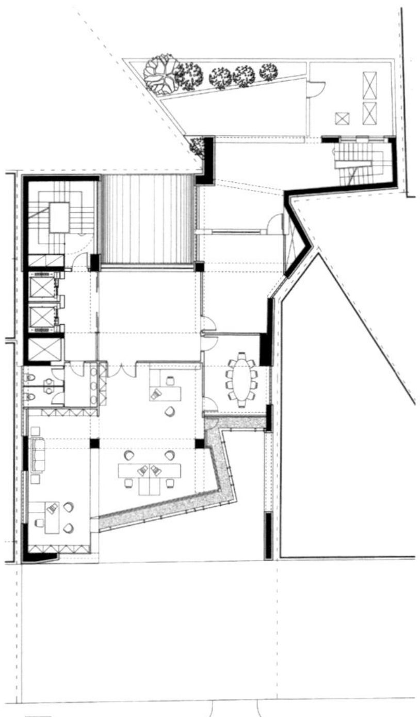

Κάτοψη τυπικού ορόφου / Typical plan

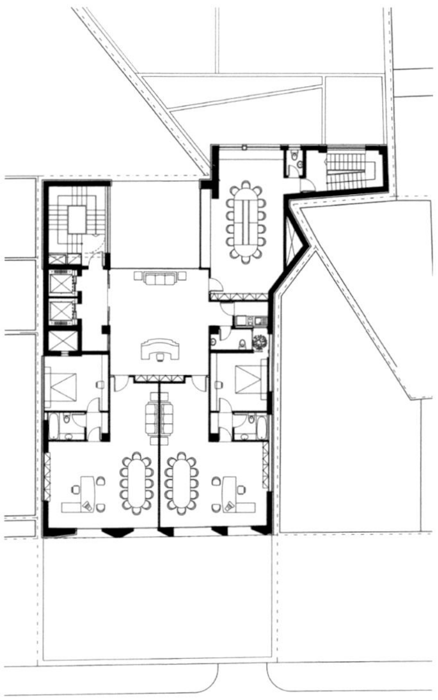

Κάτοψη Δ ορόφου / Fourth floor plan

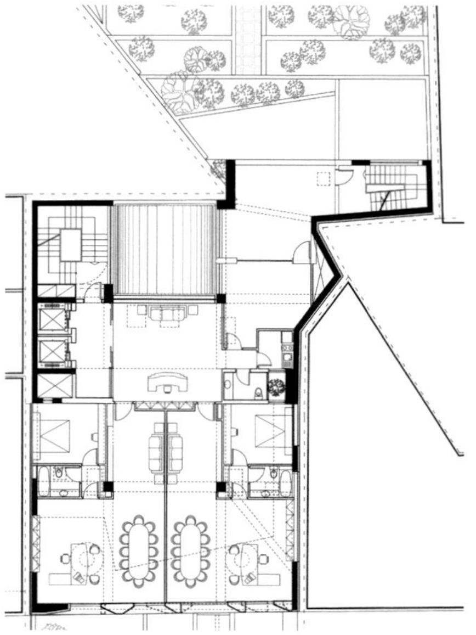

Κάτοψη Ε ορόφου / Fifth floor plan

2009

ΕΜΠΟΡΙΚΟ ΚΕΝΤΡΟ
ΕΠΙ ΤΗΣ Λ. ΚΗΦΙΣΟΥ ΣΤΟ ΑΙΓΑΛΕΩ

(ΣΥΝΕΡΓΑΣΙΑ ΜΕ ΓΡΑΦΕΙΟ ΑΛΕΞ. ΤΟΜΠΑΖΗ)

Το κτήριο αυτό εντάσσεται σε συγκρότημα με πολυκατάστημα και κοινό υπόγειο χώρο στάθμευσης (βλ. σελ. 260).
Ο κύριος χώρος με τα εμπορικά καταστήματα έχει ορθογωνική κάτοψη και αναπτύσσεται σε τρεις στάθμες γύρω από ένα εσωτερικό, βυθισμένο αίθριο με ελλειψοειδές σχήμα. Δύο «εναέριοι» κυλιόμενοι διάδρομοι συνδέουν τους ορόφους, διατρέχοντας διαγώνια στον χώρο το κενό του αιθρίου, προσδίδοντάς του έτσι έναν σχετικό δυναμισμό. Η ισόγεια πρόσβαση των πεζών αντιστοιχεί στο ενδιάμεσο επίπεδο της δεύτερης στάθμης του κτηρίου, ενώ η προσέγγιση από τους υπόγειους χώρους στάθμευσης γίνεται στη βάση του αιθρίου – πρώτο υπόγειο. Τα εστιατόρια και café διατάσσονται κυρίως στην άνω στάθμη, παράλληλα με τα υαλοστάσια της πρόσοψης, ώστε να προσφέρουν θέα και προς το αίθριο, τη λεωφόρο και μακρύτερα την Ακρόπολη.
Εξωτερικά χρησιμοποιούνται δύο χρώματα πανέλων αλουμινίου για την επένδυση των αεριζόμενων όψεων του κτηρίου, λευκό και γκρι-ασημί. Σε αντίθεση με το λευκό που κυριαρχεί στην κύρια όψη, προτείνεται η επένδυση τμήματος της όψης με πολυχρωματικά αδιαφανή κρύσταλλα για τη σήμανση της εμπορικής χρήσης του κτηρίου με αρχιτεκτονικό τρόπο. Για τη φυσική και άνετη πρόσβαση από τη λεωφόρο, δημιουργείται η εντύπωση σχήματος υποδοχής, μέσω μιας έντονης διαγώνιας απότμησης, που συγκλίνει προς το σημείο εισόδου. Το κτήριο, στο πλαίσιο του βιοκλιματικού σχεδιασμού, υιοθέτησε στρατηγικές που ενισχύουν την αίσθηση οπτικής και θερμικής άνεσης και συγχρόνως βελτιώνουν την ενεργειακή απόδοσή του. Κύριο στοιχείο αποτελεί το κινητό στέγαστρο στην οροφή του αιθρίου, που προστατεύει τους χώρους κυκλοφορίας από τις καιρικές συνθήκες και ανοίγει όταν ο καιρός το επιτρέπει, ιδίως τις καλοκαιρινές νύχτες, αποδεσμεύοντας τη συσσωρευμένη θερμότητα.

SHOPPING CENTER
ON KIFISSOU AVENUE IN AEGALEO, ATHENS

(COLLABORATION WITH OFFICE OF ALEX. TOMBAZIS)

This building is part of a complex which also includes a department store and a common underground parking station (see p. 260).
The main area of commercial stores has a rectangular plan and develops on three levels around an internal, depressed atrium of elliptical shape. Two «hovering» moving ramps connect the floors, running diagonally across the atrium's void, lending a certain vigour to it. The ground floor pedestrian access corresponds to the intermediate level of the building's second storey, while approach from the underground parking areas is through the atrium base – first level below ground. Restaurants and a café are located mainly on the upper level, arranged parallel to the front façade glass curtain walls, in order to provide view towards the atrium, the avenue and the Acropolis further back.
Externally, aluminum panels of two colours are used for the cladding of the building ventilated façades: white and grey-silver. In contrast to the white colour that dominates the main facade, its partial cladding with multi-coloured opaque glass panes is proposed to architecturally mark the commercial use of the building. For natural and easy access from the avenue, the impression of a reception form is created by means of an acute diagonal chamfer that converges to the entrance point.
The bioclimatic design of the building incorporates strategies that enhance the sense of visual and thermal comfort and in the same time improve its energy performance. The moving steel space-frame on the atrium's roof is a principal element that protects the circulation areas from the weather conditions and opens when the weather is good, especially during summer nights, releasing the accumulated heat.

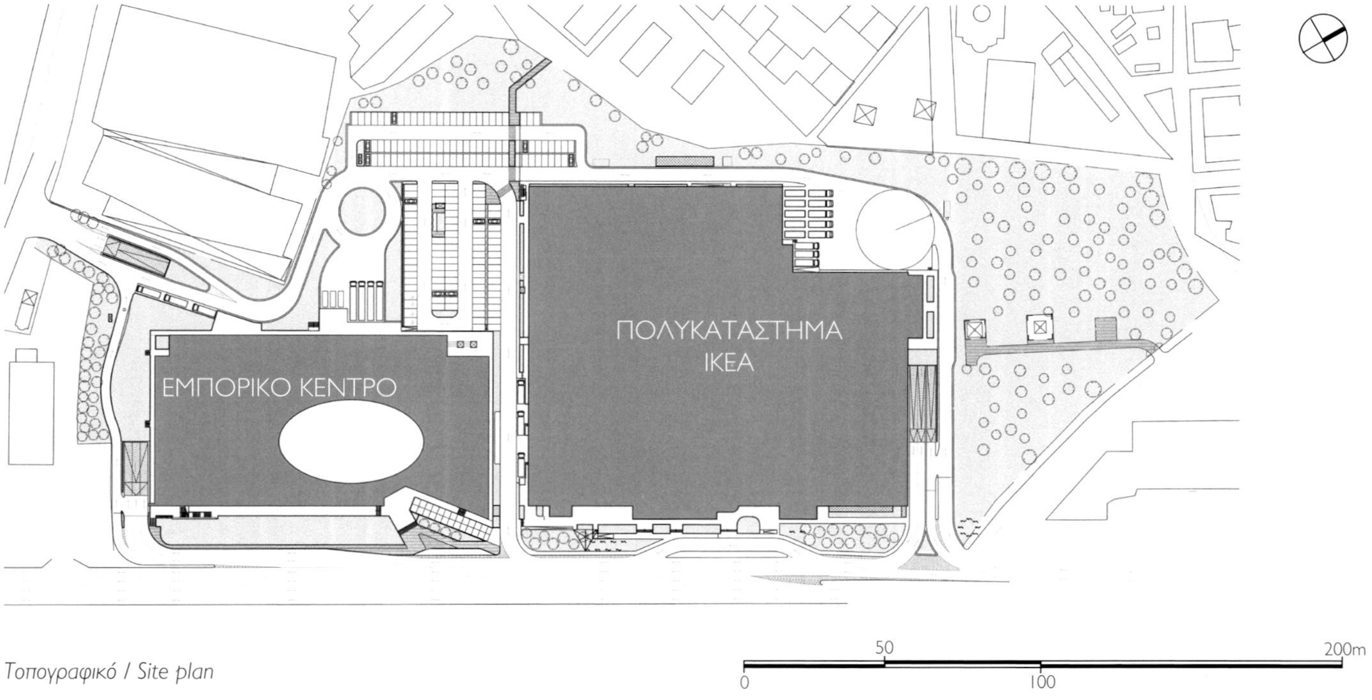

Τοπογραφικό / Site plan

2009-10

Dori
KUN
KUN

ΤΙΤΟΝ *** ΚΑΛΩΣ ΗΛΘΑΤΕ ΣΤΟΝ

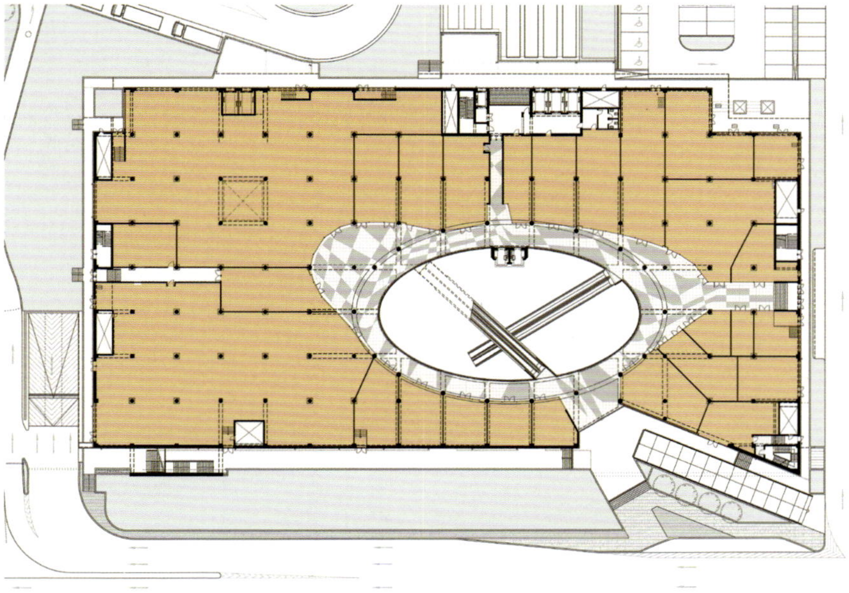

Κάτοψη ισογείου / Ground floor plan

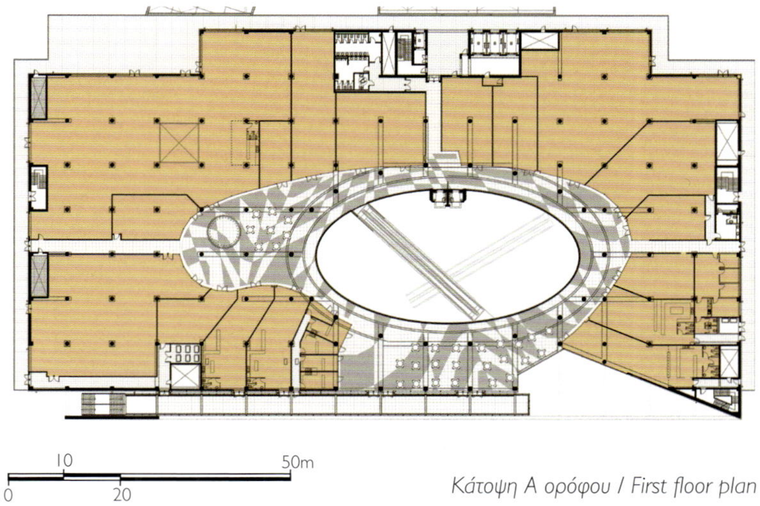

Κάτοψη Α ορόφου / First floor plan

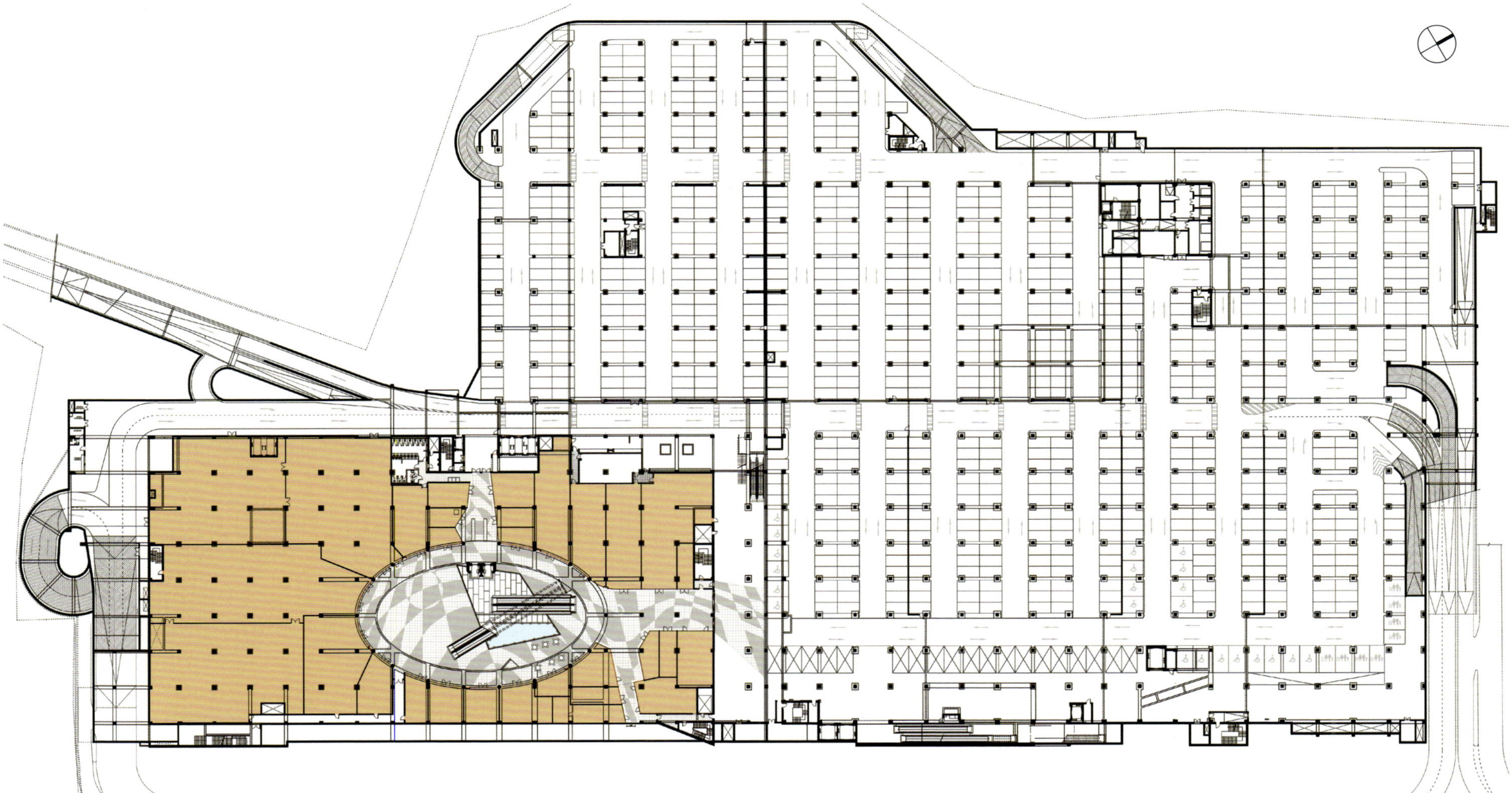

Κάτοψη υπογείου / Basement plan

Βιογραφικά στοιχεία

Ο Γιάννης Βικέλας γεννήθηκε στο Παρίσι το 1931.
Το 1955 ολοκλήρωσε τις σπουδές του και έλαβε το Δίπλωμα του Αρχιτέκτονα από το Εθνικό Μετσόβιο Πολυτεχνείο. Αμέσως μετά την αποφοίτησή του, διορίστηκε Επιμελητής Αρχιτεκτονικών Συνθέσεων στο ΕΜΠ. Στη συνέχεια, παρέμεινε Επιμελητής στην Έδρα της Οικοδομικής μέχρι το 1962.

ΕΠΙΣΤΗΜΟΝΙΚΗ ΔΡΑΣΗ

- Μετείχε ενεργά σε αρχιτεκτονικά συνέδρια σε όλο τον κόσμο: Πόλη του Μεξικού, Παρίσι, Βελιγράδι, Άμστερνταμ, Σικάγο και Βερολίνο.
- Έλαβε μέρος σε διεθνείς διασκέψεις για υψηλά κτήρια (ουρανοξύστες), μεταξύ άλλων σε Νέα Υόρκη, Βερολίνο, Τόκιο και Χονγκ Κονγκ.
- Έχει δώσει διαλέξεις στο Τεχνικό Επιμελητήριο της Ελλάδος, στο Εθνικό Μετσόβιο Πολυτεχνείο, στην Πολυτεχνική Σχολή του Πανεπιστημίου Πατρών, καθώς και στο Ιόνιο Πανεπιστήμιο μεταξύ άλλων.
- Εξελέγη επανειλημμένα μέλος επιτροπών ασκήσεως Αρχιτεκτονικού Ελέγχου και επιτροπών Αρχιτεκτονικών Διαγωνισμών.
- Διατέλεσε Επισκέπτης Καθηγητής στο Πανεπιστήμιο Πατρών και στο Ιόνιο Πανεπιστήμιο.

ΕΠΑΓΓΕΛΜΑΤΙΚΗ ΔΡΑΣΤΗΡΙΟΤΗΤΑ

- Από την αποφοίτησή του το 1955, άρχισε την επαγγελματική του δράση παράλληλα με τα ακαδημαϊκά του καθήκοντα.
- Στα 50 χρόνια της πορείας του (1959-2009) μελέτησε και επέβλεψε μεγάλο αριθμό έργων,διαφόρων αρχιτεκτονικών τύπων, μερικοί από τους οποίους είναι:

  Πολεοδομικά σύνολα, συγκροτήματα διαμερισμάτων και κατοικιών, επαύλεις, κτήρια γραφείων, υψηλά κτήρια (πύργοι), υπουργεία, δημαρχεία, βιβλιοθήκες, εκπαιδευτικά ιδρύματα, νοσοκομεία, βιομηχανικά κτήρια, ναοί, μουσεία, περίπτερα εκθέσεων, καταστήματα και τράπεζες, εμπορικά κέντρα, σούπερ μάρκετ, κινηματογραφικές αίθουσες, αεροδρόμια, εργοστάσια, δημόσιοι σταθμοί αυτοκινήτων, διαμορφώσεις υπαίθριων χώρων και πλατείες, καθώς επίσης και ταφικά μνημεία.
- Το 1980 ίδρυσε, από κοινού με τον Η. Σκρουμπέλο, την εταιρεία πολεοδομικών και αρχιτεκτονικών μελετών ΜΕΤΡΟΝ Ο.Ε. Μαζί με τους Η. & Κ. Σκρουμπέλο και την Εταιρεία ΜΕΑΣ, ανέλαβε και μελέτησε, μεταξύ άλλων, σημαντικά ολυμπιακά έργα, όπως το Διεθνές Ιστιοπλοϊκό Κέντρο στον Άγιο Κοσμά.
- Το 1989 του ανατέθηκε η μελέτη, τόσο της εσωτερικής όσο και της εξωτερικής διαμόρφωσης, για δύο από τα πλέον πολυτελή κρουαζιερόπλοια στην Ευρώπη.
- Ασχολήθηκε ιδιαίτερα με ποικίλα θέματα εσωτερικής διακόσμησης, με πλέον προβεβλημένο αυτό της Βουλής των Ελλήνων.
- Έναν σημαντικό τομέα προβληματισμού αποτέλεσαν και οι επεμβάσεις σε ιστορικά κτήρια, είτε αυτές αφορούσαν εσωτερικές διαρρυθμίσεις σε διατηρούμενα κελύφη είτε προσθήκες ή πλήρεις αναμορφώσεις και ανακατασκευές. Αξιοσημείωτο παράδειγμα αποτελεί η μελέτη της αποκατάστασης, ανακαίνισης και προσθήκης κατ' επέκταση της Γενναδείου Βιβλιοθήκης στην Αθήνα.

Μελέτησε ένα μεγάλο αριθμό πύργων στην Αθήνα:

- Επτά Πύργους Γραφείων
- Τρεις Πύργους Διαμερισμάτων και
- Έναν Πύργο Ξενοδοχείο
- Έργα του έχουν δημοσιευθεί στον ελληνικό και ξένο Τύπο, μεταξύ άλλων και στους *New York Times*, στο φύλλο της 20ής-1-1986, καθώς και σε αρχιτεκτονικά περιοδικά, τόσο στην Ελλάδα όσο και στην Ευρώπη.
- Έχει επανειλημμένα αρθρογραφήσει σε μεγάλης κυκλοφορίας ημερήσια φύλλα και έχει δώσει συνεντεύξεις σε ραδιοτηλεοπτικά μέσα, σχετικά με θέματα αρχιτεκτονικού ενδιαφέροντος, αλλά και για να υπερασπιστεί κρίσιμα για τον τόπο θέματα αρχιτεκτονικής και πολεοδομίας.

Χάρη, κυρίως, στους αγώνες του, επιτεύχθηκε η σωτήρια για τον τόπο, κατάργηση του καταστροφικού Γενικού Οικοδομικού Κανονισμού του 1973 και επιβλήθηκε ο νέος ΓΟΚ του 1985, ο οποίος βελτίωσε έκτοτε θεαματικά την αισθητική και τη λειτουργία των κτηρίων της χώρας. Σχετικά του απέστειλε ευχαριστήρια επιστολή ο Ειδικός Γραμματέας του ΥΠΕΧΩΔΕ.

Από το 2000 διατηρεί το αρχιτεκτονικό γραφείο μελετών με τον Αλέξη Ι. Βικέλα.

ΔΙΑΚΡΙΣΕΙΣ

Έλαβε μέρος σε αρχιτεκτονικούς διαγωνισμούς και βραβεύτηκε στους εξής:

1. Νέα πτέρυγα του Υπουργείου Εξωτερικών, Λ. Βασ. Σοφίας και Ακαδημίας, Αθήνα, σε συνεργασία με τον αρχιτέκτονα Π. Μιχαλέα
   1ο Βραβείο
2. Κεντρικό κτήριο της Εμπορικής Τράπεζας της Ελλάδας, Λ. Μεγ. Αλεξάνδρου, οδός Κατούνη και Πλ. Εμπορίου, Θεσσαλονίκη
   1ο Βραβείο
3. Κεντρικό κτήριο Ασφαλιστικής Εταιρείας «Φοίνιξ», οδός Σταδίου και Ομήρου, Αθήνα
   1ο Βραβείο
4. Κτήριο Γραφείων Εθνικής Τράπεζας, Λ. Βασ. Σοφίας και Πανεπιστημίου
   1ο Βραβείο
5. Εμπορικό και Βιομηχανικό Επιμελητήριο Αθηνών, οδός Αμερικής, Αθήνα, σε συνεργασία με τον αρχιτέκτονα Κ. Δεκαβάλλα
   3ο Βραβείο
6. Μέγαρο Συμβουλίου της Επικρατείας, οδός Ευελπίδων και Μουστοξύδη, Αθήνα, σε συνεργασία με τον αρχιτέκτονα Η. Σκρουμπέλο
   1ο Βραβείο
7. Αρχαιολογικό Μουσείο Μεσσαράς, Κρήτη, σε συνεργασία με τον αρχιτέκτονα Κ. Σκρουμπέλο
   3ο Βραβείο

Biografical data

Ioannis Vikelas was born in Paris in 1931.
He completed his studies in 1955 and received a Degree in Architecture from the National Technical University of Athens. Right after his graduation, he was appointed as Tutor in the field of Architectural Design in NTUA, where he remained, until 1962, a Tutor of the Chair of Building Technology.

SCIENTIFIC ACTIVITY

- Ioannis Vikelas participated actively in architectural conventions around the world, Mexico City, Paris, Belgrade, Amsterdam, Chicago and Berlin.
- He took part in international conferences about high-rise buildings (skyscrapers), among others in New York, Berlin, Tokyo and Hong Kong.
- He has given lectures in the Technical Chamber of Greece, the National Technical University of Athens, the Department of Engineering Sciences of University of Patras, Ionian University, and more.
- He was repeatedly elected member of Architectural Audit commissions, and of Architectural Competition committees.
- He has served as visiting professor for the University of Patras and the Ionian University.

PROFESSIONAL ACTIVITY

- Upon his graduation in 1955, he started his professional activity, along with his academic duties.
- During the 50 years of his career (1959-2009) he has designed and supervised a large number of projects, of various architectural types, including:
  Urban planning, apartment and residence complexes, villas, office buildings, high-rise (towers), ministries, city halls, libraries, educational institutions, hospitals, industrial buildings, temples, museums, exposition pavilions, shops and bank departments, shopping centers, supermarkets, movie theatres, airports, factories, public car parking stations, landscape and public square designs, as well as burial monuments.
- In 1980 he founded, along with E. Scroumbelos, the METRON G.P. company for architectural design and urban planning. Along with E. & C. Scroumbelos and the company MEAS LTD, he has undertaken and designed, among others, important Olympic projects, like the International Sailing Center in Agios Kosmas.
- In 1989 he was assigned the design of the interior, as well as the exterior, of two of the Europe's most luxurious cruise ships.
- Ioannis Vikelas has dealt with various projects of interior design, that of the Hellenic Parliament being most publicised.

His operations on historical buildings, either interior designs on preserved shells or additions or complete redesigns and reconstructions, have been an important area of architectural consideration. A significant example is the restoration, renovation and expansion of Gennadios Library in Athens.

He has designed a large number of towers in Athens:

- Seven Office Towers
- Three Apartments Towers and
- A Hotel Tower

His projects have been published in the Greek and international Press, among witch in the *New York Times*, issue dated 1/20/1986, as well as in architectural magazines, in Greece and Europe.
He has repeatedly written articles in large-circulation publications and has given interviews in the media, on architectural topics, defending also critical viewpoints about the architecture and urban planning of his homeland.
The beneficial annulment of the 1973 General Construction Code was achieved mostly as a result of his struggle, and it was substituted by the new one of 1985, which improved dramatically the visual appearance and function of buildings in the country. A relevant letter of thanks was sent to him by the Special Secretary of the Ministry for the Environment, Physical Planning and Public Works.

Since 2000 he keeps the architectural practice together with Alexis I. Vikelas.

HONOURS

He has taken part in architectural competitions and has been awarded in the following:

1. New annex of the Ministry of Foreign Affairs, Vas. Sofias Ave. and Akadimias St., Athens, in collaboration with architect P. Michaleas
   1st Prize
2. Commercial Bank of Greece Headquarters, Meg. Alexandrou Ave. and Katouni St. and Emporiou Sq., Thessaloniki
   1st Prize
3. "Phoenix" Insurance Company Headquarters, Stadiou and Omirou St., Athens
   1st Prize
4. National Bank of Greece Office Building, El. Venizelou and Vas. Sofias Ave., Athens
   1st Prize
5. Athens Chamber of Commerce and Industry Office Building, Amerikis St., Athens, in collaboration with architect C. Dekavallas
   3rd Prize
6. Supreme Administrative Court Office Building, Evelpidon and Moustoxidi St., Athens, in collaboration with architect E. Scroumbelos
   1st Prize
7. Messara Archaeological Museum, Crete, in collaboration with architect C. Scroumbelos
   3rd Prize

Κατάλογος έργων - List of projects

Year	No.		
1958	001	ΠΕΡΙΠΤΕΡΟ ΤΗΣ ΕΜΠΟΡΙΚΗΣ ΤΡΑΠΕΖΑΣ ΕΛΛΑΔΟΣ ΣΤΗ ΔΙΕΘΝΗ ΕΚΘΕΣΗ ΘΕΣΣΑΛΟΝΙΚΗΣ *ΜΕΛΕΤΗ ΣΤΟ ΓΡΑΦΕΙΟ Κ. ΚΑΨΑΜΠΕΛΗ*	STAND OF COMMERCIAL BANK OF GREECE IN THE INTERNATIONAL EXHIBITION OF THESSALONIKI *STUDY AT THE OFFICE OF K. KAPSAMPELIS*
	002	ΠΕΡΙΠΤΕΡΟ ΤΗΣ ΙΟΝΙΚΗΣ ΛΑΪΚΗΣ ΤΡΑΠΕΖΑΣ ΕΛΛΑΔΟΣ ΣΤΗ ΔΙΕΘΝΗ ΕΚΘΕΣΗ ΘΕΣΣΑΛΟΝΙΚΗΣ *ΜΕΛΕΤΗ ΣΤΟ ΓΡΑΦΕΙΟ Κ. ΚΑΨΑΜΠΕΛΗ*	STAND OF IONIAN & POPULAR BANK OF GREECE IN THE INTERNATIONAL EXHIBITION OF THESSALONIKI *STUDY AT THE OFFICE OF K. KAPSAMPELIS*
1959	003	ΠΕΡΙΠΤΕΡΟ ΤΟΥ ΕΘΝΙΚΟΥ ΟΡΓΑΝΙΣΜΟΥ ΚΑΠΝΟΥ ΣΤΗ ΔΙΕΘΝΗ ΕΚΘΕΣΗ ΘΕΣΣΑΛΟΝΙΚΗΣ *ΜΕΛΕΤΗ ΣΤΟ ΓΡΑΦΕΙΟ Κ. ΚΑΨΑΜΠΕΛΗ*	STAND OF NATIONAL TOBACCO ORGANIZATION IN THE INTERNATIONAL EXHIBITION OF THESSALONIKI *STUDY AT THE OFFICE OF K. KAPSAMPELIS*
1961	004	ΜΕΛΕΤΗ ΑΜΕΡΙΚΑΝΙΚΟΥ ΕΠΙΧΕΙΡΗΜΑΤΙΚΟΥ ΚΕΝΤΡΟΥ ΣΤΟ ΛΟΥΞΕΜΒΟΥΡΓΟ	STUDY OF AN AMERICAN BUSINESS CENTER IN LUXEMBOURG
1962	005	ΚΤΗΡΙΟ ΓΡΑΦΕΙΩΝ ΣΤΗΝ ΟΔΟ ΟΘΩΝΟΣ ΣΤΟ ΣΥΝΤΑΓΜΑ	OFFICE BUILDING ON OTHONOS STREET AT SYNTAGMA SQUARE
	006	ΚΤΗΡΙΟ ΓΡΑΦΕΙΩΝ ΠΡΩΗΝ «ΕΛΕΥΘΕΡΟΥΔΑΚΗ» ΣΤΟ ΣΥΝΤΑΓΜΑ	FORMER "ELEFTHEROUDAKIS" OFFICE BUILDING AT SYNTAGMA SQUARE
1963	007	ΒΙΛΛΑ ΣΤΗΝ ΟΔΟ ΑΓ. ΔΗΜΗΤΡΙΟΥ ΣΤΟ ΨΥΧΙΚΟ	VILLA ON AG. DIMITRIOU STREET IN PSYCHIKO
1964	008	ΔΙΑΜΟΡΦΩΣΗ ΕΣΩΤΕΡΙΚΩΝ ΧΩΡΩΝ ΔΕΞΑΜΕΝΟΠΛΟΙΟΥ	ARRANGEMENT OF INDOOR AREAS OF A TANKER
	009	ΔΙΑΜΟΡΦΩΣΗ ΕΣΩΤΕΡΙΚΩΝ ΧΩΡΩΝ ΓΡΑΦΕΙΩΝ ΣΤΟ ΚΤΗΡΙΟ ΓΡΑΦΕΙΩΝ ΠΡΩΗΝ «ΕΛΕΥΘΕΡΟΥΔΑΚΗ» ΣΤΟ ΣΥΝΤΑΓΜΑ	INTERNAL ARRANGEMENT OF OFFICES IN FORMER "ELEFTHEROUDAKIS" OFFICE BUILDING AT SYNTAGMA
	010	ΚΑΤΟΙΚΙΑ ΣΤΗΝ ΟΔΟ ΖΕΦΥΡΟΥ ΣΤΗΝ ΚΗΦΙΣΙΑ	RESIDENCE ON ZEPHYROU STREET IN KIFISSIA
	011	ΔΙΑΜΟΡΦΩΣΗ ΕΣΩΤΕΡΙΚΩΝ ΧΩΡΩΝ ΔΙΑΜΕΡΙΣΜΑΤΟΣ ΣΤΗΝ ΟΔΟ ΞΕΝΟΦΩΝΤΟΣ	ARRANGEMENT OF INDOOR AREAS OF AN APARTMENT ON XENOPHONTOS STREET
	012	ΔΙΑΜΟΡΦΩΣΗ ΟΨΕΩΝ & ΕΣΩΤΕΡΙΚΗ ΔΙΑΡΡΥΘΜΙΣΗ ΓΡΑΦΕΙΩΝ ΟΡΓΑΝΩΣΕΩΣ ΤΑΜΠΟΥΡΑ ΣΤΟ ΣΥΝΤΑΓΜΑ	ARRANGEMENT OF FACADES & INDOOR AREAS OF TAMPOURAS ORGANIZATION OFFICES AT SYNTAGMA SQ.
1965	013	ΕΡΓΟΣΤΑΣΙΟ ΨΥΓΕΙΩΝ ΣΤΗ Λ. ΑΘΗΝΩΝ	REFRIGERATORS FACTORY ON ATHENON AVENUE
	014	ΚΑΤΟΙΚΙΑ ΣΤΗΝ ΟΔΟ ΒΟΡΕΙΟΥ ΗΠΕΙΡΟΥ ΣΤΗ ΦΙΛΟΘΕΗ	RESIDENCE ON VORIOU EPIROU STREET IN PHILOTHEI
	015	ΑΡΧΙΤΕΚΤΟΝΙΚΟ ΓΡΑΦΕΙΟ ΣΤΗΝ ΟΔΟ ΚΑΡΝΕΑΔΟΥ ΣΤΟ ΚΟΛΩΝΑΚΙ	ARCHITECTURAL OFFICE ON KARNEADOU STREET IN KOLONAKI
	016	ΣΥΓΚΡΟΤΗΜΑ ΠΟΛΥΚΑΤΟΙΚΙΩΝ ΜΕ ΚΑΤΑΣΤΗΜΑΤΑ & ΚΙΝΗΜΑΤΟΓΡΑΦΟ ΣΤΟΥΣ ΑΜΠΕΛΟΚΗΠΟΥΣ	APARTMENT BUILDING COMPLEX WITH SHOPS & CINEMA IN AMPELOKIPI
	017	ΠΟΛΥΚΑΤΟΙΚΙΑ ΣΤΗΝ ΟΔΟ ΜΙΧΑΛΑΚΟΠΟΥΛΟΥ	APARTMENT BUILDING ON MICHALAKOPOULOU STREET
	018	ΚΑΤΟΙΚΙΑ ΣΤΟ ΚΑΒΟΥΡΙ	RESIDENCE IN KAVOURI
	019	ΕΞΟΧΙΚΗ ΚΑΤΟΙΚΙΑ ΣΤΟ ΣΟΥΝΙΟ	COUNTRY RESIDENCE IN SOUNION
	020	ΔΙΑΜΟΡΦΩΣΗ ΕΣΩΤΕΡΙΚΩΝ ΧΩΡΩΝ ΔΙΑΜΕΡΙΣΜΑΤΟΣ ΣΤΗΝ ΟΔΟ ΚΑΨΑΛΗ	ARRANGEMENT OF INDOOR AREAS OF AN APARTMENT ON KAPSALI STREET
	021	ΜΕΛΕΤΗ ΣΥΓΚΡΟΤΗΜΑΤΟΣ ΔΙΑΜΕΡΙΣΜΑΤΩΝ ΣΤΗ ΣΑΡΩΝΙΔΑ	STUDY OF AN APARTMENT COMPLEX IN SARONIS
	022	ΜΕΛΕΤΗ ΚΑΤΟΙΚΙΑΣ ΣΤΟ ΣΟΥΝΙΟ	STUDY OF A RESIDENCE IN SOUNION
	023	ΚΤΗΡΙΟ ΓΡΑΦΕΙΩΝ & ΚΑΤΑΣΤΗΜΑΤΩΝ «ΕΡΜΗΣ» ΣΤΗΝ ΟΔΟ ΠΑΝΕΠΙΣΤΗΜΙΟΥ	OFFICE & SHOPS BUILDING "HERMES" ON PANEPISTIMIOU STREET
	024	ΠΟΛΥΚΑΤΟΙΚΙΑ ΣΤΗΝ ΟΔΟ ΙΛΙΣΣΙΩΝ	APARTMENT BUILDING ON ILISSION STREET
	025	ΠΟΛΥΚΑΤΟΙΚΙΑ ΣΤΗ Λ. ΒΑΣ. ΣΟΦΙΑΣ	APARTMENT BUILDING ON VAS. SOFIAS AVENUE
	026	ΜΕΛΕΤΗ ΜΕΓΑΡΟΥ ΔΙΑΜΕΡΙΣΜΑΤΩΝ ΜΕ ΚΙΝΗΜΑΤΟΓΡΑΦΟ ΣΤΗΝ ΠΛΑΤΕΙΑ ΚΟΡΑΗ ΣΤΟΝ ΠΕΙΡΑΙΑ	APARTMENT PALACE WITH CINEMA AT KORAI SQUARE IN PIRAEUS
	027	ΜΕΛΕΤΗ ΠΟΛΥΚΑΤΟΙΚΙΑΣ ΣΤΗΝ ΟΔΟ ΚΟΛΟΚΟΤΡΩΝΗ ΣΤΟΝ ΠΕΙΡΑΙΑ	APARTMENT BUILDING ON KOLOKOTRONI STREET IN PIRAEUS
	028	ΣΥΓΚΡΟΤΗΜΑ ΔΙΑΜΕΡΙΣΜΑΤΩΝ ΔΙΑΚΟΠΩΝ ΣΤΗΝ ΟΔΟ ΜΕΛΠΟΜΕΝΗΣ ΣΤΗ ΒΟΥΛΙΑΓΜΕΝΗ	APARTMENT COMPLEX FOR HOLIDAYS ON MELPOMENIS STREET IN VOULIAGMENI

	029	ΔΙΑΜΟΡΦΩΣΗ ΓΡΑΦΕΙΟΥ ΥΠΟΥΡΓΟΥ ΕΜΠΟΡΙΟΥ	ARRANGEMENT OF INDOOR AREAS OF THE MINISTER'S OF COMMERCE OFFICE
1966	030	ΜΕΛΕΤΗ ΠΟΛΥΚΑΤΟΙΚΙΑΣ ΣΤΗΝ ΟΔΟ ΙΘΑΚΗΣ	APARTMENT BUILDING ON ITHAKIS STREET
	031	ΠΟΛΥΚΑΤΟΙΚΙΑ ΣΤΗΝ ΟΔΟ ΞΑΝΘΙΠΠΟΥ ΣΤΟ ΚΟΛΩΝΑΚΙ	APARTMENT BUILDING ON XANTHIPPOU STREET IN KOLONAKI
	032	ΤΟΥΡΙΣΤΙΚΕΣ ΕΓΚΑΤΑΣΤΑΣΕΙΣ ΣΤΟ ΒΑΪ ΚΡΗΤΗΣ	TOURIST INSTALLATIONS IN VAI, CRETE
	033	«ΠΥΡΓΟΣ ΑΘΗΝΩΝ»	"ATHENS TOWER"
	034	ΜΕΛΕΤΗ ΔΙΑΜΟΡΦΩΣΗΣ ΧΩΡΟΥ ΑΚΤΑΙΟΥ ΓΙΑ ΚΑΖΙΝΟ ΣΤΗ ΡΟΔΟ	STUDY OF ARRANGEMENT OF INDOOR AREA OF AKTEON FOR A CASINO ON RHODES
	035	ΠΟΛΥΚΑΤΟΙΚΙΑ ΣΤΗΝ ΟΔΟ ΑΣΚΛΗΠΙΟΥ	APARTMENT BUILDING ON ASKLEPIOU STREET
	036	ΔΙΑΜΟΡΦΩΣΗ ΕΣΩΤΕΡΙΚΩΝ ΧΩΡΩΝ ΓΡΑΦΕΙΩΝ ΣΤΗΝ ΑΘΗΝΑ	INTERNAL ARRANGEMENT OF OFFICES IN ATHENS
	037	ΞΕΝΟΔΟΧΕΙΟ «BLUE SKY» 260 ΚΛΙΝΩΝ ΣΤΗ ΡΟΔΟ	HOTEL "BLUE SKY" WITH 260 BEDS ON RHODES
	038	ΚΑΤΟΙΚΙΑ ΣΤΗΝ ΟΔΟ ΣΚΙΑΘΟΥ ΣΤΗΝ ΚΗΦΙΣΙΑ	RESIDENCE ON SKIATHOU STREET IN KIFISSIA
	039	ΜΕΛΕΤΗ ΚΤΗΡΙΟΥ ΓΡΑΦΕΙΩΝ & ΚΑΤΑΣΤΗΜΑΤΩΝ ΣΤΗΝ ΟΔΟ ΚΑΠΟΔΙΣΤΡΙΟΥ	STUDY OF AN OFFICE & SHOPS BUILDING ON KAPODISTRIOU STREET
	040	ΔΙΑΜΟΡΦΩΣΗ ΕΣΩΤΕΡΙΚΩΝ ΧΩΡΩΝ ΔΙΑΜΕΡΙΣΜΑΤΟΣ ΣΕ ΣΥΓΚΡΟΤΗΜΑ ΠΟΛΥΚΑΤΟΙΚΙΩΝ ΣΤΟΥΣ ΑΜΠΕΛΟΚΗΠΟΥΣ	ARRANGEMENT OF INDOOR AREAS OF AN APARTMENT IN AN APARTMENT BUILDING COMPLEX IN AMPELOKIPI
	041	ΞΕΝΟΔΟΧΕΙΟ «ΑΚΤΗ ΑΠΟΛΛΩΝ» Β ΚΑΤΗΓΟΡΙΑΣ, 222 ΚΛΙΝΩΝ, ΣΤΗΝ ΑΝΑΒΥΣΣΟ	SECOND CLASS HOTEL "AKTI APOLLON" WITH 222 BEDS IN ANAVYSSOS
	042	ΠΟΛΥΚΑΤΟΙΚΙΑ ΜΕ ΚΙΝΗΜΑΤΟΓΡΑΦΟ ΣΤΗΝ ΚΕΡΚΥΡΑ	APARTMENT BUILDING WITH CINEMA ON CORFU
1967	043	ΒΙΛΛΑ ΣΤΗΝ ΟΔΟ 25ης ΜΑΡΤΙΟΥ ΣΤΗ ΦΙΛΟΘΕΗ	VILLA ON IKOSTIS PEMPTIS MARTIOU STREET IN PHILOTHEI
	044	ΔΙΑΜΟΡΦΩΣΗ ΕΙΣΟΔΟΥ ΠΟΛΥΚΑΤΟΙΚΙΑΣ ΣΤΟΝ ΛΥΚΑΒΗΤΤΟ	ARRANGEMENT OF ENTRANCE OF APARTMENT BUILDING IN LYCABETTOS
	045	ΚΤΗΡΙΟ ΓΡΑΦΕΙΩΝ & ΚΑΤΑΣΤΗΜΑΤΩΝ ΣΤΗΝ ΟΔΟ ΕΡΜΟΥ	OFFICE & SHOPS BUILDING ON HERMOU STREET
	046	ΞΕΝΟΔΟΧΕΙΟ «CACTUS» ΣΤΗ ΡΟΔΟ	HOTEL "CACTUS" ON RHODES
	047	ΚΤΗΡΙΟ ΓΡΑΦΕΙΩΝ ΣΤΗΝ ΟΔΟ ΟΜΗΡΟΥ	OFFICE BUILDING ON OMEROU STREET
	048	ΠΟΛΥΚΑΤΟΙΚΙΑ ΣΤΗΝ ΟΔΟ ΚΑΛΙΝΟΒΟΥ	APARTMENT BUILDING ON KALINOVOU STREET
	049	ΠΟΛΥΚΑΤΟΙΚΙΑ ΣΤΗΝ ΟΔΟ ΚΟΝΔΥΛΑΚΗ ΣΤΟ ΨΥΧΙΚΟ	APARTMENT BUILDING ON KONDYLAKI ST. IN PSYCHIKO
	050	ΠΟΛΥΚΑΤΟΙΚΙΑ ΣΤΗΝ ΟΔΟ ΧΡΥΣΑΝΘΕΜΩΝ ΣΤΟ ΨΥΧΙΚΟ	APARTMENT BUILDING ON CHRYSANTHEMON STREET IN PSYCHIKO
	051	ΠΟΛΥΚΑΤΟΙΚΙΑ ΣΤΗΝ ΟΔΟ ΡΗΓΙΛΛΗΣ	APARTMENT BUILDING ON REGILLIS STREET
1968	052	ΜΕΛΕΤΗ ΚΤΗΡΙΟΥ ΓΡΑΦΕΙΩΝ & ΚΑΤΑΣΤΗΜΑΤΩΝ ΣΤΗΝ ΟΔΟ ΒΟΥΡΒΑΧΗ	STUDY OF AN OFFICE & SHOPS BUILDING ON VOURVACHI STREET
	053	ΚΤΗΡΙΟ ΓΡΑΦΕΙΩΝ ΕΤΑΙΡΕΙΑΣ «PIRELLI» ΣΤΗ Λ. ΑΘΗΝΩΝ	OFFICE BUILDING OF COMPANY "PIRELLI" ON ATHENON AV.
	054	ΒΙΛΛΑ ΣΤΗΝ ΟΔΟ ΞΕΝΙΑΣ ΣΤΗΝ ΚΗΦΙΣΙΑ	VILLA ON XENIAS STREET IN KIFISSIA
	055	ΜΕΛΕΤΗ ΣΥΓΚΡΟΤΗΜΑΤΟΣ ΔΙΑΜΕΡΙΣΜΑΤΩΝ & ΚΑΤΑΣΤΗΜΑΤΩΝ ΣΤΗΝ ΟΔΟ ΡΙΑΝΚΟΥΡ	STUDY OF A HOUSING COMPLEX WITH COMMERCIAL USE ON RIANKOUR STREET
	056	ΠΟΛΥΚΑΤΟΙΚΙΑ ΣΤΗΝ ΟΔΟ ΣΠΕΤΣΩΝ ΣΤΗΝ ΑΓ. ΠΑΡΑΣΚΕΥΗ	APARTMENT BUILDING ON SPETSON STREET IN AG. PARASKEVI
	057	ΕΣΤΙΑΤΟΡΙΟ «TOWER SUITE» ΣΤΟΝ ΠΥΡΓΟ ΑΘΗΝΩΝ	RESTAURANT "TOWER SUITE" ON THE ATHENS TOWER
	058	ΜΕΛΕΤΗ ΚΤΗΡΙΟΥ ΓΡΑΦΕΙΩΝ ΣΤΗ Λ. ΣΥΓΓΡΟΥ	STUDY OF AN OFFICE BUILDING ON SYNGROU AVENUE
	059	ΒΙΛΛΑ ΣΤΗΝ ΟΔΟ ΠΑΛΑΙΩΝ ΠΑΤΡΩΝ ΓΕΡΜΑΝΟΥ ΣΤΗ ΦΙΛΟΘΕΗ	VILLA ON PALEON PATRON GERMANOU STREET IN PHILOTHEI
	060	ΜΕΓΑΛΑ ΚΑΤΑΣΤΗΜΑΤΑ ΣΤΗΝ ΟΔΟ ΒΟΥΚΟΥΡΕΣΤΙΟΥ	BIG SHOPS ON VOUKOURESTIOU STREET
	061	ΠΟΛΥΚΑΤΟΙΚΙΑ ΣΤΗΝ ΟΔΟ ΘΑΛΕΙΑΣ ΣΤΗ ΒΟΥΛΙΑΓΜΕΝΗ	APARTMENT BUILDING ON THALIAS STREET IN VOULIAGMENI

062	ΠΟΛΥΚΑΤΟΙΚΙΑ ΣΤΗΝ ΟΔΟ ΧΡΥΣΑΝΘΕΜΩΝ ΣΤΟ ΨΥΧΙΚΟ	APARTMENT BUILDING ON CHRYSANTHEMON STREET IN PSYCHIKO
063	ΕΞΟΧΙΚΗ ΚΑΤΟΙΚΙΑ ΣΤΗ ΒΑΡΚΙΖΑ	COUNTRY RESIDENCE IN VARKIZA
064	ΚΑΤΟΙΚΙΑ ΣΤΗ Λ. ΣΟΥΝΙΟΥ ΣΤΗΝ ΑΝΑΒΥΣΣΟ	RESIDENCE ON SOUNIOU AVENUE IN ANAVYSSOS
065	ΜΕΛΕΤΗ ΥΠΟΚΑΤΑΣΤΗΜΑΤΟΣ ΕΘΝΙΚΗΣ ΤΡΑΠΕΖΑΣ ΣΤΗΝ ΟΔΟ ΠΕΙΡΑΙΩΣ	STUDY OF A BRANCH OF NATIONAL BANK OF GREECE ON PIREOS STREET
066	ΣΥΓΚΡΟΤΗΜΑ ΕΞΟΧΙΚΩΝ ΚΑΤΟΙΚΙΩΝ ΣΤΗΝ ΑΓ. ΜΑΡΙΝΑ	COUNTRY RESIDENCES COMPLEX IN AG. MARINA
067	ΜΕΛΕΤΗ ΞΕΝΟΔΟΧΕΙΟΥ 130 ΚΛΙΝΩΝ ΣΤΟΝ ΑΧΙΝΟ ΣΤΥΛΙΔΑΣ	STUDY OF A HOTEL WITH 130 BEDS IN ACHINOS, STYLIDA
068	ΠΟΛΥΚΑΤΟΙΚΙΑ ΣΤΗΝ ΟΔΟ ΣΕΜΙΤΕΛΟΥ	APARTMENT BUILDING ON SEMITELOU STREET
069	ΕΡΓΑΣΤΗΡΙΟ (ΦΩΤΟΓΡΑΦΙΚΟ ΣΤΟΥΝΤΙΟ) ΣΤΗΝ ΟΔΟ ΚΡΙΕΖΩΤΟΥ	PHOTOGRAPHIC STUDIO ON KRIEZOTOU STREET
070	ΠΟΛΥΚΑΤΟΙΚΙΑ ΣΤΗΝ ΠΛ. ΒΑΣ. ΓΕΩΡΓΙΟΥ ΣΤΟ ΨΥΧΙΚΟ	APARTMENT BUILDING AT VAS. GEORGIOU SQUARE IN PSYCHIKO
071	ΚΤΗΡΙΟ ΓΡΑΦΕΙΩΝ ΣΤΗΝ ΟΔΟ ΠΑΝΕΠΙΣΤΗΜΙΟΥ	OFFICE BUILDING ON PANEPISTIMIOU STREET
072	ΜΕΛΕΤΗ ΞΕΝΟΔΟΧΕΙΟΥ Α ΚΑΤΗΓΟΡΙΑΣ, 563 ΚΛΙΝΩΝ, ΣΤΟ ΖΟΥΜΠΕΡΙ	STUDY OF A FIRST CLASS HOTEL WITH 563 BEDS IN ZOUBERI
073	ΔΙΑΜΟΡΦΩΣΗ ΕΣΩΤΕΡΙΚΩΝ ΧΩΡΩΝ ΔΙΑΜΕΡΙΣΜΑΤΟΣ ΣΤΗΝ ΟΔΟ ΡΗΓΙΛΛΗΣ	ARRANGEMENT OF INDOOR AREAS OF AN APARTMENT ON REGILLIS STREET

1969

074	ΜΕΛΕΤΗ ΝΕΩΝ ΚΕΝΤΡΙΚΩΝ ΓΡΑΦΕΙΩΝ ΤΗΣ ΑΓΕΤ ΗΡΑΚΛΗΣ ΣΤΗ ΛΥΚΟΒΡΥΣΗ	STUDY OF NEW HEAD OFFICES OF AGET HERACLES IN LYKOVRISSI
075	ΠΟΛΥΚΑΤΟΙΚΙΑ ΣΤΗΝ ΟΔΟ ΜΕΤΑΜΟΡΦΩΣΕΩΣ ΣΩΤΗΡΟΣ ΣΤΟ ΚΑΛΑΜΑΚΙ	APARTMENT BUILDING ON METAMORPHOSEOS SOTEROS IN KALAMAKI
076	ΞΕΝΟΔΟΧΕΙΟ «CASTELLA» ΣΤΟΝ ΠΕΙΡΑΙΑ	HOTEL "CASTELLA" IN PEIRAEUS
077	ΠΟΛΥΚΑΤΟΙΚΙΑ ΣΤΗΝ ΑΚΤΗ ΠΟΣΕΙΔΩΝΟΣ ΣΤΟ ΚΑΛΑΜΑΚΙ	APARTMENT BUILDING ON AKTI POSIDONOS IN KALAMAKI
078	ΞΕΝΟΔΟΧΕΙΟ Α ΚΑΤΗΓΟΡΙΑΣ, 546 ΚΛΙΝΩΝ, ΣΤΗΝ ΚΕΡΚΥΡΑ	FIRST CLASS HOTEL WITH 546 BEDS ON CORFU
079	ΜΕΛΕΤΗ ΤΟΥΡΙΣΤΙΚΩΝ ΕΓΚΑΤΑΣΤΑΣΕΩΝ ΣΤΟ ΑΡΓΟΣΤΟΛΙ ΚΕΦΑΛΛΟΝΙΑΣ	STUDY OF TOURIST INSTALLATIONS IN ARGOSTOLI, KEFALLONIA
080	ΣΥΜΜΕΤΟΧΗ ΣΕ ΔΙΑΓΩΝΙΣΜΟ ΠΡΟΣΧΕΔΙΩΝ ΓΙΑ ΚΤΗΡΙΟ ΓΡΑΦΕΙΩΝ ΟΛΠ & ΕΠΙΒΑΤΙΚΟ ΣΤΑΘΜΟ ΣΤΟΝ ΠΕΙΡΑΙΑ	CONTEST PARTICIPATION FOR PRELIMINARY DRAWINGS OF OLP OFFICE BUILDING & PASSENGERS STATION IN PIRAEUS
081	ΠΟΛΥΚΑΤΟΙΚΙΑ ΣΤΗΝ ΟΔΟ ΙΑΚΩΒΙΔΟΥ	APARTMENT BUILDING ON IAKOVIDOU STREET
082	ΝΕΑ ΠΤΕΡΥΓΑ ΤΟΥ ΥΠΟΥΡΓΕΙΟΥ ΕΞΩΤΕΡΙΚΩΝ *ΣΥΝΕΡΓΑΣΙΑ ΜΕ Π. ΜΙΧΑΛΕΑ*	NEW ANNEX OF THE MINISTRY OF FOREIGN AFFAIRES *COLLABORATION WITH P. MICHALEAS*

1971

083	ΔΙΑΜΟΡΦΩΣΗ ΕΣΩΤΕΡΙΚΟΥ ΧΩΡΟΥ ΚΑΤΑΣΤΗΜΑΤΟΣ ΚΟΜΜΩΤΗΡΙΟΥ «ΑΓΓΕΛΟΣ» ΣΤΗΝ ΑΘΗΝΑ	ARRANGEMENT OF INDOOR AREA OF HAIRDRESSER'S SALON "AGGELOS" IN ATHENS
084	ΜΕΛΕΤΗ ΣΥΓΚΡΟΤΗΜΑΤΟΣ ΕΞΟΧΙΚΩΝ ΚΑΤΟΙΚΙΩΝ ΣΤΗΝ ΟΔΟ ΞΕΝΙΑΣ ΣΤΗΝ ΚΗΦΙΣΙΑ	STUDY OF COUNTRY RESIDENCES COMPLEX ON XENIAS STREET IN KIFISSIA
085	ΜΕΛΕΤΗ ΠΥΡΓΟΥ ΔΙΑΜΕΡΙΣΜΑΤΩΝ ΣΤΗΝ ΟΔΟ ΕΥΤΕΡΠΗΣ ΣΤΟΝ ΧΟΛΑΡΓΟ	STUDY OF AN APARTMENT TOWER ON EFTERPIS STREET IN CHOLARGOS
086	ΣΥΓΚΡΟΤΗΜΑ ΔΙΑΜΕΡΙΣΜΑΤΩΝ ΣΤΗΝ ΟΔΟ ΥΜΗΤΤΟΥ ΣΤΟΝ ΧΟΛΑΡΓΟ	APARTMENT COMPLEX ON HEMETOU STREET IN CHOLARGOS
087	ΜΕΛΕΤΗ ΠΥΡΓΟΥ ΔΙΑΜΕΡΙΣΜΑΤΩΝ «SKY GARDEN» ΣΤΗ ΓΛΥΦΑΔΑ *ΣΥΝΕΡΓΑΣΙΑ ΜΕ ANDRAULT-PARRAT*	STUDY OF APARTMENT TOWER "SKY GARDEN" IN GLYFADA *COLLABORATION WITH ANDRAULT-PARRAT*
088	ΚΕΝΤΡΙΚΑ ΓΡΑΦΕΙΑ ΤΗΣ ΕΜΠΟΡΙΚΗΣ ΤΡΑΠΕΖΑΣ ΤΗΣ ΕΛΛΑΔΟΣ ΣΤΗ ΘΕΣΣΑΛΟΝΙΚΗ	HEAD OFFICE OF COMMERCIAL BANK OF GREECE IN THESSALONIKI
089	ΠΟΛΥΚΑΤΟΙΚΙΑ ΣΤΗΝ ΟΔΟ ΑΝΑΓΝΩΣΤΟΠΟΥΛΟΥ ΣΤΟ ΚΟΛΩΝΑΚΙ	APARTMENT BUILDING ON ANAGNOSTOPOULOU STREET IN KOLONAKI

090	ΠΟΛΥΚΑΤΟΙΚΙΑ ΣΤΗΝ ΟΔΟ ΒΑΣ. ΚΩΝΣΤΑΝΤΙΝΟΥ ΣΤΗ ΓΛΥΦΑΔΑ	APARTMENT BUILDING ON VAS. KONSTANTINOU STREET IN GLYFADA
091	ΣΥΓΚΡΟΤΗΜΑ ΔΙΔΥΜΩΝ ΠΟΛΥΚΑΤΟΙΚΙΩΝ ΣΤΗΝ ΟΔΟ ΕΘΝΙΚΗΣ ΑΝΤΙΣΤΑΣΕΩΣ ΣΤΟ ΧΑΛΑΝΔΡΙ	TWIN APARTMENT BUILDINGS COMPLEX ON ETHNIKIS ANTISTASEOS STREET IN CHALANDR I
092	ΣΥΓΚΡΟΤΗΜΑ ΚΑΤΟΙΚΙΩΝ ΣΤΟ ΣΟΥΝΙΟ	RESIDENCES COMPLEX IN SOUNION
093	ΜΕΛΕΤΗ ΞΕΝΟΔΟΧΕΙΟΥ «DREAMS ISLAND» Α ΚΑΤΗΓΟΡΙΑΣ, 351 ΚΛΙΝΩΝ, ΣΤΗΝ ΕΡΕΤΡΙΑ	STUDY OF FIRST CLASS HOTEL "DREAMS ISLAND" WITH 351 BEDS IN ERETRIA

1972

094	ΣΥΓΚΡΟΤΗΜΑ ΕΞΟΧΙΚΩΝ ΚΑΤΟΙΚΙΩΝ ΣΤΗ ΔΡΟΣΙΑ	COUNTRY RESIDENCES COMPLEX IN DROSSIA
095	ΚΤΗΡΙΟ ΓΡΑΦΕΙΩΝ & ΚΑΤΑΣΤΗΜΑΤΩΝ ΣΤΗΝ ΟΔΟ ΣΙΝΩΠΗΣ	OFFICE & SHOPS BUILDING ON SINOPIS STREET
096	ΠΟΛΥΚΑΤΟΙΚΙΑ ΣΤΟ ΠΑΣΑΛΙΜΑΝΙ	APARTMENT BUILDING AT PASSALIMANI
097	ΠΡΟΤΑΣΗ ΤΟΥΡΙΣΤΙΚΟΥ ΣΥΓΚΡΟΤΗΜΑΤΟΣ ΣΤΗ ΦΑΣΚΟΜΗΛΙΑ ΘΕΣΠΡΩΤΙΑΣ	PROPOSAL FOR A TOURISTIC COMPLEX IN FASKOMILIA, THESPROTIA
098	ΠΟΛΥΚΑΤΟΙΚΙΑ ΣΤΗΝ ΟΔΟ ΔΕΙΝΟΚΡΑΤΟΥΣ ΣΤΟ ΚΟΛΩΝΑΚΙ	APARTMENT BUILDING ON DENOKRATOUS STREET IN KOLONAKI
099	ΠΟΛΥΚΑΤΟΙΚΙΑ ΣΤΗΝ ΟΔΟ ΒΑΣ. ΠΑΥΛΟΥ ΣΤΟ ΨΥΧΙΚΟ	APARTMENT BUILDING ON VAS. PAVLOU STREET IN PSYCHIKO
100	ΣΥΓΚΡΟΤΗΜΑ ΥΨΗΛΩΝ ΚΤΗΡΙΩΝ ΕΤΑΙΡΕΙΑΣ «ΔΕΙΝΟΚΡΑΤΗΣ ΑΕ» ΣΤΟ ΧΑΛΑΝΔΡΙ	HIGH BUILDINGS COMPLEX OF COMPANY "DENOKRATES S.A." IN CHALANDRI
101	ΜΕΛΕΤΗ ΠΥΡΓΟΥ ΔΙΑΜΕΡΙΣΜΑΤΩΝ ΣΤΟ ΟΙΚΟΠΕΔΟ ΤΗΣ ΕΔΟΚ-ΕΤΕΡ ΣΤΟ ΧΑΛΑΝΔΡΙ	STUDY OF AN APARTMENT TOWER AT THE LAND PLOT OF EDOK-ETER IN CHALANDRI
102	ΠΟΛΥΚΑΤΟΙΚΙΑ ΣΤΟ ΣΤΡΟΦΥΛΙ ΤΗΣ ΚΗΦΙΣΙΑΣ	APARTMENT BUILDING IN STROFYLI, KIFISSIA
103	ΕΝΝΙΑΩΡΟΦΗ ΠΟΛΥΚΑΤΟΙΚΙΑ ΣΤΗΝ ΑΓ. ΒΑΡΒΑΡΑ ΧΑΛΑΝΔΡΙΟΥ	NINE-FLOOR APARTMENT BUILDING IN AG. VARVARA, CHALANDRI
104	ΜΕΛΕΤΗ ΜΙΚΡΟΥ ΕΜΠΟΡΙΚΟΥ ΚΕΝΤΡΟΥ ΣΤΗΝ ΟΔΟ ΕΛ. ΒΕΝΙΖΕΛΟΥ ΣΤΗ Ν. ΙΩΝΙΑ	SMALL SHOPPING CENTER ON EL. VENIZELOU STREET IN N. IONIA
105	ΠΟΛΥΚΑΤΟΙΚΙΑ ΣΤΟ ΣΟΥΝΙΟ	APARTMENT BUILDING IN SOUNION
106	ΠΕΡΙΠΤΕΡΟ ΤΗΣ ΕΤΑΙΡΕΙΑΣ ΜΟΝΥΑΛ ΑΕ ΣΤΗ ΔΙΕΘΝΗ ΕΚΘΕΣΗ ΘΕΣΣΑΛΟΝΙΚΗΣ	STAND OF COMPANY "MONIAL S.A." IN THE INTERNATIONAL EXHIBITION OF THESSALONIKI
107	ΞΕΝΟΔΟΧΕΙΟ ΠΟΛΥΤΕΛΕΙΑΣ 193 ΚΛΙΝΩΝ ΣΤΗ Λ. ΒΑΣ. ΚΩΝΣΤΑΝΤΙΝΟΥ	LUXURY HOTEL WITH 193 BEDS ON VAS. KONSTANTINOU AVENUE
108	ΜΕΛΕΤΗ ΜΕΓΑΡΟΥ «ΝΙΑΡΧΟΥ» ΓΡΑΦΕΙΩΝ & ΚΑΤΑΣΤΗΜΑΤΩΝ ΣΤΗΝ ΟΔΟ ΠΑΝΕΠΙΣΤΗΜΙΟΥ	"NIARCHOS" OFFICES & SHOPS PALACE ON PANEPISTIMIOU STREET
109	ΜΕΛΕΤΗ ΞΕΝΟΔΟΧΕΙΑΚΟΥ ΣΥΓΚΡΟΤΗΜΑΤΟΣ ΣΤΗΝ ΟΔΟ ΔΕΙΝΟΚΡΑΤΟΥΣ ΣΤΟ ΚΟΛΩΝΑΚΙ	STUDY OF A HOTEL COMPLEX ON DENOKRATOUS STREET IN KOLONAKI
110	ΜΕΛΕΤΗ ΠΑΤΡΙΑΡΧΙΚΟΥ ΜΕΓΑΡΟΥ ΣΤΗΝ ΑΙΘΙΟΠΙΑ	STUDY OF A PATRIARCHAL PALACE IN ETHIOPIA
111	ΕΞΟΧΙΚΑ ΔΙΑΜΕΡΙΣΜΑΤΑ ΣΤΗΝ ΟΔΟ ΔΟΥΣΜΑΝΗ ΣΤΗ ΓΛΥΦΑΔΑ	COUNTRY APARTMENTS ON DOUSMANI STREET IN GLYFADA
112	ΕΞΟΧΙΚΑ ΔΙΑΜΕΡΙΣΜΑΤΑ ΣΤΗΝ ΚΕΡΚΥΡΑ	COUNTRY APARTMENTS ON CORFU
113	ΜΕΛΕΤΗ ΠΟΛΥΚΑΤΟΙΚΙΑΣ ΣΤΗΝ ΟΔΟ ΕΛ. ΒΕΝΙΖΕΛΟΥ ΣΤΗ ΓΛΥΦΑΔΑ	STUDY OF AN APARTMENT BUILDING ON EL. VENIZELOU STREET IN GLYFADA
114	ΚΑΤΟΙΚΙΑ ΣΤΗΝ ΟΔΟ ΥΨΗΛΑΝΤΟΥ ΣΤΗΝ Κ. ΠΕΥΚΗ	RESIDENCE ON YPSILANTOU STREET IN K. PEFKI
115	ΚΤΗΡΙΟ ΔΙΟΙΚΗΣΗΣ ΣΤΗΝ ΕΛΕΥΣΙΝΑ	ADMINISTRATION BUILDING IN ELEFSINA
116	ΠΟΛΥΚΑΤΟΙΚΙΑ ΣΤΗ Λ. ΔΙΑΜΑΝΤΙΔΟΥ ΣΤΟ ΨΥΧΙΚΟ	APARTMENT BUILDING ON DIAMANTIDOU AVENUE IN PSYCHIKO
117	ΜΕΛΕΤΗ ΝΕΟΥ ΚΤΗΡΙΟΥ ΤΗΣ ΕΛΛΗΝΙΚΗΣ ΠΡΕΣΒΕΙΑΣ ΣΤΗΝ ΜΠΡΑΖΙΛΙΑ	STUDY OF A NEW BUILDING OF THE GREEK EMBASSY IN BRASILIA
118	ΚΕΝΤΡΙΚΑ ΓΡΑΦΕΙΑ ΤΗΣ ΑΣΦΑΛΙΣΤΙΚΗΣ ΕΤΑΙΡΕΙΑΣ «ΦΟΙΝΙΞ» ΣΤΗΝ ΟΔΟ ΟΜΗΡΟΥ	HEAD OFFICE OF INSURANCE COMPANY "PHOENIX" ON OMIROU STREET

1973	119	ΠΟΛΥΚΑΤΟΙΚΙΑ ΣΤΗΝ ΟΔΟ ΜΕΝΑΝΔΡΟΥ ΣΤΗΝ ΚΗΦΙΣΙΑ	APARTMENT BUILDING ON MENANDROU STREET IN KIFISSIA
	120	ΚΑΤΟΙΚΙΑ ΣΤΗΝ ΟΔΟ ΧΑΛΕΠΑ ΣΤΟ ΨΥΧΙΚΟ	RESIDENCE ON CHALEPA STREET IN PSYCHIKO
	121	ΤΟΥΡΙΣΤΙΚΕΣ ΕΓΚΑΤΑΣΤΑΣΕΙΣ ΣΤΟΝ ΠΛΑΤΥ ΓΥΑΛΟ ΤΗΣ ΚΕΦΑΛΛΟΝΙΑΣ	TOURIST INSTALLATIONS IN PLATIS GIALOS IN KEFALLONIA
	122	ΠΟΛΥΚΑΤΟΙΚΙΑ ΣΤΗΝ ΟΔΟ ΑΦΡΟΔΙΤΗΣ ΣΤΗ ΒΑΡΚΙΖΑ	APARTMENT BUILDING ON APHRODITIS STREET IN VARKIZA
	123	ΣΟΥΠΕΡΜΑΡΚΕΤ «ΑΒ» ΣΤΟΝ ΦΑΡΟ ΨΥΧΙΚΟΥ	SUPERMARKET "AB" AT PHAROS IN PSYCHIKO
	124	ΔΙΑΜΟΡΦΩΣΗ ΕΣΩΤΕΡΙΚΩΝ ΧΩΡΩΝ ΔΙΑΜΕΡΙΣΜΑΤΟΣ ΣΤΗΝ ΑΓ. ΒΑΡΒΑΡΑ ΧΑΛΑΝΔΡΙΟΥ	ARRANGEMENT OF INDOOR AREAS OF AN APARTMENT IN AG. VARVARA, CHALANDR I
	125	ΚΤΗΡΙΟ ΓΡΑΦΕΙΩΝ ΝΑΥΤΙΛΙΑΚΗΣ ΕΤΑΙΡΕΙΑΣ ΣΤΗΝ ΑΚΤΗ ΜΙΑΟΥΛΗ ΣΤΟΝ ΠΕΙΡΑΙΑ	OFFICE BUILDING OF A MARITIME COMPANY ON AKTI MIAOULI IN PIRAEUS
	126	ΠΟΛΥΚΑΤΟΙΚΙΑ & ΔΙΑΜΟΡΦΩΣΗ ΕΣΩΤΕΡΙΚΩΝ ΧΩΡΩΝ ΔΙΑΜΕΡΙΣΜΑΤΟΣ ΣΤΗΝ ΟΔΟ ΙΟΦΩΝΤΟΣ	APARTMENT BUILDING & ARRANGEMENT OF INDOOR AREAS OF APARTMENT ON IOPHONTOS STREET
	127	ΣΥΜΜΕΤΟΧΗ ΣΕ ΔΙΑΓΩΝΙΣΜΟ ΓΙΑ ΤΟ ΕΡΓΑΤΟΫΠΑΛΛΗΛΙΚΟ ΚΕΝΤΡΟ ΑΘΗΝΩΝ ΣΤΗΝ ΟΔΟ ΛΙΟΣΙΩΝ	CONTEST PARTICIPATION FOR THE WORKERS' & EMPLOYEES' CENTER OF ATHENS ON LIOSION STREET
	128	ΠΟΛΥΚΑΤΟΙΚΙΑ ΣΤΗΝ ΟΔΟ ΚΥΚΝΟΥ ΣΤΟ ΨΥΧΙΚΟ	APARTMENT BUILDING ON KYKNOU STREET IN PSYCHIKO
	129	ΚΑΤΑΣΤΗΜΑ ΤΗΣ ΙΟΝΙΚΗΣ & ΛΑΪΚΗΣ ΤΡΑΠΕΖΑΣ ΕΛΛΑΔΟΣ ΣΤΗΝ ΟΔΟ ΟΜΗΡΟΥ	BRANCH OF IONIAN & POPULAR BANK OF GREECE ON OMIROU STREET
	130	ΞΕΝΟΔΟΧΕΙΟ «PRESIDENT» Α ΚΑΤΗΓΟΡΙΑΣ 892 ΚΛΙΝΩΝ ΣΤΟΥΣ ΑΜΠΕΛΟΚΗΠΟΥΣ	FIRST CLASS HOTEL "PRESIDENT" WITH 892 BEDS IN AMPELOKIPI
	131	ΠΟΛΥΚΑΤΟΙΚΙΑ ΣΤΗΝ ΟΔΟ Β. ΗΠΕΙΡΟΥ ΣΤΗ ΦΙΛΟΘΕΗ	APARTMENT BUILDING ON V. EPIROU STREET IN PHILOTHEI
	132	ΚΑΤΟΙΚΙΑ ΣΤΗΝ ΟΔΟ ΔΑΦΝΗΣ ΣΤΟ ΚΑΣΤΡΙ	RESIDENCE ON DAFNIS STREET IN KASTRI
	133	ΔΙΑΜΟΡΦΩΣΗ ΕΣΩΤΕΡΙΚΩΝ ΧΩΡΩΝ ΔΙΑΜΕΡΙΣΜΑΤΟΣ ΣΤΗΝ ΟΔΟ ΒΑΣ. ΠΑΥΛΟΥ ΣΤΟ ΨΥΧΙΚΟ	ARRANGEMENT OF INDOOR AREAS OF AN APARTMENT ON VAS. PAVLOU STREET IN PSYCHIKO
	134	ΠΟΛΥΚΑΤΟΙΚΙΑ ΣΤΟΝ ΛΥΚΑΒΗΤΤΟ	APARTMENT BUILDING IN LYCABETTOS
	135	ΠΟΛΥΚΑΤΟΙΚΙΑ ΣΤΗΝ ΟΔΟ ΑΡΤΕΜΙΔΟΣ ΣΤΗΝ ΚΗΦΙΣΙΑ	APARTMENT BUILDING ON ARTEMIDOS STREET IN KIFISSIA
	136	ΜΕΛΕΤΗ ΣΥΓΚΡΟΤΗΜΑΤΟΣ ΠΟΛΥΚΑΤΟΙΚΙΩΝ ΣΤΗΝ ΟΔΟ ΚΟΛΟΚΟΤΡΩΝΗ ΣΤΗΝ ΚΗΦΙΣΙΑ	STUDY OF AN APARTMENT BUILDING COMPLEX ON KOLOKOTRONI STREET IN KIFISSIA
1974	137	ΔΙΑΜΟΡΦΩΣΗ ΟΨΕΩΝ, ΕΣΩΤ. & ΕΞΩΤ. ΧΩΡΩΝ ΠΥΡΓΟΥ ΔΙΑΜΕΡΙΣΜΑΤΩΝ «DOMUS 2000» ΣΤΗΝ ΑΓ. ΒΑΡΒΑΡΑ ΧΑΛΑΝΔΡΙΟΥ	ARRANGEMENT OF FACADES, INDOOR & OUTDOOR AREAS OF APARTMENT TOWER "DOMUS 2000" IN AG. VARVARA, CHALANDRI
	138	ΠΡΑΤΗΡΙΟ ΥΓΡΩΝ ΚΑΥΣΙΜΩΝ ΜΕ ΠΛΥΝΤΗΡΙΟ ΑΥΤΟΚΙΝΗΤΩΝ ΣΤΗ Λ. ΜΕΣΟΓΕΙΩΝ ΣΤΗΝ ΑΓ. ΠΑΡΑΣΚΕΥΗ	GAS STATION WITH CARS WASHING EQUIPMENT ON MESOGION AVENUE IN AG. PARASKEVI
	139	ΠΟΛΥΚΑΤΟΙΚΙΑ ΣΤΗΝ ΟΔΟ ΠΑΠΑΡΗΓΟΠΟΥΛΟΥ	APARTMENT BUILDING ON PAPARIGOPOULOU STREET
	140	ΠΟΛΥΚΑΤΟΙΚΙΑ ΣΤΗΝ ΟΔΟ ΠΑΝΔΩΡΑΣ ΣΤΟ ΚΑΣΤΡΙ	APARTMENT BUILDING ON PANDORAS STREET IN KASTRI
	141	ΔΙΑΜΟΡΦΩΣΗ ΕΙΣΟΔΟΥ ΠΟΛΥΚΑΤΟΙΚΙΑΣ ΣΤΗΝ ΟΔΟ ΚΑΡΝΕΑΔΟΥ ΣΤΟ ΚΟΛΩΝΑΚΙ	ARRANGEMENT OF ENTRANCE OF APARTMENT BUILDING ON KARNEADOU STREET IN KOLONAKI
	142	ΔΙΑΓΩΝΙΣΜΟΣ ΓΙΑ ΚΤΗΡΙΟ ΓΡΑΦΕΙΩΝ ΤΗΣ ΕΘΝΙΚΗΣ ΤΡΑΠΕΖΑΣ ΤΗΣ ΕΛΛΑΔΟΣ ΣΤΗΝ ΟΔΟ ΠΑΝΕΠΙΣΤΗΜΙΟΥ	CONTEST FOR A NEW BUILDING OF NATIONAL BANK OF GREECE ON PANEPISTIMIOU STREET
	143	ΕΣΩΤΕΡΙΚΗ ΔΙΑΜΟΡΦΩΣΗ ΚΑΤΟΙΚΙΑΣ ΣΤΗΝ ΟΔΟ ΒΑΣ. ΠΑΥΛΟΥ ΣΤΗΝ ΑΝΩ ΒΟΥΛΑ	ARRANGEMENT OF INDOOR AREAS OF A RESIDENCE ON VAS. PAVLOU STREET IN ANO VOULA
	144	ΠΟΛΥΚΑΤΟΙΚΙΑ ΣΤΗΝ ΟΔΟ ΤΕΡΖΟΠΟΥΛΟΥ ΣΤΗΝ ΑΓ. ΠΑΡΑΣΚΕΥΗ	APARTMENT BUILDING ON TERZOPOULOU STREET IN AG. PARASKEVI
	145	ΔΙΑΜΟΡΦΩΣΗ ΕΣΩΤΕΡΙΚΩΝ ΧΩΡΩΝ ΔΙΑΜΕΡΙΣΜΑΤΟΣ ΣΤΗΝ ΟΔΟ ΜΕΡΟΠΗΣ ΣΤΗ ΓΛΥΦΑΔΑ	ARRANGEMENT OF INDOOR AREAS OF AN APARTMENT ON MEROPIS STREET IN GLYFADA
	146	ΚΤΗΡΙΟ ΠΝΕΥΜΑΤΙΚΩΝ & ΚΑΛΛΙΤΕΧΝΙΚΩΝ ΕΚΔΗΛΩΣΕΩΝ ΣΤΗ Λ. ΒΑΣ. ΚΩΝΣΤΑΝΤΙΝΟΥ	BUILDING OF INTELLECTUAL & ARTISTIC MANIFESTATIONS ON VAS. KONSTANTINOU AVENUE
	147	ΚΤΗΡΙΟ ΓΡΑΦΕΙΩΝ ΣΤΗ Λ. ΣΥΓΓΡΟΥ	OFFICE BUILDING ON SYNGROU AVENUE

148	ΞΕΝΟΔΟΧΕΙΟ Β ΚΑΤΗΓΟΡΙΑΣ, 170 ΚΛΙΝΩΝ, ΣΤΟ ΚΑΜΑΡΙ ΚΟΡΙΝΘΙΑΣ	SECOND CLASS HOTEL WITH 170 BEDS IN KAMARI, KORINTHIA
149	ΚΑΤΟΙΚΙΑ ΣΤΗ ΓΛΥΦΑΔΑ	RESIDENCE IN GLYFADA
150	ΠΟΛΥΚΑΤΟΙΚΙΑ ΣΤΗΝ ΟΔΟ ΑΘΑΝ. ΔΙΑΚΟΥ ΣΤΟ ΜΑΡΟΥΣΙ	APARTMENT BUILDING ON ATHAN. DIAKOU STREET IN MAROUSSI
151	ΔΙΑΜΟΡΦΩΣΗ ΕΣΩΤΕΡΙΚΩΝ ΧΩΡΩΝ ΔΙΑΜΕΡΙΣΜΑΤΟΣ ΣΤΗΝ ΟΔΟ ΑΙΓΗΝΙΤΟΥ	ARRANGEMENT OF INDOOR AREAS OF AN APARTMENT ON EGINITOU STREET
152	ΠΟΛΥΚΑΤΟΙΚΙΑ ΣΡΤΗΝ ΟΔΟ ΣΤΕΝΩΝ ΠΟΡΤΑΣ	APARTMENT BUILDING ON STENON PORTAS STREET
153	ΠΟΛΥΚΑΤΟΙΚΙΑ ΣΤΗΝ ΟΔΟ ΙΘΑΚΗΣ	APARTMENT BUILDING ON ITHAKIS STREET
1975		
154	ΠΟΛΥΚΑΤΟΙΚΙΑ ΣΤΗΝ ΟΔΟ ΑΥΡΑΣ ΣΤΗ ΚΗΦΙΣΙΑ	APARTMENT BUILDING ON AVRAS STREET IN KIFISSIA
155	ΝΟΣΟΚΟΜΕΙΟ ΣΤΗΝ ΚΗΦΙΣΙΑ	HOSPITAL IN KIFISSIA
156	ΜΕΓΑΡΟ ΓΡΑΦΕΙΩΝ ΣΤΗΝ ΟΔΟ ΕΛ. ΒΕΝΙΖΕΛΟΥ ΣΤΗΝ ΚΑΛΛΙΘΕΑ	OFFICE PALACE ON EL. VENIZELOU STREET IN KALLITHEA
157	ΠΟΛΥΚΑΤΟΙΚΙΑ ΣΤΗΝ ΟΔΟ ΠΙΝΔΑΡΟΥ ΣΤΟ ΚΟΛΩΝΑΚΙ	APARTMENT BUILDING ON PINDAROU STREET IN KOLONAKI
158	ΣΥΓΚΡΟΤΗΜΑ ΚΑΤΑΣΤΗΜΑΤΩΝ ΣΤΗΝ ΟΔΟ ΤΣΑΚΑΛΩΦ ΣΤΟ ΚΟΛΩΝΑΚΙ	SHOPS COMPLEX ON TSAKALOV STREET IN KOLONAKI
159	ΔΙΑΜΟΡΦΩΣΗ ΕΣΩΤΕΡΙΚΩΝ ΧΩΡΩΝ ΔΙΑΜΕΡΙΣΜΑΤΟΣ ΣΤΟ ΦΑΛΗΡΟ	ARRANGEMENT OF INDOOR AREAS OF AN APARTMENT IN PHALIRO
160	ΚΤΗΡΙΟ ΚΑΤΟΙΚΙΩΝ ΣΤΗΝ ΟΔΟ ΠΑΝΔΩΡΑΣ ΣΤΟ ΚΑΣΤΡΙ	RESIDENCES BUILDING ON PANDORAS STREET IN KASTRI
161	ΠΟΛΥΚΑΤΟΙΚΙΑ ΣΤΗΝ ΟΔΟ ΑΜΑΡΥΛΛΙΔΟΣ ΣΤΟ ΨΥΧΙΚΟ	APARTMENT BUILDING ON AMARYLLIDOS STREET IN PSYCHIKO
162	ΠΟΛΥΚΑΤΟΙΚΙΑ ΣΤΗΝ ΠΛ. ΕΛ. ΒΕΝΙΖΕΛΟΥ ΣΤΟ ΨΥΧΙΚΟ	APARTMENT BUILDING AT EL. VENIZELOU SQUARE IN PSYCHIKO
163	ΠΟΛΥΚΑΤΟΙΚΙΑ ΣΤΗ Λ. ΔΗΜΟΚΡΑΤΙΑΣ ΣΤΟ ΨΥΧΙΚΟ	APARTMENT BUILDING ON DEMOKRATIAS AVENUE IN PSYCHIKO
164	ΠΟΛΥΚΑΤΟΙΚΙΑ ΣΤΗΝ ΟΔΟ ΒΥΡΩΝΟΣ ΣΤΟ ΨΥΧΙΚΟ	APARTMENT BUILDING ON VYRONOS STREET IN PSYCHIKO
165	ΔΙΑΜΟΡΦΩΣΗ ΕΣΩΤΕΡΙΚΩΝ ΧΩΡΩΝ ΔΙΑΜΕΡΙΣΜΑΤΟΣ ΣΤΗΝ ΟΔΟ ΛΥΚΕΙΟΥ	ARRANGEMENT OF INDOOR AREAS OF AN APARTMENT ON LYKIOU STREET
166	ΠΟΛΥΚΑΤΟΙΚΙΑ ΣΤΗΝ ΟΔΟ ΕΛΙΚΩΝΟΣ ΣΤΟ ΨΥΧΙΚΟ	APARTMENT BUILDING ON ELIKONOS STREET IN PSYCHIKO
167	ΣΥΓΚΡΟΤΗΜΑ ΕΞΟΧΙΚΩΝ ΚΑΤΟΙΚΙΩΝ ΣΤΟ ΣΟΥΝΙΟ	COUNTRY RESIDENCES COMPLEX IN SOUNION
168	ΕΣΩΤΕΡΙΚΗ ΔΙΑΜΟΡΦΩΣΗ ΧΩΡΩΝ ΤΟΥ ΚΟΙΝΟΒΟΥΛΙΟΥ	ARRANGEMENT OF INDOOR AREAS OF PARLIAMENT PALACE
169	ΠΥΡΓΟΣ «ATRINA» ΣΤΟ ΜΑΡΟΥΣΙ	"ATRINA" TOWER IN MAROUSSI
170	ΚΑΤΟΙΚΙΑ ΣΤΗΝ ΟΔΟ ΜΑΡΑΘΩΝΟΣ ΣΤΑ ΒΡΙΛΗΣΣΙΑ	RESIDENCE ON MARATHONOS STREET IN VRILISSIA
171	ΠΟΛΥΚΑΤΟΙΚΙΑ ΣΤΗΝ ΟΔΟ ΣΠΑΡΤΗΣ ΣΤΗΝ ΚΗΦΙΣΙΑ	APARTMENT BUILDING ON SPARTIS STREET IN KIFISSIA
172	ΠΟΛΥΚΑΤΟΙΚΙΑ ΣΤΗΝ ΟΔΟ ΜΙΑΟΥΛΗ ΣΤΗ ΧΑΛΚΙΔΑ	APARTMENT BUILDING ON MIAOULI STREET IN CHALKIDA
173	ΚΤΗΡΙΟ ΓΡΑΦΕΙΩΝ & ΚΑΤΑΣΤΗΜΑΤΩΝ ΣΤΗΝ ΟΔΟ ΠΑΤΗΣΙΩΝ	OFFICE & SHOPS BUILDING ON PATISSION STREET
174	ΠΟΛΥΚΑΤΟΙΚΙΑ ΣΤΗΝ ΟΔΟ ΑΡΙΣΤΕΙΔΟΥ ΣΤΟ ΜΑΡΟΥΣΙ	APARTMENT BUILDING ON ARISTIDOU STREET IN MAROUSSI
175	ΠΟΛΥΚΑΤΟΙΚΙΑ ΣΤΗΝ ΟΔΟ ΕΜ. ΜΠΕΝΑΚΗ ΣΤΗΝ ΚΗΦΙΣΙΑ	APARTMENT BUILDING ON EM. BENAKI STREET IN KIFISSIA
176	ΠΟΛΥΚΑΤΟΙΚΙΑ ΣΤΗΝ ΟΔΟ ΡΟΪΔΗ ΣΤΟ ΨΥΧΙΚΟ	APARTMENT BUILDING ON ROIDI STREET IN PSYCHIKO
177	ΚΤΗΡΙΟ ΓΡΑΦΕΙΩΝ & ΚΑΤΑΣΤΗΜΑΤΩΝ ΣΤΗΝ ΟΔΟ ΠΙΝΔΑΡΟΥ ΣΤΟ ΚΟΛΩΝΑΚΙ	OFFICE & SHOPS BUILDING ON PINDAROU STREET IN KOLONAKI
178	ΣΤΑΘΜΟΣ ΑΥΤΟΚΙΝΗΤΩΝ ΣΤΗΝ ΟΔΟ ΜΠΟΤΣΑΡΗ	CAR STATION ON BOTSARI STREET
179	ΖΑΧΑΡΟΠΛΑΣΤΕΙΟ «ΠΑΠΑΣΠΥΡΟΥ» ΣΤΟ ΣΥΝΤΑΓΜΑ	"PAPASPYROU" CONFECTIONARY AT SYNTAGMA SQUARE
180	ΠΟΛΥΚΑΤΟΙΚΙΑ ΣΤΗΝ ΟΔΟ Ι. ΜΕΤΑΞΑ ΣΤΗ ΦΙΛΟΘΕΗ	APARTMENT BUILDING ON I. METAXA STREET IN PHILOTHEI
181	ΠΟΛΥΚΑΤΟΙΚΙΑ ΣΤΗΝ ΟΔΟ ΟΡΦΕΩΣ ΣΤΗΝ ΚΗΦΙΣΙΑ	APARTMENT BUILDING ON ORPHEOS STREET IN KIFISSIA

1976		
182	ΣΥΓΚΡΟΤΗΜΑ ΚΑΤΟΙΚΙΩΝ ΣΤΗΝ ΟΔΟ ΕΜ. ΜΠΕΝΑΚΗ ΣΤΟ ΨΥΧΙΚΟ	RESIDENCES COMPLEX ON EM. BENAKI STREET IN PSYCHIKO
183	ΠΟΛΥΤΕΛΗ ΔΙΑΜΕΡΙΣΜΑΤΑ ΣΤΗΝ ΟΔΟ ΔΙΑΔΟΧΟΥ ΠΑΥΛΟΥ ΣΤΟ ΨΥΧΙΚΟ	LUXURY APARTMENTS ON DIADOCHOU PAVLOU STREET IN PSYCHIKO
184	ΣΥΓΚΡΟΤΗΜΑ ΔΙΑΜΕΡΙΣΜΑΤΩΝ «ΡΟΔΙΕΣ» ΣΤΟΝ ΧΟΛΑΡΓΟ	APARTMENT COMPLEX "RODIES" IN CHOLARGOS
185	ΠΟΛΥΚΑΤΟΙΚΙΑ ΣΤΗΝ ΟΔΟ ΑΝΤΙΓΟΝΗΣ ΣΤΟ ΚΑΣΤΡΙ	APARTMENT BUILDING ON ANTIGONIS STREET IN KASTRI
186	ΕΣΩΤΕΡΙΚΗ ΔΙΑΜΟΡΦΩΣΗ ΚΑΤΟΙΚΙΑΣ ΣΤΗΝ ΟΔΟ Ι. ΜΕΤΑΞΑ ΣΤΗ ΦΙΛΟΘΕΗ	ARRANGEMENT OF INDOOR AREAS OF A RESIDENCE ON I. METAXA STREET IN PHILOTHEI
187	ΜΕΓΑΡΟ ΓΡΑΦΕΙΩΝ «ΑΤΛΑΣ» ΣΤΟΝ ΠΕΙΡΑΙΑ	OFFICE PALACE "ATLAS" IN PIRAEUS
188	ΣΥΜΜΕΤΟΧΗ ΣΕ ΔΙΑΓΩΝΙΣΜΟ ΓΙΑ ΤΟ ΝΕΟ ΔΗΜΑΡΧΕΙΟ ΨΥΧΙΚΟΥ	CONTEST PARTICIPATION FOR THE NEW CITY HALL IN PSYCHIKO
189	ΕΜΠΟΡΟΝΑΥΤΙΛΙΑΚΟ ΚΕΝΤΡΟ ΣΤΟ ΛΙΜΑΝΙ ΤΟΥ ΠΕΙΡΑΙΑ *ΣΥΝΕΡΓΑΣΙΑ ΜΕ Α. ΛΟΪΖΟ & ΔΗΜΟΣΘΕΝΗ ΜΟΛΦΕΣΗ*	COMMERCIAL & MARITIME CENTER AT PIRAEUS PORT *COLLABORATION WITH A. LOIZOS & DIMOSTHENIS MOLFESIS*
190	ΠΟΛΥΚΑΤΟΙΚΙΑ ΣΤΗΝ ΟΔΟ ΔΡΑΚΟΠΟΥΛΟΥ ΣΤΗ ΧΑΛΚΙΔΑ	APARTMENT BUILDING ON DRAKOPOULOU STREET IN CHALKIDA
191	ΚΕΝΤΡΙΚΑ ΓΡΑΦΕΙΑ ΕΤΑΙΡΕΙΑΣ «ΕΔΟΚ-ΕΤΕΡ» ΣΤΟ ΧΑΛΑΝΔΡΙ	HEAD OFFICE OF COMPANY "EDOK-ETER" IN CHALANDRI
192	ΚΤΗΡΙΟ ΓΡΑΦΕΙΩΝ & ΚΑΤΑΣΤΗΜΑΤΩΝ ΣΤΗ Λ. ΣΥΓΓΡΟΥ	OFFICE & SHOPS BUILDING ON SYNGROU AVENUE
193	ΑΝΑΚΑΤΑΣΚΕΥΗ ΠΟΛΥΚΑΤΟΙΚΙΑΣ ΣΤΗΝ ΟΔΟ ΧΑΛΕΠΑ ΣΤΟ ΨΥΧΙΚΟ	RECONSTRUCTION OF AN APARTMENT BUILDING ON CHALEPA STREET IN PSYCHIKO
194	ΠΟΛΥΚΑΤΟΙΚΙΑ ΣΤΗΝ ΟΔΟ ΑΘ. ΔΙΑΚΟΥ ΣΤΗΝ ΠΕΥΚΗ	APARTMENT BUILDING ON DIAKOU STREET IN PEFKI
195	ΠΟΛΥΚΑΤΟΙΚΙΑ ΣΤΗΝ ΟΔΟ ΜΑΥΡΟΛΕΟΝΤΟΣ ΣΤΗ ΒΟΥΛΙΑΓΜΕΝΗ	APARTMENT BUILDING ON MAVROLEONTOS STREET IN VOULIAGMENI
196	ΣΥΓΚΡΟΤΗΜΑ ΚΑΤΟΙΚΙΩΝ ΣΤΗΝ ΟΔΟ ΚΑΡΚΑΒΙΤΣΑ ΣΤΟ ΨΥΧΙΚΟ	RESIDENCES COMPLEX ON KARKAVITSA STREET IN PSYCHIKO
197	ΚΤΗΡΙΟ ΓΡΑΦΕΙΩΝ & ΚΑΤΑΣΤΗΜΑΤΩΝ ΣΤΗ Λ. ΚΗΦΙΣΙΑΣ ΣΤΗΝ ΚΗΦΙΣΙΑ	OFFICE & SHOPS BUILDING ON KIFISSIAS AVENUE IN KIFISSIA
198	ΚΑΤΟΙΚΙΑ ΣΤΗ Λ. ΔΗΜΟΚΡΑΤΙΑΣ ΣΤΟ ΨΥΧΙΚΟ	RESIDENCE ON DEMOKRATIAS AVENUE IN PSYCHIKO
199	ΠΟΛΥΚΑΤΟΙΚΙΑ ΣΤΗΝ ΟΔΟ ΒΑΣ. ΑΜΑΛΙΑΣ ΣΤΗΝ ΚΗΦΙΣΙΑ	APARTMENT BUILDING ON VAS. AMALIAS STREET IN KIFISSIA
200	ΔΙΑΜΟΡΦΩΣΗ ΕΞΩΤΕΡΙΚΩΝ ΧΩΡΩΝ ΚΑΤΟΙΚΙΑΣ - ΠΡΟΣΘΗΚΗ ΠΙΣΙΝΑΣ ΣΤΗΝ ΟΔΟ ΠΑΠΑΡΗΓΟΠΟΥΛΟΥ ΣΤΟ ΨΥΧΙΚΟ	ARRANGEMENT OF OUTDOOR AREAS OF A RESIDENCE - ADDITION OF A SWIMMING POOL ON PAPARIGOPOULOU STREET IN PSYCHIKO
1977		
201	ΔΙΑΜΟΡΦΩΣΗ ΕΣΩΤΕΡΙΚΩΝ ΧΩΡΩΝ ΣΚΑΦΟΥΣ «CLELIA»	ARRANGEMENT OF INDOOR AREAS OF YACHT "CLELIA"
202	ΚΤΗΡΙΟ ΓΡΑΦΕΙΩΝ ΣΤΗΝ ΟΔΟ ΠΕΡΙΚΛΕΟΥΣ	OFFICE BUILDING ON PERIKLEOUS STREET
203	ΚΤΗΡΙΟ ΔΙΑΜΕΡΙΣΜΑΤΩΝ ΣΤΗΝ ΟΔΟ ΘΗΣΕΩΣ ΣΤΟ ΚΑΣΤΡΙ	APARTMENT BUILDING ON THISEOS STREET IN KASTRI
204	ΔΙΑΜΟΡΦΩΣΗ ΕΣΩΤΕΡΙΚΩΝ ΧΩΡΩΝ ΔΙΑΜΕΡΙΣΜΑΤΟΣ ΣΤΟ ΨΥΧΙΚΟ	ARRANGEMENT OF INDOOR AREAS OF APARTMENT IN PSYCHIKO
205	ΕΜΠΟΡΙΚΟ ΚΕΝΤΡΟ ΣΤΗ Λ. ΚΗΦΙΣΙΑΣ	SHOPPING CENTER ON KIFISSIAS AVENUE
206	ΜΕΛΕΤΗ ΣΥΓΚΡΟΤΗΜΑΤΟΣ ΠΟΛΥΚΑΤΟΙΚΙΩΝ ΣΤΗΝ ΟΔΟ ΒΑΣ. ΠΑΥΛΟΥ ΣΤΗ ΒΟΥΛΑ	APARTMENT BUILDING COMPLEX ON VAS. PAVLOU STREET IN VOULA
207	ΠΟΛΥΚΑΤΟΙΚΙΑ ΣΤΗΝ ΟΔΟ ΠΑΠΑΔΙΑΜΑΝΤΗ ΣΤΟ ΨΥΧΙΚΟ	APARTMENT BUILDING ON PAPADIAMANTI IN PSYCHIKO
208	ΜΕΛΕΤΗ ΠΟΛΥΚΑΤΟΙΚΙΑΣ ΣΤΗΝ ΟΔΟ ΕΠΙΔΑΥΡΟΥ ΣΤΟ ΜΑΡΟΥΣΙ	STUDY OF AN APARTMENT BUILDING ON EPIDAVROU STREET IN MAROUSSI
209	ΠΟΛΥΚΑΤΟΙΚΙΑ ΣΤΗΝ ΟΔΟ ΔΡΟΣΗ ΣΤΟ ΨΥΧΙΚΟ	APARTMENT BUILDING ON DROSSI STREET IN PSYCHIKO
210	ΠΟΛΥΚΑΤΟΙΚΙΑ ΣΤΗΝ ΟΔΟ ΜΙΑΟΥΛΗ ΣΤΗ ΧΑΛΚΙΔΑ	APARTMENT BUILDING ON MIAOULI STREET IN CHALKIDA
211	ΚΤΗΡΙΟ ΓΡΑΦΕΙΩΝ & ΚΑΤΑΣΤΗΜΑΤΩΝ ΣΤΗ Λ. ΚΗΦΙΣΙΑΣ	OFFICE & SHOPS BUILDINGS ON KIFISSIAS AVENUE

212	ΜΕΛΕΤΗ ΚΤΗΡΙΟΥ ΔΙΑΜΕΡΙΣΜΑΤΩΝ ΣΤΗΝ ΟΔΟ ΑΘΑΝ. ΔΙΑΚΟΥ ΣΤΗΝ ΑΓ. ΠΑΡΑΣΚΕΥΗ	STUDY OF AN APARTMENT BUILDING ON ATHAN. DIAKOU IN AG. PARASKEVI
213	ΜΕΛΕΤΗ ΚΤΗΡΙΟΥ ΔΙΑΜΕΡΙΣΜΑΤΩΝ ΣΤΗΝ ΟΔΟ ΞΕΝΟΦΩΝΤΟΣ ΣΤΟ ΜΑΡΟΥΣΙ	STUDY OF AN APARTMENT BUILDING ON XENOPHONTOS STREET IN MAROUSSI
214	ΔΙΑΜΕΡΙΣΜΑΤΑ ΣΤΗΝ ΟΔΟ ΜΕΓ. ΑΛΕΞΑΝΔΡΟΥ ΣΤΗΝ ΠΟΛΙΤΕΙΑ	APARTMENTS ON MEG. ALEXANDROU STREET IN POLITIA
215	ΚΑΤΟΙΚΙΑ ΣΤΗΝ ΚΑΛΑΜΑΤΑ	RESIDENCE IN KALAMATA
216	ΜΕΛΕΤΗ ΑΣΥΛΟΥ ΣΤΗΝ ΟΔΟ ΙΘΑΚΗΣ	STUDY OF A HOSPICE ON ITHAKIS STREET
217	ΚΑΤΟΙΚΙΑ ΣΤΟΝ ΣΧΟΙΝΙΑ	RESIDENCE IN SCHINIAS
218	ΚΑΤΟΙΚΙΑ ΣΤΗ Ν. ΠΟΛΙΤΕΙΑ	RESIDENCE IN N. POLITIA
219	ΜΕΛΕΤΗ ΚΑΤΟΙΚΙΑΣ ΣΤΗΝ ΟΔΟ ΔΡΥΑΔΩΝ ΣΤΟ ΨΥΧΙΚΟ	STUDY OF A RESIDENCE ON DRYADON STREET IN PSYCHIKO
220	ΚΑΤΟΙΚΙΑ ΣΤΗ ΣΤΑΜΑΤΑ	RESIDENCE IN STAMATA
221	ΠΟΛΥΚΑΤΟΙΚΙΑ ΣΤΗΝ ΟΔΟ ΚΡΙΕΖΩΤΟΥ ΣΤΗ ΧΑΛΚΙΔΑ	APARTMENT BUILDING ON KRIEZOTOU STREET IN CHALKIDA
222	ΚΤΗΡΙΟ ΓΡΑΦΕΙΩΝ & ΚΑΤΑΣΤΗΜΑΤΩΝ	OFFICE & SHOPS BUILDING
223	ΔΙΑΜΟΡΦΩΣΗ ΕΣΩΤΕΡΙΚΩΝ ΧΩΡΩΝ ΔΙΑΜΕΡΙΣΜΑΤΟΣ ΣΤΗ ΟΔΟ ΗΡΩΩΝ ΠΟΛΥΤΕΧΝΕΙΟΥ ΣΤΟΝ ΠΕΙΡΑΙΑ	ARRANGEMENT OF INDOOR AREAS OF AN APARTMENT ON HEROON POLYTECHNIOU STREET IN PIRAEUS
224	ΜΕΛΕΤΗ ΚΤΗΡΙΟΥ ΓΡΑΦΕΙΩΝ & ΚΑΤΑΣΤΗΜΑΤΩΝ ΣΤΗΝ ΟΔΟ ΠΑΤΗΣΙΩΝ	STUDY OF AN OFFICE & SHOPS BUILDING ON PATISSION STREET
225	ΠΟΛΥΚΑΤΟΙΚΙΑ ΣΤΗΝ ΟΔΟ ΠΕΡΣΕΦΟΝΗΣ ΣΤΗΝ ΕΚΑΛΗ	APARTMENT BUILDING ON PERSEPHONIS STREET IN EKALI
226	ΠΟΛΥΚΑΤΟΙΚΙΑ ΣΤΗΝ ΕΚΑΛΗ	APARTMENT BUILDING IN EKALI
227	ΜΕΛΕΤΗ ΚΕΝΤΡΙΚΟΥ ΚΑΤΑΣΤΗΜΑΤΟΣ ΤΡΑΠΕΖΑΣ ΣΤΗΝ ΟΔΟ ΣΤΑΔΙΟΥ	STUDY OF A BANK HEAD BRANCH ON STADIOU STREET
228	ΠΟΛΥΚΑΤΟΙΚΙΑ ΣΤΗΝ ΟΔΟ ΔΩΔΕΚΑΝΗΣΟΥ ΣΤΗ ΒΟΥΛΑ	APARTMENT BUILDING ON DODEKANISOU STREET IN VOULA
229	ΒΙΛΛΑ ΣΤΗΝ ΟΔΟ ΑΛΣΟΥΣ ΣΤΗΝ ΕΚΑΛΗ	VILLA ON ALSOUS STREET IN EKALI
230	ΔΙΑΜΟΡΦΩΣΗ ΕΣΩΤΕΡΙΚΩΝ ΧΩΡΩΝ ΚΑΤΟΙΚΙΑΣ ΣΤΟ ΨΥΧΙΚΟ	ARRANGEMENT OF INDOOR AREAS OF A RESIDENCE IN PSYCHIKO
231	ΚΤΗΡΙΟ ΓΡΑΦΕΙΩΝ & ΚΑΤΑΣΤΗΜΑΤΩΝ ΣΤΗΝ ΟΔΟ ΑΓ. ΜΕΛΕΤΙΟΥ	OFFICE & SHOPS BUILDING ON AG. MELETIOU STREET
232	ΜΕΛΕΤΗ ΣΤΑΘΜΟΥ ΑΥΤΟΚΙΝΗΤΩΝ ΣΤΗΝ ΟΔΟ ΝΙΚΟΔΗΜΟΥ	STUDY OF A CAR STATION ON NIKODIMOU STREET

1978

233	ΜΕΛΕΤΗ ΚΤΗΡΙΟΥ ΓΡΑΦΕΙΩΝ ΣΤΗΝ ΟΔΟ ΙΟΥΛΙΑΝΟΥ	STUDY OF AN OFFICE BUILDING ON IOULIANOU STREET
234	ΔΙΑΜΟΡΦΩΣΗ ΕΣΩΤΕΡΙΚΩΝ ΧΩΡΩΝ ΔΙΑΜΕΡΙΣΜΑΤΟΣ ΣΤΗΝ ΟΔΟ ΗΡΩΔΟΥ ΑΤΤΙΚΟΥ	ARRANGEMENT OF INDOOR AREAS OF AN APARTMENT ON HERODOU ATTICOU STREET
235	ΚΤΗΡΙΟ ΓΡΑΦΕΙΩΝ & ΚΑΤΑΣΤΗΜΑΤΩΝ ΣΤΗΝ ΟΔΟ ΖΩΣΙΜΑΔΩΝ ΣΤΟΝ ΠΕΙΡΑΙΑ	OFFICE & SHOPS BUILDING ON ZOSIMADON STREET IN PIRAEUS
236	ΚΤΗΡΙΟ ΔΙΑΜΕΡΙΣΜΑΤΩΝ ΣΤΗΝ ΟΔΟ ΣΟΥΗΔΙΑΣ ΣΤΟ ΚΟΛΩΝΑΚΙ	APARTMENT BUILDING ON SOUEDIAS STREET IN KOLONAKI
237	ΠΟΛΥΚΑΤΟΙΚΙΑ ΣΤΗΝ ΟΔΟ ΛΥΚΑΒΗΤΤΟΥ ΣΤΟ ΚΟΛΩΝΑΚΙ	APARTMENT BUILDING ON LYCABETTOU STREET IN KOLONAKI
238	ΞΕΝΟΔΟΧΕΙΟ «ΑΣΤΗΡ ΠΑΛΛΑΣ» ΣΤΟ ΣΥΝΤΑΓΜΑ *ΣΥΝΕΡΓΑΣΙΑ ΜΕ ΕΜ. ΒΟΥΡΕΚΑ, Σ. ΜΟΛΦΕΣΗ & Κ. ΔΕΚΑΒΑΛΛΑ*	HOTEL "ASTIR PALACE" AT SYNTAGMA SQUARE *COLLABORATION WITH EM. VOUREKAS, S. MOLFESIS & K. DEKAVALLAS*
239	ΚΤΗΡΙΟ ΔΙΑΜΕΡΙΣΜΑΤΩΝ ΣΤΗΝ ΟΔΟ ΕΘΝΙΚΗΣ ΑΝΤΙΣΤΑΣΕΩΣ ΣΤΟ ΧΑΛΑΝΔΡΙ	APARTMENT BUILDING ON ETHNIKIS ANTISTASEOS STREET IN CHALANDRI
240	ΠΟΛΥΚΑΤΟΙΚΙΑ ΣΤΗΝ ΟΔΟ ΦΡΑΓΚΟΚΚΛΗΣΙΑΣ ΣΤΟ ΜΑΡΟΥΣΙ	APARTMENT BUILDING ON FRAGOKLESIAS STREET IN MAROUSSI
241	ΠΟΛΥΚΑΤΟΙΚΙΑ ΣΤΗΝ ΟΔΟ ΠΙΝΔΟΥ ΣΤΗΝ ΚΗΦΙΣΙΑ	APARTMENT BUILDING ON PINDOU STREET IN KIFISSIA

242	ΚΤΗΡΙΟ ΔΙΑΜΕΡΙΣΜΑΤΩΝ ΣΤΗΝ ΟΔΟ ΜΑΡΑΘΩΝΟΣ ΣΤΟΝ ΧΟΛΑΡΓΟ	APARTMENT BUILDING ON MARATHONOS STREET IN CHOLARGOS
243	ΚΤΗΡΙΟ ΔΙΑΜΕΡΙΣΜΑΤΩΝ ΣΤΗΝ ΟΔΟ ΠΑΤΡΙΑΡΧΟΥ ΦΩΤΙΟΥ ΣΤΗΝ ΠΕΥΚΗ	APARTMENT BUILDING ON PATRIARCHOU FOTIOU STREET IN PEFKI
244	ΠΟΛΥΚΑΤΟΙΚΙΑ ΣΤΗΝ ΟΔΟ ΠΑΡΝΑΣΣΟΥ ΣΤΟ ΨΥΧΙΚΟ	APARTMENT BUILDING ON PARNASSOU STREET IN PSYCHIKO
245	ΤΟΥΡΙΣΤΙΚΕΣ ΕΓΚΑΤΑΣΤΑΣΕΙΣ ΣΤΗ Ν. ΜΑΚΡΗ	TOURIST INSTALLATIONS IN N. MAKRI
246	ΜΕΛΕΤΗ ΟΙΚΙΣΤΙΚΟΥ ΣΥΓΚΡΟΤΗΜΑΤΟΣ ΣΤΗΝ ΟΔΟ ΚΑΡΟΛΟΥ ΦΙΞ ΣΤΟ Ν. ΗΡΑΚΛΕΙΟ	STUDY OF A HOUSING COMPLEX ON KAROLOU FIX STREET IN N. HERAKLION
247	ΣΥΓΚΡΟΤΗΜΑ ΚΑΤΟΙΚΙΩΝ ΣΤΟ ΜΕΓΑΛΟ ΚΑΒΟΥΡΙ ΒΟΥΛΙΑΓΜΕΝΗΣ	RESIDENCES COMPLEX IN MEGALO KAVOURI, VOULIAGMENI
248	ΠΟΛΥΚΑΤΟΙΚΙΑ ΣΤΗΝ ΚΑΛΑΜΑΤΑ	APARTMENT BUILDING IN KALAMATA
249	ΜΕΛΕΤΗ ΚΤΗΡΙΟΥ ΓΡΑΦΕΙΩΝ & ΚΑΤΑΣΤΗΜΑΤΩΝ ΣΤΗΝ ΟΔΟ ΦΙΛΕΛΛΗΝΩΝ	STUDY OF AN OFFICE & SHOPS BUILDING ON PHILELLINON STREET
250	ΜΑΙΕΥΤΙΚΗ & ΓΥΝΑΙΚΟΛΟΓΙΚΗ ΚΛΙΝΙΚΗ (ΠΡΩΗΝ «ΙΑΣΩ») ΣΤΟ ΜΑΡΟΥΣΙ *ΣΥΝΕΡΓΑΣΙΑ ΜΕ YRM INTERNATIONAL*	OBSTETRICS & GYNECOLOGICAL CLINIC (FORMER "IASO") IN MAROUSSI *COLLABORATION WITH YRM INTERNATIONAL*
251	ΚΤΗΡΙΟ ΓΡΑΦΕΙΩΝ ΣΤΗΝ ΟΔΟ ΑΡΙΣΤΟΝΙΚΟΥ	OFFICE BUILDING ON ARISTONIKOU STREET
252	ΣΥΓΚΡΟΤΗΜΑ ΠΟΛΥΚΑΤΟΙΚΙΩΝ ΣΤΗΝ ΟΔΟ ΔΡΥΑΔΩΝ ΣΤΟ ΨΥΧΙΚΟ	APARTMENT BUILDING COMPLEX ON DRYADON STREET IN PSYCHIKO
253	ΚΤΗΡΙΟ ΓΡΑΦΕΙΩΝ ΣΤΗΝ ΑΓ. ΒΑΡΒΑΡΑ ΧΑΛΑΝΔΡΙΟΥ	OFFICE BUILDING IN AG. VARVARA, CHALANDRI
254	ΚΤΗΡΙΟ ΓΡΑΦΕΙΩΝ & ΚΑΤΑΣΤΗΜΑΤΩΝ ΣΤΗ Λ. ΣΥΓΓΡΟΥ	OFFICE & SHOPS BUILDING ON SYNGROU AVENUE
255	ΕΞΟΧΙΚΗ ΚΑΤΟΙΚΙΑ ΣΤΗΝ ΟΔΟ ΣΙΒΥΛΛΗΣ ΣΤΗΝ ΠΟΛΙΤΕΙΑ	COUNTRY RESIDENCE ON SIVYLLIS STREET IN POLITIA
256	ΕΜΠΟΡΙΚΟ ΚΕΝΤΡΟ «GALLERIA» ΣΤΗ ΓΛΥΦΑΔΑ	SHOPPING CENTER "GALLERIA" IN GLYFADA
257	ΠΑΝΕΛΛΗΝΙΟΣ ΑΡΧΙΤΕΚΤΟΝΙΚΟΣ ΔΙΑΓΩΝΙΣΜΟΣ ΝΕΟΥ ΤΑΧΥΔΡΟΜΙΚΟΥ ΤΑΜΙΕΥΤΗΡΙΟΥ ΣΤΗΝ ΠΑΤΡΑ	PAN-HELLENIC ARCHITECTURAL CONTEST FOR A NEW BRANCH OF POST SAVINGS BANK IN PATRAS
258	ΜΕΛΕΤΗ ΤΟΥΡΙΣΤΙΚΩΝ ΕΓΚΑΤΑΣΤΑΣΕΩΝ ΣΤΗ ΣΚΙΑΘΟ	STUDY OF TOURIST INSTALLATIONS ON SKIATHOS
259	ΚΤΗΡΙΟ ΓΡΑΦΕΙΩΝ & ΚΑΤΑΣΤΗΜΑΤΩΝ ΣΤΗΝ ΑΚΤΗ ΚΟΝΔΥΛΗ ΣΤΟΝ ΠΕΙΡΑΙΑ	OFFICE & SHOPS BUILDING ON AKTI KONDYLI IN PIRAEUS

1979

260	ΚΤΗΡΙΟ ΓΡΑΦΕΙΩΝ ΣΤΗ Λ. ΑΛΚΥΟΝΙΔΩΝ ΣΤΗ ΒΟΥΛΑ	OFFICE BUILDING ON ALKYONIDON AVENUE IN VOULA
261	ΚΤΗΡΙΟ ΔΙΑΜΕΡΙΣΜΑΤΩΝ ΣΤΗ Λ. ΜΑΡΑΘΩΝΟΣ ΣΤΟΝ ΧΟΛΑΡΓΟ	APARTMENT BUILDING ON MARATHONOS AV. IN CHOLARGOS
262	ΚΤΗΡΙΟ ΓΡΑΦΕΙΩΝ & ΚΑΤΑΣΤΗΜΑΤΩΝ ΣΤΗ Λ. ΗΡΩΩΝ ΠΟΛΥΤΕΧΝΕΙΟΥ ΣΤΟΝ ΠΕΙΡΑΙΑ	OFFICE & SHOPS BUILDING ON HEROON POLYTECHNIOU AVENUE IN PIRAEUS
263	Γ΄ ΒΡΑΒΕΙΟ ΣΕ ΔΙΑΓΩΝΙΣΜΟ ΓΙΑ ΤΟ ΚΤΗΡΙΟ ΓΡΑΦΕΙΩΝ ΤΟΥ ΕΜΠΟΡΙΚΟΥ & ΒΙΟΜΗΧΑΝΙΚΟΥ ΕΠΙΜΕΛΗΤΗΡΙΟΥ ΑΘΗΝΩΝ *ΣΥΝΕΡΓΑΣΙΑ ΜΕ Κ. ΔΕΚΑΒΑΛΛΑ*	THIRD PRIZE IN A CONTEST FOR THE OFFICE BUILDING OF EVEA (ATHENS CHAMBER OF COMMERCE & INDUSTRY) *COLLABORATION WITH K. DEKAVALLAS*
264	ΝΑΥΤΙΛΙΑΚΟ ΜΕΓΑΡΟ ΓΡΑΦΕΙΩΝ & ΚΑΤΑΣΤΗΜΑΤΩΝ ΣΤΗΝ ΟΔΟ ΣΚΟΥΖΕ ΣΤΟΝ ΠΕΙΡΑΙΑ	MARITIME PALACE OF OFFICE & SHOPS ON SKOUZE STREET IN PIRAEUS
265	ΕΞΟΧΙΚΕΣ ΚΑΤΟΙΚΙΕΣ ΣΤΟ ΚΑΒΟΥΡΙ	COUNTRY RESIDENCES IN KAVOURI
266	ΔΙΑΜΟΡΦΩΣΗ ΕΣΩΤΕΡΙΚΩΝ ΧΩΡΩΝ ΔΙΑΜΕΡΙΣΜΑΤΟΣ Γ. ΚΕΦΑΛΑ ΣΤΟ ΞΕΝΟΔΟΧΕΙΟ «ΑΣΤΟΡ» ΣΤΟ ΣΥΝΤΑΓΜΑ	ARRANGEMENT OF INDOOR AREAS OF APARTMENT OF G. KEFALAS IN HOTEL "ASTOR" AT SYNTAGMA SQUARE
267	ΞΕΝΟΔΟΧΕΙΟ Β ΚΑΤΗΓΟΡΙΑΣ ΣΤΗΝ ΠΑΤΡΑ	SECOND CLASS HOTEL IN PATRAS
268	ΤΟΥΡΙΣΤΙΚΟ ΣΥΓΚΡΟΤΗΜΑ «HYDRA CLUB» ΣΤΗΝ ΥΔΡΑ	TOURISTIC COMPLEX "HYDRA CLUB" ON HYDRA
269	ΕΞΟΧΙΚΗ ΚΑΤΟΙΚΙΑ ΣΤΟ ΚΟΡΩΠΙ	COUNTRY RESIDENCE IN KOROPI
270	ΚΤΗΡΙΟ ΓΡΑΦΕΙΩΝ & ΚΑΤΑΣΤΗΜΑΤΩΝ ΣΤΗ Λ. ΚΗΦΙΣΙΑΣ ΣΤΟ ΨΥΧΙΚΟ	OFFICE & SHOPS BUILDING ON KIFISSIAS AVENUE IN PSYCHIKO
271	ΜΕΛΕΤΗ ΕΜΠΟΡΙΚΟΥ ΚΕΝΤΡΟΥ ΣΤΗΝ ΟΔΟ ΚΟΛΟΚΟΤΡΩΝΗ ΣΤΗΝ ΚΗΦΙΣΙΑ	STUDY OF A SHOPPING CENTER ON KOLOKOTRONI STREET IN KIFISSIA

272	ΑΝΑΚΑΤΑΣΚΕΥΗ (ΕΣΩΤ. & ΕΞΩΤ. ΔΙΑΜΟΡΦΩΣΗ) ΚΑΤΑΣΤΗΜΑΤΟΣ ΤΡΑΠΕΖΑΣ ΚΕΝΤΡΙΚΗΣ ΕΛΛΑΔΟΣ ΣΤΗΝ ΟΔΟ ΣΤΑΔΙΟΥ	RECONSTRUCTION (INTERNAL & EXTERNAL ARRANGEMENT) OF BANK OF CENTRAL GREECE BRANCH ON STADIOU STREET
273	ΠΟΛΥΚΑΤΟΙΚΙΑ ΣΤΗΝ ΟΔΟ ΔΡΥΑΔΩΝ ΣΤΗ ΦΙΛΟΘΕΗ	APARTMENT BUILDING ON DRYADON STREET IN PHILOTHEI
274	ΕΜΠΟΡΙΚΟ ΚΕΝΤΡΟ «IONIA CENTER» ΣΤΗ Ν. ΙΩΝΙΑ	SHOPPING CENTER "IONIA CENTER" IN N. IONIA
275	ΔΙΑΓΩΝΙΣΜΟΣ ΠΡΟΣΧΕΔΙΩΝ ΚΤΗΡΙΟΥ ΓΡΑΦΕΙΩΝ ΤΑΧΥΔΡΟΜΙΚΟΥ ΤΑΜΙΕΥΤΗΡΙΟΥ ΠΕΙΡΑΙΩΣ	CONTEST FOR THE PERFORMANCE OF PRELIMINARY DRAWINGS FOR OFFICE BULDING OF POST SAVINGS BANK IN PIRAEUS
276	ΠΟΛΥΚΑΤΟΙΚΙΑ ΣΤΗΝ ΟΔΟ ΖΑΪΜΗ ΣΤΟ Π. ΦΑΛΗΡΟ	APARTMENT BUILDING ON ZAIMI STREET IN P. PHALIRO
277	ΚΤΗΡΙΟ ΓΡΑΦΕΙΩΝ & ΚΑΤΑΣΤΗΜΑΤΩΝ ΣΤΗ Λ. ΚΗΦΙΣΙΑΣ ΣΤΟ ΧΑΛΑΝΔΡΙ	OFFICE & SHOPS BUILDING ON KIFISSIAS AVENUE IN CHALANDRI
278	ΕΞΟΧΙΚΗ ΚΑΤΟΙΚΙΑ ΣΤΟ ΣΟΥΝΙΟ	COUNTRY RESIDENCE IN SOUNION
279	ΜΕΛΕΤΗ ΣΥΓΚΡΟΤΗΜΑΤΟΣ ΕΜΠΟΡΙΚΟΥ ΚΕΝΤΡΟΥ & ΚΤΗΡΙΩΝ ΓΡΑΦΕΙΩΝ ΣΤΑ ΑΝΩ ΠΑΤΗΣΙΑ	STUDY OF A SHOPPING CENTER & OFFICE BUILDINGS COMPLEX IN ANO PATISSIA
280	ΜΕΛΕΤΗ ΕΜΠΟΡΙΚΟΥ ΚΕΝΤΡΟΥ ΣΤΟΝ ΑΓ. ΙΩΑΝΝΗ ΡΕΝΤΗ	STUDY OF A SHOPPING CENTER IN AG. IOANNIS RENTIS
281	ΜΕΛΕΤΗ ΕΜΠΟΡΙΚΟΥ ΚΕΝΤΡΟΥ ΣΤΗ Λ. ΣΥΓΓΡΟΥ	STUDY OF A SHOPPING CENTER ON SYNGROU AVENUE
282	ΔΙΑΜΟΡΦΩΣΗ ΟΨΕΩΝ & ΕΣΩΤΕΡΙΚΩΝ & ΕΞΩΤΕΡΙΚΩΝ ΧΩΡΩΝ ΚΑΤΟΙΚΙΑΣ - ΠΡΟΣΘΗΚΗ ΠΙΣΙΝΑΣ ΣΤΟ ΛΑΓΟΝΗΣΙ	ARRANGEMENT OF FACADES, INDOOR & OUTDOOR AREAS OF A RESIDENCE - ADDITION OF A SWIMMING POOL IN LAGONISSI
283	ΕΜΠΟΡΙΚΟ ΚΕΝΤΡΟ «ATRIUM» ΣΤΗΝ ΟΔΟ ΧΑΡ. ΤΡΙΚΟΥΠΗ	SHOPPING CENTER "ATRIUM" ON CHAR. TRIKOUPI STREET
284	ΠΟΛΥΚΑΤΟΙΚΙΑ ΣΤΗΝ ΟΔΟ ΝΑΡΚΙΣΣΟΥ ΣΤΟ ΨΥΧΙΚΟ	APARTMENT BUILDING ON NARKISSOU STREET IN PSYCHIKO
1980		
285	ΜΕΛΕΤΗ ΣΥΓΚΡΟΤΗΜΑΤΟΣ ΚΤΗΡΙΩΝ ΓΡΑΦΕΙΩΝ «TWIN TOWERS» ΣΤΟ ΜΑΡΟΥΣΙ	STUDY OF OFFICE BUILDING COMPLEX "TWIN TOWERS" IN MAROUSSI
286	ΔΙΑΜΟΡΦΩΣΗ ΕΣΩΤΕΡΙΚΩΝ ΧΩΡΩΝ ΑΣΦΑΛΙΣΤΙΚΗΣ ΕΤΑΙΡΕΙΑΣ ΣΤΟ ΚΑΛΑΜΑΚΙ	ARRANGEMENT OF INDOOR AREAS OF AN INSURANCE COMPANY IN KALAMAKI
287	ΔΙΑΜΟΡΦΩΣΗ ΕΣΩΤΕΡΙΚΩΝ ΧΩΡΩΝ ΔΙΑΜΕΡΙΣΜΑΤΟΣ ΣΤΗΝ ΟΔΟ ΑΦΡΟΔΙΤΗΣ ΣΤΟ Π. ΦΑΛΗΡΟ	ARRANGEMENT OF INDOOR AREAS OF AN APARTMENT ON APHRODITIS STREET IN P. PHALIRO
288	ΜΕΛΕΤΗ ΣΥΓΚΡΟΤΗΜΑΤΟΣ ΚΤΗΡΙΩΝ ΓΡΑΦΕΙΩΝ «TRADE CENTER» ΣΤΟ ΜΑΡΟΥΣΙ	STUDY OF OFFICE BUILDING COMPLEX "TRADE CENTER" IN MAROUSSI
289	ΚΤΗΡΙΟ ΓΡΑΦΕΙΩΝ & ΚΑΤΑΣΤΗΜΑΤΩΝ ΣΤΗ Λ. ΚΗΦΙΣΙΑΣ ΣΤΟ ΜΑΡΟΥΣΙ	OFFICE & SHOPS BUILDING ON KIFISSIAS AVENUE IN MAROUSSI
290	ΜΕΛΕΤΗ ΚΕΝΤΡΟΥ ΔΙΑΣΚΕΔΑΣΗΣ ΣΤΗΝ ΚΩ	STUDY OF AN ENTERTAINMENT CLUB ON KOS
291	ΚΤΗΡΙΟ ΓΡΑΦΕΙΩΝ & ΚΑΤΑΣΤΗΜΑΤΩΝ ΣΤΗΝ ΟΔΟ ΒΟΥΚΟΥΡΕΣΤΙΟΥ ΣΤΟ ΚΟΛΩΝΑΚΙ	OFFICE & SHOPS BUILDING ON VOUKOURESTIOU STREET IN KOLONAKI
292	ΔΙΑΜΟΡΦΩΣΗ ΕΣΩΤΕΡΙΚΩΝ ΧΩΡΩΝ ΔΙΑΜΕΡΙΣΜΑΤΟΣ ΣΤΗΝ ΟΔΟ ΒΟΥΚΟΥΡΕΣΤΙΟΥ ΣΤΟ ΚΟΛΩΝΑΚΙ	ARRANGEMENT OF INDOOR AREAS OF AN APARTMENT ON VOUKOURESTIOU STREET IN KOLONAKI
293	ΜΕΛΕΤΗ ΚΤΗΡΙΟΥ ΔΙΟΙΚΗΣΗΣ ΣΤΗΝ ΟΔΟ ΜΑΝΤΖΑΓΡΙΩΤΑΚΗ ΣΤΗΝ ΚΑΛΛΙΘΕΑ	STUDY OF AN ADMINISTRATION BUILDING ON MANTZAGRIOTAKI STREET IN KALLITHEA
294	ΕΠΙΣΚΕΥΕΣ ΥΠΑΡΧΟΝΤΟΣ ΚΤΗΡΙΟΥ ΓΡΑΦΕΙΩΝ & ΚΑΤΑΣΤΗΜΑΤΩΝ ΣΤΗΝ ΟΔΟ ΦΙΛΕΛΛΗΝΩΝ	REPAIR OF AN EXISTING OFFICE & SHOPS BUILDING ON PHILELLINON STREET
295	ΠΟΛΥΚΑΤΟΙΚΙΑ ΣΤΗΝ ΟΔΟ ΕΛ. ΒΕΝΙΖΕΛΟΥ ΣΤΟ ΜΑΡΟΥΣΙ	APARTMENT BUILDING ON EL. VENIZELOU STREET IN MAROUSSI
296	ΚΤΗΡΙΑ ΔΙΑΜΕΡΙΣΜΑΤΩΝ ΣΤΗΝ ΟΔΟ ΑΠΟΣΤΟΛΟΠΟΥΛΟΥ ΣΤΟ ΧΑΛΑΝΔΡΙ	APARTMENT BUILDINGS ON APOSTOLOPOULOU STREET IN CHALANDRI
297	ΜΕΛΕΤΗ ΕΠΑΥΛΗΣ ΣΤΗΝ ΟΔΟ ΔΗΜΗΤΡΟΣ ΣΤΟ Π. ΦΑΛΗΡΟ	STUDY OF A VILLA ON DIMITROS STREET IN P. PHALIRO
298	Α΄ ΒΡΑΒΕΙΟ ΣΕ ΔΙΑΓΩΝΙΣΜΟ ΓΙΑ ΤΟ ΜΕΓΑΡΟ ΤΟΥ ΣΥΜΒΟΥΛΙΟΥ ΕΠΙΚΡΑΤΕΙΑΣ ΣΤΟ ΠΕΔΙΟΝ ΤΟΥ ΑΡΕΩΣ *ΣΥΝΕΡΓΑΣΙΑ ΜΕ Η. ΣΚΡΟΥΜΠΕΛΟ (ΜΕΤΡΟΝ ΟΕ)*	FIRST PRIZE IN A CONTEST FOR THE STATE COUNCIL BUILDING AT PEDION TOU AREOS *COLLABORATION WITH H. SKROUBELOS (METRON O.E.)*

	299	ΣΥΓΚΡΟΤΗΜΑ ΕΞΟΧΙΚΩΝ ΚΑΤΟΙΚΙΩΝ ΣΤΟ ΣΟΥΝΙΟ	COUNTRY RESIDENCES COMPLEX IN SOUNION
1981	300	ΔΙΑΜΟΡΦΩΣΗ ΟΨΕΩΝ & ΕΣΩΤΕΡΙΚΩΝ & ΕΞΩΤΕΡΙΚΩΝ ΧΩΡΩΝ ΕΞΟΧΙΚΗΣ ΚΑΤΟΙΚΙΑΣ ΣΤΟ ΣΟΥΝΙΟ	ARRANGEMENT OF FACADES, INDOOR & OUTDOOR AREAS OF A COUNTRY RESIDENCE IN SOUNION
	301	ΜΕΛΕΤΗ ΠΟΛΥΩΡΟΦΟΥ ΒΙΟΤΕΧΝΙΚΟΥ ΚΕΝΤΡΟΥ ΑΘΗΝΩΝ ΣΤΗ Λ. ΚΗΦΙΣΟΥ	MANY-FLOOR SMALL INDUSTRIES CENTER OF ATHENS ON KIFISSOU AVENUE
	302	ΕΜΠΟΡΙΚΟ ΚΕΝΤΡΟ ΣΤΗΝ ΟΔΟ ΧΑΡ. ΤΡΙΚΟΥΠΗ ΣΤΗ Ν. ΕΡΥΘΡΑΙΑ	SHOPPING CENTER ON CHAR. TRIKOUPI STREET IN. N. ERYTHREA
	303	ΕΜΠΟΡΙΚΟ ΚΕΝΤΡΟ ΣΤΗΝ ΟΔΟ ΒΑΣ. ΓΕΩΡΓΙΟΥ ΣΤΗΝ ΚΗΦΙΣΙΑ	SHOPPING CENTER ON VAS. GEORGIOU STREET IN KIFISSIA
	304	ΔΙΑΜΟΡΦΩΣΗ ΕΣΩΤΕΡΙΚΩΝ ΧΩΡΩΝ ΓΡΑΦΕΙΩΝ ΣΤΗΝ ΟΔΟ Δ. ΓΟΥΝΑΡΗ ΣΤΟΝ ΠΕΙΡΑΙΑ	INTERNAL ARRANGEMENT OF OFFICES ON D. GOUNARI STREET IN PIRAEUS
	305	ΚΤΗΡΙΟ ΓΡΑΦΕΙΩΝ ΣΤΗΝ ΟΔΟ ΕΠΙΔΑΥΡΟΥ ΣΤΟ ΜΑΡΟΥΣΙ	OFFICE BUILDING ON EPIDAVROU STREET IN MAROUSSI
	306	ΚΑΤΟΙΚΙΑ ΣΤΗΝ ΕΡΕΤΡΙΑ ΕΥΒΟΙΑΣ	RESIDENCE IN ERETRIA, EVIA
	307	ΚΤΗΡΙΟ ΓΡΑΦΕΙΩΝ & ΚΑΤΑΣΤΗΜΑΤΩΝ ΣΤΗΝ ΠΛ. ΚΑΡΑΪΣΚΑΚΗ	OFFICE & SHOPS BUILDING AT KARAISKAKI SQUARE
	308	ΔΙΑΓΩΝΙΣΜΟΣ ΓΙΑ ΤΟ ΚΤΗΡΙΟ ΤΗΣ ΙΑΤΡΙΚΗΣ ΣΧΟΛΗΣ ΤΟΥ ΠΑΝΕΠΙΣΤΗΜΙΟΥ ΙΩΑΝΝΙΝΩΝ *ΣΥΝΕΡΓΑΣΙΑ ΜΕ Η. ΣΚΡΟΥΜΠΕΛΟ & Μ. ΜΕΚΙΟ (ΜΕΤΡΟΝ ΟΕ)*	CONTEST FOR THE MEDICAL SCHOOL BUILDING OF IOANNINA UNIVERSITY *COLLABORATION WITH H. SKROUBELOS & M. MEKIOS (METRON O.E.)*
	309	ΜΕΓΑΡΟ ΑΡΒΑΝΙΤΗ ΣΤΗ Λ. ΒΑΣ. ΣΟΦΙΑΣ	ARVANITIS PALACE ON VAS. SOFIAS AVENUE
	310	ΜΕΛΕΤΗ ΣΟΥΠΕΡΜΑΡΚΕΤ «ΑΒ» ΣΤΗ Λ. ΠΕΝΤΕΛΗΣ	STUDY OF SUPERMARKET "AB" ON PENTELIS AVENUE
	311	ΚΤΗΡΙΟ ΓΡΑΦΕΙΩΝ ΣΤΗΝ ΟΔΟ ΜΑΡΚΟΥ ΜΟΥΣΟΥΡΟΥ ΣΤΟ ΜΕΤΣ	OFFICE BUILDING ON MARKOU MOUSOUROU STREET IN METS
	312	ΠΟΛΥΚΑΤΟΙΚΙΑ ΣΤΗΝ ΟΔΟ ΒΑΦΕΙΟΧΩΡΙΟΥ	APARTMENT BUILDING ON VAFIOCHORIOU STREET
	313	ΚΤΗΡΙΟ ΔΙΑΜΕΡΙΣΜΑΤΩΝ ΣΤΗΝ ΟΔΟ ΠΑΝ. ΤΣΑΛΔΑΡΗ	APARTMENT BUILDING ON PAN. TSALDARI STREET
	314	ΔΙΑΜΟΡΦΩΣΗ ΕΣΩΤΕΡΙΚΩΝ ΧΩΡΩΝ ΔΙΑΜΕΡΙΣΜΑΤΟΣ ΣΤΗΝ ΟΔΟ ΓΡΑΒΙΑΣ ΣΤΗΝ ΑΓ. ΠΑΡΑΣΚΕΥΗ	ARRANGEMENT OF INDOOR AREAS OF AN APARTMENT ON GRAVIAS STREET IN AG. PARASKEVI
	315	ΚΤΗΡΙΟ ΓΡΑΦΕΙΩΝ & ΚΑΤΑΣΤΗΜΑΤΩΝ ΣΤΗ Λ. ΑΜΑΛΙΑΣ	OFFICE & SHOPS BUILDING ON AMALIAS AVENUE
1982	316	ΔΙΑΓΩΝΙΣΜΟΣ ΓΙΑ ΤΗ ΔΙΑΜΟΡΦΩΣΗ ΕΣΩΤΕΡΙΚΩΝ ΧΩΡΩΝ ΓΡΑΦΕΙΩΝ - ΕΛΛΗΝΙΚΗ ΠΡΟΕΔΡΙΑ ΕΟΚ ΣΤΟ ΖΑΠΠΕΙΟ ΜΕΓΑΡΟ	CONTEST FOR THE INTERNAL OFFICE AREAS ARRANGEMENT - GREEK PRESIDENT SHIP OF EU IN ZAPPION PALACE
	317	ΕΜΠΟΡΙΚΟ ΚΕΝΤΡΟ ΣΤΗΝ ΠΛ. ΕΜΠΟΡΙΟΥ ΣΤΗ ΘΕΣΣΑΛΟΝΙΚΗ	SHOPPING CENTER AT EMPORIOU SQUARE IN THESSALONIKI
	318	ΚΤΗΡΙΟ ΓΡΑΦΕΙΩΝ & ΚΑΤΑΣΤΗΜΑΤΩΝ ΣΤΗΝ ΟΔΟ ΦΙΛΩΝΟΣ ΣΤΟΝ ΠΕΙΡΑΙΑ	OFFICE & SHOPS BUILDING ON PHILONOS STREET IN PIRAEUS
	319	ΚΤΗΡΙΟ ΔΙΑΜΕΡΙΣΜΑΤΩΝ ΣΤΗΝ ΚΑΡΥΣΤΟ ΕΥΒΟΙΑΣ	APARTMENT BUILDING IN KARYSTOS, EVIA
	320	ΚΤΗΡΙΟ ΔΙΑΜΕΡΙΣΜΑΤΩΝ ΣΤΗΝ ΟΔΟ ΙΩΑΝΝΟΥ ΘΕΟΛΟΓΟΥ ΣΤΟΝ ΧΟΛΑΡΓΟ	APARTMENT BUILDING ON IOANNOU THEOLOGOU STREET IN CHOLARGOS
	321	ΚΤΗΡΙΟ ΨΥΓΕΙΩΝ-ΣΥΣΚΕΥΑΣΤΗΡΙΩΝ & ΚΤΗΡΙΟ ΓΡΑΦΕΙΩΝ ΣΤΟΝ ΓΕΡΑΚΑ	COLD ROOMS - PACKAGING ROOMS & OFFICE BUILDING N GERAKAS
	322	ΑΡΧΙΤΕΚΤΟΝΙΚΟ ΓΡΑΦΕΙΟ ΣΤΗ Λ. ΚΗΦΙΣΙΑΣ ΣΤΟ ΜΑΡΟΥΣΙ	ARCHITECTURAL OFFICE ON KIFISSIAS AVENUE IN MAROUSSI
	323	ΕΜΠΟΡΙΚΟ ΚΕΝΤΡΟ ΣΤΗΝ ΟΔΟ ΚΟΛΟΚΟΤΡΩΝΗ ΣΤΟ ΧΑΛΑΝΔΡΙ	SHOPPING CENTER ON KOLOKOTRONI STREET IN CHALANDRI
	324	ΔΙΑΜΟΡΦΩΣΗ ΔΩΜΑΤΟΣ ΔΙΑΜΕΡΙΣΜΑΤΟΣ ΣΤΟ ΧΑΛΑΝΔΡΙ	ARRANGEMENT OF TERRACE OF AN APARTMENT IN CHALANDRI
	325	ΠΟΛΥΚΑΤΟΙΚΙΑ ΣΤΗΝ ΟΔΟ ΣΥΡΟΥ ΣΤΗΝ ΚΥΨΕΛΗ	APARTMENT BUILDING ON SYROU STREET IN KYPSELI
	326	ΞΕΝΩΝΑΣ Β ΚΑΤΗΓΟΡΙΑΣ ΣΤΟ ΜΕΓΑΛΟ ΧΩΡΙΟ ΕΥΡΥΤΑΝΙΑΣ	SECOND CLASS HOSTEL IN MEGALO CHORIO, EVRYTANIA
	327	ΔΙΑΜΟΡΦΩΣΗ ΕΣΩΤΕΡΙΚΩΝ ΧΩΡΩΝ ΔΙΑΜΕΡΙΣΜΑΤΟΣ ΣΤΗΝ ΟΔΟ ΤΕΡΖΟΠΟΥΛΟΥ ΣΤΗΝ ΑΓ. ΠΑΡΑΣΚΕΥΗ	ARRANGEMENT OF INDOOR AREAS OF AN APARTMENT ON TERZOPOULOU STREET IN AG. PARASKEVI
	328	ΕΜΠΟΡΙΚΟ ΚΕΝΤΡΟ ΣΤΗΝ ΟΔΟ ΜΑΙΖΩΝΟΣ ΣΤΗΝ ΠΑΤΡΑ	SHOPPING CENTER ON MEZONOS STREET IN PATRAS

329	ΠΟΛΥΚΑΤΟΙΚΙΑ ΣΤΗΝ ΟΔΟ ΔΗΜΗΤΡΑΣ ΣΤΟ ΠΟΡΤΟ ΡΑΦΤΗ	APARTMENT BUILDING ON DIMITRAS STREET IN PORTO RAFTI
330	ΠΟΛΥΚΑΤΟΙΚΙΑ ΣΤΗΝ ΚΑΣΤΕΛΛΑ	APARTMENT BUILDING AT KASTELLA
331	ΚΑΤΟΙΚΙΑ ΣΤΗΝ ΟΔΟ ΑΙΓΙΝΗΣ ΣΤΗΝ ΚΗΦΙΣΙΑ	RESIDENCE ON EGINIS STREET IN KIFISSIA
332	ΕΜΠΟΡΙΚΟ ΚΕΝΤΡΟ ΣΤΗ Λ. ΚΗΦΙΣΙΑΣ ΣΤΗΝ ΚΗΦΙΣΙΑ	SHOPPING CENTER ON KIFISSIAS AVENUE IN KIFISSIA
333	ΠΟΛΥΚΑΤΟΙΚΙΑ ΣΤΗΝ ΟΔΟ ΤΑΤΟΪΟΥ ΣΤΗΝ Κ. ΚΗΦΙΣΙΑ	APARTMENT BUILDING ON TATOIOU STREET IN K. KIFISSIA
334	ΚΑΤΟΙΚΙΑ ΣΤΗΝ ΟΔΟ ΔΙΟΓΕΝΟΥΣ ΣΤΟ ΚΑΣΤΡΙ	RESIDENCE ON DIOGENOUS STREET IN KASTRI
335	ΚΤΗΡΙΟ ΓΡΑΦΕΙΩΝ & ΚΑΤΑΣΤΗΜΑΤΩΝ ΣΤΗΝ ΟΔΟ ΗΡΑΚΛΕΙΤΟΥ ΣΤΟ ΚΟΛΩΝΑΚΙ	OFFICE & SHOPS BUILDING ON HERAKLITOU STREET IN KOLONAKI
336	ΠΡΟΣΘΗΚΗ ΚΑΤ' ΕΠΕΚΤΑΣΗ ΚΤΗΡΙΟΥ ΓΡΑΦΕΙΩΝ & ΚΑΤΑΣΤΗΜΑΤΩΝ ΣΤΗ Λ. ΒΟΥΛΙΑΓΜΕΝΗΣ	ADDITION BY EXTENSION OF AN OFFICE & SHOPS BUILDING ON VOULIAGMENIS AVENUE
337	ΕΜΠΟΡΙΚΟ ΚΕΝΤΡΟ ΣΤΗ Λ. ΚΗΦΙΣΙΑΣ ΣΤΟΝ ΦΑΡΟ ΨΥΧΙΚΟΥ	SHOPPING CENTER ON KIFISSIAS AVENUE AT PHAROS IN PSYCHIKO

1983

338	ΕΜΠΟΡΙΚΟ ΚΕΝΤΡΟ «THE MARKET» ΣΤΗ Λ. ΚΗΦΙΣΙΑΣ ΣΤΟΝ ΦΑΡΟ ΨΥΧΙΚΟΥ	SHOPPING CENTER "THE MARKET" ON KIFISSIAS AVENUE AT PHAROS IN PSYCHIKO
339	ΜΕΛΕΤΗ ΕΜΠΟΡΙΚΟΥ ΚΕΝΤΡΟΥ ΣΤΗΝ ΟΔΟ ΤΣΑΚΑΛΩΦ ΣΤΟ ΚΟΛΩΝΑΚΙ	STUDY OF A SHOPPING CENTER ON TSAKALOV STREET IN KOLONAKI
340	ΕΜΠΟΡΙΚΟ ΚΕΝΤΡΟΣΤΗ Λ. ΜΕΣΟΓΕΙΩΝ ΣΤΟ Ν. ΨΥΧΙΚΟ	SHOPPING CENTER ON MESOGION AVENUE IN N. PSYCHIKO
341	ΕΠΕΚΤΑΣΗ ΚΤΗΡΙΟΥ ΑΕΡΟΣΤΑΘΜΟΥ ΗΡΑΚΛΕΙΟΥ *ΣΥΝΕΡΓΑΣΙΑ ΜΕ Η. ΣΚΡΟΥΜΠΕΛΟ (ΜΕΤΡΟΝ ΟΕ)*	EXTENSION OF THE BUILDING OF HERAKLION AIRPORT *COLLABORATION WITH H. SKROUBELOS (METRON O.E.)*
342	ΚΤΗΡΙΟ ΓΡΑΦΕΙΩΝ ΣΤΗ ΣΑΟΥΔΙΚΗ ΑΡΑΒΙΑ	OFFICE BUILDING IN SAUDI ARABIA
343	ΚΕΝΤΡΟ ΔΙΑΣΚΕΔΑΣΗΣ ΣΤΗΝ ΚΕΡΚΥΡΑ	ENTERTAINMENT CENTER ON CORFU
344	ΕΜΠΟΡΙΚΟ ΚΕΝΤΡΟ ΣΤΗΝ ΟΔΟ ΒΑΣ. ΚΩΝΣΤΑΝΤΙΝΟΥ ΣΤΟΝ ΠΕΙΡΑΙΑ	SHOPPING CENTER ON VAS. KONSTANTINOU STREET IN PIRAEUS
345	ΜΕΛΕΤΗ ΕΜΠΟΡΙΚΟΥ ΚΕΝΤΡΟΥ ΣΤΗΝ ΟΔΟ ΠΑΡΙΤΣΗ ΣΤΟ Ν. ΨΥΧΙΚΟ	STUDY OF A SHOPPING CENTER ON PARITSI STREET IN N. PSYCHIKO
346	ΞΕΝΟΔΟΧΕΙΟ ΣΤΟ ΡΕΘΥΜΝΟ ΚΡΗΤΗΣ	HOTEL IN RETHYMNON, CRETE
347	ΜΕΛΕΤΗ ΕΜΠΟΡΙΚΟΥ ΚΕΝΤΡΟΥ ΣΤΗΝ ΚΑΒΑΛΑ	STUDY OF A SHOPPING CENTER IN KAVALA
348	ΕΞΟΧΙΚΗ ΚΑΤΟΙΚΙΑ ΣΤΟ ΚΑΤΩ ΔΙΜΗΝΙΟ ΚΟΡΙΝΘΙΑΣ	COUNTRY RESIDENCE IN KATO DIMINIO, KORINTHIA
349	ΚΤΗΡΙΟ ΓΡΑΦΕΙΩΝ ΚΤΗΜΑΤΟΜΕΣΙΤΙΚΗΣ ΕΤΑΙΡΕΙΑΣ ΣΤΟΝ ΑΛΙΜΟ	OFFICE BUILDING OF A REAL ESTATE COMPANY IN ALIMOS
350	ΔΙΑΜΟΡΦΩΣΗ ΕΣΩΤΕΡΙΚΩΝ ΧΩΡΩΝ ΔΙΑΜΕΡΙΣΜΑΤΟΣ ΣΤΗΝ ΟΔΟ ΔΩΡΑΣ ΔΙΣΤΡΙΑΣ	ARRANGEMENT OF INDOOR AREAS OF AN APARTMENT ON DORAS DISTRIAS STREET
351	ΔΙΑΜΟΡΦΩΣΗ ΟΨΕΩΝ ΕΞΟΧΙΚΗΣ ΚΑΤΟΙΚΙΑΣ ΣΤΟ ΣΟΥΝΙΟ	ARRANGEMENT OF FACADES OF A COUNTRY RESIDENCE IN SOUNION
352	ΜΕΛΕΤΗ ΕΜΠΟΡΙΚΟΥ ΚΕΝΤΡΟΥ ΣΤΟ ΧΑΛΑΝΔΡΙ	STUDY OF A SHOPPING CENTER IN CHALANDRI
353	ΠΟΛΥΚΑΤΟΙΚΙΑ ΣΤΗΝ ΟΔΟ ΠΟΝΤΟΥ ΣΤΟ ΓΑΛΑΤΣΙ	APARTMENT BUILDING ON PONTOU STREET IN GALATSI
354	ΔΙΑΜΟΡΦΩΣΗ ΟΨΕΩΝ & ΕΣΩΤΕΡΙΚΩΝ ΧΩΡΩΝ ΣΟΥΠΕΡΜΑΡΚΕΤ «ΑΒ» ΣΤΗΝ ΟΔΟ ΕΛ. ΒΕΝΙΖΕΛΟΥ ΣΤΗΝ ΚΑΛΛΙΘΕΑ	ARRANGEMENT OF FACADES & INDOOR AREAS OF SUPERMARKET "AB" ON EL. VENIZELOU STREET IN KALLITHEA
355	ΕΜΠΟΡΙΚΟ ΚΕΝΤΡΟ «PLAZA» ΣΤΗ Λ. ΚΗΦΙΣΙΑΣ ΣΤΟΝ ΦΑΡΟ ΨΥΧΙΚΟΥ	SHOPPING CENTER "PLAZA" ON KIFISSIAS AVENUE AT PHAROS IN PSYCHIKO
356	ΠΟΛΕΟΔΟΜΙΚΟ ΣΥΓΚΡΟΤΗΜΑ ΣΤΗΝ ΚΕΡΚΥΡΑ	URBAN COMPLEX ON CORFU
357	ΜΕΛΕΤΗ ΞΕΝΟΔΟΧΕΙΟΥ «ΛΕΝΙΝΓΚΡΑΝΤ» ΣΤΗΝ ΑΓΙΑ ΠΕΤΡΟΥΠΟΛΗ ΤΗΣ ΡΩΣΙΑΣ	STUDY OF HOTEL "LENINGRAD" IN AGIA PETROUPOLI, RUSSIA

358	ΕΡΓΑΣΤΗΡΙΟ (ΑΤΕΛΙΕ) ΣΤΟ ΣΟΥΝΙΟ	ATELIER IN SOUNION
359	ΣΥΓΚΡΟΤΗΜΑ ΕΞΟΧΙΚΩΝ ΚΑΤΟΙΚΙΩΝ ΣΤΟ ΣΟΥΝΙΟ	COUNTRY RESIDENCES COMPLEX IN SOUNION
360	ΠΟΛΕΟΔΟΜΙΚΟ ΣΥΓΚΡΟΤΗΜΑ ΣΤΗΝ ΟΔΟ ΠΙΝΔΟΥ ΣΤΟΝ ΒΥΡΩΝΑ	URBAN COMPLEX ON PINDOU STREET IN VYRONAS
361	ΠΟΛΥΚΑΤΟΙΚΙΑ ΣΤΗΝ ΟΔΟ ΧΡΥΣΟΥΠΟΛΕΩΣ	APARTMENT BUILDING ON CHRYSOUPOLEOS STREET
362	ΕΜΠΟΡΙΚΟ ΚΕΝΤΡΟ «ΤΕΡΨΙΘΕΑ» ΣΤΗ Λ. ΗΡΩΩΝ ΠΟΛΥΤΕΧΝΕΙΟΥ ΣΤΟΝ ΠΕΙΡΑΙΑ	SHOPPING CENTER "TERPSITHEA" ON HEROON POLYTECHNIOU AVENUE IN PIRAEUS
363	ΕΜΠΟΡΙΚΟ ΚΕΝΤΡΟ ΣΤΗ ΛΑΡΙΣΑ	SHOPPING CENTER IN LARISSA
364	ΣΥΝΕΤΑΙΡΙΣΤΙΚΟ ΜΕΓΑΡΟ ΠΑΣΕΓΕΣ ΣΤΗ Ν. ΙΩΝΙΑ	COOPERATIVE PALACE PASEGES IN N. IONIA
365	ΜΕΛΕΤΗ ΚΤΗΡΙΟΥ ΓΡΑΦΕΙΩΝ ΣΤΗ Λ. ΚΗΦΙΣΙΑΣ ΣΤΟΝ ΠΑΡΑΔΕΙΣΟ ΑΜΑΡΟΥΣΙΟΥ	STUDY OF AN OFFICE BUILDING ON KIFISSIAS AVENUE IN PARADISOS, MAROUSSI
366	ΕΜΠΟΡΙΚΟ ΚΕΝΤΡΟ «AGORA» ΣΤΗ Λ. ΚΗΦΙΣΙΑΣ ΣΤΟΝ ΠΑΡΑΔΕΙΣΟ ΑΜΑΡΟΥΣΙΟΥ *ΣΥΝΕΡΓΑΣΙΑ ΜΕ V. MAZZUCONI*	SHOPPING CENTER "AGORA" ON KIFISSIAS AVENUE IN PARADISOS, MAROUSSI *COLLABORATION WITH V. MAZZUCONI*
367	ΕΜΠΟΡΙΚΟ ΚΕΝΤΡΟ «THE MARKET» ΣΤΗΝ ΟΔΟ ΦΑΝΕΡΩΜΕΝΗΣ ΣΤΟΝ ΧΟΛΑΡΓΟ	SHOPPING CENTER "THE MARKET" ON FANEROMENIS STREET IN CHOLARGOS
368	ΜΕΛΕΤΗ ΕΠΕΚΤΑΣΗΣ ΞΕΝΟΔΟΧΕΙΟΥ «GOLDEN BAY» ΣΤΗ ΛΑΡΝΑΚΑ ΤΗΣ ΚΥΠΡΟΥ	STUDY OF EXTENSION OF HOTEL "GOLDEN BAY" IN LARNAKA, CYPRUS
369	ΕΜΠΟΡΙΚΟ ΚΕΝΤΡΟ ΣΤΗΝ ΟΔΟ ΜΙΧΑΛΑΚΟΠΟΥΛΟΥ	SHOPPING CENTER ON MICHALAKOPOULOU STREET
370	ΔΙΑΓΩΝΙΣΜΟΣ ΓΙΑ ΤΗΝ ΑΝΑΔΙΑΡΡΥΘΜΙΣΗ ΚΤΗΡΙΟΥ ΓΙΑ ΤΙΣ ΚΕΝΤΡΙΚΕΣ ΥΠΗΡΕΣΙΕΣ ΤΗΣ ΑΓΡΟΤΙΚΗΣ ΤΡΑΠΕΖΑΣ ΕΛΛΑΔΟΣ *ΣΥΝΕΡΓΑΣΙΑ ΜΕ Η. ΣΚΡΟΥΜΠΕΛΟ & Μ. ΜΕΚΙΟ (ΜΕΤΡΟΝ ΟΕ)*	CONTEST FOR THE REFORMATION OF BUILDING FOR CENTRAL SERVICES OF AGRICULTURAL BANK OF GREECE *COLLABORATION WITH H. SKROUBELOS & M. MEKIOS (METRON*
371	ΔΙΑΜΟΡΦΩΣΗ ΕΣΩΤΕΡΙΚΩΝ ΧΩΡΩΝ ΚΑΤΟΙΚΙΑΣ ΣΤΗΝ ΟΔΟ ΜΙΛΤΙΑΔΟΥ ΣΤΗΝ ΠΟΛΙΤΕΙΑ	ARRANGEMENT OF INDOOR AREAS OF A RESIDENCE ON MILTIADOU STREET IN POLITIA
372	ΕΜΠΟΡΙΚΟ ΚΕΝΤΡΟ ΣΤΗΝ ΟΔΟ ΚΩΝ. ΒΑΡΝΑΛΗ ΣΤΟ ΧΑΛΑΝΔΡΙ	SHOPPING CENTER ON KON. VARNALI STREET IN CHALANDRI
373	ΠΡΟΤΑΣΗ ΓΙΑ ΣΟΥΠΕΡΜΑΡΚΕΤ «ΑΒ» ΣΤΗ Λ. ΒΟΥΛΙΑΓΜΕΝΗΣ ΣΤΗ ΒΟΥΛΑ	PROPOSAL FOR SUPERMARKET "AB" ON VOULIAGMENIS AVENUE IN VOULA
374	ΣΥΜΜΕΤΟΧΗ ΣΕ ΔΙΑΓΩΝΙΣΜΟ ΓΙΑ ΤΟ ΚΕΝΤΡΟ ΙΑΤΡΙΚΗΣ ΤΕΚΜΗΡΙΩΣΗΣ ΣΤΗΝ ΑΘΗΝΑ	CONTEST PARTICIPATION FOR THE CENTER OF MEDICAL DOCUMENTATION IN ATHENS
375	ΔΙΑΜΟΡΦΩΣΗ ΥΠΑΙΘΡΙΟΥ ΧΩΡΟΥ ΣΤΟΥΣ ΚΑΛΟΥΣ ΛΙΜΕΝΕΣ ΚΡΗΤΗΣ	ARRANGEMENT OF OUTDOOR AREA IN KALI LIMENES, CRETE
376	ΕΜΠΟΡΙΚΟ ΚΕΝΤΡΟ «INTERNATIONAL CENTER» ΣΤΟ ΜΑΡΟΥΣΙ	SHOPPING CENTER "INTERNATIONAL CENTER" IN MAROUSSI
377	ΕΜΠΟΡΙΚΟ ΚΕΝΤΡΟ «CITY PLAZA» ΣΤΗ ΛΕΥΚΩΣΙΑ ΤΗΣ ΚΥΠΡΟΥ	SHOPPING CENTER "CITY PLAZA" IN NICOSIA, CYPRUS
378	ΕΜΠΟΡΙΚΟ ΚΕΝΤΡΟ «EGALEO CENTER» ΣΤΗΝ ΙΕΡΑ ΟΔΟ	SHOPPING CENTER "EGALEO CENTER" ON IERAS ODOU STREET
379	ΣΥΓΚΡΟΤΗΜΑ ΚΑΤΟΙΚΙΩΝ ΣΤΗΝ ΟΔΟ ΣΤΡ. ΚΑΛΛΑΡΗ ΣΤΟ ΨΥΧΙΚΟ	RESIDENCES COMPLEX ON STR. KALLARI STREET IN PSYCHIKO
380	ΚΕΝΤΡΙΚΗ ΔΙΟΙΚΗΣΗ ΠΑΝΕΠΙΣΤΗΜΙΟΥ ΘΡΑΚΗΣ ΣΤΗΝ ΚΟΜΟΤΗΝΗ	CENTRAL ADMINISTRATION OF THRAKI UNIVERSITY IN KOMOTINI
381	ΕΜΠΟΡΙΚΟ ΚΕΝΤΡΟ «PSICHICO I» ΣΤΗ Λ. ΚΗΦΙΣΙΑΣ ΣΤΟΝ ΦΑΡΟ ΨΥΧΙΚΟΥ *ΣΥΝΕΡΓΑΣΙΑ ΜΕ ΔΗΜΟΣΘΕΝΗ ΜΟΛΦΕΣΗ*	SHOPPING CENTER "PSICHICO I" ON KIFISSIAS AVENUE AT PHAROS IN PSYCHIKO *COLLABORATION WITH DIMOSTHENIS MOLFESIS*
382	ΔΙΑΓΩΝΙΣΜΟΣ ΓΙΑ ΤΟ ΜΕΤΑΒΑΤΙΚΟ ΚΤΗΡΙΟ ΤΗΣ ΙΑΤΡΙΚΗΣ ΣΧΟΛΗΣ ΤΟΥ ΠΑΝΕΠΙΣΤΗΜΙΟΥ ΚΡΗΤΗΣ ΣΤΟ ΗΡΑΚΛΕΙΟ	CONTEST FOR THE TRANSITORY BUILDING OF MEDICAL SCHOOL OF CRETE UNIVERSITY IN HERAKLION
383	ΕΜΠΟΡΙΚΟ ΚΕΝΤΡΟ «SOTO-CENTER» ΣΤΗΝ ΟΔΟ ΠΑΤΗΣΙΩΝ	SHOPPING CENTER "SOTO-CENTER" ON PATISSION STREET
384	ΕΣΩΤΕΡΙΚΗ ΔΙΑΜΟΡΦΩΣΗ ΚΑΤΟΙΚΙΑΣ ΣΤΗΝ ΟΔΟ ΕΛΛΑΝΙΚΟΥ ΣΤΟ ΠΑΓΚΡΑΤΙ	ARRANGEMENT OF INDOOR AREAS OF A RESIDENCE ON HELLANIKOU STREET IN PAGRATI

	385	ΠΕΡΙΠΤΕΡΟ ΤΗΣ ΕΤΑΙΡΕΙΑΣ «ΣΚΟΥΡΟΠΟΥΛΟΣ ΑΕ» ΣΤΟ ΕΚΘΕΣΙΑΚΟ ΚΕΝΤΡΟ ΑΘΗΝΩΝ ΣΤΗ Λ. ΚΗΦΙΣΙΑΣ	STAND OF COMPANY "SKOUROPOULOS S.A." IN ATHENS EXHIBITION CENTER ON KIFISSIAS AVENUE
	386	ΣΥΜΜΕΤΟΧΗ ΣΕ ΔΙΑΓΩΝΙΣΜΟ ΓΙΑ ΥΠΟΓΕΙΟ ΣΤΑΘΜΟ ΑΥΤΟΚΙΝΗΤΩΝ & ΔΙΑΜΟΡΦΩΣΗ ΠΛΑΤΕΙΑΣ ΕΘΝΙΚΗΣ ΑΝΤΙΣΤΑΣΕΩΣ ΣΤΗΝ ΑΘΗΝΑ	CONTEST PARTICIPATION FOR UNDERGROUND CAR STATION & ARRANGEMENT OF ETHNIKIS ANTISTASEOS SQUARE IN ATHENS
	387	ΕΜΠΟΡΙΚΟ ΚΕΝΤΡΟ «PLAZA» ΣΤΗ Λ. ΚΗΦΙΣΙΑΣ ΣΤΟΝ ΦΑΡΟ ΨΥΧΙΚΟΥ	SHOPPING CENTER "PLAZA" ON KIFISSIAS AVENUE AT PHAROS IN PSYCHIKO
	388	ΔΙΑΓΩΝΙΣΜΟΣ ΓΙΑ ΤΗΝ ΕΠΕΚΤΑΣΗ & ΔΙΑΡΡΥΘΜΙΣΗ ΓΕΝΙΚΟΥ ΝΟΣΟΚΟΜΕΙΟΥ ΚΑΣΤΟΡΙΑΣ	CONTEST FOR THE EXTENSION & ARRANGEMENT OF KASTORIA GENERAL HOSPITAL
1984	389	ΠΑΡΑΛΛΑΓΗ ΜΕΛΕΤΗΣ ΓΙΑ ΤΟ ΕΜΠΟΡΙΚΟ ΚΕΝΤΡΟ «PLAZA» ΣΤΗ Λ. ΚΗΦΙΣΙΑΣ ΣΤΟΝ ΦΑΡΟ ΨΥΧΙΚΟΥ	ALTENATIVE VERSION FOR THE SHOPPING CENTER "PLAZA" ON AVENUE AT PHAROS IN PSYCHIKO
	390	ΜΟΥΣΕΙΟ ΚΥΚΛΑΔΙΚΗΣ ΤΕΧΝΗΣ ΣΤΗΝ ΟΔΟ ΝΕΟΦΥΤΟΥ ΔΟΥΚΑ ΣΤΟ ΚΟΛΩΝΑΚΙ	MUSEUM OF CYCLADIC ART ON NEOFYTOU DOUKA STREET IN KOLONAKI
	391	ΣΥΓΚΡΟΤΗΜΑ ΚΑΤΟΙΚΙΩΝ ΣΤΗΝ ΟΔΟ ΔΡΟΣΙΝΗ ΣΤΗ ΒΟΥΛΑ	RESIDENCES COMPLEX ON DROSSINI STREET IN VOULA
	392	ΕΜΠΟΡΙΚΟ ΚΕΝΤΡΟ «ΙΟΝΙΑ 2000» ΣΤΗ Λ. ΗΡΑΚΛΕΙΟΥ ΣΤΗ Ν. ΙΩΝΙΑ	SHOPPING CENTER "IONIA 2000" ON HERAKLIOU AVENUE IN N. IONIA
	393	ΣΥΓΚΡΟΤΗΜΑ ΤΡΙΩΝ ΠΟΛΥΚΑΤΟΙΚΙΩΝ ΣΤΗΝ ΟΔΟ ΓΟΥΝΑΡΗ ΣΤΗΝ ΑΓ. ΠΑΡΑΣΚΕΥΗ	APARTMENT BUILDING COMPLEX ON GOUNARI STREET IN AG. PARASKEVI
	394	ΠΟΛΥΤΕΛΗ ΔΙΑΜΕΡΙΣΜΑΤΑ ΣΤΗΝ ΟΔΟ ΑΛΑΜΑΝΑΣ ΣΤΗΝ ΑΓ. ΠΑΡΑΣΚΕΥΗ	LUXURY APARTMENTS ON ALAMANAS STREET IN AG. PARASKEVI
	395	ΣΥΓΚΡΟΤΗΜΑ ΠΟΛΥΚΑΤΟΙΚΙΩΝ ΣΤΗΝ ΟΔΟ ΣΟΦ. ΒΕΝΙΖΕΛΟΥ ΣΤΑ ΜΕΛΙΣΣΙΑ	APARTMENT BUILDING COMPLEX ON SOF. VENIZELOU STREET IN MELISSIA
	396	ΚΤΗΡΙΟ ΓΡΑΦΕΙΩΝ & ΚΑΤΑΣΤΗΜΑΤΩΝ ΣΤΗΝ ΟΔΟ ΕΛ. ΒΕΝΙΖΕΛΟΥ ΣΤΗΝ ΚΑΛΛΙΘΕΑ	OFFICE & SHOPS BUILDING ON EL. VENIZELOU STREET IN KALLITHEA
	397	ΕΜΠΟΡΙΚΟ ΚΕΝΤΡΟ ΣΤΗΝ ΟΔΟ 28ης ΟΚΤΩΒΡΙΟΥ ΣΤΗ Ν. ΙΩΝΙΑ	SHOPPING CENTER ON IKOSTIS OGDOIS OKTOVRIOU STREET IN N. IONIA
	398	ΔΙΑΓΩΝΙΣΜΟΣ ΓΙΑ ΤΗΝ ΑΝΕΓΕΡΣΗ ΝΕΟΥ ΚΤΗΡΙΟΥ 414 ΚΛΙΝΩΝ ΓΕΝΙΚΟΥ ΝΟΣΟΚΟΜΕΙΟΥ ΛΑΜΙΑΣ	CONTEST FOR THE CONSTRUCTION OF A NEW BUILDING WITH 414 BEDS OF GENERAL LAMIA HOSPITAL
	399	ΕΜΠΟΡΙΚΟ ΚΕΝΤΡΟ ΣΤΗ Λ. ΗΡΩΩΝ ΠΟΛΥΤΕΧΝΕΙΟΥ ΣΤΟΝ ΠΕΙΡΑΙΑ	SHOPPING CENTER ON HEROON POLYTECHNIOU AVENUE IN PIRAEUS
1986	400	ΔΙΑΜΟΡΦΩΣΗ ΕΙΣΟΔΟΥ ΜΕΓΑΡΟΥ ΑΡΕΙΟΥ ΠΑΓΟΥ	ARRANGEMENT OF ENTRANCE OF HEAD OF ARIOS PAGOS COURT
	401	ΕΜΠΟΡΙΚΟ ΚΕΝΤΡΟ «COSMOS CENTER» ΣΤΗ Λ. ΚΗΦΙΣΙΑΣ	SHOPPING CENTER "COSMOS CENTER" ON KIFISSIAS AVENUE
	402	ΔΙΑΓΩΝΙΣΜΟΣ (ΣΥΣΤΗΜΑ ΜΕΛΕΤΗ-ΚΑΤΑΣΚΕΥΗ) ΓΙΑ ΤΟ ΣΥΓΚΡΟΤΗΜΑ 203 ΚΕΑ ΣΤΟΝ ΑΡΑΞΟ	CONTEST (SYSTEM STUDY-CONSTRUCTION) FOR 203 KEA COMPLEX IN ARAXOS
	403	ΑΝΑΚΑΤΑΣΚΕΥΗ (ΕΣΩΤΕΡΙΚΗ & ΕΞΩΤΕΡΙΚΗ ΔΙΑΜΟΡΦΩΣΗ) ΚΤΗΡΙΟΥ ΚΟΣΜΑ ΠΟΛΙΤΗ ΣΤΟ ΨΥΧΙΚΟ	RECONSTRUCTION (INTERNAL & EXTERNAL ARRANGEMENT) OF KOSMAS POLITIS BUILDING IN PSYCHIKO
	404	ΚΤΗΡΙΟ ΓΡΑΦΕΙΩΝ & ΔΙΑΜΕΡΙΣΜΑΤΩΝ ΣΤΗΝ ΟΔΟ ΧΟΪΔΑ ΣΤΟΝ ΛΥΚΑΒΗΤΤΟ	OFFICE & APARTMENT BUILDING ON CHOIDA STREET IN LYCABETTOS
	405	ΕΜΠΟΡΙΚΟ ΚΕΝΤΡΟ ΣΤΟΝ ΠΕΙΡΑΙΑ	SHOPPING CENTER IN PIRAEUS
	406	ΕΜΠΟΡΙΚΟ ΚΕΝΤΡΟ «ΦΛΟΙΣΒΟΣ» ΣΤΗΝ ΟΔΟ ΑΛΚΥΟΝΗΣ ΣΤΟ Π. ΦΑΛΗΡΟ	SHOPPING CENTER "FLISVOS" ON ALKYONIS STREET IN P. PHALIRO
	407	ΣΥΓΚΡΟΤΗΜΑ ΠΟΛΥΚΑΤΟΙΚΙΩΝ ΣΤΗΝ ΟΔΟ ΑΣΗΜΑΚΟΠΟΥΛΟΥ ΣΤΗΝ ΑΓ. ΠΑΡΑΣΚΕΥΗ	APARTMENT BUILDING COMPLEX ON ASIMAKOPOULOU STREET IN AG. PARASKEVI
	408	ΕΜΠΟΡΙΚΟ ΚΕΝΤΡΟ ΣΤΗΝ ΟΔΟ ΝΑΥΑΡΙΝΟΥ ΣΤΗ ΓΛΥΦΑΔΑ	SHOPPING CENTER ON NAVARINOU STREET IN GLYFADA
	409	ΣΥΓΚΡΟΤΗΜΑ ΠΟΛΥΚΑΤΟΙΚΙΩΝ ΣΤΗΝ ΟΔΟ ΒΑΣ. ΚΩΝΣΤΑΝΤΙΝΟΥ ΣΤΗΝ ΑΓ. ΠΑΡΑΣΚΕΥΗ	APARTMENT BUILDING COMPLEX ON VAS. KONSTANTINOU STREET IN AG. PARASKEVI
	410	ΑΝΑΔΙΑΡΡΥΘΜΙΣΕΙΣ & ΠΡΟΣΘΗΚΗ ΣΕ ΣΥΓΚΡΟΤΗΜΑ ΧΩΡΩΝ ΑΝΑΨΥΧΗΣ ΣΤΗ ΒΟΥΛΑ	REMODELING & ADDITION OF A RECREATION AREAS COMPLEX IN VOULA
	411	ΚΕΝΤΡΙΚΑ ΓΡΑΦΕΙΑ & CAFÉ-ΕΣΤΙΑΤΟΡΙΟ ΕΤΑΙΡΕΙΑΣ «LE PALMIER» ΣΤΗΝ ΟΔΟ ΙΟΦΩΝΤΟΣ	HEAD OFFICES & COFFEE-RESTAURANT OF COMPANY "LE PALMIER" ON IOPHONTOS STREET

412	ΚΤΗΡΙΟ ΓΡΑΦΕΙΩΝ & ΚΑΤΑΣΤΗΜΑΤΩΝ ΣΤΗ Λ. ΚΗΦΙΣΙΑΣ	OFFICE & SHOPS BUILDING ON KIFISSIAS AVENUE
413	ΥΠΟΚΑΤΑΣΤΗΜΑ ΤΗΣ ΓΕΝΙΚΗΣ ΤΡΑΠΕΖΑΣ ΤΗΣ ΕΛΛΑΔΟΣ ΣΤΗΝ ΟΔΟ ΤΕΡΖΟΠΟΥΛΟΥ ΣΤΗΝ ΑΓ. ΠΑΡΑΣΚΕΥΗ	BRANCH OF GENERAL BANK OF GREECE ON TERZOPOULOU STREET IN AG. PARASKEVI
414	ΕΜΠΟΡΙΚΟ ΚΕΝΤΡΟ «ΕΡΜΗΣ» ΣΤΗΝ ΟΔΟ ΑΓΑΜΕΜΝΟΝΟΣ ΣΤΟΝ ΧΟΛΑΡΓΟ	SHOPPING CENTER "HERMES" ON AGAMEMNONOS STREET IN CHOLARGOS
415	ΤΟΥΡΙΣΤΙΚΕΣ ΕΓΚΑΤΑΣΤΑΣΕΙΣ ΣΤΗ ΣΚΙΑΘΟ	TOURIST INSTALLATIONS ON SKIATHOS
416	ΔΙΟΙΚΗΤΗΡΙΟ ΝΟΜΟΥ ΓΡΕΒΕΝΩΝ	ADMINISTRATION BUILDING OF GREVENA PREFECTURE
417	ΕΜΠΟΡΙΚΟ ΚΕΝΤΡΟ «THE VILLAGE» ΣΤΗΝ ΚΗΦΙΣΙΑ	SHOPPING CENTER "THE VILLAGE" IN KIFISSIA
418	ΔΙΑΜΟΡΦΩΣΗ ΟΨΕΩΝ & ΔΩΜΑΤΟΣ ΜΕΓΑΡΟΥ ΜΟΥΣΙΚΗΣ ΑΘΗΝΩΝ *ΣΥΝΕΡΓΑΣΙΑ ΜΕ Η. ΣΚΡΟΥΜΠΕΛΟ (ΜΕΤΡΟΝ ΟΕ)*	CONSTRUCTION OF FACADES & TERRACE OF THE ATHENS CONCERT HALL *COLLABORATION WITH H. SKROUBELOS (METRON*
419	ΚΑΤΟΙΚΙΑ ΣΤΗΝ ΟΔΟ ΙΑΣΩΝΟΣ ΣΤΗ ΒΟΥΛΙΑΓΜΕΝΗ	RESIDENCE ON IASONOS STREET IN VOULIAGMENI
420	ΣΥΓΚΡΟΤΗΜΑ ΚΑΤΟΙΚΙΩΝ ΣΤΟ ΜΙΚΡΟΛΙΜΑΝΟ	RESIDENCES COMPLEX AT MIKROLIMANO
421	ΠΟΛΥΚΑΤΟΙΚΙΑ ΣΤΗΝ ΟΔΟ ΑΓ. ΝΙΚΟΛΑΟΥ ΣΤΗ ΓΛΥΦΑΔΑ	APARTMENT BUILDING ON AG. NIKOLAOU ST. IN GLYFADA
422	ΕΜΠΟΡΙΚΟ ΚΕΝΤΡΟ «FORUM 2000» ΣΤΗΝ ΑΓ. ΠΑΡΑΣΚΕΥΗ	SHOPPING CENTER "FORUM 2000" IN AG. PARASKEVI
423	ΣΥΜΜΕΤΟΧΗ ΣΕ ΔΙΑΓΩΝΙΣΜΟ ΓΙΑ ΥΠΟΓΕΙΟ ΣΤΑΘΜΟ ΑΥΤΟΚΙΝΗΤΩΝ & ΔΙΑΜΟΡΦΩΣΗ ΠΛΑΤΕΙΑΣ ΠΡΩΤΟΜΑΓΙΑΣ ΣΤΗΝ ΑΘΗΝΑ	CONTEST PARTICIPATION FOR UNDERGROUND CAR STATION & ARRANGEMENT OF PROTOMAGIA SQUARE IN ATHENS
424	ΣΥΓΚΡΟΤΗΜΑ ΚΑΤΟΙΚΙΩΝ ΣΤΗΝ ΟΔΟ ΕΥΡΥΑΛΗΣ ΣΤΗΝ ΠΟΛΙΤΕΙΑ	RESIDENCES COMPLEX ON EVRYALIS STREET IN POLITIA
425	ΕΜΠΟΡΙΚΟ ΚΕΝΤΡΟ ΣΤΗΝ ΟΔΟ ΤΣΑΚΑΛΩΦ ΣΤΟ ΚΟΛΩΝΑΚΙ	SHOPPING CENTER ON TSAKALOV STREET IN KOLONAKI
426	ΕΜΠΟΡΙΚΟ ΚΕΝΤΡΟ ΣΤΗ Λ. ΘΗΣΕΩΣ ΣΤΗΝ ΚΑΛΛΙΘΕΑ	SHOPPING CENTER ON THISSEOS AVENUE IN KALLITHEA
427	ΔΙΑΜΟΡΦΩΣΗ ΟΨΕΩΝ ΚΕΝΤΡΙΚΟΥ ΚΑΤΑΣΤΗΜΑΤΟΣ ΤΡΑΠΕΖΑΣ ΣΤΗΝ ΟΔΟ ΣΑΝΤΑΡΟΖΑ	ARRANGEMENT OF FACADES OF A HEAD BRANCH ON SANTAROSA STREET
428	ΔΙΚΑΣΤΙΚΟ ΜΕΓΑΡΟ ΑΙΓΙΟΥ	COURT PALACE IN EGION
429	ΜΕΛΕΤΗ ΟΨΕΩΝ ΚΑΤΟΙΚΙΑΣ ΣΤΗ ΝΕΑ ΥΟΡΚΗ	STUDY OF FACADES OF A RESIDENCE IN NEW YORK
430	ΜΕΛΕΤΗ ΚΡΟΥΑΖΙΕΡΟΠΛΟΙΟΥ ΤΗΣ WINDSOR LINE	STUDY OF A DAY CRUISER OF WINDSOR LINE

1987

431	ΣΥΓΚΡΟΤΗΜΑ ΔΙΩΡΟΦΩΝ ΚΑΤΟΙΚΙΩΝ ΣΤΗΝ ΟΔΟ ΡΟΔΩΝ ΣΤΗΝ ΕΚΑΛΗ	TWO-FLOOR HOUSES COMPLEX ON RODON STREET IN EKALI
432	ΑΠΟΚΑΤΑΣΤΑΣΗ ΟΨΕΩΝ ΜΕΓΑΡΟΥ ΑΠΑΜΕΙΑ ΑΕ «CITIBANK» ΣΤΗ Λ. ΣΥΓΓΡΟΥ ΣΤΟ ΦΑΛΗΡΟ	RESTORATION OF FACADES OF PALACE APAMIA S.A. "CITIBANK" ON SYNGROU AVENUE IN PHALIRO
433	ΕΣΩΤΕΡΙΚΗ ΑΝΑΔΙΑΡΡΥΘΜΙΣΗ ΞΕΝΟΔΟΧΕΙΟΥ «ΑΣΤΟΡ» ΣΤΟ ΣΥΝΤΑΓΜΑ	INTERNAL REFORMATION OF HOTEL "ASTOR" AT SYNTAGMA SQUARE
434	ΕΜΠΟΡΙΚΟ ΚΕΝΤΡΟ «HOLARGOS CENTER» ΣΤΗ Λ. ΠΕΡΙΚΛΕΟΥΣ	SHOPPING CENTER "HOLARGOS CENTER" ON PERIKLEOUS AVENUE
435	ΚΤΗΡΙΟ ΓΡΑΦΕΙΩΝ & ΚΑΤΑΣΤΗΜΑΤΩΝ ΣΤΗ Λ. ΚΗΦΙΣΙΑΣ ΣΤΟΝ ΦΑΡΟ ΨΥΧΙΚΟΥ	OFFICE & SHOPS BUILDING ON KIFISSIAS AVENUE AT PHAROS IN PSYCHIKO
436	ΚΤΗΡΙΟ ΓΡΑΦΕΙΩΝ ΣΥΓΚΡΟΤΗΜΑΤΟΣ «POLIS» ΕΠΙ ΤΗΣ Λ. ΚΗΦΙΣΙΑΣ 62 ΣΤΟ ΜΑΡΟΥΣΙ	OFFICE BUILDING - PART OF BUILDING COMPLEX "POLIS" AT 62 KIFISSIAS AVENUE IN MAROUSSI
437	ΜΕΛΕΤΗ ΚΤΗΡΙΟΥ ΓΡΑΦΕΙΩΝ ΣΤΗΝ ΟΔΟ ΑΙΓΙΑΛΕΙΑΣ ΣΤΟ ΜΑΡΟΥΣΙ	STUDY OF AN OFFICE BUILDING ON EGIALIAS STREET IN MAROUSSI
438	ΚΤΗΡΙΟ ΓΡΑΦΕΙΩΝ ΣΥΓΚΡΟΤΗΜΑΤΟΣ «POLIS» ΕΠΙ ΤΗΣ ΟΔΟΥ ΠΡΕΜΕΤΗΣ 3 ΣΤΟ ΜΑΡΟΥΣΙ *ΣΥΝΕΡΓΑΣΙΑ ΜΕ V. MAZZUCONI*	OFFICE BUILDING - PART OF BUILDING COMPLEX "POLIS" AT 3 PREMETIS STREET IN MAROUSSI *COLLABORATION WITH V. MAZZUCONI*
439	ΚΤΗΡΙΟ ΓΡΑΦΕΙΩΝ ΣΥΓΚΡΟΤΗΜΑΤΟΣ «POLIS» ΕΠΙ ΤΗΣ Λ. ΚΗΦΙΣΙΑΣ 64 ΣΤΟ ΜΑΡΟΥΣΙ *ΣΥΝΕΡΓΑΣΙΑ ΜΕ V. MAZZUCONI*	OFFICE BUILDING - PART OF BUILDING COMPLEX "POLIS" AT 64 KIFISSIAS AVENUE IN MAROUSSI *COLLABORATION WITH V. MAZZUCONI*

440	ΚΤΗΡΙΟ ΓΡΑΦΕΙΩΝ ΕΤΑΙΡΕΙΑΣ «CCC» ΣΥΓΚΡΟΤΗΜΑΤΟΣ «POLIS» ΕΠΙ ΤΗΣ ΟΔΟΥ ΠΡΕΜΕΤΗΣ 4 ΣΤΟ ΜΑΡΟΥΣΙ *ΣΥΝΕΡΓΑΣΙΑ ΜΕ V. MAZZUCONI*	OFFICE BUILDING OF COMPANY "CCC" - PART OF BUILDING COMPLEX "POLIS" AT 4 PREMETIS STREET IN MAROUSSI *COLLABORATION WITH V. MAZZUCONI*
441	ΜΕΛΕΤΗ ΠΟΛΕΟΔΟΜΙΚΟΥ ΣΥΓΚΡΟΤΗΜΑΤΟΣ «ΩΡΑΙΟΠΟΛΗ ΡΕΝΤΗ»	STUDY OF URBAN COMPLEX "OREOPOLIS RENTI"
442	ΕΜΠΟΡΙΚΟ ΚΕΝΤΡΟ ΣΤΟΝ ΒΟΛΟ	SHOPPING CENTER IN VOLOS
443	ΕΜΠΟΡΙΚΟ ΚΕΝΤΡΟ «LAMIA CENTER»	SHOPPING CENTER "LAMIA CENTER"
444	ΣΥΓΚΡΟΤΗΜΑ ΚΑΤΟΙΚΙΩΝ ΣΤΗΝ ΟΔΟ ΠΑΛΛΑΔΟΣ ΣΤΗΝ ΠΟΛΙΤΕΙΑ	RESIDENCES COMPLEX ON PALLADOS STREET IN POLITIA
445	ΕΜΠΟΡΙΚΟ ΚΕΝΤΡΟ ΣΤΗΝ ΟΔΟ ΣΤΡ. ΤΟΜΠΡΑ ΣΤΗΝ ΑΓ. ΠΑΡΑΣΚΕΥΗ	SHOPPING CENTER ON STR. TOMPRA STREET IN AG. PARASKEVI
446	ΔΙΑΜΟΡΦΩΣΗ ΕΣΩΤΕΡΙΚΩΝ ΧΩΡΩΝ ΚΑΤΟΙΚΙΑΣ ΣΤΗΝ ΟΔΟ ΚΑΡΑΪΣΚΑΚΗ ΣΤΗ ΦΙΛΟΘΕΗ	ARRANGEMENT OF INDOOR AREAS OF A RESIDENCE ON KARAISKAKI STREET IN PHILOTHEI
447	ΤΟΥΡΙΣΤΙΚΕΣ ΕΓΚΑΤΑΣΤΑΣΕΙΣ ΣΤΗΝ ΑΓ. ΠΕΛΑΓΙΑ ΚΡΗΤΗΣ	TOURIST INSTALLATIONS IN AG. PELAGIA, CRETE
448	ΜΕΛΕΤΗ ΤΟΥΡΙΣΤΙΚΩΝ ΕΓΚΑΤΑΣΤΑΣΕΩΝ ΣΤΟΝ ΑΓ. ΝΙΚΟΛΑΟ ΚΡΗΤΗΣ	STUDY OF TOURIST INSTALLATIONS IN AG. NIKOLAOS, CRETE
449	ΑΠΟΚΑΤΑΣΤΑΣΗ ΟΨΕΩΝ & ΕΣΩΤΕΡΙΚΗ ΔΙΑΡΡΥΘΜΙΣΗ ΔΙΑΤΗΡΗΤΕΟΥ ΚΤΗΡΙΟΥ ΣΤΗ Λ. ΒΑΣ. ΣΟΦΙΑΣ	RESTORATION OF FACADES & ARRANGEMENT OF INDOOR AREAS OF A PRESERVABLE BUILDING ON VAS. SOFIAS AVENUE
450	ΠΟΛΕΟΔΟΜΙΚΟ ΣΥΓΚΡΟΤΗΜΑ ΣΤΗΝ ΟΔΟ ΛΥΚΕΙΟΥ ΣΤΗΝ ΑΓ. ΠΑΡΑΣΚΕΥΗ	URBAN COMPLEX ON LYKIOU STREET IN AG. PARASKEVI
451	ΤΟΥΡΙΣΤΙΚΕΣ ΕΓΚΑΤΑΣΤΑΣΕΙΣ ΣΤΗ ΖΑΛΤΣΑ ΒΟΙΩΤΙΑΣ	TOURIST INSTALLATIONS IN ZALTSA, VIOTIA
452	ΚΤΗΡΙΟ ΓΡΑΦΕΙΩΝ & ΚΑΤΑΣΤΗΜΑΤΩΝ ΣΤΗΝ ΟΔΟ ΔΙΟΜ. ΚΥΡΙΑΚΟΥ ΣΤΗΝ ΚΗΦΙΣΙΑ	OFFICE & SHOPS BUILDING ON DIOM. KYRIAKOU STREET IN KIFISSIA
453	ΚΤΗΡΙΟ ΓΡΑΦΕΙΩΝ & ΚΑΤΑΣΤΗΜΑΤΩΝ ΣΤΗ Λ. ΚΗΦΙΣΙΑΣ ΣΤΗ Ν. ΕΡΥΘΡΑΙΑ	OFFICE & SHOPS BUILDING ON KIFISSIAS AVENUE IN N. ERYTHRAIA
454	ΚΤΗΡΙΟ ΓΡΑΦΕΙΩΝ & ΚΑΤΑΣΤΗΜΑΤΩΝ ΣΤΗΝ ΟΔΟ ΚΟΛΟΚΟΤΡΩΝΗ ΣΤΗΝ ΚΗΦΙΣΙΑ	OFFICE & SHOPS BUILDING ON KOLOKOTRONI STREET IN KIFISSIA
455	ΚΤΗΡΙΟ ΓΡΑΦΕΙΩΝ & ΚΑΤΑΣΤΗΜΑΤΩΝ ΣΤΗ Λ. ΚΗΦΙΣΙΑΣ ΣΤΗΝ ΚΗΦΙΣΙΑ	OFFICE & SHOPS BUILDING ON KIFISSIAS AVENUE IN KIFISSIA
456	ΣΥΓΚΡΟΤΗΜΑ ΚΑΤΟΙΚΙΩΝ ΣΤΗΝ ΟΔΟ ΔΙΟΣ ΣΤΗ ΒΟΥΛΙΑΓΜΕΝΗ	RESIDENCES COMPLEX ON DIOS STREET IN VOULIAGMENI
457	ΜΕΛΕΤΗ ΞΕΝΟΔΟΧΕΙΟΥ Α ΚΑΤΗΓΟΡΙΑΣ ΣΤΟ ΚΑΣΤΡΟ ΚΥΛΛΗΝΗΣ	STUDY OF A FIRST CLASS HOTEL IN KASTRO, KYLLINI
1988		
458	ΑΠΟΚΑΤΑΣΤΑΣΗ ΔΙΑΤΗΡΗΤΕΩΝ ΟΨΕΩΝ & ΠΡΟΣΘΗΚΗ ΔΥΟ ΟΡΟΦΩΝ ΣΕ ΥΠΟΧΩΡΗΣΗ - ΕΣΩΤΕΡΙΚΗ ΔΙΑΜΟΡΦΩΣΗ ΓΡΑΦΕΙΩΝ ΤΡΑΠΕΖΑΣ	RESTORATION OF PRESERVATIVE FACADES & SET-BACK ADDITION OF TWO FLOORS - INTERNAL ARRANGEMENT OF BANK OFFICES
459	ΚΤΗΡΙΟ ΓΡΑΦΕΙΩΝ & ΚΑΤΑΣΤΗΜΑΤΩΝ ΣΤΗ Λ. ΒΑΣ. ΣΟΦΙΑΣ	OFFICE & SHOPS BUILDING ON VAS. SOFIAS AVENUE
460	ΕΜΠΟΡΙΚΟ ΚΕΝΤΡΟ ΣΤΗ Λ. ΑΘΗΝΩΝ ΣΤΟΝ ΚΟΡΥΔΑΛΛΟ	SHOPPING CENTER ON ATHENON AVENUE IN KORYDALLOS
461	ΜΕΛΕΤΗ ΚΡΟΥΑΖΙΕΡΟΠΛΟΙΟΥ «CLELIA II»	STUDY OF CRUISE SHIP "CLELIA II"
462	ΣΟΥΠΕΡΜΑΡΚΕΤ «ΑΒ» ΣΤΗ Λ. ΒΟΥΛΙΑΓΜΕΝΗΣ ΣΤΟ ΕΛΛΗΝΙΚΟ	SUPERMARKET "AB" ON VOULIAGMENIS AVENUE IN HELLENIKON
463	ΚΤΗΡΙΟ ΓΡΑΦΕΙΩΝ & ΚΑΤΟΙΚΙΑ ΣΤΗ Λ. ΒΟΥΛΙΑΓΜΕΝΗΣ ΣΤΗ ΔΑΦΝΗ	OFFICE BUILDING & RESIDENCE ON VOULIAGMENIS AVENUE IN DAFNI
464	ΔΙΑΓΩΝΙΣΜΟΣ ΓΙΑ ΔΗΜΟΤΙΚΟ ΚΕΝΤΡΟ ΠΟΛΛΑΠΛΩΝ ΧΡΗΣΕΩΝ ΣΤΟ Ν. ΗΡΑΚΛΕΙΟ *ΣΥΝΕΡΓΑΣΙΑ ΜΕ Η. ΣΚΡΟΥΜΠΕΛΟ & Μ. ΜΕΚΙΟ (ΜΕΤΡΟΝ ΟΕ)*	CONTEST FOR A MULTIPLE USE MUNICIPAL CENTER IN N. HERAKLION *COLLABORATION WITH H. SKROUBELOS & M. MEKIOS (METRON*
465	ΔΙΑΓΩΝΙΣΜΟΣ ΓΙΑ ΚΕΝΤΡΙΚΑ ΓΡΑΦΕΙΑ ΤΗΣ ΑΣΦΑΛΙΣΤΙΚΗΣ ΕΤΑΙΡΕΙΑΣ «ΕΥΡΩΠΑΪΚΗ ΠΙΣΤΗ» ΣΤΗ Λ. ΚΗΦΙΣΙΑΣ ΣΤΟ ΧΑΛΑΝΔΡΙ	CONTEST FOR THE HEADQUARTERS INSURANCE COMPANY "EUROPAIKI PISTI" ON KIFISSIAS AVENUE IN CHALANDRI

466	ΜΕΛΕΤΗ ΚΤΗΡΙΟΥ ΓΡΑΦΕΙΩΝ & ΚΑΤΑΣΤΗΜΑΤΩΝ ΣΤΗ Λ. ΚΗΦΙΣΙΑΣ ΣΤΟ ΜΑΡΟΥΣΙ	STUDY OF AN OFFICE & SHOPS BUILDING ON KIFISSIAS AVENUE IN MAROUSSI
467	ΠΟΛΥΚΑΤΟΙΚΙΑ ΣΤΗΝ ΟΔΟ ΣΚΟΥΦΑ ΣΤΗ Ν. ΕΡΥΘΡΑΙΑ	APARTMENT BUILDING ON SKOUFA STREET IN N. ERYTHREA
468	ΣΥΓΚΡΟΤΗΜΑ ΠΟΛΥΚΑΤΟΙΚΙΩΝ ΣΤΗΝ ΟΔΟ Ρ. ΦΕΡΑΙΟΥ ΣΤΟ Ν. ΨΥΧΙΚΟ	APARTMENT BUILDING COMPLEX ON R. PHEREOU STREET IN N. PSYCHIKO
469	ΚΑΤΟΙΚΙΑ ΣΤΗΝ ΟΔΟ ΜΑΥΡΟΜΙΧΑΛΗ ΣΤΗΝ ΚΗΦΙΣΙΑ	RESIDENCE ON MAVROMICHALI STREET IN KIFISSIA
470	ΣΥΓΚΡΟΤΗΜΑ ΚΑΤΟΙΚΙΩΝ ΣΤΗΝ ΟΔΟ ΣΤΡ. ΚΑΛΛΑΡΗ ΣΤΟ ΨΥΧΙΚΟ	RESIDENCES COMPLEX ON STR. KALLARI STREET IN PSYCHIKO
471	ΕΜΠΟΡΙΚΟ ΚΕΝΤΡΟ «ΒΑΡΚΙΖΑ ΠΟΛΥΕΔΡΟΝ»	SHOPPING CENTER "VARKIZA POLYEDRON"
472	ΔΙΑΜΟΡΦΩΣΗ ΙΣΟΓΕΙΟΥ ΣΕ ΚΑΤΑΣΤΗΜΑ ΣΤΗΝ ΟΔΟ ΕΛ. ΒΕΝΙΖΕΛΟΥ ΣΤΗ Ν. ΙΩΝΙΑ	ARRANGEMENT OF GROUND FLOOR TO OPERATE AS A SHOP ON EL. VENIZELOU STREET IN N. IONIA
473	ΣΥΓΚΡΟΤΗΜΑ ΥΠΕΡΑΓΟΡΑΣ ΣΤΟ ΗΡΑΚΛΕΙΟ ΚΡΗΤΗΣ	SUPERMARKET COMPLEX IN HERAKLION, CRETE
474	ΑΠΟΚΑΤΑΣΤΑΣΗ ΟΨΕΩΝ ΔΙΑΤΗΡΗΤΕΟΥ ΚΤΗΡΙΟΥ & ΠΡΟΣΘΗΚΗ ΟΡΟΦΩΝ ΣΕ ΥΠΟΧΩΡΗΣΗ ΣΤΗΝ ΟΔΟ ΜΗΤΡΟΠΟΛΕΩΣ	RESTORATION OF FACADES OF A PRESERVABLE BUILDING & SET-BACK ADDITION OF NEW FLOORS ON MITROPOLEOS STREET
475	ΤΟΥΡΙΣΤΙΚΕΣ ΕΓΚΑΤΑΣΤΑΣΕΙΣ ΣΤΗ ΝΑΟΥΣΑ ΤΗΣ ΠΑΡΟΥ	TOURIST INSTALLATIONS IN NAOUSA, PAROS
476	ΚΤΗΡΙΟ ΓΡΑΦΕΙΩΝ & ΚΑΤΑΣΤΗΜΑΤΩΝ ΣΤΗΝ ΟΔΟ ΑΓ. ΑΝΑΡΓΥΡΩΝ ΣΤΟ Π. ΦΑΛΗΡΟ	OFFICE & SHOPS BUILDING ON AG. ANARGYRON STREET IN P. PHALIRO
477	ΜΕΛΕΤΗ ΚΤΗΡΙΟΥ ΓΡΑΦΕΙΩΝ ΔΙΟΙΚΗΣΕΩΣ ΟΡΓΑΝΙΣΜΩΝ ΣΤΗ Λ. ΒΑΣ. ΣΟΦΙΑΣ	STUDY OF AN ADMINISTRATION OFFICE BUILDING FOR ORGANIZATIONS ON VAS. SOFIAS AVENUE
478	ΚΑΤΟΙΚΙΑ ΣΤΟΝ ΑΓ. ΒΑΣΙΛΕΙΟ ΤΗΣ ΠΑΤΡΑΣ	RESIDENCE IN AG. VASILIOS, PATRAS
479	ΕΜΠΟΡΙΚΟ ΚΕΝΤΡΟ ΣΤΗ Λ. ΜΑΡΑΘΩΝΟΣ ΣΤΗ Ν. ΕΡΥΘΡΑΙΑ	SHOPPING CENTER ON MARATHONOS AV. IN N. ERYTHREA
480	ΕΚΘΕΣΗ ΑΥΤΟΚΙΝΗΤΩΝ ΣΤΗ Λ. ΚΗΦΙΣΟΥ	CARS EXHIBITION ON KIFISSOU AVENUE
481	ΔΙΑΜΟΡΦΩΣΗ ΕΣΩΤΕΡΙΚΩΝ ΧΩΡΩΝ ΔΙΑΜΕΡΙΣΜΑΤΟΣ ΣΤΗΝ ΟΔΟ ΙΚΑΡΙΑΣ ΣΤΗΝ ΕΚΑΛΗ	ARRANGEMENT OF INDOOR AREAS OF AN APARTMENT ON IKARIAS STREET IN EKALI
482	ΚΤΗΡΙΟ ΓΡΑΦΕΙΩΝ ΣΤΗΝ ΟΔΟ ΛΑΖΑΡΑΚΗ ΣΤΗ ΓΛΥΦΑΔΑ	OFFICE BUILDING ON LAZARAKI STREET IN GLYFADA
483	ΜΕΛΕΤΗ ΚΡΟΥΑΖΙΕΡΟΠΛΟΙΟΥ «LADY DIANA» ΤΗΣ WINDSOR LINE	STUDY OF YACHT CRUISER «LADY DIANA» OF WINDSOR LINE
484	ΚΤΗΡΙΑ ΠΟΛΥΚΑΤΟΙΚΙΩΝ ΣΤΗΝ ΟΔΟ ΣΧΟΛΕΙΟΥ ΣΤΗΝ ΑΓ. ΠΑΡΑΣΚΕΥΗ	APARTMENT BUILDINGS ON SCHOLIOU STREET IN AG. PARASKEVI

1989

485	ΣΥΓΚΡΟΤΗΜΑ ΠΟΛΛΑΠΛΩΝ ΧΡΗΣΕΩΝ ΣΤΗ Λ. ΣΥΓΓΡΟΥ ΣΤΗΝ ΚΑΛΛΙΘΕΑ	MULTIPLE USES COMPLEX ON SYNGROU AVENUE IN KALLITHEA
486	ΚΤΗΡΙΟ ΓΡΑΦΕΙΩΝ & ΚΑΤΑΣΤΗΜΑΤΩΝ ΣΤΗΝ ΟΔΟ ΣΤΡ. ΤΟΜΠΡΑ ΣΤΗΝ ΑΓ. ΠΑΡΑΣΚΕΥΗ	OFFICE & SHOPS BUILDING ON STR. TOMPRA STREET IN AG. PARASKEVI
487	ΚΤΗΡΙΟ ΓΡΑΦΕΙΩΝ & ΚΑΤΑΣΤΗΜΑΤΩΝ ΣΤΗ Λ. ΑΛΕΞΑΝΔΡΑΣ	OFFICE & SHOPS BUILDING ON ALEXANDRAS AVENUE
488	ΒΙΟΤΕΧΝΙΚΕΣ ΑΠΟΘΗΚΕΣ ΣΤΗΝ ΠΑΙΑΝΙΑ	SMALL INDUSTRIES WAREHOUSE IN PEANIA
489	ΠΡΟΣΘΗΚΕΣ-ΤΡΟΠΟΠΟΙΗΣΕΙΣ ΧΩΡΩΝ ΝΟΣΟΚΟΜΕΙΟΥ «ΥΓΕΙΑ» ΣΤΟ ΜΑΡΟΥΣΙ	ADDITIONS-MODIFICATIONS OF AREAS IN «YGIA» HOSPITAL IN MAROUSSI
490	ΣΥΓΚΡΟΤΗΜΑ ΚΑΤΟΙΚΙΩΝ ΣΤΗΝ ΟΔΟ ΟΡΦΕΩΣ ΣΤΗΝ ΚΗΦΙΣΙΑ	RESIDENCES COMPLEX ON ORPHEOS STREET IN KIFISSIA
491	ΔΙΑΜΟΡΦΩΣΗ ΟΨΕΩΝ & ΕΣΩΤΕΡΙΚΩΝ ΧΩΡΩΝ ΕΠΑΥΛΗΣ ΣΤΗΝ ΟΔΟ ΜΑΛΑΚΑΣΗ ΣΤΟ ΨΥΧΙΚΟ	ARRANGEMENT OF FACADES & INDOOR AREAS OF A VILLA ON MALAKASI STREET IN PSYCHIKO
492	ΠΟΛΥΚΑΤΟΙΚΙΑ ΣΤΗΝ ΟΔΟ ΕΛ. ΒΕΝΙΖΕΛΟΥ ΣΤΗΝ ΑΓ. ΠΑΡΑΣΚΕΥΗ	APARTMENT BUILDING ON EL. VENIZELOU STREET IN AG. PARASKEVI
493	ΚΤΗΡΙΟ ΓΡΑΦΕΙΩΝ & ΚΑΤΑΣΤΗΜΑΤΩΝ ΣΤΗ Λ. ΜΕΣΟΓΕΙΩΝ ΣΤΗΝ ΑΓ. ΠΑΡΑΣΚΕΥΗ	OFFICE & SHOPS BUILDING ON MESOGION AVENUE IN AG. PARASKEVI
494	ΕΜΠΟΡΙΚΟ ΚΕΝΤΡΟ ΣΤΗΝ ΟΔΟ ΑΓ. ΓΛΥΚΕΡΙΑΣ ΣΤΟ ΓΑΛΑΤΣΙ	SHOPPING CENTER ON AG. GLYKERIAS STREET IN GALATSI
495	ΚΤΗΡΙΟ ΓΡΑΦΕΙΩΝ ΕΤΑΙΡΕΙΑΣ Γ. ΛΕΒΑΝΤΗ ΣΤΗΝ ΟΔΟ ΠΑΝΤΑΝΑΣΣΗΣ ΣΤΟ ΜΑΡΟΥΣΙ	OFFICE BUILDING OF COMPANY "G. LEVANTIS" ON PANTANASSIS STREET IN MAROUSSI

496	ΣΥΓΚΡΟΤΗΜΑ ΚΑΤΟΙΚΙΩΝ ΣΤΗ Λ. ΔΗΜΟΚΡΑΤΙΑΣ ΣΤΗ ΔΡΟΣΙΑ	RESIDENCES COMPLEX ON DEMOKRATIAS AVENUE IN DROSSIA
497	ΚΕΝΤΡΙΚΟ ΚΤΗΡΙΟ - ΙΝΣΤΙΤΟΥΤΟ ΥΓΕΙΑΣ «CHIC» ΣΤΗ Ν. ΣΜΥΡΝΗ	CENTRAL BUILDING - HEALTH INSTITUTE "CHIC" IN N. SMYRNI
498	ΜΕΛΕΤΗ ΚΤΗΡΙΟΥ ΓΡΑΦΕΙΩΝ & ΕΚΘΕΣΙΑΚΟΥ ΚΕΝΤΡΟΥ ΣΤΗΝ ΟΔΟ ΧΕΙΜΑΡΑΣ ΣΤΟ ΜΑΡΟΥΣΙ	STUDY OF AN OFFICE BUILDING & EXHIBITION CENTER ON CHIMARAS STREET IN MAROUSSI
499	ΚΕΝΤΡΙΚΑ ΓΡΑΦΕΙΑ ΤΗΣ ΔΩΡΙΚΗΣ ΤΡΑΠΕΖΑΣ ΣΤΗΝ ΟΔΟ ΦΡΑΓΚΟΚΚΛΗΣΙΑΣ ΣΤΟ ΜΑΡΟΥΣΙ	HEAD OFFICE OF DORIAN BANK ON FRAGOKLESIAS STREET IN MAROUSSI
500	ΕΜΠΟΡΙΚΟ ΚΕΝΤΡΟ «ΠΟΛΥΓΩΝΟ» ΣΤΗ ΘΕΣΣΑΛΟΝΙΚΗ	SHOPPING CENTER "POLYGONO" IN THESSALONIKI
501	ΔΙΑΜΟΡΦΩΣΗ ΟΨΕΩΝ & ΕΣΩΤΕΡΙΚΩΝ & ΕΞΩΤΕΡΙΚΩΝ ΧΩΡΩΝ ΚΑΤΟΙΚΙΑΣ - ΠΡΟΣΘΗΚΗ ΠΙΣΙΝΑΣ ΣΤΟ ΣΟΥΝΙΟ	ARRANGEMENT OF FACADES, INDOOR & OUTDOOR AREAS OF A RESIDENCE - ADDITION OF A SWIMMING POOL IN SOUNION
1990		
502	ΚΕΝΤΡΙΚΟ ΚΑΤΑΣΤΗΜΑ & ΓΡΑΦΕΙΑ ΣΤΗ Λ. ΚΗΦΙΣΙΑΣ ΣΤΟΝ ΦΑΡΟ ΨΥΧΙΚΟΥ	HEAD SHOP & OFFICES ON KIFISSIAS AVENUE AT PHAROS IN PSYCHIKO
503	ΕΚΘΕΣΙΑΚΟ ΚΕΝΤΡΟ ΣΤΗ Λ. ΚΗΦΙΣΙΑΣ ΣΤΟ ΜΑΡΟΥΣΙ	EXHIBITION CENTER ON KIFISSIAS AVENUE IN MAROUSSI
504	ΚΑΤΑΣΤΗΜΑ «MODA BAGNO» ΣΤΗ Λ. ΚΗΦΙΣΙΑΣ ΣΤΟ ΧΑΛΑΝΔΡΙ	SHOP «MODA BAGNO» ON KIFISSIAS AVENUE IN CHALANDRI
505	ΔΙΑΜΟΡΦΩΣΗ ΟΨΕΩΝ ΣΟΥΠΕΡΜΑΡΚΕΤ «ΑΒ» ΣΤΟΝ ΙΣΘΜΟ ΤΗΣ ΚΟΡΙΝΘΟΥ	ARRANGEMENT OF FACADES OF SUPERMARKET "AB" IN ISTHMOS, KORINTHOS
506	ΣΟΥΠΕΡΜΑΡΚΕΤ «MEGA AB» ΣΤΗΝ Ε.Ο. ΑΘΗΝΩΝ-ΛΑΜΙΑΣ	SUPERMARKET "MEGA AB" ON NATIONAL ROAD ATHENS-LAMIA
507	ΜΕΛΕΤΗ ΣΥΓΚΡΟΤΗΜΑΤΟΣ ΚΤΗΡΙΩΝ ΓΡΑΦΕΙΩΝ & ΚΑΤΑΣΤΗΜΑΤΩΝ ΣΤΗ Λ. ΚΗΦΙΣΙΑΣ ΣΤΟ ΜΑΡΟΥΣΙ	STUDY OF AN OFFICE & SHOPS BUILDING COMPLEX ON KIFISSIAS AVENUE IN MAROUSSI
508	ΜΕΛΕΤΗ ΕΜΠΟΡΙΚΟΥ ΚΕΝΤΡΟΥ & ΞΕΝΟΔΟΧΕΙΟΥ ΠΟΛΥΤΕΛΕΙΑΣ 452 ΚΛΙΝΩΝ ΣΤΗ Λ. ΚΗΦΙΣΙΑΣ ΣΤΟΥΣ ΑΜΠΕΛΟΚΗΠΟΥΣ	STUDY OF A SHOPPING CENTER & HOTEL BUILDING WITH 452 BEDS ON KIFISSIAS AVENUE IN AMPELOKIPI
509	ΚΤΗΡΙΟ ΚΑΤΟΙΚΙΩΝ ΣΤΟ ΨΥΧΙΚΟ	RESIDENCES BUILDING IN PSYCHIKO
510	ΔΙΑΜΟΡΦΩΣΗ ΕΣΩΤΕΡΙΚΩΝ ΧΩΡΩΝ ΚΑΤΑΣΤΗΜΑΤΟΣ ΣΤΟ ΚΟΛΩΝΑΚΙ	ARRANGEMENT OF INDOOR AREAS OF A SHOP IN KOLONAKI
511	ΔΙΑΜΟΡΦΩΣΗ ΕΣΩΤΕΡΙΚΩΝ ΧΩΡΩΝ ΝΕΟΥ ΜΗΧΑΝΟΓΡΑΦΙΚΟΥ ΚΕΝΤΡΟΥ ΣΤΗΝ ΟΔΟ ΑΛΑΜΑΝΑΣ ΣΤΟ ΜΑΡΟΥΣΙ	ARRANGEMENT OF INDOOR AREAS OF A NEW COMPUTERIZATION CENTER ON ALAMANAS STREET IN MAROUSSI
512	ΣΥΓΚΡΟΤΗΜΑ ΚΑΤΟΙΚΙΩΝ ΣΤΗΝ ΟΔΟ ΞΕΝΙΑΣ ΣΤΗΝ ΚΗΦΙΣΙΑ	RESIDENCES COMPLEX ON XENIAS STREET IN KIFISSIA
513	Α΄ ΒΡΑΒΕΙΟ ΣΕ ΔΙΑΓΩΝΙΣΜΟ ΓΙΑ ΤΟ ΔΙΟΙΚΗΤΙΚΟ ΚΕΝΤΡΟ ΕΥΔΑΠ ΣΤΟΝ ΠΕΡΙΣΣΟ *ΣΥΝΕΡΓΑΣΙΑ ΜΕ Η. ΣΚΡΟΥΜΠΕΛΟ & Μ. ΜΕΚΙΟ (ΜΕΤΡΟΝ ΟΕ)*	FIRST PRIZE IN A CONTEST FOR THE ADMINISTRATION CENTER OF EYDAP IN PERISSOS *COLLABORATION WITH H. SKROUBELOS & M. MEKIOS (METRON*
514	ΚΤΗΡΙΟ ΓΡΑΦΕΙΩΝ & ΚΑΤΑΣΤΗΜΑΤΟΣ ΣΤΟ ΚΕΦΑΛΑΡΙ ΤΗΣ ΚΗΦΙΣΙΑΣ	OFFICE & SHOP BUILDING IN KEFALARI, KIFISSIA
515	ΜΕΛΕΤΗ ΚΑΤΟΙΚΙΑΣ ΣΤΗΝ ΟΔΟ ΚΑΡΑΪΣΚΑΚΗ ΣΤΗ ΔΡΟΣΙΑ	STUDY OF A RESIDENCE ON KARAISKAKI STREET IN DROSSIA
516	ΜΕΛΕΤΗ ΚΤΗΡΙΟΥ ΓΡΑΦΕΙΩΝ & ΚΑΤΑΣΤΗΜΑΤΩΝ ΣΤΗΝ ΟΔΟ ΠΟΥΛΙΟΥ	STUDY OF AN OFFICE & SHOPS BUILDING ON POULIOU STREET
517	ΣΥΓΚΡΟΤΗΜΑ ΚΤΗΡΙΩΝ ΓΡΑΦΕΙΩΝ & ΕΜΠΟΡΙΚΟΥ ΚΕΝΤΡΟΥ ΣΤΗ Λ. ΚΗΦΙΣΙΑΣ ΣΤΗΝ ΚΗΦΙΣΙΑ	OFFICE BUILDINGS & SHOPPING CENTER COMPLEX ON KIFISSIAS AVENUE IN KIFISSIA
518	ΕΜΠΟΡΙΚΟ ΚΕΝΤΡΟ - ΤΡΑΠΕΖΑ - ΚΙΝΗΜΑΤΟΓΡΑΦΟΣ - ΕΣΤΙΑΤΟΡΙΟ - DISCO - PARKING ΣΤΗΝ ΟΔΟ ΠΑΝ. ΤΣΑΛΔΑΡΗ ΣΤΟ ΠΕΡΙΣΤΕΡΙ	SHOPPING CENTER - BANK - CINEMA - RESTAURANT - DISCO - PARKING ON PAN. TSALDARI STREET IN PERISTERI
519	ΚΤΗΡΙΟ ΓΡΑΦΕΙΩΝ & ΚΑΤΑΣΤΗΜΑΤΩΝ ΣΤΗ Λ. ΜΕΣΟΓΕΙΩΝ ΣΤΟΝ ΧΟΛΑΡΓΟ	OFFICE & SHOPS BUILDING ON MESOGION AVENUE IN CHOLARGOS
520	ΑΝΑΚΑΤΑΣΚΕΥΗ ΚΤΗΡΙΟΥ ΣΕ ΕΜΠΟΡΙΚΟ ΚΕΝΤΡΟ ΣΤΗΝ ΟΔΟ ΚΑΣΣΑΒΕΤΗ ΣΤΗΝ ΚΗΦΙΣΙΑ	REFORMATION OF A BUILDING TO A SHOPPING CENTER ON KASAVETI STREET IN KIFISSIA
1991		

521	ΜΕΛΕΤΗ ΠΟΛΥΩΡΟΦΟΥ ΚΤΗΡΙΟΥ ΓΡΑΦΕΙΩΝ ΟΜΙΛΟΥ «INTERAMERICAN» ΣΤΗ Λ. ΚΗΦΙΣΙΑΣ ΣΤΟ ΜΑΡΟΥΣΙ	STUDY OF MANY-FLOOR OFFICE BUILDING OF "INTERAMERICAN" GROUP ON KIFISSIAS AVENUE IN MAROUSSI
522	ΚΤΗΡΙΟ ΓΡΑΦΕΙΩΝ «ROCHE» ΣΤΗΝ ΟΔΟ ΑΛΑΜΑΝΑΣ ΣΤΟ ΜΑΡΟΥΣΙ	OFFICE BUILDING "ROCHE" ON ALAMANAS STREET IN MAROUSSI
523	ΣΥΓΚΡΟΤΗΜΑ ΔΙΑΜΕΡΙΣΜΑΤΩΝ ΣΤΗΝ ΙΤΕΑ	APARTMENT COMPLEX IN ITEA
524	ΣΥΓΚΡΟΤΗΜΑ ΚΑΤΟΙΚΙΩΝ ΣΤΗ ΒΟΥΛΑ	RESIDENCES COMPLEX IN VOULA
525	ΑΝΑΣΤΗΛΩΣΗ & ΑΝΑΠΛΑΣΗ ΝΕΟΚΛΑΣΙΚΟΥ ΚΤΗΡΙΟΥ ΓΡΑΦΕΙΩΝ & ΚΑΤΑΣΤΗΜΑΤΩΝ ΣΤΟ ΗΡΑΚΛΕΙΟ ΚΡΗΤΗΣ	SUPPORTING & RESTORATION OF NEW CLASSIC OFFICE & SHOPS BUILDING IN HERAKLION, CRETE
526	ΔΙΑΜΟΡΦΩΣΗ ΟΨΕΩΝ ΣΟΥΠΕΡΜΑΡΚΕΤ «ΑΒ» ΣΤΗΝ ΟΔΟ ΛΑΖΑΡΑΚΗ ΣΤΗ ΓΛΥΦΑΔΑ	ARRANGEMENT OF FACADES OF SUPERMARKET "AB" ON LAZARAKI STREET IN GLYFADA
527	ΚΤΗΡΙΟ ΓΡΑΦΕΙΩΝ & ΚΑΤΑΣΤΗΜΑΤΩΝ ΣΤΗ Λ. ΚΗΦΙΣΙΑΣ ΣΤΟ ΜΑΡΟΥΣΙ	OFFICE & SHOPS BUILDING ON KIFISSIAS AVENUE IN MAROUSSI
528	ΚΤΗΡΙΟ ΓΡΑΦΕΙΩΝ ΣΥΓΚΡΟΤΗΜΑΤΟΣ «POLIS» ΕΠΙ ΤΗΣ Λ. ΚΗΦΙΣΙΑΣ 60 ΣΤΟ ΜΑΡΟΥΣΙ *ΣΥΝΕΡΓΑΣΙΑ ΜΕ V. MAZZUCONI*	OFFICE BUILDING - PART OF BUILDING COMPLEX "POLIS" AT 60 KIFISSIAS AVENUE IN MAROUSSI *COLLABORATION WITH V. MAZZUCONI*
529	ΜΕΛΕΤΗ ΔΙΑΜΟΡΦΩΣΗΣ ΟΨΕΩΝ & ΕΞΩΤΕΡΙΚΩΝ ΧΩΡΩΝ ΙΔΙΩΤΙΚΟΥ ΙΑΤΡΙΚΟΥ ΚΕΝΤΡΟΥ ΣΤΗ Ν. ΕΡΥΘΡΑΙΑ	STUDY OF ARRANGEMENT OF INTERNAL & EXTERNAL FACADES OF PRIVATE MEDICAL CENTER IN N. ERYTHREA
530	ΜΕΛΕΤΗ ΣΥΓΚΡΟΤΗΜΑΤΟΣ ΚΤΗΡΙΩΝ ΓΡΑΦΕΙΩΝ & ΚΑΤΑΣΤΗΜΑΤΩΝ ΣΤΗ Λ. ΚΗΦΙΣΙΑΣ ΣΤΟ ΜΑΡΟΥΣΙ	STUDY OF AN OFFICE & SHOPS BUILDING COMPLEX ON KIFISSIAS AVENUE IN MAROUSSI
531	ΕΜΠΟΡΙΚΟ ΚΕΝΤΡΟ ΣΤΗΝ ΟΔΟ ΨΥΧΑΡΗ ΣΤΟ Ν. ΨΥΧΙΚΟ	SHOPPING CENTER ON PSYCHARI STREET IN N. PSYCHIKO
532	ΤΡΙΩΡΟΦΟ ΚΤΗΡΙΟ ΓΡΑΦΕΙΩΝ & ΚΑΤΑΣΤΗΜΑΤΩΝ ΜΕ ΥΠΟΓΕΙΟ ΣΤΗΝ ΟΔΟ ΗΡΩΔΟΥ ΑΤΤΙΚΟΥ ΣΤΗΝ ΚΗΦΙΣΙΑ	THREE-FLOOR OFFICE & SHOPS BUILDING WITH BASEMENT ON HERODOU ATTICOU STREET IN KIFISSIA
533	ΚΤΗΡΙΟ ΓΡΑΦΕΙΩΝ, ΚΑΤΑΣΤΗΜΑΤΩΝ & ΚΑΤΟΙΚΙΩΝ ΣΤΗΝ ΟΔΟ ΚΗΦΙΣΙΑΣ ΣΤΑ ΜΕΛΙΣΣΙΑ	OFFICE, SHOPS & RESIDENCES BUILDING ON KIFISSIAS STREET IN MELISSIA
534	ΜΕΛΕΤΗ ΣΥΓΚΡΟΤΗΜΑΤΟΣ ΚΤΗΡΙΩΝ ΓΡΑΦΕΙΩΝ & ΚΑΤΑΣΤΗΜΑΤΩΝ ΣΤΗ Λ. ΚΗΦΙΣΙΑΣ ΣΤΟ ΧΑΛΑΝΔΡΙ	STUDY OF AN OFFICE & SHOPS BUILDING COMPLEX ON KIFISSIAS AVENUE IN CHALANDRI
535	ΠΡΟΣΘΗΚΗ ΣΕ ΥΦΙΣΤΑΜΕΝΟ ΕΡΓΟΣΤΑΣΙΑΚΟ ΚΤΗΡΙΟ & ΜΕΤΑΤΡΟΠΗ ΣΕ ΚΤΗΡΙΟ ΓΡΑΦΕΙΩΝ ΣΤΑ ΟΙΝΟΦΥΤΑ ΒΟΙΩΤΙΑΣ	EXTENSION OF AN EXISTING FACTORY BUILDING & TRANSFORMATION TO AN OFFICE BUILDING IN OINOFYTA, VIOTIA
536	ΚΤΗΡΙΟ ΓΡΑΦΕΙΩΝ & ΚΑΤΑΣΤΗΜΑΤΩΝ ΕΝΑΝΤΙ ΝΟΣΟΚΟΜΕΙΟΥ «ΥΓΕΙΑ» ΣΤΗ Λ. ΚΗΦΙΣΙΑΣ ΣΤΟ ΧΑΛΑΝΔΡΙ	OFFICE & SHOPS BUILDING OPPOSITE TO "YGEIA" HOSPITAL ON KIFISSIAS AVENUE IN CHALANDRI
537	ΣΥΓΚΡΟΤΗΜΑ ΕΞΟΧΙΚΩΝ ΚΑΤΟΙΚΙΩΝ ΣΤΟΝ ΑΓ. ΝΙΚΟΛΑΟ ΒΟΥΛΙΑΓΜΕΝΗΣ	COUNTRY RESIDENCES COMPLEX IN AG. NIKOLAOS, VOULIAGMENI
538	ΔΙΑΡΡΥΘΜΙΣΗ ΥΠΑΡΧΟΝΤΟΣ ΔΙΩΡΟΦΟΥ ΚΤΗΡΙΟΥ & ΑΝΕΓΕΡΣΗ ΙΣΟΓΕΙΟΥ ΚΑΤΑΣΤΗΜΑΤΟΣ ΣΤΗΝ ΟΔΟ ΠΑΠΑΔΙΑΜΑΝΤΗ ΣΤΗΝ ΚΗΦΙΣΙΑ	ARRANGEMENT OF EXISTING TWO-FLOOR BUILDING & CONSTRUCTION OF GROUND FLOOR SHOP ON PAPADIAMANTI STREET IN KIFISSIA
539	ΚΑΤΟΙΚΙΑ ΣΤΗΝ ΟΔΟ ΧΕΛΙΔΟΝΟΥΣ ΣΤΗ Ν. ΚΗΦΙΣΙΑ	RESIDENCE ON CHELIDONOUS STREET IN N. KIFISSIA
540	ΔΥΟ ΚΑΤΟΙΚΙΕΣ ΣΤΗΝ ΟΔΟ ΠΑΛΑΙΩΝ ΠΑΤΡΩΝ ΓΕΡΜΑΝΟΥ ΣΤΗ ΦΙΛΟΘΕΗ	TWO RESIDENCES COMPLEX ON PALEON PATRON GERMANOU STREET IN PHILOTHEI
541	ΜΕΛΕΤΗ ΚΕΝΤΡΙΚΩΝ ΓΡΑΦΕΙΩΝ ΤΗΣ ΕΤΑΙΡΕΙΑΣ «ΜΟΤΟΡ ΟΪΛ ΕΛΛΑΣ» ΣΤΟΝ ΠΑΡΑΔΕΙΣΟ ΑΜΑΡΟΥΣΙΟΥ	STUDY OF HEAD OFFICES OF COMPANY "MOTOR OIL HELLAS" IN PARADISOS, MAROUSSI
542	ΚΤΗΡΙΑ ΕΚΠΑΙΔΕΥΣΗΣ & ΥΠΟΓΕΙΟΙ ΒΟΗΘΗΤΙΚΟΙ ΧΩΡΟΙ ΓΚΑΡΑΖ ΣΤΗ Λ. ΚΗΦΙΣΙΑΣ ΣΤΗΝ ΚΗΦΙΣΙΑ	EDUCATIONAL BUILDING & UNDERGROUND AUXILIARY GARAGE AREAS ON KIFISSIAS AVENUE IN KIFISSIA
543	ΠΟΛΥΚΑΤΟΙΚΙΑ ΣΤΗΝ ΟΔΟ ΣΑΡΑΝΤΑΠΟΡΟΥ ΣΤΟ ΧΑΛΑΝΔΡΙ	APARTMENT BUILDING ON SARANTAPOROU STREET IN CHALANDRI
544	ΜΕΓΑΡΟ «ΗΒΗ» ΣΤΗΝ ΟΔΟ ΧΑΤΖΗΑΝΤΩΝΙΟΥ ΣΤΟ ΜΑΡΟΥΣΙ	"IVI" PALACE ON CHATZIANTONIOU STREET IN MAROUSSI
545	ΔΙΑΜΟΡΦΩΣΗ ΟΨΕΩΝ ΚΤΗΡΙΟΥ ΓΡΑΦΕΙΩΝ & ΚΑΤΑΣΤΗΜΑΤΩΝ ΣΤΗΝ ΑΓ. ΒΑΡΒΑΡΑ ΧΑΛΑΝΔΡΙΟΥ	ARRANGEMENT OF FACADES OF AN OFFICE & SHOPS BUILDING IN AG. VARVARA, CHALANDRI
546	ΚΤΗΡΙΑ ΚΑΤΟΙΚΙΩΝ ΣΤΗΝ ΟΔΟ ΑΝΕΜΩΝ ΣΤΟ ΚΑΒΟΥΡΙ	RESIDENCES BUILDINGS ON ANEMON STREET IN KAVOURI

Year	No.		
1992	547	ΓΡΑΦΕΙΑ ΝΑΥΤΙΛΙΑΚΗΣ ΕΤΑΙΡΕΙΑΣ ΣΤΗ ΒΟΥΛΙΑΓΜΕΝΗ	OFFICES OF A MARITIME COMPANY IN VOULIAGMENI
	548	Α΄ ΒΡΑΒΕΙΟ ΣΕ ΔΙΑΓΩΝΙΣΜΟ ΓΙΑ ΤΟ ΣΥΓΚΡΟΤΗΜΑ ΚΤΗΡΙΩΝ ΓΡΑΦΕΙΩΝ ΚΕΝΤΡΙΚΩΝ ΥΠΗΡΕΣΙΩΝ ΔΕΗ *ΣΥΝΕΡΓΑΣΙΑ ΜΕ Η. ΣΚΡΟΥΜΠΕΛΟ (ΜΕΤΡΟΝ ΟΕ)*	FIRST PRIZE IN A CONTEST FOR THE OFFICE BUILDING COMPLEX FOR CENTRAL SERVICES OF DEI (PUBLIC ELECTRICITY COMPANY) *COLLABORATION WITH H. SKROUBELOS (METRON*
	549	ΑΠΟΚΑΤΑΣΤΑΣΗ ΔΙΑΤΗΡΗΤΕΩΝ ΟΨΕΩΝ & ΕΣΩΤΕΡΙΚΗ ΔΙΑΜΟΡΦΩΣΗ - ΠΡΟΣΘΗΚΗ ΔΙΩΡΟΦΟΥ ΚΑΤΟΙΚΙΑΣ ΣΤΟ ΨΥΧΙΚΟ	RESTORATION OF PRESERVATIVE FACADES & INTERNAL ARRANGEMENT - ADDITION OF A TWO-FLOOR RESIDENCE IN PSYCHIKO
	550	ΣΥΓΚΡΟΤΗΜΑ ΧΩΡΩΝ ΕΠΑΓΓΕΛΜΑΤΙΚΗΣ ΕΓΚΑΤΑΣΤΑΣΗΣ - ΑΝΑΨΥΧΗΣ & ΥΠΟΓΕΙΟΥ ΣΤΑΘΜΟΥ ΑΥΤΟΚΙΝΗΤΩΝ ΣΤΟΥΣ ΑΜΠΕΛΟΚΗΠΟΥΣ	PROFESSIONAL INSTALLATION OF RECREATION BUILDING COMPLEX & UNDERGROUND PARKING AREAS IN AMPELOKIPI
	551	ΚΤΗΡΙΟ ΓΡΑΦΕΙΩΝ & ΚΑΤΑΣΤΗΜΑΤΩΝ ΣΤΗΝ ΟΔΟ ΛΥΣΣΙΚΡΑΤΟΥΣ ΣΤΗΝ ΚΑΛΛΙΘΕΑ	OFFICE & SHOPS BUILDING ON LYSSICRATOUS STREET IN KALLITHEA
	552	ΜΕΓΑΡΟ ΓΡΑΦΕΙΩΝ & ΚΑΤΑΣΤΗΜΑΤΩΝ ΣΤΗΝ ΟΔΟ ΕΒΡΟΥ	OFFICE & SHOPS PALACE ON EVROU STREET
	553	ΣΟΥΠΕΡΜΑΡΚΕΤ «ΑΒ» ΣΤΗΝ ΑΚΤΗ ΔΥΜΑΙΩΝ ΣΤΗΝ ΠΑΤΡΑ	SUPERMARKET "AB" ON AKTI DYMEON IN PATRAS
	554	ΔΙΑΜΟΡΦΩΣΗ ΕΣΩΤΕΡΙΚΩΝ ΧΩΡΩΝ ΕΞΟΧΙΚΗΣ ΚΑΤΟΙΚΙΑΣ ΣΤΟ ΣΥΓΚΡΟΤΗΜΑ «ΑΚΡΩΤΗΡΙ» ΣΤΟ ΣΟΥΝΙΟ	ARRANGEMENT OF INDOOR AREAS OF A COUNTRY OF A COUNTRY RESIDENCE IN COMPLEX "AKROTIRI" IN SOUNION
	555	ΚΤΗΡΙΟ ΓΡΑΦΕΙΩΝ & ΚΑΤΑΣΤΗΜΑΤΩΝ ΣΤΗ Λ. ΚΗΦΙΣΙΑΣ 340 ΣΤΟΝ ΦΑΡΟ ΨΥΧΙΚΟΥ	OFFICE & SHOPS BUILDING AT 340 KIFISSIAS AVENUE AT PHAROS IN PSYCHIKO
	556	ΔΙΑΜΟΡΦΩΣΗ ΠΑΙΔΟΤΟΠΟΥ ΣΤΗ Λ. ΚΗΦΙΣΙΑΣ ΣΤΟ ΜΑΡΟΥΣΙ	ARRANGEMENT OF PLAYGROUND ON KIFISSIAS AVENUE IN MAROUSSI
	557	ΚΤΗΡΙΟ ΓΡΑΦΕΙΩΝ & ΚΑΤΑΣΤΗΜΑΤΩΝ ΣΤΗ Λ. ΜΕΣΟΓΕΙΩΝ	OFFICE & SHOPS BUILDING ON MESOGION AVENUE
	558	ΚΑΤΟΙΚΙΑ ΣΤΟ ΚΑΛΕΤΖΙ ΜΑΡΑΘΩΝΑ	RESIDENCE IN KALETZI, MARATHONAS
	559	ΔΥΟ ΚΑΤΟΙΚΙΕΣ ΣΤΗΝ ΚΑΝΤΖΑ	TWO RESIDENCES COMPLEX IN KANTZA
	560	ΜΕΛΕΤΗ ΚΤΗΡΙΟΥ ΓΡΑΦΕΙΩΝ & ΚΑΤΑΣΤΗΜΑΤΩΝ ΣΤΗ Λ. ΚΗΦΙΣΙΑΣ ΣΤΟΥΣ ΑΜΠΕΛΟΚΗΠΟΥΣ	STUDY OF AN OFFICE & SHOPS BUILDING ON KIFISSIAS AVENUE IN AMPELOKIPI
	561	ΜΕΛΕΤΗ ΚΤΗΡΙΑΚΟΥ ΣΥΓΚΡΟΤΗΜΑΤΟΣ ΓΡΑΦΕΙΩΝ ΣΤΗΝ ΟΔΟ ΑΓΗΣΙΛΑΟΥ ΣΤΟ ΧΑΛΑΝΔΡΙ	STUDY OF AN OFFICE BUILDING COMPLEX ON AGISILAOU STREET IN CHALANDRI
	562	ΔΙΩΡΟΦΗ ΚΑΤΟΙΚΙΑ ΣΤΟ ΠΟΡΤΟ ΧΕΛΙ	TWO-FLOOR RESIDENCE IN PORTO CHELI
	563	ΜΕΛΕΤΗ ΚΤΗΡΙΟΥ ΓΡΑΦΕΙΩΝ & ΚΑΤΑΣΤΗΜΑΤΩΝ ΣΤΟΝ ΠΑΡΑΔΕΙΣΟ ΑΜΑΡΟΥΣΙΟΥ	STUDY OF AN OFFICE & SHOPS BUILDING IN PARADISOS, MAROUSSI
	564	ΚΕΝΤΡΙΚΑ ΓΡΑΦΕΙΑ ΕΤΑΙΡΕΙΑΣ «IBM» ΣΤΗ Λ. ΚΗΦΙΣΙΑΣ ΣΤΟ ΧΑΛΑΝΔΡΙ	HEAD OFFICES OF COMPANY "IBM" ON KIFISSIAS AVENUE IN CHALANDRI
	565	ΚΑΤΑΣΤΗΜΑ «ΣΚΟΥΡΟΠΟΥΛΟΣ» ΣΤΗΝ ΑΘΗΝΑ	SHOP " SKOUROPOULOS" IN ATHENS
	566	ΚΤΗΡΙΟ ΓΡΑΦΕΙΩΝ & ΚΑΤΑΣΤΗΜΑΤΩΝ ΣΤΟΝ ΑΓ. ΘΩΜΑ ΑΜΑΡΟΥΣΙΟΥ	OFFICE & SHOPS BUILDING IN AG. THOMAS, MAROUSSI
	567	ΜΕΛΕΤΗ ΚΤΗΡΙΟΥ ΓΡΑΦΕΙΩΝ & ΚΑΤΑΣΤΗΜΑΤΩΝ (Δ) ΣΕ ΣΥΓΚΡΟΤΗΜΑ ΣΤΗΝ ΟΔΟ ΑΠΟΣΤΟΛΟΠΟΥΛΟΥ ΣΤΟ ΧΑΛΑΝΔΡΙ	STUDY OF AN OFFICE & SHOPS BUILDING (D) OF A COMPLEX ON APOSTOLOPOULOU STREET IN CHALANDRI
	568	ΣΥΓΚΡΟΤΗΜΑ ΚΤΗΡΙΩΝ ΓΡΑΦΕΙΩΝ ΣΤΗΝ ΟΔΟ ΕΘΝ. ΑΝΤΙΣΤΑΣΕΩΣ ΣΤΟ ΧΑΛΑΝΔΡΙ - ΚΤΗΡΙΟ Α	OFFICE BUILDING COMPLEX ON ETHNIKIS ANTISTASEOS STREET IN CHALANDRI - BUILDING A
	569	ΣΥΜΜΕΤΟΧΗ ΣΕ ΔΙΑΓΩΝΙΣΜΟ ΓΙΑ ΝΕΟ ΚΤΗΡΙΟ ΓΡΑΦΕΙΩΝ ΤΕΕ ΣΤΟ ΜΑΡΟΥΣΙ	CONTEST PARTICIPATION FOR A NEW TEE OFFICE BUILDING IN MAROUSSI
1993	570	ΚΑΤΑΣΤΗΜΑΤΑ ΣΤΗΝ ΟΔΟ ΙΑΣΩΝΟΣ ΣΤΗ ΒΟΥΛΙΑΓΜΕΝΗ	SHOPS ON IASONOS STREET IN VOULIAGMENI
	571	ΣΥΜΜΕΤΟΧΗ ΣΕ ΔΙΑΓΩΝΙΣΜΟ ΓΙΑ ΟΙΚΙΣΤΙΚΟ & ΤΟΥΡΙΣΤΙΚΟ ΣΥΓΚΡΟΤΗΜΑ ΣΤΗ ΓΑΖΑ ΤΗΣ ΠΑΛΑΙΣΤΙΝΗΣ *ΣΥΝΕΡΓΑΣΙΑ ΜΕ Η. ΣΚΡΟΥΜΠΕΛΟ (ΜΕΤΡΟΝ ΟΕ)*	CONTEST PARTICIPATION FOR A RESIDENTIAL & TOURISTIC COMPLEX IN GAZA, PALESTINE *COLLABORATION WITH H. SKROUBELOS (METRON*
	572	ΚΕΝΤΡΙΚΑ ΓΡΑΦΕΙΑ ΣΤΗ Λ. ΚΗΦΙΣΙΑΣ ΣΤΟ ΧΑΛΑΝΔΡΙ	HEAD OFFICES ON KIFISSIAS AVENUE IN CHALANDRI
	573	ΚΤΗΡΙΟ ΓΡΑΦΕΙΩΝ ΣΤΗΝ ΟΔΟ ΤΖΑΒΕΛΛΑ ΣΤΟ ΧΑΛΑΝΔΡΙ	OFFICE BUILDING ON TZAVELLA STREET IN CHALANDRI

574	ΣΟΥΠΕΡΜΑΡΚΕΤ «ΑΒ» ΣΤΗ Λ. ΠΕΝΤΕΛΗΣ ΣΤΑ ΒΡΙΛΗΣΣΙΑ	SUPERMARKET "AB" ON PENTELIS AVENUE IN VRILISSIA
575	ΔΙΑΜΟΡΦΩΣΗ ΟΨΕΩΝ ΥΠΕΡΑΓΟΡΑΣ ΤΡΟΦΙΜΩΝ «ΑΒ» ΜΕ ΚΙΝΗΜΑΤΟΓΡΑΦΟ & ΧΩΡΟΥΣ ΣΤΑΘΜΕΥΣΗΣ ΣΤΟΝ ΒΥΡΩΝΑ	ARRANGEMENT OF FACADES OF FOOD SUPERMARKET "AB" WITH CINEMA & PARKING AREAS IN VYRONAS
576	ΠΡΟΤΑΣΗ ΓΙΑ ΣΟΥΠΕΡΜΑΡΚΕΤ «ΑΒ» ΣΤΗΝ ΟΔΟ ΚΥΠΡΟΥ ΣΤΟ ΠΕΡΙΣΤΕΡΙ	PROPOSAL FOR SUPERMARKET "AB" ON KYPROU STREET IN PERISTERI
577	ΣΥΓΚΡΟΤΗΜΑ ΚΤΗΡΙΩΝ ΓΡΑΦΕΙΩΝ & ΚΑΤΑΣΤΗΜΑΤΩΝ «MONUMENTAL» ΣΤΗ Λ. ΚΗΦΙΣΙΑΣ ΣΤΟ ΜΑΡΟΥΣΙ	OFFICE & SHOPS BUILDING COMPLEX " MONUMENTAL" ON KIFISSIAS AVENUE IN MAROUSSI
578	ΚΤΗΡΙΟ ΓΡΑΦΕΙΩΝ ΣΤΗΝ ΟΔΟ ΑΙΓΙΑΛΕΙΑΣ ΣΤΟ ΜΑΡΟΥΣΙ	OFFICE BUILDING ON EGIALIAS STREET IN MAROUSSI
579	ΔΙΑΜΟΡΦΩΣΗ ΕΣΩΤΕΡΙΚΩΝ ΧΩΡΩΝ ΓΡΑΦΕΙΩΝ ΕΤΑΙΡΕΙΑΣ GENERALI HELLAS - EUROPE ASSISTANCE ΣΤΗ Λ. ΚΗΦΙΣΙΑΣ ΣΤΟ ΜΑΡΟΥΣΙ	INTERNAL ARRANGEMENT OF OFFICES OF COMPANY GENERALI HELLAS - EUROPE ASSISTANCE ON KIFISSIAS AVENUE IN MAROUSSI
580	ΔΙΑΜΟΡΦΩΣΗ ΕΣΩΤΕΡΙΚΩΝ ΧΩΡΩΝ ΓΡΑΦΕΙΩΝ ΕΤΑΙΡΕΙΑΣ «ΔΙΕΘΝΗΣ ΤΕΧΝΙΚΗ ΑΕ» ΣΤΟΝ ΦΑΡΟ ΨΥΧΙΚΟΥ	ARRANGEMENT OF INDOOR AREAS OF THE OFFICES OF COMPANY " DIETHNIS TECHNIKI S.A." AT PHAROS IN PSYCHIKO
581	ΚΤΗΡΙΟ ΓΡΑΦΕΙΩΝ & ΚΑΤΑΣΤΗΜΑΤΩΝ ΜΕ ΚΙΝΗΜΑΤΟΓΡΑΦΟ ΣΤΗ Λ. ΚΗΦΙΣΙΑΣ ΣΤΟ ΧΑΛΑΝΔΡΙ	OFFICE & SHOPS BUILDING WITH CINEMA ON KIFISSIAS AVENUE IN CHALANDRI
582	ΚΤΗΡΙΟ ΓΡΑΦΕΙΩΝ & ΚΑΤΑΣΤΗΜΑΤΩΝ ΣΤΗ Λ. ΚΗΦΙΣΙΑΣ ΣΤΟΝ ΦΑΡΟ ΨΥΧΙΚΟΥ	OFFICE & SHOPS BUILDING ON KIFISSIAS AVENUE AT PHAROS IN PSYCHIKO
583	ΜΕΛΕΤΗ ΣΟΥΠΕΡΜΑΡΚΕΤ «ΑΒ» ΣΤΗ ΔΡΟΣΙΑ	STUDY OF SUPERMARKET "AB" IN DROSSIA
584	ΚΤΗΡΙΟ ΓΡΑΦΕΙΩΝ ΣΤΗ Λ. ΚΩΝΣΤΑΝΤΙΝΟΥ ΚΑΡΑΜΑΝΛΗ ΣΤΗ ΒΟΥΛΑ	OFFICE BUILDING ON KONSTANTINOU KARAMANLI AVENUE IN VOULA
585	ΔΙΑΜΟΡΦΩΣΗ ΕΣΩΤΕΡΙΚΩΝ ΧΩΡΩΝ ΚΑΤΑΣΤΗΜΑΤΟΣ ΣΤΗΝ ΟΔΟ ΣΟΛΩΝΟΣ	ARRANGEMENT OF INDOOR AREAS OF A SHOP ON SOLONOS STREET
586	ΚΤΗΡΙΟ ΓΡΑΦΕΙΩΝ & ΚΑΤΑΣΤΗΜΑΤΩΝ Χ ΣΤΗΝ ΟΔΟ ΣΟΛΩΝΟΣ	OFFICE & SHOPS BUILDING ON CHAR. TRIKOUPI STREET
587	ΚΤΗΡΙΟ ΓΡΑΦΕΙΩΝ & ΚΑΤΑΣΤΗΜΑΤΩΝ ΣΤΗΝ ΟΔΟ ΛΑΖΑΡΑΚΗ ΣΤΗ ΓΛΥΦΑΔΑ	OFFICE & SHOPS BUILDING ON LAZARAKI STREET IN GLYFADA
588	ΔΙΑΜΟΡΦΩΣΗ ΟΨΕΩΝ ΚΑΤΑΣΤΗΜΑΤΟΣ «MINERVA» ΣΤΗΝ ΑΛΕΞΑΝΔΡΕΙΑ ΤΗΣ ΑΙΓΥΠΤΟΥ	RENOVATION OF FACADES OF "MINERVA" SHOP IN ALEXANDRIA, EGYPT
589	ΚΤΗΡΙΟ ΓΡΑΦΕΙΩΝ & ΚΑΤΑΣΤΗΜΑΤΩΝ ΣΤΗ Λ. ΒΑΣ. ΓΕΡΓΙΟΥ Β΄ ΣΤΟΝ ΑΛΙΜΟ	OFFICE & SHOPS BUILDING ON VAS. GEORGIOU B΄ AVENUE IN ALIMOS
590	ΚΤΗΡΙΟ ΓΡΑΦΕΙΩΝ & ΚΑΤΑΣΤΗΜΑΤΩΝ ΣΤΗ Λ. ΣΥΓΓΡΟΥ ΣΤΟ Π. ΦΑΛΗΡΟ	OFFICE & SHOPS BUILDING ON SYNGROU AVENUE IN P. PHALIRO
591	ΚΤΗΡΙΟ ΓΡΑΦΕΙΩΝ ΣΤΗ Λ. ΒΑΣ. ΣΟΦΙΑΣ ΣΤΟ ΚΟΛΩΝΑΚΙ	OFFICE BUILDING ON VAS. SOFIAS AVENUE IN KOLONAKI
592	ΠΡΟΣΘΗΚΗ ΚΑΤ΄ΕΠΕΚΤΑΣΗ ΔΙΩΡΟΦΟΥ ΚΑΤΟΙΚΙΑΣ ΜΕ ΥΠΟΓΕΙΟ ΓΚΑΡΑΖ ΣΤΗΝ ΟΔΟ ΙΣΜΗΝΗΣ ΣΤΗΝ ΕΚΑΛΗ	EXTENSION OF TWO-FLOOR RESIDENCE WITH UNDERGROUND GARAGE ON ISMINIS STREET IN EKALI
593	ΚΤΗΡΙΟ ΓΡΑΦΕΙΩΝ ΣΤΗ Λ. ΠΕΝΤΕΛΗΣ ΣΤΟ ΧΑΛΑΝΔΡΙ	OFFICE BUILDING ON PENTELIS AVENUE IN CHALANDRI
594	ΔΙΑΜΟΡΦΩΣΗ ΕΣΩΤΕΡΙΚΩΝ ΧΩΡΩΝ ΒΙΛΛΑΣ ΣΤΗΝ ΚΗΦΙΣΙΑ	ARRANGEMENT OF INDOOR AREAS OF A VILLA IN KIFISSIA
595	ΔΙΑΜΟΡΦΩΣΗ ΕΣΩΤΕΡΙΚΩΝ ΧΩΡΩΝ ΓΡΑΦΕΙΩΝ ΝΑΥΤΙΛΙΑΚΗΣ ΕΤΑΙΡΕΙΑΣ ΣΤΟΝ ΦΑΡΟ ΨΥΧΙΚΟΥ	ARRANGEMENT OF INDOOR AREAS OF THE OFFICES OF A MARITIME COMPANY AT PHAROS IN PSYCHIKO
596	ΠΟΛΥΚΑΤΟΙΚΙΑ ΣΤΗ ΒΟΥΛΑ	APARTMENT BUILDING IN VOULA
597	ΜΕΖΟΝΕΤΑ ΣΤΗΝ ΟΔΟ ΠΙΝΔΟΥ ΣΤΗ ΦΙΛΟΘΕΗ	MAISONETTE ON PINDOU STREET IN PHILOTHEI

1994

598	ΜΕΛΕΤΗ ΣΟΥΠΕΡΜΑΡΚΕΤ «ΑΒ» ΣΤΗΝ ΟΔΟ ΚΩΝΣΤΑΝΤΙΝΟΥΠΟΛΕΩΣ ΣΤΟ ΚΕΡΑΤΣΙΝΙ	STUDY OF SUPERMARKET "AB" ON KONSTANTINOUPOLEOS STREET IN KERATSINI
599	ΔΙΑΜΟΡΦΩΣΗ ΟΨΕΩΝ ΣΟΥΠΕΡΜΑΡΚΕΤ «ΑΒ» ΣΤΗΝ ΟΔΟ 25ης ΜΑΡΤΙΟΥ ΣΤΗ Ν. ΣΜΥΡΝΗ	ARRANGEMENT OF FACADES IN SUPERMARKET "AB" ON IKOSTIS PEMPTIS MARTIOU STREET IN N. SMYRNI
600	ΔΙΑΜΟΡΦΩΣΗ ΟΨΕΩΝ & ΕΣΩΤΕΡΙΚΩΝ ΧΩΡΩΝ ΣΟΥΠΕΡΜΑΡΚΕΤ «ΑΒ» ΣΤΗΝ ΟΔΟ ΠΑΤΗΣΙΩΝ	ARRANGEMENT OF FACADES & INDOOR AREAS OF SUPERMARKET "AB" ON PATISSION STREET
601	ΣΟΥΠΕΡΜΑΡΚΕΤ «ΑΒ» ΣΤΗΝ Ε.Ο. ΑΘΗΝΩΝ-ΠΑΤΡΩΝ	SUPERMARKET "AB" ON NATIONAL ROAD ATHENS-PATRAS

602	ΣΟΥΠΕΡΜΑΡΚΕΤ «ΑΒ» ΣΤΗΝ ΤΡΙΠΟΛΗ	SUPERMARKET "AB" IN TRIPOLI
603	ΔΙΑΜΟΡΦΩΣΗ ΟΨΕΩΝ ΣΟΥΠΕΡΜΑΡΚΕΤ «ΑΒ» ΣΤΗ Λ. ΚΗΦΙΣΙΑΣ ΣΤΗ ΦΙΛΟΘΕΗ	ARRANGEMENT OF FACADES IN SUPERMARKET "AB" ON KIFISSIAS AVENUE IN PHILOTHEI
604	ΑΛΛΑΓΗ ΧΡΗΣΗΣ ΙΣΟΓΕΙΟΥ & Α΄ ΟΡΟΦΟΥ ΚΤΗΡΙΟΥ GARAGE ΣΕ ΥΠΕΡΑΓΟΡΑ «ΑΒ» & ΔΥΟ ΟΡΟΦΟΥΣ ΓΡΑΦΕΙΩΝ ΣΤΟ ΠΑΓΚΡΑΤΙ	CHANGE OF USE OF GROUND FLOOR & FIRST FLOOR OF A GARAGE BUILDING INTO SUPERMARKET "AB" & TWO FLOORS OF OFFICES IN PAGRATI
605	ΣΟΥΠΕΡΜΑΡΚΕΤ «ΑΒ» ΣΤΗ ΧΑΛΚΙΔΑ	SUPERMARKET "AB" IN CHALKIDA
606	ΤΡΕΙΣ ΚΑΤΟΙΚΙΕΣ ΣΤΗΝ ΟΔΟ ΣΕΡΕΠΕΤΖΗ ΣΤΟ ΨΥΧΙΚΟ	THREE VILLAS ON SEREPETZI STREET IN PSYCHIKO
607	ΚΤΗΡΙΟ ΓΡΑΦΕΙΩΝ «EUROBANK» ΣΤΗ Λ. ΚΗΦΙΣΙΑΣ ΣΤΟ ΜΑΡΟΥΣΙ	"EUROBANK" OFFICE BUILDING ON KIFISSIAS AVENUE IN MAROUSSI
608	ΣΟΥΠΕΡΜΑΡΚΕΤ «ΓΑΛΑΞΙΑΣ» ΣΤΙΣ ΑΛΥΚΕΣ ΚΕΡΚΥΡΑΣ	SUPERMARKET "GALAXIAS" IN ALYKES, CORFU
609	ΠΡΟΜΕΛΕΤΗ ΚΤΗΡΙΟΥ ΓΡΑΦΕΙΩΝ & ΚΑΤΑΣΤΗΜΑΤΩΝ ΣΤΗ Λ. ΚΗΦΙΣΙΑΣ ΣΤΟ ΜΑΡΟΥΣΙ	PRELIMINARY STUDY OF AN OFFICE & SHOPS BUILDING ON KIFISSIAS AVENUE IN MAROUSSI
610	ΣΥΜΜΕΤΟΧΗ ΣΕ ΔΙΑΓΩΝΙΣΜΟ ΓΙΑ ΚΤΗΡΙΑΚΟ ΣΥΓΚΡΟΤΗΜΑ ΤΗΣ ΕΘΝΙΚΗΣ ΑΣΦΑΛΙΣΤΙΚΗΣ ΣΤΗ Λ. ΣΥΓΓΡΟΥ	CONTEST PARTICIPATION FOR A BUILDING COMPLEX OF ETHNIKI ASFALISTIKI (INSURANCE COMPANY) ON SYNGROU AVENUE
611	ΜΕΛΕΤΗ ΣΥΓΚΡΟΤΗΜΑΤΟΣ ΚΤΗΡΙΩΝ ΓΡΑΦΕΙΩΝ & ΕΜΠΟΡΙΚΟΥ ΚΕΝΤΡΟΥ ΣΤΗ Λ. ΜΕΣΟΓΕΙΩΝ	STUDY OF AN OFFICE BUILDINGS & SHOPPING CENTER COMPLEX ON MESOGION AVENUE
612	ΙΣΟΓΕΙΟ ΚΑΤΑΣΤΗΜΑ ΣΤΗΝ ΑΝΟΙΞΗ	GROUND FLOOR SHOP IN ANIXI
613	ΤΕΤΡΑΟΡΟΦΟ ΚΤΗΡΙΟ ΓΡΑΦΕΙΩΝ & ΚΑΤΑΣΤΗΜΑΤΩΝ ΣΤΗ Λ. ΜΕΣΟΓΕΙΩΝ ΣΤΗΝ ΑΓ. ΠΑΡΑΣΚΕΥΗ	FOUR-FLOOR OFFICE & SHOPS BUILDING ON MESOGION AVENUE IN AG. PARASKEVI
614	ΜΕΛΕΤΗ ΞΕΝΟΔΟΧΕΙΟΥ Α ΚΑΤΗΓΟΡΙΑΣ ΣΤΗΝ ΠΛ. ΚΑΡΑΪΣΚΑΚΗ	STUDY OF A FIRST CLASS HOTEL AT KARAISKAKI SQUARE
615	ΣΥΜΜΕΤΟΧΗ ΣΕ ΔΙΑΓΩΝΙΣΜΟ ΠΡΟΣΧΕΔΙΩΝ ΓΙΑ ΤΟ ΚΤΗΡΙΟ ΤΩΝ ΚΕΝΤΡΙΚΩΝ ΓΡΑΦΕΙΩΝ ΤΟΥ ΤΣΜΕΔΕ ΣΤΗΝ ΠΛ. ΚΛΑΥΘΜΩΝΟΣ	CONTEST PARTICIPATION FOR PRELIMINARY DRAWINGS OF TSMEDE HEAD OFFICES AT KLATHMONOS SQUARE

1995

616	ΜΕΛΕΤΗ ΣΥΓΚΡΟΤΗΜΑΤΟΣ ΚΤΗΡΙΩΝ ΓΡΑΦΕΙΩΝ ΝΑΥΤΙΛΙΑΚΗΣ ΕΤΑΙΡΕΙΑΣ ΣΤΗ Λ. ΣΥΓΓΡΟΥ ΣΤΗΝ ΚΑΛΛΙΘΕΑ	STUDY OF AN OFFICE BUILDING COMPLEX OF A MARITIME COMPANY ON SYNGROU AVENUE IN KALLITHEA
617	ΚΑΤΟΙΚΙΑ ΣΤΗΝ ΟΔΟ ΑΡΙΣΤΟΤΕΛΟΥΣ ΣΤΟ ΔΙΟΝΥΣΟ	RESIDENCE ON ARISTOTELOUS STREET IN DIONYSOS
618	ΣΟΥΠΕΡΜΑΡΚΕΤ «ΑΒ» ΣΤΗ ΒΑΡΗ	SUPERMARKET "AB" IN VARI
619	ΠΡΟΤΑΣΗ ΓΙΑ ΣΟΥΠΕΡΜΑΡΚΕΤ «ΑΒ» ΣΤΗ Λ. ΒΑΣ. ΠΑΥΛΟΥ ΣΤΗ ΒΟΥΛΑ	PROPOSAL FOR SUPERMARKET "AB" ON VAS. PAVLOU AVENUE IN VOULA
620	ΔΙΑΜΟΡΦΩΣΗ ΟΨΕΩΝ & ΕΣΩΤΕΡΙΚΩΝ ΧΩΡΩΝ ΣΟΥΠΕΡΜΑΡΚΕΤ «ΑΒ» ΣΤΗΝ ΟΔΟ ΑΓ. ΜΕΛΕΤΙΟΥ ΣΤΗΝ ΚΥΨΕΛΗ	ARRANGEMENT OF FACADES & INDOOR AREAS OF SUPERMARKET "AB" ON AG. MELETIOU STREET IN KYPSELI
621	ΜΕΛΕΤΗ ΣΥΓΚΡΟΤΗΜΑΤΟΣ ΥΠΕΡΑΓΟΡΑΣ «ΑΒ», ΓΡΑΦΕΙΩΝ & ΔΙΑΜΕΡΙΣΜΑΤΩΝ ΣΤΟ Ν. ΚΟΣΜΟ	STUDY OF A SUPERMARKET "AB", OFFICE & APARTMENT BUILDING IN N. KOSMOS
622	ΔΙΑΜΟΡΦΩΣΗ ΟΨΗΣ & ΕΣΩΤΕΡΙΚΩΝ ΧΩΡΩΝ ΚΑΤΑΣΤΗΜΑΤΟΣ «AB GASTRONOMIA-DELICATESSEN» ΣΤΗΝ ΟΔΟ ΣΤΑΔΙΟΥ	ARRANGEMENT OF FACADE & INDOOR AREAS OF SHOP "AB GASTRONOMIA-DELICATESSEN" ON STADIOU STREET
623	ΣΟΥΠΕΡΜΑΡΚΕΤ «ΑΒ» ΣΤΟΝ ΠΥΡΓΟ	SUPERMARKET "AB" IN PYRGOS
624	ΔΙΑΜΟΡΦΩΣΗ ΟΨΕΩΝ ΣΟΥΠΕΡΜΑΡΚΕΤ «ΑΒ» ΣΤΗΝ ΚΗΦΙΣΙΑ	ARRANGEMENT OF FACADES IN SUPERMARKET "AB" IN KIFISSIA
625	ΚΤΗΡΙΟ ΓΡΑΦΕΙΩΝ & ΚΑΤΑΣΤΗΜΑΤΩΝ ΣΤΗ Λ. ΚΗΦΙΣΙΑΣ ΣΤΟ ΧΑΛΑΝΔΡΙ	OFFICE & SHOPS BUILDING ON KIFISSIAS AVENUE IN CHALANDRI
626	ΠΟΛΥΚΑΤΟΙΚΙΑ & ΕΜΠΟΡΙΚΕΣ ΧΡΗΣΕΙΣ ΣΤΗΝ ΟΔΟ ΑΓΙΑΣΟΥ ΣΤΑ ΒΡΙΛΗΣΣΙΑ	APARTMENT BUILDING & COMMERCIAL USES ON AGIASSOU STREET IN VRILISSIA
627	ΜΕΛΕΤΗ ΚΤΗΡΙΟΥ ΓΡΑΦΕΙΩΝ & ΚΑΤΑΣΤΗΜΑΤΩΝ ΣΤΗΝ ΟΔΟ ΧΑΡ. ΤΡΙΚΟΥΠΗ	STUDY OF AN OFFICE & SHOPS BUILDING ON CHAR. TRIKOUPI STREET
628	ΜΕΛΕΤΗ ΞΕΝΟΔΟΧΕΙΟΥ ΠΟΛΥΤΕΛΕΙΑΣ 720 ΚΛΙΝΩΝ ΣΤΗ Λ. ΠΟΣΕΙΔΩΝΟΣ ΣΤΟ ΔΕΛΤΑ ΦΑΛΗΡΟΥ	STUDY OF A LUXURY HOTEL WITH 720 BEDS ON POSIDONOS AVENUE IN DELTA OF PHALIRON

629	ΜΕΛΕΤΗ ΚΤΗΡΙΟΥ ΓΡΑΦΕΙΩΝ & ΚΑΤΑΣΤΗΜΑΤΩΝ ΣΤΗ Λ. ΚΗΦΙΣΙΑΣ	STUDY OF AN OFFICE & SHOPS BUILDING ON KIFISSIAS AVENUE
630	ΚΕΝΤΡΙΚΑ ΓΡΑΦΕΙΑ ΤΗΣ ΚΤΗΜΑΤΙΚΗΣ ΤΡΑΠΕΖΑΣ & ΤΟΥ ΝΟΜΙΚΟΥ ΣΥΜΒΟΥΛΙΟΥ ΤΟΥ ΚΡΑΤΟΥΣ ΣΤΗΝ ΟΔΟ ΑΚΑΔΗΜΙΑΣ	HEAD OFFICE OF MORTGAGE BANK & LEGAL STATE COUNCIL ON ACADIMIAS STREET
631	ΚΤΗΡΙΟ ΓΡΑΦΕΙΩΝ & ΚΑΤΑΣΤΗΜΑΤΩΝ ΣΤΗΝ ΟΔΟ ΠΑΠΑΝΙΚΟΛΗ ΣΤΟ ΧΑΛΑΝΔΡΙ	OFFICE & SHOPS BUILDING ON PAPANIKOLI STREET IN CHALANDRI
632	ΑΝΑΚΑΤΑΣΚΕΥΗ (ΕΣΩΤ. & ΕΞΩΤ. ΔΙΑΜΟΡΦΩΣΗ) & ΑΝΕΓΕΡΣΗ ΝΕΟΥ ΚΤΗΡΙΟΥ ΣΕ ΣΥΓΚΡΟΤΗΜΑ ΚΑΤΟΙΚΙΩΝ ΣΤΗΝ ΚΗΦΙΣΙΑ	RECONSTRUCTION (INT. & EXT. ARRANGEMENT) & CONSTRUCTION OF A NEW BUILDING TO A RESIDENCES
633	ΥΠΟΣΤΕΓΑ ΕΠΙΒΑΤΙΚΟΥ ΚΟΙΝΟΥ ΛΙΜΕΝΑ ΠΑΡΟΥ	SHEDS FOR PASSENGERS IN PAROS PORT
634	ΠΡΟΜΕΛΕΤΗ ΔΗΜΟΣΙΟΥ ΚΤΗΡΙΟΥ ΣΤΗ ΜΟΣΧΑ	PRELIMINARY STUDY OF A PUBLIC BUILDING IN MOSCOW
635	ΚΤΗΡΙΟ ΓΡΑΦΕΙΩΝ & ΚΑΤΑΣΤΗΜΑΤΩΝ ΣΤΗΝ ΟΔΟ ΚΑΤΕΧΑΚΗ	OFFICE & SHOPS BUILDING ON KATECHAKI STREET
636	ΔΙΑΓΩΝΙΣΜΟΣ ΓΙΑ ΤΗΝ ΑΝΕΓΕΡΣΗ ΤΟΥ ΚΤΗΡΙΟΥ ΔΙΟΙΚΗΤΙΚΩΝ& ΠΟΛΙΤΙΣΤΙΚΩΝ ΛΕΙΤΟΥΡΓΙΩΝ ΤΗΣ ΝΟΜΑΡΧΙΑΚΗΣ ΑΥΤΟΔΙΟΙΚΗΣΗΣ ΕΥΒΟΙΑΣ *ΣΥΝΕΡΓΑΣΙΑ ΜΕ Η. ΣΚΡΟΥΜΠΕΛΟ (ΜΕΤΡΟΝ ΟΕ)*	CONTEST FOR THE CONSTRUCTION OF ADMINISTRATIVE & CULTURAL OPERATION OF SELF GOVERNMENT PREFECTURE OF EVIA *COLLABORATION WITH H. SKROUBELOS (METRON*
637	ΤΡΙΩΡΟΦΗ ΟΙΚΙΑ ΜΕ ΥΠΟΓΕΙΟ ΣΤΗΝ ΟΔΟ ΜΟΥΣΩΝ ΣΤΟ ΨΥΧΙΚΟ	THREE-FLOOR BUILDING WITH BASEMENT ON MOUSON STREET IN PSYCHIKO
638	ΜΕΛΕΤΗ ΚΛΕΙΣΤΗΣ ΟΛΥΜΠΙΑΚΗΣ ΠΙΣΙΝΑΣ ΣΤΗ ΣΟΦΙΑ	STUDY OF A CLOSED OLYMPIC SWIMMING POOL IN SOFIA
639	ΚΤΗΡΙΟ ΓΡΑΦΕΙΩΝ ΕΤΑΙΡΕΙΑΣ «ΣΤΗΛΜΕΤ» Ι ΣΤΗΝ ΟΔΟ ΧΕΙΜΑΡΑΣ ΣΤΟ ΜΑΡΟΥΣ	OFFICE BUILDING OF COMPANY "STEELMET" ON CHIMARAS STREET IN MAROUSSI
640	ΕΠΕΚΤΑΣΗ ΚΤΗΡΙΟΥ ΑΕΡΟΣΤΑΘΜΟΥ & ΔΙΑΜΟΡΦΩΣΗ ΠΕΡΙΒΑΛΛΟΝΤΟΣ ΧΩΡΟΥ ΣΤΗ ΣΑΜΟ	EXTENSION OF THE AIRPORT BUILDING & ARRANGEMENT OF OUTDOOR AREAS ON SAMOS
641	ΣΥΜΜΕΤΟΧΗ ΣΕ ΔΙΑΓΩΝΙΣΜΟ ΓΙΑ ΤΟ ΣΩΦΡΟΝΙΣΤΙΚΟ ΚΑΤΑΣΤΗΜΑ ΦΩΚΙΔΟΣ ΣΤΟ ΜΑΛΑΝΔΡΙΝΟ *ΣΥΝΕΡΓΑΣΙΑ ΜΕ ΜΠΙΛΥ ΓΙΑΝΝΟΥΤΣΟΥ*	CONTEST PARTICIPATION FOR PRISON BUILDING IN MALANDRINO, PHOKIS *COLLABORATION WITH BILLY GIANNOUTSOU*
642	ΚΑΤΟΙΚΙΑ ΜΕ ΠΙΣΙΝΑ ΣΤΗΝ ΟΔΟ ΕΛ. ΒΕΝΙΖΕΛΟΥ ΣΤΗ ΦΙΛΟΘΕΗ	RESIDENCE WITH SWIMMING POOL ON EL. VENIZELOU STREET IN PHILOTHEI

1996

643	ΔΙΑΓΩΝΙΣΜΟΣ ΓΙΑ ΤΗΝ ΑΝΑΚΑΤΑΣΚΕΥΗ & ΕΠΕΚΤΑΣΗ ΤΗΣ ΓΕΝΝΑΔΕΙΟΥ ΒΙΒΛΙΟΘΗΚΗΣ ΣΤΗΝ ΟΔΟ ΣΟΥΗΔΙΑΣ ΣΤΟ ΚΟΛΩΝΑΚΙ	CONTEST FOR THE RECONSTRUCTION OF GENNADIOS LIBRARY & ADDITION OF A NEW BUILDING ON SOUEDIAS STREET IN KOLONAKI
644	ΕΣΩΤΕΡΙΚΗ ΑΝΑΚΑΤΑΣΚΕΥΗ ΓΕΝΝΑΔΕΙΟΥ ΒΙΒΛΙΟΘΗΚΗΣ ΣΤΗΝ ΟΔΟ ΣΟΥΗΔΙΑΣ ΣΤΟ ΚΟΛΩΝΑΚΙ	INTERNAL RECONSTRUCTION OF GENNADIUS LIBRARY ON SOUEDIAS STREET IN KOLONAKI
645	ΚΤΗΡΙΟ ΓΡΑΦΕΙΩΝ & ΚΑΤΑΣΤΗΜΑΤΩΝ ΙΔΡΥΜΑΤΟΣ ΣΑΜΟΥΡΚΑ ΣΤΗ Λ. ΚΗΦΙΣΙΑΣ ΣΤΟ ΜΑΡΟΥΣΙ	OFFICE & SHOPS BUILDING OF SAMOURKAS INSTITUTION ON KIFISSIAS AVENUE IN MAROUSSI
646	ΚΤΗΡΙΟ ΓΡΑΦΕΙΩΝ & ΚΑΤΑΣΤΗΜΑΤΩΝ ΣΤΗ Λ. ΚΗΦΙΣΙΑΣ ΣΤΟ ΨΥΧΙΚΟ	OFFICE & SHOPS BUILDING ON KIFISSIAS AVENUE IN PSYCHIKO
647	ΜΕΛΕΤΗ ΠΟΛΙΤΙΣΤΙΚΟΥ & ΕΚΘΕΣΙΑΚΟΥ ΚΕΝΤΡΟΥ ΣΤΗ Λ. ΚΗΦΙΣΙΑΣ ΣΤΟ ΜΑΡΟΥΣΙ	STUDY OF A CULTURAL & EXHIBITION CENTER ON KIFISSIAS AVENUE IN MAROUSSI
648	ΣΥΜΜΕΤΟΧΗ ΣΕ ΔΙΑΓΩΝΙΣΜΟ ΓΙΑ ΝΕΟ ΚΤΗΡΙΟ ΤΗΣ ΕΘΝΙΚΗΣ ΤΡΑΠΕΖΑΣ ΤΗΣ ΕΛΛΑΔΟΣ ΣΤΗΝ ΟΔΟ ΑΙΟΛΟΥ	CONTEST PARTICIPATION FOR A NEW BUILDING OF NATIONAL BANK OF GREECE ON AIOLOU STREET
649	ΚΤΗΡΙΟ ΓΡΑΦΕΙΩΝ & ΚΑΤΑΣΤΗΜΑΤΩΝ ΣΤΗ Λ. ΣΥΓΓΡΟΥ ΣΤΟΝ ΑΓ. ΣΩΣΤΗ	OFFICE & SHOPS BUILDING ON SYNGROU AVENUE IN AG. SOSTIS
650	ΚΑΤΟΙΚΙΑ ΣΤΗΝ ΟΔΟ ΧΑΟΥΛΑΝΤ ΣΤΗ ΦΙΛΟΘΕΗ	RESIDENCE ON HOWLAND STREET IN PHILOTHEI
651	ΚΑΤΟΙΚΙΑ ΣΤΗΝ ΚΑΛΛΙΤΕΧΝΟΥΠΟΛΗ	RESIDENCE IN KALLITHECHNOUPOLI
652	ΠΡΟΣΘΗΚΗ ΚΑΘ' ΥΨΟΣ ΣΕ ΥΦΙΣΤΑΜΕΝΗ ΚΑΤΟΙΚΙΑ ΣΤΗ Λ. ΜΕΣΟΓΕΙΩΝ ΣΤΗΝ ΑΓ. ΠΑΡΑΣΚΕΥΗ	ADDITION IN HEIGHT ON AN EXISTING RESIDENCE ON MESOGION AVENUE IN AG. PARASKEVI
653	ΣΥΜΜΕΤΟΧΗ ΣΕ ΔΙΑΓΩΝΙΣΜΟ (ΣΥΣΤΗΜΑ ΜΕΛΕΤΗ-ΚΑΤΑΣΚΕΥΗ) ΓΙΑ ΤΟ ΕΝΙΑΙΟ ΠΟΛΥΚΛΑΔΙΚΟ ΛΥΚΕΙΟ ΠΡΕΒΕΖΑΣ	CONTEST PARTICIPATION (SYSTEM STUDY-CONSTRUCTION) FOR UNIFIED MANY BRANCHES SENIOR HIGH SCHOOL IN PREVEZA

654	ΣΥΜΜΕΤΟΧΗ ΣΕ ΔΙΑΓΩΝΙΣΜΟ (ΣΥΣΤΗΜΑ ΜΕΛΕΤΗ-ΚΑΤΑΣΚΕΥΗ) ΓΙΑ ΤΟ ΚΕΤΕΚ ΑΡΚΑΔΙΑΣ	CONTEST PARTICIPATION (SYSTEM STUDY-CONSTRUCTION) FOR KETEK ARCADIA
655	ΣΥΜΜΕΤΟΧΗ ΣΕ ΔΙΑΓΩΝΙΣΜΟ (ΣΥΣΤΗΜΑ ΜΕΛΕΤΗ-ΚΑΤΑΣΚΕΥΗ) ΓΙΑ ΤΟ ΕΝΙΑΙΟ ΠΟΛΥΚΛΑΔΙΚΟ ΛΥΚΕΙΟ ΣΑΜΟΥ	CONTEST PARTICIPATION (SYSTEM STUDY-CONSTRUCTION) FOR UNIFIED MANY BRANCHES SENIOR HIGH SCHOOL O N SAMOS
656	ΣΥΜΜΕΤΟΧΗ ΣΕ ΔΙΑΓΩΝΙΣΜΟ (ΣΥΣΤΗΜΑ ΜΕΛΕΤΗ-ΚΑΤΑΣΚΕΥΗ) ΓΙΑ ΤΑ ΚΤΗΡΙΑ ΤΟΥ ΤΕΛ ΦΙΛΙΠΠΙΑΔΑΣ	CONTEST PARTICIPATION (SYSTEM STUDY-CONSTRUCTION) FOR TEL PHILIPIADAS BUILDINGS
657	ΠΟΛΥΚΑΤΟΙΚΙΑ ΣΤΗΝ ΟΔΟ ΠΕΡΙΚΛΕΟΥΣ ΣΤΟ Ν. ΨΥΧΙΚΟ	APARTMENT BUILDING ON PERIKLEOUS ST. IN N. PSYCHIKO
658	ΔΙΑΓΩΝΙΣΜΟΣ ΓΙΑ ΤΟ ΤΜΗΜΑ ΓΕΩΠΟΝΙΑΣ, ΦΥΤΙΚΗΣ & ΖΩΙΚΗΣ ΠΑΡΑΓΩΓΗΣ ΤΟΥ ΠΑΝΕΠΙΣΤΗΜΙΟΥ ΘΕΣΣΑΛΙΑΣ	CONTEST FOR THE DEPARTMENT OF AGRICULTURISTS, PLANT & ANIMAL PRODUCTION OF THESSALIA UNIVERSITY
659	ΔΙΑΓΩΝΙΣΜΟΣ ΓΙΑ ΤΗΝ ΑΝΕΓΕΡΣΗ ΤΟΥ ΚΤΗΡΙΟΥ ΤΗΣ ΚΕΝΤΡΙΚΗΣ ΒΙΒΛΙΟΘΗΚΗΣ ΤΟΥ ΠΑΝΕΠΙΣΤΗΜΙΟΥ ΙΩΑΝΝΙΝΩΝ *ΣΥΝΕΡΓΑΣΙΑ ΜΕ Η. ΣΚΡΟΥΜΠΕΛΟ (ΜΕΤΡΟΝ ΟΕ)*	CONTEST FOR THE CONSTRUCTION OF CENTRAL LIBRARY BUILDING IN IOANNINA *COLLABORATION WITH H. SKROUBELOS (METRON*
660	ΚΤΗΡΙΟ ΓΡΑΦΕΙΩΝ & ΚΑΤΑΣΤΗΜΑΤΩΝ ΣΤΗΝ ΟΔΟ Ι. ΜΕΤΑΞΑ ΣΤΗ ΓΛΥΦΑΔΑ	OFFICE & SHOPS BUILDING ON I. METAXA STREET IN GLYFADA
661	ΣΥΜΜΕΤΟΧΗ ΣΕ ΔΙΑΓΩΝΙΣΜΟ ΓΙΑ ΤΗΝ ΑΝΕΓΕΡΣΗ ΚΤΗΡΙΩΝ ΣΤΟ ΤΕΙ ΗΠΕΙΡΟΥ - ΚΤΗΡΙΟ ΒΙΒΛΙΟΘΗΚΗΣ ΣΤΗΝ ΑΡΤΑ	CONTEST PARTICIPATION FOR THE CONSTRUCTION OF BUILDINGS IN TEI EPIROS - LIBRARY BUILDING IN ARTA
662	ΣΥΜΜΕΤΟΧΗ ΣΕ ΔΙΑΓΩΝΙΣΜΟ ΓΙΑ ΤΗΝ ΑΝΕΓΕΡΣΗ ΚΤΗΡΙΩΝ ΣΤΟ ΤΕΙ ΗΠΕΙΡΟΥ - ΚΤΗΡΙΟ ΔΙΟΙΚΗΤΗΡΙΟΥ ΣΤΗΝ ΑΡΤΑ	CONTEST PARTICIPATION FOR THE CONSTRUCTION OF BUILDINGS IN TEI EPIROS - ADMINISTR. BUILDING IN ARTA
663	ΚΤΗΡΙΟ ΤΜΗΜΑΤΟΣ ΑΝΘΟΚΟΜΙΑΣ - ΑΡΧΙΤΕΚΤΟΝΙΚΗΣ ΤΟΠΙΟΥ ΣΤΟ ΤΕΙ ΗΠΕΙΡΟΥ ΣΤΗΝ ΑΡΤΑ *ΣΥΝΕΡΓΑΣΙΑ ΜΕ ΜΠΙΛΥ ΓΙΑΝΝΟΥΤΣΟΥ*	BUILDING OF FLORICULTURE & LANDSCAPE ARCHITECTURE DEPARTMENT IN TEI EPIROS IN ARTA *COLLABORATION WITH BILLY GIANNOUTSOU*
664	ΜΕΖΟΝΕΤΑ ΜΕ ΠΙΣΙΝΑ ΣΤΗΝ ΟΔΟ ΑΓΡΙΑΔΩΝ ΣΤΗ ΔΡΟΣΙΑ	MAISONETTE WITH SWIMMING POOL ON AGRIADON STREET IN DROSSIA
665	ΤΟΥΡΙΣΤΙΚΕΣ ΕΓΚΑΤΑΣΤΑΣΕΙΣ ΣΤΗ ΜΕΣΣΗΝΙΑ	TOURIST INSTALLATIONS IN MESSINIA

1997

666	ΜΕΛΕΤΗ ΚΤΗΡΙΟΥ ΓΡΑΦΕΙΩΝ & ΚΑΤΑΣΤΗΜΑΤΩΝ «ΑΜΑΛΙΕΙΟ» χ ΣΤΗΝ ΟΔΟ ΑΓΡΙΑΔΩΝ ΣΤΗ ΔΡΟΣΙΑ	STUDY OF OFFICE & SHOPS BUILDING "AMALIIO" ON KIFISSIAS AVENUE IN MAROUSSI
667	ΔΙΑΓΩΝΙΣΜΟΣ (ΣΥΣΤΗΜΑ ΜΕΛΕΤΗ-ΚΑΤΑΣΚΕΥΗ) ΓΙΑ ΤΗΝ ΕΠΕΚΤΑΣΗ ΤΟΥ ΚΤΗΡΙΟΥ ΤΟΥ ΑΕΡΟΣΤΑΘΜΟΥ ΣΤΟΝ ΚΡΑΤΙΚΟ ΑΕΡΟΛΙΜΕΝΑ ΜΥΚΟΝΟΥ *ΣΥΝΕΡΓΑΣΙΑ ΜΕ Η. ΣΚΡΟΥΜΠΕΛΟ (ΜΕΤΡΟΝ ΟΕ)*	CONTEST (SYSTEM STUDY-CONSTRUCTION) FOR THE EXTENSION OF THE BUILDING OF STATE AIRPORT IN MYCONOS *COLLABORATION WITH H. SKROUBELOS (METRON*
668	ΔΥΟ ΜΕΖΟΝΕΤΕΣ ΣΤΗΝ ΑΡΤΑ	TWO MAISONETTES IN ARTA
669	ΔΙΑΓΩΝΙΣΜΟΣ ΓΙΑ ΤΗΝ ΕΠΕΚΤΑΣΗ ΤΟΥ ΑΕΡΟΣΤΑΘΜΟΥ ΣΤΟΝ ΚΡΑΤΙΚΟ ΑΕΡΟΛΙΜΕΝΑ ΗΡΑΚΛΕΙΟΥ «ΚΑΖΑΝΤΖΑΚΗΣ» ΣΤΗΝ ΚΡΗΤΗ	CONTEST FOR THE EXTENSION OF THE BUILDING OF STATE AIRPORT IN HERAKLION "KAZANTZAKIS" ON CRETE
670	ΜΕΓΑΡΟ ΓΡΑΦΕΙΩΝ & ΚΑΤΑΣΤΗΜΑΤΩΝ & ΣΤΑΘΜΟΣ ΑΥΤΟΚΙΝΗΤΩΝ ΣΤΗΝ ΟΔΟ ΑΓ. ΚΩΝΣΤΑΝΤΙΝΟΥ ΣΤΟ ΜΟΣΧΑΤΟ	OFFICES, SHOPS & CAR STATION PALACE ON AG. KONSTANTINOU STREET IN MOSCHATO
671	ΣΥΓΚΡΟΤΗΜΑ ΚΤΗΡΙΩΝ ΓΡΑΦΕΙΩΝ & ΚΑΤΑΣΤΗΜΑΤΩΝ ΕΠΙ ΤΗΣ Λ. ΚΗΦΙΣΙΑΣ 66 ΣΤΟ ΜΑΡΟΥΣΙ	OFFICE & SHOPS BUILDING COMPLEX AT 66 KIFISSIAS AVENUE IN MAROUSSI
672	ΚΤΗΡΙΟ ΓΡΑΦΕΙΩΝ & ΚΑΤΑΣΤΗΜΑΤΩΝ ΣΤΗ Λ. ΣΥΓΓΡΟΥ ΣΤΟΝ ΑΓ. ΣΩΣΤΗ	OFFICE & SHOPS BUILDING ON SYNGROU AVENUE IN AG. SOSTIS
673	ΔΙΑΜΟΡΦΩΣΗ ΠΡΟΣΟΨΕΩΝ ΥΠΟΚΑΤΑΣΤΗΜΑΤΟΣ *ΣΥΝΕΡΓΑΣΙΑ ΜΕ Η. ΣΚΡΟΥΜΠΕΛΟ (ΜΕΤΡΟΝ ΟΕ)*	MANY BRANCHES SENIOR HIGH SCHOOL IN ARGOSTOLI *COLLABORATION WITH H. SKROUBELOS (METRON*
676	ΔΙΑΓΩΝΙΣΜΟΣ ΓΙΑ ΤΗΝ ΕΠΕΚΤΑΣΗ ΤΟΥ ΑΕΡΟΣΤΑΘΜΟΥ & ΤΗ ΔΙΑΜΟΡΦΩΣΗ ΤΟΥ ΠΕΡΙΒΑΛΛΟΝΤΑ ΧΩΡΟΥ ΣΤΟΝ ΚΡΑΤΙΚΟ ΑΕΡΟΛΙΜΕΝΑ ΑΚΤΙΟΥ *ΣΥΝΕΡΓΑΣΙΑ ΜΕ Η. ΣΚΡΟΥΜΠΕΛΟ (ΜΕΤΡΟΝ ΟΕ)*	CONTEST FOR THE EXTENSION OF THE BUILDING & ARRANGEMENT OF OUTDOOR AREAS OF STATE AIRPORT IN AKTION *COLLABORATION WITH H. SKROUBELOS (METRON*
677	ΣΥΓΚΡΟΤΗΜΑ ΚΤΗΡΙΩΝ ΔΙΑΜΕΡΙΣΜΑΤΩΝ & ΚΑΤΑΣΤΗΜΑΤΩΝ ΣΤΗΝ ΟΔΟ ΒΑΡΝΑΛΗ ΣΤΟ ΧΑΛΑΝΔΡΙ	APARTMENT & SHOPS BUILDINGS COMPLEX ON VARNALI STREET IN CHALANDRI
678	ΔΙΑΜΟΡΦΩΣΗ ΕΣΩΤΕΡΙΚΩΝ ΧΩΡΩΝ & ΠΡΟΣΘΗΚΗ ΣΕ ΚΤΗΡΙΟ ΤΗΣ ΕΛΒΑΛ ΑΕ ΣΤΗΝ ΟΔΟ ΑΜΑΡΟΥΣΙΟΥ-ΧΑΛΑΝΔΡΙΟΥ	INDOOR AREAS ARRANGEMENT & EXTENSION TO A BUILDING OF COMPANY ELVAL S.A. ON AMAROUSSIOU-CHALANDRIOU STREET

679	ΤΑΦΙΚΟ ΜΝΗΜΕΙΟ ΚΩΝΣΤΑΝΤΙΝΟΥ ΚΑΡΑΜΑΝΛΗ ΣΤΟ ΙΔΡΥΜΑ ΚΑΡΑΜΑΝΛΗ ΣΤΗ ΦΙΛΟΘΕΗ	GRAVE MONUMENT OF KONSTANTINOS KARAMANLIS IN KARAMANLIS INSTITUTION IN PHILOTHEI
680	ΠΡΟΤΑΣΗ ΓΙΑ ΜΟΥΣΕΙΟ ΣΤΗΝ ΟΔΟ ΒΑΣ. ΣΟΦΙΑΣ ΣΤΟ ΜΑΡΟΥΣΙ	PROPOSAL FOR A MUSEUM ON VAS. SOFIAS STREET IN MAROUSSI
681	ΣΥΜΜΕΤΟΧΗ ΣΕ ΔΙΑΓΩΝΙΣΜΟ ΓΙΑ ΤΙΣ ΕΠΙΣΚΕΥΕΣ, ΔΙΑΡΡΥΘΜΙΣΕΙΣ & ΔΙΑΜΟΡΦΩΣΕΙΣ ΚΤΗΡΙΟΥ ΓΙΑ ΤΟ ΙΕΚ ΘΕΡΜΗΣ ΣΤΗ ΘΕΣΣΑΛΟΝΙΚΗ	CONTEST PARTICIPATION FOR THE ARRANGEMENTS & REPAIRS OF A BUILDING FOR IEK THERMIS IN THESSALONIKII
682	ΔΙΑΓΩΝΙΣΜΟΣ ΓΙΑ ΚΤΗΡΙΟ & ΕΓΚΑΤΑΣΤΑΣΕΙΣ ΣΥΓΚΡΟΤΗΜΑΤΟΣ ΜΕΤΑΛΛΙΚΩΝ ΚΑΤΑΣΚΕΥΩΝ ΤΟΥ ΟΣΕ ΣΤΟ ΘΡΙΑΣΙΟ ΠΕΔΙΟ *ΣΥΝΕΡΓΑΣΙΑ ΜΕ Η. ΣΚΡΟΥΜΠΕΛΟ (ΜΕΤΡΟΝ ΟΕ)*	CONTEST FOR A BUILDING & INSTALLATIONS OF STEEL STRUCTURES COMPLEX OF RAILWAYS ORGANIZATION IN THRIASION PEDION *COLLABORATION WITH H. SKROUBELOS (METRON*
683	ΣΥΓΚΡΟΤΗΜΑ ΚΑΤΟΙΚΙΩΝ ΣΤΗΝ ΟΔΟ ΠΟΝΤΟΥ ΣΤΗ ΔΡΟΣΙΑ	RESIDENCES COMPLEX ON PONTOU STREET IN DROSSIA
684	ΚΤΗΡΙΟ ΓΡΑΦΕΙΩΝ & ΚΑΤΟΙΚΙΩΝ ΣΤΗΝ ΟΔΟ ΑΡΔΗΤΤΟΥ ΣΤΟ ΜΕΤΣ	OFFICE & RESIDENCES BUILDING ON ARDETOU STREET IN METS
685	ΤΡΙΩΡΟΦΗ ΚΑΤΟΙΚΙΑ ΣΤΗΝ ΠΛ. ΕΛ. ΒΕΝΙΖΕΛΟΥ ΣΤΟ ΨΥΧΙΚΟ	THREE-FLOOR RESIDENCE AT EL. VENIZELOU SQUARE IN PSYCHIKO

1998

686	ΔΙΑΜΟΡΦΩΣΗ ΕΣΩΤΕΡΙΚΩΝ ΧΩΡΩΝ ΓΡΑΦΕΙΩΝ ΕΤΑΙΡΕΙΑΣ MOTOROLA ΣΤΟΝ ΠΥΡΓΟ «ATRINA» ΣΤΟ ΜΑΡΟΥΣΙ	ARRANGEMENT OF INDOOR AREAS OF MOTOROLA OFFICES IN "ATRINA" TOWER IN MAROUSSI
687	ΚΤΗΡΙΟ ΓΡΑΦΕΙΩΝ ΚΕΝΤΡΙΚΟΥ ΤΗΛΕΠΙΚΟΙΝΩΝΙΑΚΟΥ ΣΤΑΘΜΟΥ ΕΤΑΙΡΕΙΑΣ ΚΙΝΗΤΗΣ ΤΗΛΕΦΩΝΙΑΣ ΣΤΗ Λ. ΑΘΗΝΩΝ	CENTRAL OFFICE BUILDING OF TELECOM STATION OF MOBILE TELEPHONY COMPANY ON ATHINON AVENUE
688	ΔΗΜΑΡΧΕΙΟ ΑΜΑΡΟΥΣΙΟΥ	AMAROUSSION TOWN HALL
689	ΚΤΗΡΙΟ ΓΡΑΦΕΙΩΝ ΜΕ ΣΟΥΠΕΡΜΑΡΚΕΤ ΣΤΗ Λ. ΚΗΦΙΣΙΑΣ ΣΤΟΥΣ ΑΜΠΕΛΟΚΗΠΟΥΣ	OFFICE BUILDING WITH SUPERMARKET ON KIFISSIAS AVENUE IN AMPELOKIPI
690	ΚΤΗΡΙΑ ΓΡΑΦΕΙΩΝ (Α & Β) ΕΤΑΙΡΕΙΑΣ ΚΙΝΗΤΗΣ ΤΗΛΕΦΩΝΙΑΣ ΕΠΙ ΤΗΣ Λ. ΚΗΦΙΣΙΑΣ 66 ΣΤΟ ΜΑΡΟΥΣΙ	OFFICE BUILDINGS (A & B) OF MOBILE TELEPHONY COMPANY AT 66 KIFISSIAS AVENUE IN MAROUSSI
691	ΔΙΑΜΟΡΦΩΣΗ ΕΣΩΤΕΡΙΚΩΝ ΧΩΡΩΝ ΝΑΥΤΙΛΙΑΚΟΥ ΚΑΤΑΣΤΗΜΑΤΟΣ ΣΤΟ ΚΤΗΡΙΟ «ΑΡΓΩ» ΣΤΗΝ ΟΔΟ ΦΙΛΩΝΟΣ ΣΤΟΝ ΠΕΙΡΑΙΑ	ARRANGEMENT OF INDOOR AREAS OF SHIPPING UNIT IN BUILDING "ARGO" ON PHILONOS STREET IN PIRAEUS
692	ΚΤΗΡΙΟ ΓΡΑΦΕΙΩΝ & ΚΑΤΟΙΚΙΑ ΣΤΗΝ ΟΔΟ ΠΡΕΜΕΤΗΣ ΣΤΟ ΜΑΡΟΥΣΙ	OFFICE BUILDING & RESIDENCE ON PREMETIS STREET IN MAROUSSI
693	ΕΠΕΚΤΑΣΗ ΥΠΑΙΘΡΙΟΥ ΘΕΑΤΡΟΥ ΣΤΟ ΚΤΗΜΑ ΣΥΓΓΡΟΥ ΣΤΟ ΜΑΡΟΥΣΙ	EXTENSION OF OUTDOOR THEATER AT SYNGROU LAND PLOT IN MAROUSSI
694	ΔΙΩΡΟΦΗ ΚΑΤΟΙΚΙΑ ΜΕ ΑΠΟΘΗΚΕΣ & ΠΙΣΙΝΑ ΣΤΟ ΠΙΚΕΡΜΙ	TWO-FLOOR RESIDENCE WITH WAREHOUSE & SWIMMING POOL IN PIKERMI
695	ΔΙΑΜΟΡΦΩΣΗ ΣΤΕΓΑΣΜΕΝΟΥ ΑΙΘΡΙΟΥ ΣΤΟ ΜΟΥΣΕΙΟ ΚΕΡΑΜΕΙΚΟΥ	ARRANGEMENT OF SHELTERED ATRIUM IN KERAMIKOS MUSEUM
696	ΜΕΛΕΤΗ ΣΥΓΚΡΟΤΗΜΑΤΟΣ ΠΟΛΥΚΑΤΟΙΚΙΩΝ ΜΕ ΓΡΑΦΕΙΑ, ΚΑΤΑΣΤΗΜΑΤΑ & ΠΟΛΥΣΙΝΕΜΑ ΣΤΗΝ ΞΑΝΘΗ	STUDY OF AN APARTMENT BUILDING COMPLEX WITH OFFICES, SHOPS & MULTIPLEX IN XANTHI
697	ΠΡΟΣΘΗΚΗ ΚΑΘ' ΥΨΟΣ & ΑΝΑΚΑΤΑΣΚΕΥΗ ΣΕ ΔΙΩΡΟΦΟ ΚΤΗΡΙΟ ΣΤΗΝ ΟΔΟ ΑΡΙΣΤΕΙΔΟΥ ΣΤΟ ΜΑΡΟΥΣΙ	ADDITION IN HEIGHT OF ANOTHER FLOOR & RECONSTRUCTION OF AN EXISTING TWO-FLOOR BUILDING ON ARISTIDOU STREET IN MAROUSSI
698	ΔΙΑΜΟΡΦΩΣΗ ΠΑΡΚΟΥ ΣΤΟ ΜΟΡΤΕΡΟ, Ν. ΕΡΥΘΡΑΙΑ	ARRANGEMENT OF A PARK IN MORTERO, N. ERYTHREA
699	ΜΕΛΕΤΗ ΚΤΗΡΙΟΥ ΓΡΑΦΕΙΩΝ & ΚΑΤΑΣΤΗΜΑΤΩΝ ΣΤΗ Λ. ΚΗΦΙΣΙΑΣ ΣΤΟ ΜΑΡΟΥΣΙ	OFFICE & SHOPS BUILDING ON KIFISSIAS AVENUE IN MAROUSSI
700	ΠΟΛΥΚΑΤΟΙΚΙΑ ΣΤΗΝ ΟΔΟ ΑΓΩΝΙΣΤΩΝ ΣΤΗΝ ΠΕΥΚΗ	APARTMENT BUILDING ON AGONISTON STREET IN PEFKI
701	ΔΙΑΓΩΝΙΣΜΟΣ (ΣΥΣΤΗΜΑ ΜΕΛΕΤΗ-ΚΑΤΑΣΚΕΥΗ) ΓΙΑ ΤΟ ΝΕΟ ΑΥΤΟΜΑΤΟΠΟΙΗΜΕΝΟ ΚΕΝΤΡΟ ΔΙΑΛΟΓΗΣ ΕΛΤΑ ΣΤΟ ΚΡΥΟΝΕΡΙ	CONTEST (SYSTEM STUDY-CONSTRUCTION) FOR THE NEW AUTOMATED SORTING OUT CENTER ELTA IN KRYONERI
702	ΤΕΧΝΟΛΟΓΙΚΟ ΠΑΡΚΟ «ΑΚΡΟΠΟΛΙΣ» ΣΤΗΝ ΠΕΡΙΟΧΗ ΤΟΥ ΝΕΟΥ ΑΕΡΟΔΡΟΜΙΟΥ «ΕΛ. ΒΕΝΙΖΕΛΟΣ»	TECHNOLOGICAL PARK "ACROPOLIS" AT THE AREA OF THE NEW AIRPORT «EL. VEBIZELOS»
703	ΠΟΛΥΚΑΤΟΙΚΙΑ ΣΤΗΝ ΟΔΟ Θ. ΣΟΦΟΥΛΗ ΣΤΟ Ν. ΨΥΧΙΚΟ	APARTMENT BUILDING ON TH. SOFOULI ST. IN N. PSYCHIKO
704	ΔΙΑΜΟΡΦΩΣΗ ΕΣΩΤΕΡΙΚΩΝ ΧΩΡΩΝ ΔΙΑΜΕΡΙΣΜΑΤΟΣ	ARRANGEMENT OF INDOOR AREAS OF AN APARTMENT

1999

	ΣΤΗΝ ΟΔΟ ΑΝΑΓΝΩΣΤΟΠΟΥΛΟΥ ΣΤΟ ΚΟΛΩΝΑΚΙ	ON ANAGNOSTOPOULOU STREET IN KOLONAKI
705	ΕΣΩΤΕΡΙΚΕΣ & ΕΞΩΤΕΡΙΚΕΣ ΤΡΟΠΟΠΟΙΗΣΕΙΣ ΥΠΑΡΧΟΥΣΑΣ ΚΑΤΟΙΚΙΑΣ ΛΟΓΩ ΑΛΛΑΓΗΣ ΧΡΗΣΗΣ ΥΠΟΓΕΙΟΥ ΣΤΗΝ ΟΔΟ ΖΕΦΥΡΟΥ ΣΤΗΝ ΚΗΦΙΣΙΑ	INTERNAL & EXTERNAL MODIFICATIONS TO AN EXISTING RESIDENCE DUE TO CHANGE OF USE OF BASEMENT ON ZEPHYROU STREET IN KIFISSIA
706	ΒΙΛΛΑ ΣΤΗΝ ΟΔΟ ΤΑΤΟΪΟΥ ΣΤΗΝ ΚΗΦΙΣΙΑ	VILLA ON TATOIOU STREET IN KIFISSIA
707	ΠΟΛΥΩΡΟΦΟ ΚΤΗΡΙΟ ΓΡΑΦΕΙΩΝ & ΚΑΤΑΣΤΗΜΑΤΩΝ ΜΕ ΥΠΟΓΕΙΟ PARKING ΣΤΗ Λ. ΒΑΣ. ΣΟΦΙΑΣ ΣΤΟ ΚΟΛΩΝΑΚΙ	MULTI-STOREY OFFICE & SHOPS BUILDING WITH UNDERGROUND PARKING ON VAS. SOFIAS AVENUE IN KOLONAKI
708	ΠΡΟΤΑΣΗ ΓΙΑ ΤΟ ΚΤΗΡΙΟ ΓΡΑΦΕΙΩΝ ΤΟΥ ΟΜΙΛΟΥ «ANTENNA» ΣΤΗΝ ΑΝΟΙΞΗ	PROPOSAL FOR THE OFFICE BUILDING OF "ANTENNA" GROUP IN ANIXI
709	ΔΙΑΓΩΝΙΣΜΟΣ ΠΡΟΣΧΕΔΙΩΝ ΓΙΑ ΤΟ ΜΕΓΑΡΟ ΑΣΦΑΛΙΣΤΙΚΩΝ ΕΤΑΙΡΕΙΩΝ ΤΟΥ ΟΜΙΛΟΥ ΑΤΕ ΣΤΗ Λ. ΣΥΓΓΡΟΥ	CONTEST FOR PRELIMINARY DRAWINGS OF OFFICE PALACE OF INSURANCE COMPANIES OF ATE GROUP ON SYNGROU AVENUE
710	ΜΙΚΡΕΣ ΠΑΡΕΜΒΑΣΕΙΣ ΣΤΟ ΞΕΝΟΔΟΧΕΙΟ «ATHENS PLAZA» ΣΤΟ ΣΥΝΤΑΓΜΑ	SMALL INTERVENTIONS IN HOTEL "ATHENS PLAZA" AT SYNTAGMA SQUARE
711	ΜΕΛΕΤΗ ΕΞΟΧΙΚΗΣ ΚΑΤΟΙΚΙΑΣ ΣΤΗΝ ΠΟΥΝΤΑ ΣΚΙΑΘΟΥ	STUDY OF A COUNTRY RESIDENCE IN POUNTA, SKIATHOS
712	ΠΑΡΑΘΕΡΙΣΤΙΚΟΣ ΟΙΚΙΣΜΟΣ «SUNCITY OLYMPIAD 2004» ΣΤΟ ΣΟΦΙΚΟ ΚΟΡΙΝΘΙΑΣ *ΣΥΝΕΡΓΑΣΙΑ ΜΕ ΝΤΙΝΟ ΓΕΩΡΓΙΟΥ*	HOLIDAY SETTLEMENT "SUNCITY OLYMPIAD 2004" IN SOFIKO, KORINTHIA *COLLABORATION WITH DINO GEORGIOU*
713	ΔΙΑΜΟΡΦΩΣΗ ΕΣΩΤΕΡΙΚΩΝ ΧΩΡΩΝ ΔΙΑΜΕΡΙΣΜΑΤΟΣ ΣΤΗΝ ΟΔΟ ΛΟΥΚΙΑΝΟΥ ΣΤΟ ΚΟΛΩΝΑΚΙ	ARRANGEMENT OF INDOOR AREAS OF AN APARTMENT ON LOUKIANOU STREET IN KOLONAKI
714	ΚΤΗΡΙΟ ΓΡΑΦΕΙΩΝ & ΚΑΤΑΣΤΗΜΑΤΩΝ ΣΤΗΝ ΟΔΟ ΠΑΠΑΝΙΚΟΛΗ ΣΤΟ ΧΑΛΑΝΔΡΙ	OFFICE & SHOPS BUILDING ON PAPANIKOLI STREET IN CHALANDRI
715	ΚΤΗΡΙΟ ΓΡΑΦΕΙΩΝ ΟΜΙΛΟΥ «MARFIN» ΣΤΗΝ ΟΔΟ ΑΙΓΙΑΛΕΙΑΣ ΣΤΟ ΜΑΡΟΥΣΙ	OFFICE BUILDING OF "MARFIN" GROUP ON EGIALIAS STREET IN MAROUSSI
716	ΜΕΛΕΤΗ ΚΤΗΡΙΟΥ ΓΡΑΦΕΙΩΝ & ΠΟΛΥΚΑΤΑΣΤΗΜΑΤΟΣ ΣΤΗ Λ. ΚΗΦΙΣΙΑΣ ΣΤΟ ΜΑΡΟΥΣΙ	STUDY OF AN OFFICE & STORE BUILDING ON KIFISSIAS AVENUE IN MAROUSSI
717	ΚΕΝΤΡΙΚΑ ΓΡΑΦΕΙΑ ΟΜΙΛΟΥ «MARFIN» ΣΤΗ Λ. ΚΗΦΙΣΙΑΣ ΣΤΟ ΜΑΡΟΥΣΙ	HEAD OFFICE OF "MARFIN" GROUP ON KIFISSIAS AVENUE IN MAROUSSI
718	ΜΕΛΕΤΗ ΚΤΗΡΙΟΥ ΓΡΑΦΕΙΩΝ & ΚΑΤΑΣΤΗΜΑΤΩΝ ΣΤΗΝ ΟΔΟ ΑΜΑΡΟΥΣΙΟΥ-ΧΑΛΑΝΔΡΙΟΥ	STUDY OF AN OFFICE & SHOPS BUILDING ON AMAROUSSIOU-CHALANDRIOU STREET
719	ΜΕΛΕΤΗ ΚΕΝΤΡΟΥ ΕΚΠΑΙΔΕΥΤΙΚΗΣ ΕΡΕΥΝΑΣ & ΠΑΙΔΑΓΩΓΙΚΟΥ ΙΝΣΤΙΤΟΥΤΟΥ ΥΠΟΥΡΓΕΙΟΥ ΠΑΙΔΕΙΑΣ ΣΤΟ Ν. ΚΟΣΜΟ	STUDY OF A CENTER OF EDUCATIONAL RESEARCH & PEDAGOGIC INSTITUTE OF MINISTRY OF EDUCATION IN N. KOSMOS
720	ΜΕΛΕΤΗ ΚΤΗΡΙΟΥ ΓΡΑΦΕΙΩΝ & ΚΑΤΑΣΤΗΜΑΤΩΝ ΣΤΗ Λ. ΚΗΦΙΣΙΑΣ ΣΤΟ ΜΑΡΟΥΣΙ	STUDY OF AN OFFICE & SHOPS BUILDING ON KIFISSIAS AVENUE IN MAROUSSI
721	ΚΤΗΡΙΟ ΓΡΑΦΕΙΩΝ (Γ) ΕΤΑΙΡΕΙΑΣ ΚΙΝΗΤΗΣ ΤΗΛΕΦΩΝΙΑΣ ΣΤΗΝ ΟΔΟ ΣΩΡΟΥ ΣΤΟ ΜΑΡΟΥΣΙ	OFFICE BUILDING (C) OF MOBILE TELEPHONY COMPANY ON SOROU STREET IN MAROUSSI
722	ΕΘΝΙΚΟ ΠΑΡΚΟ ΑΝΑΨΥΧΗΣ & ΠΟΛΙΤΙΣΜΟΥ ΣΤΟ ΚΤΗΜΑ ΣΥΓΓΡΟΥ ΣΤΟ ΜΑΡΟΥΣΙ	RECREATION & CULTURAL NATIONAL PARK AT SYNGROU LAND PLOT IN MAROUSSI
723	ΝΕΑ ΕΣΩΤΕΡΙΚΗ ΔΙΑΡΡΥΘΜΙΣΗ ΜΟΥΣΕΙΟΥ ΦΥΣΙΚΗΣ ΙΣΤΟΡΙΑΣ ΔΗΜΟΥ ΑΜΑΡΟΥΣΙΟΥ	NEW INTERNAL & EXTERNAL ARRANGEMENT OF PHYSICAL HISTORY MUSEUM OF AMAROUSSION MUNICIPALITY
724	ΣΥΜΜΕΤΟΧΗ ΣΕ ΔΙΑΓΩΝΙΣΜΟ (ΣΥΣΤΗΜΑ ΜΕΛΕΤΗ-ΚΑΤΑΣΚΕΥΗ) ΓΙΑ ΤΑ 3ο, 9ο, 15ο, 22ο ΝΗΠΙΑΓΩΓΕΙΑ Ν. ΙΩΝΙΑΣ	CONTEST PARTICIPATION (SYSTEM STUDY-CONSTRUCTION) FOR 3rd, 9th, 15th, 22nd NURSERY SCHOOL IN N. IONIA
725	ΣΥΜΜΕΤΟΧΗ ΣΕ ΔΙΑΓΩΝΙΣΜΟ (ΣΥΣΤΗΜΑ ΜΕΛΕΤΗ-ΚΑΤΑΣΚΕΥΗ) ΓΙΑ ΤΟ 14ο ΔΗΜΟΤΙΚΟ ΣΧΟΛΕΙΟ Ν. ΙΩΝΙΑΣ	CONTEST PARTICIPATION (SYSTEM STUDY-CONSTRUCTION) FOR 14TH PRIMARY SCHOOL IN N. IONIA
726	ΚΤΗΡΙΟ ΓΡΑΦΕΙΩΝ & ΚΑΤΑΣΤΗΜΑΤΩΝ ΣΤΗΝ ΟΔΟ ΦΙΛΙΠΠΟΥ ΛΙΤΣΑ ΣΤΟ ΧΑΛΑΝΔΡΙ	OFFICE & SHOPS BUILDING ON PHILIPPOU LITSA STREET IN CHALANDRI
727	ΣΥΜΜΕΤΟΧΗ ΣΕ ΔΙΑΓΩΝΙΣΜΟ ΓΙΑ ΤΟ ΝΕΟ ΠΛΑΝΗΤΑΡΙΟ & ΚΤΗΡΙΟ ΕΚΘΕΜΑΤΩΝ ΦΥΣΙΚΗΣ ΣΤΗ Λ. ΒΟΥΛΙΑΓΜΕΝΗΣ ΣΤΗ ΓΛΥΦΑΔΑ *ΣΥΝΕΡΓΑΣΙΑ ΜΕ ΝΤΙΝΟ ΓΕΩΡΓΙΟΥ*	CONTEST PARTICIPATION FOR A NEW PLANETARIUM & BUILDING FOR PHYSICS CONTEST ON VOULIAGMENIS AVENUE IN GLYFADA *COLLABORATION WITH DINO GEORGIOU*
728	ΠΑΡΑΘΕΡΙΣΤΙΚΟΣ ΟΙΚΙΣΜΟΣ ΣΤΗΝ ΠΕΤΡΟΘΑΛΑΣΣΑ ΕΡΜΙΟΝΗΣ *ΣΥΝΕΡΓΑΣΙΑ ΜΕ RAMI KARMI*	HOLIDAYS SETTLEMENT IN PETROTHALASSA, ERMIONI *COLLABORATION WITH RAMI KARMI*

729	ΠΡΟΣΘΗΚΗ ΚΑΤ' ΕΠΕΚΤΑΣΗ & ΚΑΘ' ΥΨΟΣ ΕΠΙ ΥΠΑΡΧΟΥΣΗΣ ΔΙΩΡΟΦΟΥ ΚΑΤΟΙΚΙΑΣ ΣΤΗΝ ΟΔΟ ΣΑΠΦΟΥΣ ΣΤΗΝ ΠΟΛΙΤΕΙΑ	ADDITION BY EXTENSION & AT HEIGHT FOR EXISTING TWO-FLOOR RESIDENCE ON SAPFOUS STREET IN POLITIA
730	ΠΡΟΤΑΣΗ ΑΛΛΑΓΗΣ ΟΨΕΩΝ ΚΟΙΝΟΒΟΥΛΙΟΥ ΙΕΡΟΥΣΑΛΗΜ	PROPOSAL FOR CHANGING THE FACADES OF JERUSALEM PARLIAMENT BUILDING
731	ΕΣΩΤΕΡΙΚΗ ΔΙΑΜΟΡΦΩΣΗ ΚΤΗΡΙΟΥ ΓΡΑΦΕΙΩΝ ΣΤΗ ΟΔΟ ΛΕΙΒΑΔΙΑΣ ΣΤΗ ΜΕΤΑΜΟΡΦΩΣΗ	ARRANGEMENT OF INDOOR AREAS OF AN OFFICE BUILDING ON LIVADIAS STREET IN METAMORPHOSI
732	ΠΟΛΥΚΑΤΟΙΚΙΑ ΣΤΗΝ ΟΔΟ ΣΟΥΛΙΟΥ ΣΤΗ ΒΟΥΛΑ	APARTMENT BUILDING ON SOULIOU STREET IN VOULA
733	ΜΕΛΕΤΗ ΚΤΗΡΙΟΥ ΓΡΑΦΕΙΩΝ & ΚΑΤΑΣΤΗΜΑΤΟΣ ΣΤΗΝ ΟΔΟ ΧΑΡ. ΤΡΙΚΟΥΠΗ	STUDY OF AN OFFICE & SHOP BUILDING ON CHAR. TRIKOUPI STREET
734	ΚΑΤΟΙΚΙΑ ΣΤΗΝ ΕΡΜΙΟΝΗ	RESIDENCE IN ERMIONI
735	ΠΟΛΥΚΑΤΟΙΚΙΑ ΣΤΗΝ ΟΔΟ Γ. ΣΕΦΕΡΗ ΣΤΟ Ν. ΨΥΧΙΚΟ	APARTMENT BUILDING ON G. SEFERI STREET IN N. PSYCHIKO
736	ΣΥΓΚΡΟΤΗΜΑ ΚΑΤΟΙΚΙΩΝ ΣΤΗΝ ΟΔΟ ΔΕΛΗΓΙΑΝΝΗ ΣΤΗΝ ΚΗΦΙΣΙΑ	RESIDENCES COMPLEX ON DELIGIANNI STREET IN KIFISSIA
737	ΚΑΤΟΙΚΙΑ ΣΤΗ ΒΟΥΛΑ	RESIDENCE IN VOULA
738	ΑΝΑΘΕΩΡΗΣΗ ΑΔΕΙΑΣ ΚΑΤΟΙΚΙΑΣ ΓΙΑ ΑΛΛΑΓΕΣ ΥΠΟΓΕΙΟΥ & ΗΜ. ΧΩΡΩΝ ΣΤΗΝ ΚΥΜΗ	REVISION OF LICENSE FOR RESIDENCES BECAUSE OF MODIFICATIONS IN BASEMENT & TECHNICAL ROOMS ON KYMI
739	ΚΤΗΡΙΟ ΓΡΑΦΕΙΩΝ & ΚΑΤΑΣΤΗΜΑΤΩΝ ΣΤΗΝ ΟΔΟ ΤΡΑΠΕΖΟΥΝΤΟΣ ΣΤΑ ΜΕΛΙΣΣΙΑ	OFFICE & SHOPS BUILDING ON TRAPEZOUNTOS STREET IN MELISSIA
740	ΣΥΓΚΡΟΤΗΜΑ ΚΑΤΟΙΚΙΩΝ ΣΤΑ ΒΡΙΛΗΣΣΙΑ	RESIDENCES COMPLEX IN VRILISSIA
741	ΜΕΛΕΤΗ ΠΡΟΣΘΗΚΗΣ & ΑΛΛΑΓΗΣ ΟΨΕΩΝ ΚΤΗΡΙΟΥ ΓΡΑΦΕΙΩΝ & ΕΚΘΕΣΗΣ ΑΥΤΟΚΙΝΗΤΩΝ BMW ΣΤΗ Λ. ΣΥΓΓΡΟΥ ΣΤΗΝ ΚΑΛΛΙΘΕΑ	STUDY OF ADDITION & CHANGE OF FACADES OF AN OFFICE BUILDING & CAR EXHIBITION BMW ON SYNGROU AVENUE IN KALLITHEA
742	ΜΕΛΕΤΗ ΚΤΗΡΙΟΥ ΓΡΑΦΕΙΩΝ & ΚΑΤΑΣΤΗΜΑΤΩΝ «EXCLUSIVE BUSINESS CENTER» ΣΤΗ Λ. ΚΗΦΙΣΙΑΣ ΣΤΟΥΣ ΑΜΠΕΛΟΚΗΠΟΥΣ	STUDY OF OFFICE & SHOPS BUILDING "EXCLUSIVE BUSINESS CENTER" ON KIFISSIAS AVENUE IN AMPELOKIPI
743	ΜΕΛΕΤΗ ΣΥΓΚΡΟΤΗΜΑΤΟΣ ΚΑΤΟΙΚΙΩΝ «ΝΑΥΣΙΚΑ» ΣΤΗΝ ΟΔΟ ΚΟΣΜΑ ΑΙΤΩΛΟΥ ΣΤΗΝ ΠΕΥΚΗ	STUDY OF RESIDENCES COMPLEX "NAFSIKA" ON KOSMA ETOLOU STREET IN PEFKI
744	ΜΕΛΕΤΗ ΟΨΕΩΝ ΚΛΕΙΣΤΟΥ ΓΥΜΝΑΣΤΗΡΙΟΥ ΣΤΗΝ ΑΡΤΑ	STUDY OF FACADES OF A GYMNASIUM IN ARTA
2000		
745	ΠΑΡΑΘΕΡΙΣΤΙΚΟΣ ΟΙΚΙΣΜΟΣ ΣΤΗΝ ΠΟΥΝΤΑ ΣΚΙΑΘΟΥ	HOLIDAYS SETTLEMENT IN POUNTA, SKIATHOS
746	ΤΡΕΙΣ ΚΑΤΟΙΚΙΕΣ ΣΤΗΝ ΟΔΟ ΣΕΡΕΠΕΤΖΗ ΣΤΟ ΨΥΧΙΚΟ	THREE RESIDENCES ON SEREPETZI STREET IN PSYCHIKO
747	ΠΡΟΤΑΣΗ ΓΙΑ ΤΟ ΟΛΥΜΠΙΑΚΟ ΔΙΕΘΝΕΣ ΚΕΝΤΡΟ ΡΑΔΙΟΤΗΛΕΟΡΑΣΗΣ (IBC) ΣΤΗ Λ. ΚΗΦΙΣΟΥ	PROPOSAL FOR THE OLYMPIC INTERNATIONAL BROADCASTING CENTER (IBC) ON KIFISSOU AVENUE
748	ΑΝΑΚΑΤΑΣΚΕΥΗ ΜΕΖΟΝΕΤΑΣ ΣΤΗ ΒΟΥΛΙΑΓΜΕΝΗ	RECONSTRUCTION OF A MAISONETTE IN VOULIAGMENI
749	ΚΤΗΡΙΟ ΓΡΑΦΕΙΩΝ ΣΤΗΝ ΟΔΟ Κ. ΕΣΛΙΝ	OFFICE BUILDING ON K. ESLIN STREET
750	ΚΤΗΡΙΟ ΓΡΑΦΕΙΩΝ & ΚΑΤΑΣΤΗΜΑΤΩΝ ΣΤΗ Λ. ΚΗΦΙΣΙΑΣ ΣΤΟ ΜΑΡΟΥΣΙ	OFFICE & SHOPS BUILDING ON KIFISSIAS AVENUE IN MAROUSSI
751	ΚΤΗΡΙΟ ΓΡΑΦΕΙΩΝ ΣΤΟ ΜΟΡΤΕΡΟ, Ν. ΕΡΥΘΡΑΙΑ	OFFICE BUILDING IN MORTERO, N. ERYTHREA
752	ΔΙΑΜΟΡΦΩΣΗ ΟΔΟΥ ΟΘΩΝΟΣ ΣΤΗΝ ΚΗΦΙΣΙΑ	ARRANGEMENT OF OTHONOS STREET IN KIFISSIA
753	ΠΕΡΙΠΤΕΡΟ ΣΕ ΕΚΘΕΣΗ REAL ESTATE *ΣΥΝΕΡΓΑΣΙΑ ΜΕ Δ. ΔΑΗ*	STAND AT A REAL ESTATE EXHIBITION *COLLABORATION WITH D. DAIS*
754	ΣΥΜΜΕΤΟΧΗ ΣΕ ΔΙΑΓΩΝΙΣΜΟ ΓΙΑ ΝΕΟ ΔΗΜΑΡΧΕΙΟ ΑΓ. ΠΑΡΑΣΚΕΥΗΣ *ΣΥΝΕΡΓΑΣΙΑ ΜΕ ΝΑΥΣΙΚΑ ΤΖΑΝΟΥ*	CONTEST PARTICIPATION FOR A NEW CITY HALL IN AG. PARASKEVI *COLLABORATION WITH NAFSIKA TZANOU*
755	ΣΥΜΜΕΤΟΧΗ ΣΕ ΔΙΑΓΩΝΙΣΜΟ ΓΙΑ ΤΟ ΝΕΟ ΜΟΥΣΕΙΟ ΤΗΣ ΑΚΡΟΠΟΛΗΣ *ΣΥΝΕΡΓΑΣΙΑ ΜΕ Η. & Κ. ΣΚΡΟΥΜΠΕΛΟ (ΜΕΤΡΟΝ ΟΕ) & ΜΕΑΣ ΕΠΕ*	CONTEST PARTICIPATION FOR THE ACROPOLIS NEW MUSEUM *COLLABORATION WITH H. & K. SKROUBELOS (METRON O.E.) &*
756	ΚΑΤΑΣΤΗΜΑ ΖΑΧΑΡΟΠΛΑΣΤΕΙΟΥ-ΑΡΤΟΠΟΙΕΙΟΥ ΣΤΗΝ ΟΔΟ ΤΑΤΟΪΟΥ ΣΤΗΝ ΚΗΦΙΣΙΑ	CONFECTIONERY-BAKERY SHOP ON TATOIOU STREET IN KIFISSIA

757	ΜΕΛΕΤΗ ΔΥΟ ΚΑΤΟΙΚΙΩΝ ΣΤΗΝ ΕΚΑΛΗ	STUDY OF TWO RESIDENCES IN EKALI
758	ΔΙΑΓΩΝΙΣΜΟΣ (ΣΥΣΤΗΜΑ ΜΕΛΕΤΗ-ΚΑΤΑΣΚΕΥΗ) ΓΙΑ ΤΗ ΣΤΕΓΑΣΗ ΤΩΝ ΥΠΗΡΕΣΙΩΝ ΤΟΥ ΥΠΟΥΡΓΕΙΟΥ ΤΥΠΟΥ & ΜΜΕ ΣΤΗΝ ΟΔΟ ΠΟΥΛΙΟΥ	CONTEST (SYSTEM STUDY-CONSTRUCTION) FOR THE HOUSING OF SERVICES OF THE MINISTRY OF PRESS & MEDIA ON POULIOU STREET
759	ΜΕΛΕΤΗ ΑΠΟΚΑΤΑΣΤΑΣΗΣ ΟΨΕΩΝ ΔΙΑΤΗΡΗΤΕΟΥ ΚΤΗΡΙΟΥ & ΠΡΟΣΘΗΚΗΣ ΟΡΟΦΩΝ ΣΕ ΥΠΟΧΩΡΗΣΗ ΣΤΗΝ ΟΔΟ ΧΑΡ. ΤΡΙΚΟΥΠΗ	STUDY OF RESTORATION OF FACADES OF A PRESERVABLE BUILDING & SET-BACK ADDITION OF NEW FLOORS ON CHAR. TRIKOUPI STREET
760	ΣΥΓΚΡΟΤΗΜΑ ΤΡΙΩΝ ΚΑΤΟΙΚΙΩΝ ΣΤΗΝ ΟΔΟ ΣΕΡΕΠΕΤΖΗ ΣΤΟ ΨΥΧΙΚΟ	THREE RESIDENCES COMPLEX ON SEREPETZI STREET IN PSYCHIKO
761	ΜΕΛΕΤΗ ΚΤΗΡΙΟΥ ΓΡΑΦΕΙΩΝ ΕΤΑΙΡΕΙΑΣ «IBM» ΣΤΗ Λ. ΚΗΦΙΣΙΑΣ ΣΤΟ ΜΑΡΟΥΣΙ	STUDY OF OFFICE BUILDING OF COMPANY "IBM" ON KIFISSIAS AVENUE IN MAROUSSI
762	ΚΤΗΡΙΟ ΓΡΑΦΕΙΩΝ ΟΜΙΛΟΥ «DANAOS» ΣΤΗΝ ΑΚΤΗ ΚΟΝΔΥΛΗ ΣΤΟΝ ΠΕΙΡΑΙΑ	OFFICE BUILDING OF "DANAOS" GROUP ON AKTI KONDYLI IN PIRAEUS
763	ΣΥΓΚΡΟΤΗΜΑ ΚΤΗΡΙΩΝ ΓΡΑΦΕΙΩΝ ΣΤΟ ΧΑΛΑΝΔΡΙ - ΚΤΗΡΙΟ Β ΣΤΗΝ ΟΔΟ ΕΘΝΙΚΗΣ ΑΝΤΙΣΤΑΣΕΩΣ ΣΤΟ ΧΑΛΑΝΔΡΙ	OFFICE BUILDING COMPLEX IN CHALANDRI - BUILDING B ON ETHNIKIS ANTISTASEOS STREET IN CHALANDRI
764	ΔΙΑΓΩΝΙΣΜΟΣ ΓΙΑ ΤΟ ΟΛΥΜΠΙΑΚΟ ΔΙΕΘΝΕΣ ΚΕΝΤΡΟ ΡΑΔΙΟΤΗΛΕΟΡΑΣΗΣ (IBC) ΣΤΟ ΟΛΥΜΠΙΑΚΟ ΑΘΛΗΤΙΚΟ ΚΕΝΤΡΟ ΑΘΗΝΑΣ - ΠΡΟΜΕΛΕΤΗ *ΣΥΝΕΡΓΑΣΙΑ ΜΕ Η. & Κ. ΣΚΡΟΥΜΠΕΛΟ (ΜΕΤΡΟΝ ΟΕ) & ΜΕΑΣ ΕΠΕ*	CONTEST FOR THE OLYMPIC INTERNATIONAL BROADCASTING CENTER (IBC) AT THE OLYMPIC ATHLETIC CENTER OF ATHENS - PRELIMINARY STUDY *COLLABORATION WITH H. & K. SKROUBELOS (METRON O.E.) &*
2001		
765	ΑΜΦΙΘΕΑΤΡΟ ΓΕΝΝΑΔΕΙΟΥ ΒΙΒΛΙΟΘΗΚΗΣ ΣΤΗΝ ΟΔΟ ΣΟΥΗΔΙΑΣ ΣΤΟ ΚΟΛΩΝΑΚΙ	AMPHITHEATRE OF GENNADIUS LIBRARY ON SOUEDIAS STREET IN KOLONAKI
766	ΕΡΓΑΣΤΗΡΙΟ ΖΑΧΑΡΟΠΛΑΣΤΙΚΗΣ ΠΑΠΑΣΠΥΡΟΥ ΣΤΟ ΜΕΝΙΔΙ	CONFECTIONERY WORKSHOP (PAPASPYROU) IN MENIDI
767	ΣΥΓΚΡΟΤΗΜΑ ΕΓΚΑΤΑΣΤΑΣΕΩΝ ΡΩΣΙΚΗΣ ΔΙΠΛΩΜΑΤΙΚΗΣ ΑΠΟΣΤΟΛΗΣ ΣΤΗΝ ΟΔΟ ΤΖΑΒΕΛΛΑ ΣΤΟ ΧΑΛΑΝΔΡΙ	RUSSIAN DIPLOMATIC MISSION INSTALLATIONS COMPLEX ON TZAVELLA STREET IN CHALANDRI
768	ΜΕΛΕΤΗ ΣΥΓΚΡΟΤΗΜΑΤΟΣ ΚΤΗΡΙΩΝ ΓΡΑΦΕΙΩΝ ΣΤΗΝ ΟΔΟ ΤΖΑΒΕΛΛΑ ΣΤΟ ΧΑΛΑΝΔΡΙ	STUDY OF AN OFFICE BUILDING COMPLEX ON TZAVELLA STREET IN CHALANDRI
769	ΤΡΕΙΣ ΚΑΤΟΙΚΙΕΣ ΣΤΗΝ ΟΔΟ ΗΟΥΣ ΣΤΟΝ ΔΙΟΝΥΣΟ	THREE RESIDENCES ON IOUS STREET IN DIONYSOS
770	ΔΥΟ ΒΙΛΛΕΣ ΣΤΗΝ ΟΔΟ ΘΥΩΝΗΣ ΣΤΟΝ ΔΙΟΝΥΣΟ	TWO VILLAS ON THYONIS STREET IN DIONYSOS
771	ΣΥΓΚΡΟΤΗΜΑ ΔΙΑΜΕΡΙΣΜΑΤΩΝ ΣΤΗΝ ΟΔΟ ΑΙΘΩΝΟΣ ΣΤΟΝ ΔΙΟΝΥΣΟ	APARTMENT COMPLEX ON ETHONOS STREET IN DIONYSOS
772	ΜΕΛΕΤΗ ΚΤΗΡΙΟΥ ΓΡΑΦΕΙΩΝ ΣΤΗΝ ΟΔΟ ΠΟΥΛΙΟΥ	STUDY OF AN OFFICE BUILDING ON POULIOU STREET
773	ΜΕΓΑΡΟ ΓΡΑΦΕΙΩΝ ΑΣΕΠ ΣΤΗΝ ΟΔΟ ΠΟΥΛΙΟΥ	OFFICE PALACE OF ASEP ON POULIOU STREET
774	ΜΕΓΑΡΟ «ΘΩΝ» ΣΤΗ ΓΩΝΙΑ Λ. ΚΗΦΙΣΙΑΣ & Λ. ΑΛΕΞΑΝΔΡΑΣ	PALACE "THON" AT THE CORNER OF KIFISSIAS & ALEXANDRAS AVENUES
775	ΤΡΙΩΡΟΦΟ ΚΤΗΡΙΟ ΓΡΑΦΕΙΩΝ ΣΤΟ ΜΟΡΤΕΡΟ, Ν. ΕΡΥΘΡΑΙΑ	THREE-FLOOR OFFICE BUILDING IN MORTERO, N. ERYTHREA
776	ΚΤΗΡΙΟ ΓΡΑΦΕΙΩΝ & ΚΑΤΑΣΤΗΜΑΤΩΝ ΣΤΗ Λ. ΚΗΦΙΣΙΑΣ ΣΤΟ ΜΑΡΟΥΣΙ	OFFICE & SHOPS BUILDING ON KIFISSIAS AVENUE IN MAROUSSI
777	ΣΥΓΚΡΟΤΗΜΑ ΠΟΛΥΚΑΤΟΙΚΙΩΝ ΣΤΗΝ ΟΔΟ ΠΑΤΜΟΥ ΣΤΟ ΜΑΡΟΥΣΙ *ΣΥΝΕΡΓΑΣΙΑ ΜΕ Δ. ΠΑΠΑΝΙΚΟΛΑΟΥ*	APARTMENT BUILDING COMPLEX ON PATMOU STREET IN MAROUSSI *COLLABORATION WITH D. PAPANIKOLAOU*
778	ΑΡΧΙΤΕΚΤΟΝΙΚΟΣ ΔΙΑΓΩΝΙΣΜΟΣ ΓΙΑ ΤΟ ΧΩΡΙΟ ΤΩΝ ΔΗΜΟΣΙΟΓΡΑΦΩΝ «MEDIA VILLAGE» ΣΤΟ ΜΑΡΟΥΣΙ - ΠΡΟΚΑΤΑΡΚΤΙΚΗ ΜΕΛΕΤΗ *ΣΥΝΕΡΓΑΣΙΑ ΜΕ Δ. ΠΑΠΑΝΙΚΟΛΑΟΥ*	ARCHITECTURAL CONTEST FOR "MEDIA VILLAGE" IN MAROUSSI - PRELIMINARY STUDY *COLLABORATION WITH D. PAPANIKOLAOU*
779	ΚΑΤΑΣΤΗΜΑ ΤΗΣ ΕΘΝΙΚΗΣ ΤΡΑΠΕΖΑΣ ΣΤΗ Λ. ΚΗΦΙΣΙΑΣ ΣΤΟ ΜΑΡΟΥΣΙ *ΣΥΝΕΡΓΑΣΙΑ ΜΕ Ε. ΑΝΤΩΝΟΠΟΥΛΟΥ*	BRANCH OF NATIONAL BANK ON KIFISSIAS AVENUE IN MAROUSSI *COLLABORATION WITH E. ANTONOPOULOU*
780	ΣΥΜΜΕΤΟΧΗ ΣΤΗ Β ΦΑΣΗ ΔΙΑΓΩΝΙΣΜΟΥ ΓΙΑ ΤΗΝ ΑΞΙΟΠΟΙΗΣΗ ΤΗΣ ΜΑΡΙΝΑΣ ΑΛΙΜΟΥ *ΣΥΝΕΡΓΑΣΙΑ ΜΕ ΓΙΑΜΑΚΟΣ & ΣΥΝΕΡΓΑΤΕΣ ΕΠΕ*	CONTEST PARTICIPATION FOR THE SECOND PHASE FOR DEVELOPMENT OF ALIMOS MARINA *COLLABORATION WITH GIAMAKOS & PARTNERS LTD*

781	ΜΕΛΕΤΗ ΚΤΗΡΙΟΥ ΓΡΑΦΕΙΩΝ & ΠΟΛΥΚΑΤΑΣΤΗΜΑΤΩΝ ΣΤΗΝ ΟΔΟ ΠΕΙΡΑΙΩΣ ΣΤΟΝ ΤΑΥΡΟ	STUDY OF AN OFFICE & STORES BUILDING ON PIREOS STREET IN TAVROS
782	ΣΥΓΚΡΟΤΗΜΑ ΚΑΤΟΙΚΙΩΝ & ΔΙΑΜΕΡΙΣΜΑΤΩΝ ΣΤΗΝ ΟΔΟ ΖΑΝ ΜΩΡΕΑΣ ΣΤΟ ΧΑΛΑΝΔΡΙ	RESIDENTIAL COMPLEX ON JEAN MOREAS STREET IN CHALANDRI
783	ΜΕΖΟΝΕΤΑ ΣΤΗΝ ΟΔΟ ΒΡΙΛΗΣΣΙΩΝ ΣΤΗΝ ΠΕΝΤΕΛΗ	MAISONETTE ON VRILISSION STREET IN PENTELI
784	ΠΟΛΥΚΑΤΟΙΚΙΑ ΣΤΗΝ ΟΔΟ ΚΕΦΑΛΛΗΝΙΑΣ ΣΤΗΝ ΚΗΦΙΣΙΑ	APARTMENT BUILDING ON KEFALLINIAS STREET IN KIFISSIA
785	ΚΑΤΟΙΚΙΑ ΣΤΟΝ ΑΓ. ΣΤΕΦΑΝΟ	RESIDENCE IN AG. STEFANOS
786	ΕΚΘΕΣΙΑΚΟΣ ΧΩΡΟΣ ΠΡΟΒΟΛΗΣ ΠΡΟΪΟΝΤΩΝ ΣΤΗΝ ΟΔΟ ΧΕΙΜΑΡΑΣ ΣΤΟ ΜΑΡΟΥΣΙ	EXHIBITION SPACE FOR PRODUCTS PROJECTION ON CHIMARAS STREET IN MAROUSSI
787	ΣΥΓΚΡΟΤΗΜΑ ΚΑΤΟΙΚΙΩΝ ΣΤΗΝ ΟΔΟ ΑΡΤΕΜΙΔΟΣ ΣΤΟ ΜΑΡΟΥΣΙ	RESIDENCES COMPLEX ON ARTEMIDOS STREET IN MAROUSSI
2002		
788	ΛΕΙΤΟΥΡΓΙΚΗ ΔΙΑΡΡΥΘΜΙΣΗ ΔΙΑΜΕΡΙΣΜΑΤΟΣ ΣΤΗΝ ΟΔΟ ΣΟΦΟΥΛΗ ΣΤΟ Ν. ΨΥΧΙΚΟ	FUNCTIONAL ARRANGEMENT OF AN APARTMENT ON SOFOULI STREET IN N. PSYCHIKO
789	ΤΡΙΩΡΟΦΗ ΠΟΛΥΚΑΤΟΙΚΙΑ ΣΤΗ ΣΚΙΑΘΟ	THREE-FLOOR APARTMENT BUILDING ON SKIATHOS
790	ΜΕΛΕΤΗ ΔΙΑΜΟΡΦΩΣΗΣ ΑΡΧΑΙΟΛΟΓΙΚΟΥ ΧΩΡΟΥ ΣΤΗΝ ΑΡΧΑΙΑ ΚΟΡΙΝΘΟ	STUDY OF ARRANGEMENT OF ARCHAEOLOGICAL AREA IN ANCIENT KORINTH
791	ΠΡΟΣΘΗΚΗ ΥΠΟΓΕΙΟΥ ΠΑΡΚΙΝΓΚ ΚΑΤ' ΕΠΕΚΤΑΣΗ ΚΤΗΡΙΟΥ ΓΡΑΦΕΙΩΝ & ΔΙΑΜΟΡΦΩΣΗ ΥΠΑΙΘΡΙΟΥ ΧΩΡΟΥ ΣΤΗΝ ΟΔΟ ΧΕΙΜΑΡΑΣ ΣΤΟ ΜΑΡΟΥΣΙ	ADDITION OF UNDERGROUND PARKING BY EXTENSION OF OFFICE BUILDING & ARRANGEMENT OF OUTDOOR SPACE ON CHIMARAS STREET IN MAROUSSI
792	ΟΛΥΜΠΙΑΚΟ ΚΕΝΤΡΟ ΙΣΤΙΟΠΛΟΪΑΣ ΣΤΟΝ ΑΓ. ΚΟΣΜΑ *ΣΥΝΕΡΓΑΣΙΑ ΜΕ Κ. ΣΚΡΟΥΜΠΕΛΟ (ΜΕΤΡΟΝ ΟΕ)*	OLYMPIC SAILING CENTER IN AG. KOSMAS *COLLABORATION WITH K. SKROUBELOS (METRON*
793	ΚΑΤΑΣΤΗΜΑ ΤΗΣ ΕΘΝΙΚΗΣ ΤΡΑΠΕΖΑΣ ΕΛΛΑΔΟΣ ΕΝΤΟΣ ΤΟΥ ΕΛΛΗΝΙΚΟΥ ΚΟΙΝΟΒΟΥΛΙΟΥ	BRANCH OF NATIONAL BANK OF GREECE INSIDE GREEK PARLIAMENT BUILDING
794	ΚΑΤΑΣΤΗΜΑ ΤΗΣ ΕΘΝΙΚΗΣ ΤΡΑΠΕΖΑΣ ΕΛΛΑΔΟΣ ΣΤΗ Λ. ΒΟΥΛΙΑΓΜΕΝΗΣ ΣΤΗ ΓΛΥΦΑΔΑ	BRANCH OF NATIONAL BANK OF GREECE ON VOULIAGMENIS AVENUE IN GLYFADA
795	ΠΡΟΤΑΣΗ ΑΝΑΜΟΡΦΩΣΗΣ ΤΗΣ ΕΙΣΟΔΟΥ ΤΟΥ ΕΘΝΙΚΟΥ ΑΡΧΑΙΟΛΟΓΙΚΟΥ ΜΟΥΣΕΙΟΥ	PROPOSAL FOR REFORMING THE ENTRANCE OF NATIONAL ARCHEOLOGICAL MUSEUM
796	ΘΕΜΑΤΙΚΟ ΠΑΡΚΟ & ΠΟΛΙΤΙΣΤΙΚΕΣ ΕΓΚΑΤΑΣΤΑΣΕΙΣ ΜΕ ΑΜΦΙΘΕΑΤΡΟ ΣΤΟΝ ΑΓ. ΙΩΑΝΝΗ ΡΕΝΤΗ	THEMATIC PARK & CULTURAL INSTALLATIONS WITH AMPHITHEATRE IN AG. IOANNIS RENTIS
797	ΔΙΑΜΟΡΦΩΣΗ ΥΠΑΙΘΡΙΟΥ ΧΩΡΟΥ ΓΙΑ ΤΗΝ ΤΟΠΟΘΕΤΗΣΗ ΑΝΔΡΙΑΝΤΑ ΣΤΗΝ ΠΡΩΤΗ ΣΕΡΡΩΝ	ARRANGEMENT OF OUTDOOR AREA FOR THE PLACEMENT OF A STATUE IN PROTI, SERRES
798	ΚΤΗΡΙΟ ΚΑΤΟΙΚΙΩΝ & ΚΤΗΡΙΟ ΔΙΑΜΕΡΙΣΜΑΤΩΝ ΣΤΗΝ ΟΔΟ Ρ. ΦΕΡΑΙΟΥ ΣΤΑ ΒΡΙΛΗΣΣΙΑ	RESIDENCES BUILDING & APARTMENT BUILDING ON R. PHEREOU STREET IN VRILISSIA
799	ΜΕΛΕΤΗ ΚΤΗΡΙΟΥ ΓΡΑΦΕΙΩΝ & ΚΑΤΑΣΤΗΜΑΤΩΝ ΣΤΗ Λ. ΚΗΦΙΣΙΑΣ ΣΤΟ ΜΑΡΟΥΣΙ	OFFICE & SHOPS BUILDING ON KIFISSIAS AVENUE IN MAROUSSI
800	ΠΟΛΥΚΑΤΟΙΚΙΑ ΣΤΟ ΜΑΡΚΟΠΟΥΛΟ	APARTMENT BUILDING IN MARKOPOULO
2003		
801	ΜΕΛΕΤΗ ΚΛΕΙΣΤΗΣ ΠΙΣΙΝΑΣ ΣΕ ΕΞΟΧΙΚΗ ΚΑΤΟΙΚΙΑ ΣΤΟ ΠΟΡΤΟ ΡΑΦΤΗ	STUDY OF CLOSED SWIMMING-POOL AT A COUNTRY RESIDENCE IN PORTO RAFTI
802	ΜΕΛΕΤΗ ΣΥΓΚΡΟΤΗΜΑΤΟΣ ΚΤΗΡΙΩΝ ΓΡΑΦΕΙΩΝ & ΚΑΤΑΣΤΗΜΑΤΩΝ ΣΤΗ Λ. ΚΗΦΙΣΙΑΣ ΣΤΟ ΜΑΡΟΥΣΙ	STUDY OF AN OFFICE & SHOPS BUILDING COMPLEX ON KIFISSIAS AVENUE IN MAROUSSI
803	ΜΕΛΕΤΗ ΠΑΡΑΘΕΡΙΣΤΙΚΟΥ ΟΙΚΙΣΜΟΥ ΣΤΗΝ ΠΟΥΝΤΑΖΕΖΑ ΣΟΥΝΙΟΥ	STUDY OF A HOLIDAYS SETTLEMENT IN POUNTAZEZA, SOUNION
804	ΚΑΤΑΣΤΗΜΑ ΤΗΣ ΕΘΝΙΚΗΣ ΤΡΑΠΕΖΑΣ ΕΛΛΑΔΟΣ ΣΤΗΝ ΟΔΟ ΣΚΟΥΦΑ ΣΤΟ ΚΟΛΩΝΑΚΙ	BRANCH OF NATIONAL BANK OF GREECE ON SKOUFA STREET IN KOLONAKI
805	ΝΕΟ ΑΥΤΟΜΑΤΟΠΟΙΗΜΕΝΟ ΚΕΝΤΡΟ ΔΙΑΛΟΓΗΣ ΕΛΤΑ ΣΤΟ ΚΡΥΟΝΕΡΙ	NEW AUTOMATED SORTING OUT CENTER ELTA IN KRYONERI
806	ΜΕΛΕΤΗ ΚΤΗΡΙΟΥ ΓΡΑΦΕΙΩΝ ΣΤΗ Λ. ΒΑΣ. ΣΟΦΙΑΣ	STUDY OF AN OFFICE BUILDING ON VAS. SOFIAS AVENUE
807	ΚΤΗΡΙΟ ΓΡΑΦΕΙΩΝ ΣΤΗΝ ΟΔΟ Γ. ΔΡΟΣΙΝΗ ΣΤΗ ΒΟΥΛΑ	OFFICE BUILDING ON G. DROSSINI STREET IN VOULA

808	ΜΕΛΕΤΗ ΣΥΓΚΡΟΤΗΜΑΤΟΣ ΠΟΛΥΚΑΤΟΙΚΙΩΝ & ΜΙΚΤΩΝ ΧΡΗΣΕΩΝ ΣΤΗΝ ΟΔΟ ΠΥΘΙΑΣ ΣΤΗΝ ΚΥΨΕΛΗ	STUDY OF AN APARTMENT BUILDINGS & MULTIPLE USES COMPLEX ON PYTHIAS STREET IN KYPSELI
809	ΤΕΧΝΟΛΟΓΙΚΟ ΠΑΡΚΟ «ΑΚΡΟΠΟΛΙΣ» ΣΤΙΣ ΑΦΙΔΝΕΣ *ΣΥΝΕΡΓΑΣΙΑ ΜΕ Δ. ΠΑΠΑΝΙΚΟΛΑΟΥ*	TECHNOLOGICAL PARK "ACROPOLIS" IN AFIDNES *COLLABORATION WITH D. PAPANIKOLAOU*
810	ΔΙΕΘΝΗΣ ΑΡΧΙΤΕΚΤΟΝΙΚΟΣ ΔΙΑΓΩΝΙΣΜΟΣ ΙΔΕΩΝ ΓΙΑ ΤΟ ΜΗΤΡΟΠΟΛΙΤΙΚΟ ΠΑΡΚΟ & ΤΗΝ ΠΟΛΕΟΔΟΜΙΚΗ ΑΝΑΠΤΥΞΗ ΤΟΥ ΕΛΛΗΝΙΚΟΥ	INTERNATIONAL ARCHITECTURAL IDEAS CONTEST FOR METROPOLITAN PARK & URBAN DEVELOPMENT OF HELLENIKO
811	ΠΡΟΤΑΣΗ ΑΙΣΘΗΤΙΚΗΣ ΑΝΑΒΑΘΜΙΣΗΣ 1ΟΥ ΓΥΜΝΑΣΙΟΥ ΔΗΜΟΥ ΑΜΑΡΟΥΣΙΟΥ ΣΤΗ Λ. ΚΗΦΙΣΙΑΣ	PROPOSAL FOR AESTHETICALLY UPGRADING 1ST HIGH SCHOOL OF AMAROUSSION MUNICIPALITY ON KIFISSIAS AVENUE
812	Γ΄ ΒΡΑΒΕΙΟ ΣΕ ΔΙΑΓΩΝΙΣΜΟ ΓΙΑ ΤΟ ΑΡΧΑΙΟΛΟΓΙΚΟ ΜΟΥΣΕΙΟ ΜΕΣΣΑΡΑΣ ΚΡΗΤΗΣ *ΣΥΝΕΡΓΑΣΙΑ ΜΕ Η. & Κ. ΣΚΡΟΥΜΠΕΛΟ (ΜΕΤΡΟΝ ΟΕ) & ΜΕΑΣ ΕΠΕ*	THIRD PRIZE IN A CONTEST FOR ARCHAEOLOGICAL MUSEUM IN MESSARA, CRETE *COLLABORATION WITH H. & K. SKROUBELOS (METRON O.E.) &*
2004		
813	ΜΕΛΕΤΗ ΚΤΗΡΙΟΥ ΓΡΑΦΕΙΩΝ & ΠΟΛΥΚΑΤΑΣΤΗΜΑΤΩΝ ΣΤΗ Λ. ΣΥΓΓΡΟΥ ΣΤΗΝ ΚΑΛΛΙΘΕΑ	STUDY OF AN OFFICE & STORES BUILDING ON SYNGROU AVENUE IN KALLITHEA
814	ΠΡΟΜΕΛΕΤΗ ΚΤΗΡΙΟΥ ΓΡΑΦΕΙΩΝ & ΚΑΤΑΣΤΗΜΑΤΩΝ ΣΤΗ Λ. ΚΗΦΙΣΙΑΣ ΣΤΟΥΣ ΑΜΠΕΛΟΚΗΠΟΥΣ	PRELIMINARY STUDY OF AN OFFICE & SHOPS BUILDING ON KIFISSIAS AVENUE IN AMPELOKIPI
815	ΚΤΗΡΙΟ ΓΡΑΦΕΙΩΝ ΧΡΗΜΑΤΙΣΤΗΡΙΟΥ ΑΘΗΝΩΝ ΣΤΗ Λ. ΑΘΗΝΩΝ	ATHENS STOCK EXCHANGE OFFICE BUILDING ON ATHINON AVENUE
816	ΔΙΑΜΟΡΦΩΣΗ ΕΣΩΤΕΡΙΚΩΝ ΧΩΡΩΝ & ΠΡΟΣΘΗΚΗ ΣΕ ΚΑΤΟΙΚΙΑ ΣΤΗΝ ΟΔΟ ΚΩΛΕΤΤΗ ΣΤΗΝ Π. ΠΕΝΤΕΛΗ	ARRANGEMENT OF INTERNAL AREAS & ADDITION TO A RESIDENCE ON KOLETTI STREET IN P. PENTELI
817	ΠΟΛΥΚΑΤΟΙΚΙΑ ΣΤΗΝ ΟΔΟ ΠΛΑΣΤΗΡΑ ΣΤΗ Ν. ΣΜΥΡΝΗ	APARTMENT BUILDING ON PLASTIRA STREET IN N. SMYRNI
818	ΔΙΑΜΟΡΦΩΣΗ ΕΙΣΟΔΟΥ ΠΟΛΥΚΑΤΟΙΚΙΑΣ ΣΤΗΝ ΟΔΟ ΠΕΡΙΚΛΕΟΥΣ ΣΤΟ ΜΑΡΟΥΣΙ	ARRANGEMENT OF ENTRANCE OF APARTMENT BUILDING ON PERIKLEOUS STREET IN MAROUSSI
819	ΕΞΟΧΙΚΗ ΚΑΤΟΙΚΙΑ «VILLA ANNA» ΣΤΗΝ ΚΕΡΚΥΡΑ	COUNTRY RESIDENCE «VILLA ANNA» ON CORFU
820	ΣΥΓΚΡΟΤΗΜΑ ΚΤΗΡΙΩΝ ΓΡΑΦΕΙΩΝ ΣΤΗΝ ΟΔΟ ΑΠΟΣΤΟΛΟΠΟΥΛΟΥ ΣΤΟ ΧΑΛΑΝΔΡΙ - ΚΤΗΡΙΟ Γ	OFFICE BUILDING COMPLEX ON APOSTOLOPOULOU STREET IN CHALANDRI - BUILDING
821	ΣΥΜΜΕΤΟΧΗ ΣΤΗ ΜΕΛΕΤΗ ΣΥΓΚΡΟΤΗΜΑΤΟΣ ΚΑΤΟΙΚΙΩΝ ΣΤΗΝ ΤΣΑΓΚΑΡΑΔΑ ΠΗΛΙΟΥ	PARTICIPATION TO THE STUDY OF A RESIDENCES COMPLEX IN TSAGARADA, PELION
822	ΠΡΟΜΕΛΕΤΗ ΚΤΗΡΙΟΥ ΓΡΑΦΕΙΩΝ & ΚΑΤΑΣΤΗΜΑΤΩΝ ΣΤΗΝ ΟΔΟ 3ης ΣΕΠΤΕΜΒΡΙΟΥ	PRELIMINARY STUDY OF AN OFFICE & SHOPS BUILDING ON TRITIS SEPTEMVRIOU STREET
823	ΣΥΓΚΡΟΤΗΜΑ ΕΜΠΟΡΙΚΩΝ ΧΡΗΣΕΩΝ & ΠΟΛΥΚΑΤΑΣΤΗΜΑ «ΙΚΕΑ» ΣΤΗ Λ. ΚΗΦΙΣΟΥ ΣΤΟ ΑΙΓΑΛΕΩ *ΣΥΝΕΡΓΑΣΙΑ ΜΕ ΑΛ. ΤΟΜΠΑΖΗ*	GROUP OF COMMERCIAL USES & "IKEA" STORE ON KIFISSOU STREET IN AIGALEO *COLLABORATION WITH AL. TOMPAZH*
824	ΠΡΟΤΑΣΗ ΕΠΕΚΤΑΣΗΣ ΚΤΗΡΙΟΥ ΙΔΡΥΜΑΤΟΣ ΚΩΝΣΤΑΝΤΙΝΟΥ ΚΑΡΑΜΑΝΛΗ ΣΤΗ ΦΙΛΟΘΕΗ	PROPOSAL FOR EXTENSION OF THE BUILDING OF KONSTANTINOS KARAMANLIS INSTITUTION IN PHILOTHEI
2005		
825	ΔΙΑΜΟΡΦΩΣΗ ΥΠΑΙΘΡΙΟΥ ΧΩΡΟΥ ΓΙΑ ΤΗΝ ΤΟΠΟΘΕΤΗΣΗ ΠΡΟΤΟΜΗΣ ΣΤΗ ΦΙΛΟΘΕΗ	ARRANGEMENT OF OUTDOOR AREA FOR THE PLACEMENT OF A BUST IN PHILOTHEI
826	ΠΡΟΚΑΤΑΡΚΤΙΚΗ ΜΕΛΕΤΗ ΑΝΑΔΙΑΡΡΥΘΜΙΣΕΩΝ & ΠΡΟΣΘΗΚΗΣ ΝΕΑΣ ΠΤΕΡΥΓΑΣ ΝΟΣΟΚΟΜΕΙΟΥ «ΕΥΑΓΓΕΛΙΣΜΟΣ»	PRELIMINARY STUDY OF REMODELING & ADDITION OF NEW WING AT "EVAGGELISMOS" HOSPITAL
827	ΣΥΓΚΡΟΤΗΜΑ ΚΤΗΡΙΩΝ ΓΡΑΦΕΙΩΝ & ΚΑΤΑΣΤΗΜΑΤΩΝ ΣΤΗ Λ. ΠΟΣΕΙΔΩΝΟΣ ΣΤΟ ΔΕΛΤΑ ΦΑΛΗΡΟΥ	OFFICE & SHOPS BUILDING COMPLEX ON POSIDONOS AVENUE IN DELTA OF PHALIRON
828	ΣΥΜΜΕΤΟΧΗ ΣΕ ΔΙΑΓΩΝΙΣΜΟ ΓΙΑ ΣΥΓΚΡΟΤΗΜΑ ΔΙΑΜΕΡΙΣΜΑΤΩΝ & ΚΑΤΑΣΤΗΜΑΤΩΝ ΣΤΗΝ ΟΔΟ ΜΥΛΛΕΡΟΥ ΣΤΟ ΜΕΤΑΞΟΥΡΓΕΙΟ	CONTEST PARTICIPATION FOR A HOUSING COMPLEX WITH COMMERCIAL USE ON MYLLEROU STREET IN METAXOURGEIO
829	ΔΙΑΜΟΡΦΩΣΗ ΠΛΑΤΕΙΑΣ ΓΙΑ ΤΗΝ ΤΟΠΟΘΕΤΗΣΗ ΠΡΟΤΟΜΗΣ ΣΤΗ ΜΥΚΟΝΟ	ARRANGEMENT OF A PUBLIC SQUARE FOR THE PLACEMENT OF A BUST ON MYCONOS
830	ΣΥΓΚΡΟΤΗΜΑ ΕΜΠΟΡΙΚΩΝ ΧΡΗΣΕΩΝ, ΠΟΛΥΣΙΝΕΜΑ & ΧΩΡΟΙ ΑΝΑΨΥΧΗΣ ΣΤΗ Λ. ΠΟΣΕΙΔΩΝΟΣ ΣΤΟ ΔΕΛΤΑ ΦΑΛΗΡΟΥ *ΣΥΝΕΡΓΑΣΙΑ ΜΕ Γ. ΝΙΚΟΚΑΒΟΥΡΑ*	COMMERCIAL-USE COMPLEX, MULTIPLEX & RECREATION AREAS ON POSIDONOS AVENUE IN DELTA OF PHALIRON *COLLABORATION WITH N. NIKOKAVOUTAS*
831	ΜΕΛΕΤΗ ΕΞΟΧΙΚΗΣ ΚΑΤΟΙΚΙΑΣ ΣΤΙΣ ΠΕΤΡΙΕΣ ΕΥΒΟΙΑΣ	STUDY OF A COUNTRY HOUSE IN PETRIES, EVIA

832	ΜΕΛΕΤΗ ΚΤΗΡΙΟΥ ΕΜΠΟΡΙΚΩΝ ΧΡΗΣΕΩΝ ΜΕ ΥΠΟΓΕΙΟ ΔΗΜΟΣΙΟ ΣΤΑΘΜΟ ΑΥΤΟΚΙΝΗΤΩΝ ΣΤΗ Λ. ΚΗΦΙΣΙΑΣ ΣΤΟ ΧΑΛΑΝΔΡΙ	COMMERCIAL-USE BUILDING WITH UNDERGROUND PUBLIC CAR STATION ON KIFISSIAS AVENUE IN CHALANDRI
833	ΑΝΑΚΑΤΑΣΚΕΥΗ & ΠΡΟΣΘΗΚΗ ΔΥΟ ΥΦΙΣΤΑΜΕΝΩΝ ΚΑΤΟΙΚΙΩΝ ΣΤΗ Λ. ΔΙΑΜΑΝΤΙΔΟΥ ΣΤΟ ΨΥΧΙΚΟ	RECONSTRUCTION & ADDITION OF TWO EXISTING RESIDENCES ON DIAMANTIDOU AVENUE IN PSYCHIKO
834	ΚΤΗΡΙΟ ΓΡΑΦΕΙΩΝ & ΚΑΤΑΣΤΗΜΑΤΩΝ ΣΤΗΝ ΟΔΟ ΑΓ. ΚΩΝΣΤΑΝΤΙΝΟΥ ΣΤΟ ΜΑΡΟΥΣΙ	OFFICE & SHOPS BUILDING ON AG. KONSTANTINOU STREET IN MAROUSSI
835	ΜΕΛΕΤΗ ΑΛΛΑΓΗΣ ΧΡΗΣΗΣ ΥΦΙΣΤΑΜΕΝΟΥ ΚΤΗΡΙΟΥ ΣΕ ΜΟΝΑΔΑ ΦΡΟΝΤΙΔΑΣ ΗΛΙΚΙΩΜΕΝΩΝ ΣΤΗ ΛΥΚΟΒΡΥΣΗ	STUDY OF CHANGE OF USE OF EXISTING BUILDING IN UNIT OF CARE OF OLD PEOPLE IN LYKOVRISSI
836	ΠΡΟΣΘΗΚΗ ΔΥΟ ΟΡΟΦΩΝ, ΕΣΩΤΕΡΙΚΕΣ & ΕΞΩΤΕΡΙΚΕΣ ΤΡΟΠΟΠΟΙΗΣΕΙΣ ΥΠΑΡΧΟΥΣΑΣ ΚΑΤΟΙΚΙΑΣ ΣΤΗΝ ΟΔΟ ΕΛΕΥΘΕΡΙΑΣ ΣΤΗ Ν. ΦΙΛΟΘΕΗ	ADDITION OF TWO FLOORS, INTERNAL & EXTERNAL MODIFICATIONS TO AN EXISTING RESIDENCE ON ELEFTHERIAS STREET IN N. PHILOTHEI
837	ΔΙΑΜΟΡΦΩΣΗ ΟΨΕΩΝ ΚΑΤΟΙΚΙΑΣ ΣΤΗΝ ΚΗΦΙΣΙΑ	ARRANGEMENT OF FACADES OF A RESIDENCE IN KIFISSIA
838	ΔΙΑΜΟΡΦΩΣΗ ΟΨΕΩΝ ΚΑΤΟΙΚΙΑΣ ΣΤΗ ΧΑΛΚΙΔΙΚΗ	ARRANGEMENT OF FACADES OF A RESIDENCE IN CHALKIDIKI
839	ΔΙΑΜΟΡΦΩΣΗ ΕΙΣΟΔΟΥ ΠΟΛΥΚΑΤΟΙΚΙΑΣ ΣΤΗΝ ΟΔΟ ΒΥΡΩΝΟΣ ΣΤΟ Κ. ΧΑΛΑΝΔΡΙ	ARRANGEMENT OF ENTRANCE OF APARTMENT BUILDING ON VYRONOS STREET IN K. CHALANDRI
840	ΜΕΛΕΤΗ ΑΞΙΟΠΟΙΗΣΗΣ ΠΑΛΑΙΩΝ ΕΡΓΟΣΤΑΣΙΩΝ ΓΙΑ ΕΜΠΟΡΙΚΗ ΧΡΗΣΗ ΣΤΟΝ ΠΕΡΙΣΣΟ	STUDY OF EXPLOITATION OF OLD FACTORIES FOR COMMERCIAL USE IN PERISSOS
841	ΜΕΛΕΤΗ ΠΡΟΣΘΗΚΗΣ ΚΤΗΡΙΟΥ ΓΡΑΦΕΙΩΝ & ΚΑΤΑΣΤΗΜΑΤΩΝ ΚΑΘ' ΥΨΟΣ & ΠΛΗΡΟΥΣ ΑΝΑΚΑΤΑΣΚΕΥΗΣ ΥΦΙΣΤΑΜΕΝΟΥ ΚΤΗΡΙΟΥ ΣΤΗΝ ΟΔΟ ΠΑΤΗΣΙΩΝ *ΣΥΝΕΡΓΑΣΙΑ ΜΕ Κ. ΣΚΡΟΥΜΠΕΛΟ*	STUDY OF ADDITION IN HEIGHT ON AN OFFICE & SHOPS BUILDING & TOTAL RECONSTRUCTION OF AN EXISTING BUILDING ON PATISSION STREET *COLLABORATION WITH K. SKROUBELOS*
842	ΜΕΛΕΤΗ ΚΤΗΡΙΟΥ ΓΡΑΦΕΙΩΝ & ΚΑΤΑΣΤΗΜΑΤΩΝ ΣΤΗ Λ. ΚΗΦΙΣΙΑΣ ΣΤΟ ΜΑΡΟΥΣΙ	STUDY OF AN OFFICE & SHOPS BUILDING ON KIFISSIAS AVENUE IN MAROUSSI

2006

843	ΜΕΛΕΤΗ ΠΟΛΥΩΡΟΦΟΥ ΚΑΤΑΣΤΗΜΑΤΟΣ ΕΠΙΠΛΩΝ ΣΤΗ Λ. ΚΗΦΙΣΙΑΣ ΣΤΟ ΜΑΡΟΥΣΙ	STUDY OF A MANY-FLOOR FURNITURE SHOP ON KIFISSIAS AVENUE IN MAROUSSI
844	ΠΑΡΚΟ ΠΟΛΙΤΙΣΜΟΥ & ΤΕΧΝΟΛΟΓΙΑΣ «TAURUS PARK» ΤΟΥ ΙΔΡΥΜΑΤΟΣ «ΜΙΧΑΗΛ ΣΤΑΣΙΝΟΠΟΥΛΟΣ» ΣΤΗΝ ΟΔΟ ΠΕΙΡΑΙΩΣ ΣΤΟΝ ΤΑΥΡΟ	CULTURE & TECHNOLOGY PARK "TAURUS PARK" OF INSTITUTION "MICHAEL STASINOPOULOS" ON PIREOS STREET IN TAVROS
845	ΕΜΠΟΡΕΥΜΑΤΙΚΟ & ΔΙΑΜΕΤΑΚΟΜΙΣΤΙΚΟ ΚΕΝΤΡΟ ΣΥΝΔΥΑΣΜΕΝΩΝ ΜΕΤΑΦΟΡΩΝ (LOGISTICS) ΣΤΟ ΘΡΙΑΣΙΟ ΠΕΔΙΟ *ΣΥΝΕΡΓΑΣΙΑ ΜΕ CONFIDE Ε.Π.Ε*	MERCHANDISING & TRANSIT CENTER FOR COMBINED TRANSPORTS (LOGISTICS) IN THRIASION PEDION *COLLABORATION WITH CONFIDE LTD*
846	ΣΥΓΚΡΟΤΗΜΑ ΚΑΤΟΙΚΙΩΝ ΣΤΟ ΚΟΠΑΝΑΚΙ ΜΕΣΣΗΝΙΑΣ	RESIDENCES COMPLEX IN KOPANAKI, MESSINIA
847	ΔΥΟ ΚΑΤΟΙΚΙΕΣ ΣΤΗΝ ΟΔΟ ΜΑΚΕΔΟΝΙΑΣ ΣΤΙΣ ΑΦΙΔΝΕΣ	TWO RESIDENCES ON MAKEDONIAS STREET IN AFIDNES
848	ΚΤΗΡΙΟ ΓΡΑΦΕΙΩΝ & ΚΑΤΑΣΤΗΜΑΤΩΝ ΣΤΗ Λ. ΚΗΦΙΣΙΑΣ ΣΤΟ ΜΑΡΟΥΣΙ	OFFICE & SHOPS BUILDING ON KIFISSIAS AVENUE IN MAROUSSI
849	ΔΙΑΜΟΡΦΩΣΗ ΕΣΩΤΕΡΙΚΩΝ ΧΩΡΩΝ ΚΑΤΟΙΚΙΑΣ ΣΤΗΝ ΟΔΟ ΣΕΡΕΠΕΤΖΗ ΣΤΟ ΨΥΧΙΚΟ	ARRANGEMENT OF INDOOR AREAS OF A RESIDENCE ON SEREPETZI STREET IN PSYCHIKO
850	ΜΕΛΕΤΗ ΚΤΗΡΙΟΥ ΤΕΣΣΑΡΩΝ ΚΑΤΟΙΚΙΩΝ ΣΤΗΝ ΟΔΟ ΣΤΕΦ. ΔΕΛΤΑ ΣΤΗ ΦΙΛΟΘΕΗ	STUDY OF A FOUR RESIDENCES BUILDING ON STEF. DELTA STREET IN PHILOTHEI
851	ΔΙΩΡΟΦΗ ΠΟΛΥΚΑΤΟΙΚΙΑ ΣΤΗ ΦΙΛΟΘΕΗ	TWO-FLOOR APARTMENT BUILDING IN PHILOTHEI
852	ΠΡΟΜΕΛΕΤΗ ΚΤΗΡΙΟΥ ΔΙΑΜΕΡΙΣΜΑΤΩΝ & ΚΑΤΑΣΤΗΜΑΤΩΝ ΣΤΗ Λ. ΠΟΣΕΙΔΩΝΟΣ ΣΤΟΝ ΑΛΙΜΟ	PRELIMINARY STUDY OF AN APARTMENT & SHOPS BUILDING ON POSIDONOS AVENUE IN ALIMOS
853	ΔΙΑΜΟΡΦΩΣΗ ΠΛΑΤΕΙΑΣ ΗΡΩΩΝ ΣΤΗΝ ΑΠΟΛΛΩΝΙΑ ΣΙΦΝΟΥ	ARRANGEMENT OF HEROES SQUARE IN APOLLONIA, SIFNOS
854	ΜΕΛΕΤΗ ΔΙΑΜΟΡΦΩΣΗΣ ΠΡΟΣΟΨΗΣ & ΕΣΩΤΕΡΙΚΩΝ ΔΙΑΡΡΥΘΜΙΣΕΩΝ ΚΤΗΡΙΟΥ ΓΡΑΦΕΙΩΝ & ΚΑΤΑΣΤΗΜΑΤΩΝ ΣΤΗΝ ΟΔΟ ΦΙΛΕΛΛΗΝΩΝ	STUDY OF ARRANGEMENT OF FACADE & INTERNAL REFORMATION OF AN OFFICE & SHOPS BUILDING ON PHILELLINON STREET
855	ΞΕΝΟΔΟΧΕΙΑΚΟ ΣΥΓΚΡΟΤΗΜΑ ΣΤΟ ΒΑΘΥ ΣΑΜΟΥ	HOTEL COMPLEX IN VATHI, SAMOS
856	ΣΥΓΚΡΟΤΗΜΑ ΠΟΛΛΑΠΛΩΝ ΧΡΗΣΕΩΝ ΣΤΗΝ ΠΟΝΤΓΚΟΡΙΤΣΑ	MULTIPLE USES COMPLEX IN PODGORICA
857	ΝΕΑ ΕΣΩΤΕΡΙΚΗ & ΕΞΩΤΕΡΙΚΗ ΔΙΑΡΡΥΘΜΙΣΗ ΥΠΑΡΧΟΥΣΑΣ ΔΙΩΡΟΦΗΣ ΚΑΤΟΙΚΙΑΣ ΣΤΟ ΛΕΒΙΔΙ ΑΡΚΑΔΙΑΣ	NEW INTERNAL & EXTERNAL ARRANGEMENT OF AN EXISTING TWO-FLOOR RESIDENCE IN LEVIDI, ARKADIA

2007

858	ΜΕΛΕΤΗ ΚΑΤΟΙΚΙΑΣ ΣΤΗΝ ΟΔΟ ΑΠΟΛΛΩΝΟΣ ΣΤΗΝ ΚΗΦΙΣΙΑ	STUDY OF A RESIDENCE ON APOLLONOS STREET IN KIFISSIA
859	ΑΝΑΚΑΙΝΙΣΗ ΑΙΘΟΥΣΑΣ ΝΟΜΑΡΧΙΑΚΟΥ ΣΥΜΒΟΥΛΙΟΥ ΔΙΩΡΟΦΗΣ ΚΑΤΟΙΚΙΑΣ ΣΤΟ ΛΕΒΙΔΙ ΑΡΚΑΔΙΑΣ	RENOVATION OF THE PREFECTORIAL COUNCIL CHAMBER IN SERRES
860	ΣΥΓΚΡΟΤΗΜΑ ΠΟΛΥΚΑΤΟΙΚΙΩΝ ΜΕ ΚΑΤΑΣΤΗΜΑΤΑ ΣΤΗΝ ΟΔΟ ΕΘΝΙΚΗΣ ΑΝΤΙΣΤΑΣΕΩΣ ΣΤΗ ΔΡΑΠΕΤΣΩΝΑ	APARTMENT BUILDING COMPLEX WITH SHOPS ON ETHNIKIS ANTISTASEOS STREET IN DRAPETSONA

2008

861	ΚΑΤΟΙΚΙΑ ΣΤΗ ΒΕΡΓΑ ΚΑΛΑΜΑΤΑΣ	RESIDENCE IN VERGA, KALAMATA
862	ΜΕΛΕΤΗ ΜΟΥΣΕΙΟΥ ΣΥΓΧΡΟΝΗΣ ΤΕΧΝΗΣ ΣΤΗ Λ. ΚΗΦΙΣΙΑΣ ΣΤΟ ΜΑΡΟΥΣΙ	STUDY OF MUSEUM OF CONTEMPORARY ART ON KIFISSIAS AVENUE IN MAROUSSI
863	ΜΕΛΕΤΗ ΣΥΓΚΡΟΤΗΜΑΤΟΣ ΜΙΚΤΩΝ ΧΡΗΣΕΩΝ ΣΤΟ ΚΡΥΟΝΕΡΙ	STUDY OF A MULTIPLE USES COMPLEX IN KRYONERI
864	ΝΕΟ ΕΝΕΧΥΡΟΔΑΝΕΙΣΤΗΡΙΟ ΣΤΗΝ ΟΔΟ ΣΟΦΟΚΛΕΟΥΣ	NEW PLEDGE OFFICE BUILDING ON SOFOKLEOUS STREET
865	ΚΑΤΑΣΤΗΜΑ ΤΟΥ ΤΑΧΥΔΡΟΜΙΚΟΥ ΤΑΜΙΕΥΤΗΡΙΟΥ ΣΤΟ ΚΙΛΚΙΣ	BRANCH OF HELLENIC POSTBANK IN KILKIS
866	ΔΙΑΜΟΡΦΩΣΗ ΟΨΕΩΝ & ΕΣΩΤΕΡΙΚΩΝ ΧΩΡΩΝ ΠΟΛΥΚΑΤΟΙΚΙΑΣ ΣΤΟΝ ΚΑΡΕΑ	ARRANGEMENT OF FACADES & INDOOR AREAS OF AN APARTMENT BUILDING IN KAREAS
867	ΚΑΤΑΣΤΗΜΑ ΤΟΥ ΤΑΧΥΔΡΟΜΙΚΟΥ ΤΑΜΙΕΥΤΗΡΙΟΥ ΣΤΗ Ν. ΣΜΥΡΝΗ	BRANCH OF HELLENIC POSTBANK IN N. SMYRNI
868	ΚΑΤΑΣΤΗΜΑ ΤΟΥ ΤΑΧΥΔΡΟΜΙΚΟΥ ΤΑΜΙΕΥΤΗΡΙΟΥ ΣΤΗΝ ΠΛ. ΚΟΤΖΙΑ	BRANCH OF HELLENIC POSTBANK AT KOTZIA SQUARE

2009

869	ΠΡΟΤΑΣΗ ΑΝΑΚΑΤΑΣΚΕΥΗΣ ΚΑΙ ΕΠΕΚΤΑΣΗΣ ΔΙΑΤΗΡΗΤΕΟΥ ΚΤΗΡΙΟΥ ΣΕ ΜΟΥΣΕΙΟ ΣΥΓΧΡΟΝΗΣ ΤΕΧΝΗΣ, ΑΘΗΝΑ	PROPOSAL FOR REMODELLING AND EXTENSION OF A LISTED BUILDING TO HOUSE A MUSEUM OF CONTEMPORARY ART, ATHENΣ
870	ΚΤΗΡΙΟ ΓΡΑΦΕΙΩΝ ΣΤΗ Λ. ΣΥΓΓΡΟΥ ΣΤΗΝ ΚΑΛΛΙΘΕΑ	OFFICE BUILDING ON SYNGROU AVENUE IN KALLITHEA
871	ΤΡΕΙΣ ΚΑΤΟΙΚΙΕΣ ΣΤΗΝ ΟΔΟ ΡΗΓΑ ΓΚΟΛΦΗ ΣΤΟ ΨΥΧΙΚΟ	THREE RESIDENCES ON RIGA GOLFI STREET IN PSYCHIKO
872	ΔΙΑΡΡΥΘΜΙΣΕΙΣ ΔΙΩΡΟΦΗΣ ΚΑΤΟΙΚΙΑΣ & ΠΕΡΙΒΑΛΛΟΝΤΑ ΧΩΡΟΥ ΣΤΟΥΣ ΘΡΑΚΟΜΑΚΕΔΟΝΕΣ	REMODELING OF A TWO FLOOR RESIDENCE & OUTDOOR AREAS IN THRAKOMAKEDONES
873	ΕΞΑΩΡΟΦΗ ΠΟΛΥΚΑΤΟΙΚΙΑ ΣΤΗΝ ΟΔΟ ΠΙΝΟΤΣΗ ΣΤΟ ΚΟΥΚΑΚΙ	SIX-FLOOR APARTMENT BUILDING ON PINOTSI STREET IN KOUKAKI
874	ΕΞΑΩΡΟΦΗ ΠΟΛΥΚΑΤΟΙΚΙΑ ΣΤΗΝ ΟΔΟ ΔΡΑΚΟΥ ΣΤΟ ΚΟΥΚΑΚΙ	SIX-FLOOR APARTMENT BUILDING ON DRAKOU STREET IN KOUKAKI
875	ΚΑΤΑΣΤΗΜΑ ΤΗΣ ΕΘΝΙΚΗΣ ΤΡΑΠΕΖΑΣ ΕΛΛΑΔΟΣ ΣΤΗΝ ΟΔΟ ΒΟΥΚΟΥΡΕΣΤΙΟΥ	BRANCH OF NATIONAL BANK OF GREECE AT VOUKOURESTIOU STREET

2010

876	ΔΙΑΜΟΡΦΩΣΗ ΠΛΑΤΕΙΑΣ ΓΙΑ ΤΗΝ ΤΟΠΟΘΕΤΗΣΗ ΠΡΟΤΟΜΗΣ ΣΤΗΝ ΠΛ. ΑΡΙΣΤΟΤΕΛΟΥΣ ΣΤΗ ΘΕΣΣΑΛΟΝΙΚΗ	ARRANGEMENT OF A PUBLIC SQUARE FOR THE PLACEMENT OF A BUST AT ARISTOTELOUS SQUARE IN THESSALONIKI
877	ΕΦΑΡΜΟΓΗ ΝΕΑΣ ΕΤΑΙΡΙΚΗΣ ΤΑΥΤΟΤΗΤΑΣ ΚΑΤΑΣΤΗΜΑΤΟΣ ΤΗΣ ΕΘΝΙΚΗΣ ΤΡΑΠΕΖΑΣ ΣΤΗΝ ΟΔΟ ΣΚΟΥΦΑ	APPLICATION OF NEW CORPORATE IDENTITY ON THE BRANCH OF NATIONAL BANK OF GREECE ON SKOUFA STREET, ATHENS
878	ΕΦΑΡΜΟΓΗ ΝΕΑΣ ΕΤΑΙΡΙΚΗΣ ΤΑΥΤΟΤΗΤΑΣ ΚΑΤΑΣΤΗΜΑΤΟΣ ΤΗΣ ΕΘΝΙΚΗΣ ΤΡΑΠΕΖΑΣ ΣΤΗ Λ. ΚΗΦΙΣΙΑΣ ΣΤΟ ΜΑΡΟΥΣΙ	APPLICATION OF NEW CORPORATE IDENTITY ON THE BRANCH OF NATIONAL BANK OF FREECE ON KIFISIAS AVENUE IN MAROUSSI
879	ΕΞΑΩΡΟΦΗ ΠΟΛΥΚΑΤΟΙΚΙΑ ΣΤΗΝ ΠΛΑΤΕΙΑ ΚΟΥΚΑΚΙΟΥ	SIX-FLOOR APARTMENT BUILDING AT KOUKAKI SQUARE